Tutela Provisória e Fazenda Pública em Matéria Tributária

Tutela Provisória e Fazenda Pública em Matéria Tributária

2023

Caio Neno Silva Cavalcante

ALMEDINA

TUTELA PROVISÓRIA E FAZENDA PÚBLICA EM MATÉRIA TRIBUTÁRIA

AUTOR: Caio Neno Silva Cavalcante

DIRETOR ALMEDINA BRASIL: Rodrigo Mentz
EDITORA JURÍDICA: Manuella Santos de Castro
EDITOR DE DESENVOLVIMENTO: Aurélio Cesar Nogueira
ASSISTENTES EDITORIAIS: Isabela Leite e Larissa Nogueira
ESTAGIÁRIA DE PRODUÇÃO: Laura Roberti

DIAGRAMAÇÃO: Almedina
DESIGN DE CAPA: Roberta Bassanetto

ISBN: 9786556278391
Junho, 2023

Dados Internacionais de Catalogação na Publicação (CIP)
(Câmara Brasileira do Livro, SP, Brasil)

Cavalcante, Caio Neno Silva
Tutela provisória e fazenda pública em matéria tributária / Caio Neno Silva Cavalcante. – 1. ed. – São Paulo : Almedina, 2023.

ISBN 978-65-5627-839-1

1. Direito tributário 2. Tutela provisória
I. Título.

23-148585 CDU-34:336.2(81)

Índices para catálogo sistemático:

1. Brasil : Direito tributário 34:336.2(81)
Eliane de Freitas Leite – Bibliotecária – CRB 8/8415

Este livro segue as regras do novo Acordo Ortográfico da Língua Portuguesa (1990).

EDITORA: Almedina Brasil
Rua José Maria Lisboa, 860, Conj.131 e 132, Jardim Paulista | 01423-001 São Paulo | Brasil
editora@almedina.com.br
www.almedina.com.br

AGRADECIMENTO

Pelo apoio incondicional, agradeço à minha família, em especial aos meus pais, Ophir e Simone, minha avó, Célia Cavalcante, meus irmãos, Bárbara, Breno e Marina, bem como minha avó Célia Forte, minha madrasta Marici e meu padrasto Emmanuel. Pela motivação para seguir em frente, por ter vivido junto a mim cada passo dessa jornada e pelo futuro que ainda virá, agradeço à minha esposa amada, Júllia.

À memória do avô Ophir, fonte da minha inspiração no caminho do Direito, e dos avós Sylvio e Nazaré, que sempre me mantiveram em um caminho de amor.

Pela compreensão e confiança, agradeço ao mestre Cleucio Santos Nunes. Pelos conhecimentos, pela ajuda e pelas boas histórias, agradeço aos professores Maurício Dalri Timm do Valle, Hadassah Santana, Benjamin Tabak, Jeferson Teodorovicz, José Hable, Luciana Barbosa Musse, Luís Antônio Winckler Annes, Wagner Pereira Dias, Fernanda Gomes, Ana Sylvia Pinto Coelho, Dimitri Graco Lages Machado, Lucas Trompieri, Fernanda Porto Fernandes, Jéssica Gurgel Amaral, Humberto Fernandes de Moura, Léa Martins Sales Ciarlini, João Ferreira Braga e Luciano Medeiros.

Pelo companheirismo, agradeço, em especial, ao Eduardo, à Maria Clara, ao Carlo, à Tati, à Gabriella, ao Kevy, à Isabella, ao Pedro, à Tereza, ao Jair, ao Felipe, à Mariana, à Isabela e ao Junior. Não poderia haver amigos melhores! Agradeço, também, às amigas e amigos da UCB, do UniCEUB, da UnB e da vida, deste país e de outros, que deram, cada um, sua contribuição para que eu me tornasse a pessoa e o profissional que hoje sou.

LISTA DE ILUSTRAÇÕES

LISTA DE ABREVIATURAS E SIGLAS

ADC	Ação Declaratória de Constitucionalidade
ADI	Ação Direta de Inconstitucionalidade
AgInt	Agravo Interno
AgR	Agravo Regimental
AI	Agravo de Instrumento
AMS	Apelação em Mandado de Segurança
ARE	Agravo em Recurso Extraordinário
AREsp	Agravo em Recurso Especial
Art.	Artigo
Cadin	Cadastro Informativo de Créditos não Quitados do Setor Público Federal
CDA	Certidão de Dívida Ativa
CF/88	Constituição Federal de 1988
CFOAB	Conselho Federal da Ordem dos Advogados do Brasil
CJF	Conselho da Justiça Federal
CLT	Consolidação das Leis do Trabalho
CND	Certidão Negativa de Débitos
Cofins	Contribuição para o Financiamento da Seguridade Social
CPC/2015	Código de Processo Civil de 2015
CPC/39	Código de Processo Civil de 1939
CPC/73	Código de Processo Civil de 1973
CPEN	Certidão Positiva com Efeitos de Negativa
Cr$	Cruzeiro
CTN	Código Tributário Nacional
Des.	Desembargadora ou Desembargador
DF	Distrito Federal

DJ	Diário de Justiça
DJe	Diário de Justiça eletrônico
EC	Emenda Constitucional
EDcl	Embargos de Declaração
Enfam	Escola Nacional de Formação e Aperfeiçoamento de Magistrados
EREsp	Embargos de Divergência em Recurso Especial
ExeMS	Execução em Mandado de Segurança
FGTS	Fundo de Garantia do Tempo de Serviço
FHC	Fernando Henrique Cardoso
FNPP	Fórum Nacional do Poder Público
FPPC	Fórum Permanente de Processualistas Civis
ICMS	Imposto sobre operações relativas à Circulação de Mercadorias e prestação de Serviços de transporte interestadual e intermunicipal e de comunicação
INSS	Instituto Nacional do Seguro Social
IPI	Imposto sobre Produtos Industrializados
JEF	Juizado Especial Federal
LC	Lei Complementar
MC	Medida Cautelar
Min.	Ministra ou Ministro
MP	Medida Provisória
MS	Mandado de Segurança
Pasep	Programa de Formação do Patrimônio do Servidor Público
PDT	Partido Democrático Trabalhista
PIS	Programa de Integração Social
PL	Partido Liberal
Rcl	Reclamação
RE	Recurso Extraordinário
Rel.	Relator
REsp	Recurso Especial
RMS	Recurso Ordinário em Mandado de Segurança
Rp	Representação
RPV	Requisição de Pequeno Valor
SS	Suspensão de Segurança
STA	Suspensão de Tutela Antecipada
STF	Supremo Tribunal Federal

STJ	Superior Tribunal de Justiça
TCE	Tribunal de Contas Estadual
TJDFT	Tribunal de Justiça do Distrito Federal e Territórios
TRF-1	Tribunal Regional Federal da 1ª Região
TRF-2	Tribunal Regional Federal da 2ª Região
TRF-3	Tribunal Regional Federal da 3ª Região
TRF-4	Tribunal Regional Federal da 4ª Região
TRF-5	Tribunal Regional Federal da 5ª Região
TST	Tribunal Superior do Trabalho

SUMÁRIO

INTRODUÇÃO

Este livro se enquadra na grande área de Direito Processual Tributário e tem como delimitação temática a discussão da inconstitucionalidade do art. 1.059, do novo Código de Processo Civil (CPC/2015)[1], quanto à vedação à concessão de tutelas provisórias contra a Fazenda Pública nas ações tributárias de compensação de créditos e de repetição de indébito.

O art. 1.059, CPC/2015, alude a diversos dispositivos da Lei nº 8.437/92, que, essencialmente, impedem o deferimento de medidas liminares em processos contra a Fazenda Pública, por vedação legal, nas mesmas hipóteses em que não é possível a concessão de liminar em mandado de segurança. Apesar de certa imprecisão doutrinária, como será discutido em momento oportuno, o termo "medidas liminares", nesse caso, é interpretado como gênero do qual as tutelas provisórias são espécie.

Da mesma forma, a alusão do art. 1.059, CPC/2015, ao art. 7º, §2º, Lei nº 12.016/2009[2] (dispositivo este que foi considerado inconstitucional, em 14 de setembro de 2022, pelo Supremo Tribunal Federal, na Ação Direta de Inconstitucionalidade nº 4.296/DF), vedava, diretamente, o deferimento liminar de tutelas provisórias que tivessem por objeto a compensação de créditos tributários e a concessão de aumento ou exten-

[1] **[CPC/2015]** Art. 1.059. À tutela provisória requerida contra a Fazenda Pública aplica-se o disposto nos arts. 1º a 4º da Lei no 8.437, de 30 de junho de 1992, e no art. 7º, §2º, da Lei nº 12.016, de 7 de agosto de 2009.

[2] **[Lei nº 12.016/2009]** Art. 7º. [...] §2º Não será concedida medida liminar que tenha por objeto a compensação de créditos tributários, a entrega de mercadorias e bens provenientes do exterior, a reclassificação ou equiparação de servidores públicos e a concessão de aumento ou a extensão de vantagens ou pagamento de qualquer natureza.

são de vantagens ou pagamentos de qualquer natureza, o que poderia, para algumas correntes de raciocínio jurídico, incluir a condenação da Fazenda Pública à repetição de indébitos (ou seja, à restituição de valores pagos indevidamente pelo contribuinte, a título de tributos).

Não há, no entanto, consenso, na comunidade jurídica, acerca da constitucionalidade do referido dispositivo. Entre os representantes da Fazenda Pública, a visão predominante é de que a normatização do art. 1.059, CPC/2015, é constitucional e necessária para a proteção do erário. Entre os advogados privados e contribuintes, no entanto, prevalece a ideia de que tal dispositivo praticamente inviabiliza a concessão de tutelas provisórias no processo judicial tributário, naquilo que estas poderiam ser mais úteis aos contribuintes, ou seja, na compensação de créditos tributários e na repetição de indébitos[3].

A interpretação literal do art. 1.059, CPC/2015, impede a aplicação das tutelas provisórias em diversas situações de ações fiscais, criando um subgrupo de jurisdicionados – na forma dos contribuintes, que são aqueles sujeitos ao processo fiscal – que acaba por se ver submetido a um processo significativamente mais moroso e complexo do que aquele a que é submetido o indivíduo que demanda causas não fiscais contra o Poder Público.

Atualmente, prevalece a tese de proteção aos cofres públicos, baseada no princípio do interesse público, mas há autores – como Cleucio Santos Nunes, Cássio Scarpinella Bueno, Cleide Previtalli Cais, James Marins, Hugo de Brito Machado Segundo, Leonardo Carneiro da Cunha, Luiz Guilherme Marinoni e Daniel Mitidiero – que afirmam que é necessário ponderar os direitos fundamentais dos contribuintes, em especial quanto à efetividade do acesso à justiça e à celeridade do processo.

Tal ponderação principiológica é exatamente o que a presente obra se propõe a fazer e a principal contribuição que ela busca apresentar, com base, em especial, no princípio da proporcionalidade. Assim, a importância deste trabalho no contexto social atual é o desenvolvimento de recursos doutrinários e acadêmicos para aumentar a proteção ao subgrupo de

[3] NUNES, Cleucio Santos. **Curso Completo de Direito Processual Tributário**. 5ª. ed. São Paulo: SaraivaJur, 2022, p. 535.

jurisdicionados – os contribuintes – que, atualmente, têm acesso reduzido às potencialidades da tutela provisória do CPC/2015.

Desta feita, o problema em comento exige o sopesamento de disposições jurídicas em conflito, mediante argumentos dedutivos, pois há que se discutir a constitucionalidade de uma norma que, apesar de clara em seu intento, restringe as hipóteses de tutela provisória contra a Fazenda Pública, às expensas dos contribuintes, que não recebem do ordenamento jurídico a mesma proteção que recebem todos os que litigam contra o Poder Público em causas não tributárias, ou seja, não têm acesso à total extensão das capacidades das tutelas provisórias previstas entre os arts. 294 e 311, CPC/2015.

Adicionalmente, há de se observar que a problemática proposta não se trata de um juízo moral, mas sim de um juízo político, visto que, ao escolher dificultar – possivelmente sem razão – a concessão de tutela provisória contra a Fazenda Pública, o Legislador escolheu proteger o erário de maneira criticável, talvez sem perceber que criava uma categoria de jurisdicionados – os contribuintes, sem os quais o Estado não teria as receitas necessárias para exercer sua função precípua de servir ao interesse público – que teria seu direito de livre acesso à jurisdição estatal excepcionado.

A solução para este problema, portanto, requer raciocínio embasado em princípios, visto que, se interpretado na literalidade, o art. 1.059, CPC/2015, afronta a Constituição Federal de 1988 (CF/88), em especial (i) o princípio da inafastabilidade da jurisdição estatal (art. 5º, XXXV, CF/88[4]) e todo seu corolário, composto pelo princípio da efetividade da tutela jurisdicional, pelo poder geral de cautela do juiz e pelo princípio da duração razoável do processo (art. 5º, LXXVIII, CF/88[5]); (ii) o princípio da isonomia, positivado no art. 5º, *caput*, CF/88[6], e (iii) o princípio da

[4] **[CF/88]** Art. 5º. [...] XXXV – a lei não excluirá da apreciação do Poder Judiciário lesão ou ameaça a direito;

[5] **[CF/88]** Art. 5º. [...] LXXVIII – a todos, no âmbito judicial e administrativo, são assegurados a razoável duração do processo e os meios que garantam a celeridade de sua tramitação. (Incluído pela Emenda Constitucional nº 45, de 2004)

[6] **[CF/88]** Art. 5º Todos são iguais perante a lei, sem distinção de qualquer natureza, garantindo-se aos brasileiros e aos estrangeiros residentes no País a inviolabilidade do direito à vida, à liberdade, à igualdade, à segurança e à propriedade, nos termos seguintes: [...]

separação dos poderes (art. 2º, CF/88[7]), bem como ofende os valores de cooperação processual e celeridade que inspiraram o novo CPC.

A obra proposta, portanto, tem como objetivo geral demonstrar a inconstitucionalidade de parte do art. 1.059, da Lei nº 13.105/2015, que estabelece o novo CPC, especificamente quanto à vedação ao deferimento de tutelas provisórias contra a Fazenda Pública, nas ações tributárias de compensação de créditos e repetição de indébito, com base em uma proposta de interpretação conforme do dispositivo.

Para alcançar tal objetivo geral, este livro traz alguns objetivos específicos. Em primeiro lugar, apresenta-se as bases principiológicas que sustentam tanto a argumentação favorável à constitucionalidade da vedação à concessão de tutelas provisórias contra a Fazenda Pública, bem como as que divergem desse entendimento.

Em segundo lugar, contextualiza-se aquilo que se intitulou "Sistema de proteção à Fazenda Pública", no que tange às tutelas provisórias, apresentando seu desenvolvimento ao longo do tempo. Em linhas gerais, esse Sistema pode ser definido como o conjunto de normas legais infraconstitucionais, precedentes judiciais e súmulas que, com o objetivo de proteção ao erário, preveem vedações à concessão de medidas liminares, incluindo as tutelas provisórias, contra o Poder Público.

Em terceiro lugar, procura-se apresentar o estado atual do instituto da tutela provisória, no âmbito do CPC/2015, com ênfase na aplicabilidade deste instituto ao processo tributário. Intenta-se, por fim, demonstrar a ligação entre as ofensas principiológicas da interpretação literal do art. 1.059, CPC/2015, e o caso particular das ações tributárias de compensação de créditos e repetição de indébito, a respeito das quais se entende que é inconstitucional a vedação proposta no referido dispositivo legal.

Trata-se de pesquisa dogmático-instrumental, na qual a metodologia utilizada é a pesquisa bibliográfica não exaustiva, abrangendo doutrina, legislação e jurisprudência, com base de sustentação central nas obras de Cleucio Santos Nunes, Cássio Scarpinella Bueno, James Marins, Cleide Previtalli Cais, Hugo de Brito Machado Segundo, Leonardo Carneiro da Cunha, Luiz Guilherme Marinoni e Daniel Mitidiero.

[7] **[CF/88]** Art. 2º São Poderes da União, independentes e harmônicos entre si, o Legislativo, o Executivo e o Judiciário.

Para que se torne possível organizar uma linha de raciocínio, o desenvolvimento do trabalho é iniciado pelo capítulo 1, intitulado "Tutelas provisórias e sua principiologia", no qual são demonstrados os sustentáculos principiológicos do instituto, apresentando as normas abertas que possibilitarão a argumentação, tanto no sentido da constitucionalidade da vedação à concessão de tutelas contra a Fazenda Pública, bem como no sentido que efetivamente se defende, no qual tal vedação deve ser mitigada.

Também será debatida a utilização dos princípios da proporcionalidade da razoabilidade como instrumentos de ponderação principiológica, bem como sua relação com a técnica da interpretação conforme. Em seguida, o capítulo trará uma definição do significado do termo "liminar", procedendo-se ao enquadramento das diferentes espécies de tutelas provisórias dentro deste conceito. Será discutido, também, o fundamento constitucional do instituto das tutelas provisórias. Por último, será desenvolvido um panorama geral da aplicabilidade do instituto da tutela provisória ao processo tributário, na vigência do CPC/2015, inclusive acerca de sua concessão em caráter liminar, ouvida ou não a parte adversa.

Em seguida, o capítulo 2, intitulado "A evolução das tutelas provisórias e do Sistema de proteção à Fazenda Pública", construirá uma linha do tempo, apresentando as origens do instituto das tutelas provisórias e a maturação do "Sistema de Proteção à Fazenda Pública". Objetiva-se, portanto, contextualizar, cronologicamente, o desenvolvimento da corrente protetiva que deu origem à redação atual do art. 1.059, CPC/2015.

Busca-se, também, conferir uma delimitação mais cuidadosa do escopo do presente livro, demonstrando a abrangência das diversas vedações contidas no art. 1.059, CPC/2015. Observa-se que, apesar de parte da doutrina entender pela inconstitucionalidade total do dispositivo, o que se defende, no presente trabalho, é sua inconstitucionalidade parcial, especificamente no que se refere às ações tributárias de compensação de créditos tributários e repetição de indébito, com base em uma proposta de interpretação conforme do dispositivo.

Por fim, o capítulo 3, intitulado "Inconstitucionalidade das vedações à concessão de tutela provisória contra a Fazenda Pública", combaterá, inicialmente, os óbices doutrinários à concessão de tutelas provisórias contra a Fazenda Pública propostos durante a vigência do CPC/73. Em seguida, será demonstrada a evolução da jurisprudência dos tribunais superiores no sentido de preconizar uma exegese restritiva das vedações ao deferimento de tutelas provisórias contra o Poder Público, com especial ênfase, ao final, no julgamento da Ação Direta de Inconstitucionalidade (ADI) nº 4.296/DF, e em suas consequências práticas com respeito ao tema, incluindo o cancelamento da Súmula nº 212, do Superior Tribunal de Justiça. Então, será apresentada a proposta de interpretação conforme do art. 1.059, CPC/2015, que embasará a discussão nuclear deste trabalho, a respeito das ações tributárias de compensação de créditos e repetição de indébito.

O capítulo também intentará demonstrar que o art. 1.059, CPC/2015, em sua tentativa de preservar os princípios da segurança jurídica, da ampla defesa e do contraditório, ofende – se interpretado em sua literalidade – o princípio da inafastabilidade da jurisdição estatal e todo o seu corolário, além do princípio da isonomia, bem como o princípio da separação dos poderes e os valores de cooperação processual e celeridade que inspiraram o novo CPC. Enfim, serão apresentadas as razões pelas quais se entende que as vedações à concessão de tutelas provisórias contra a Fazenda Pública não se coadunam com as ações tributárias de compensação de créditos e repetição de indébito.

Em conclusão, buscar-se-á sumarizar o raciocínio desenvolvido ao longo do estudo, propondo soluções para a problemática levantada, em especial no âmbito do Superior Tribunal de Justiça (STJ) e do Supremo Tribunal Federal (STF), e apontando as vantagens que a incorporação de tais soluções poderia acarretar, em especial quanto ao devido respeito que se passaria a prestar às garantias constitucionais aviltadas pela incorreta interpretação do art. 1.059, CPC/2015.

1.
TUTELAS PROVISÓRIAS E SUA PRINCIPIOLOGIA

Tendo em vista que o moderno Direito Processual Tributário se apoia em bases principiológicas, é importante iniciar as discussões justamente pelo detalhamento das referidas bases, com vistas a identificar a sustentação constitucional do instituto da tutela provisória.

Assim, o presente capítulo iniciará por um detalhamento dos princípios do devido processo legal, da ampla defesa, do contraditório, da segurança jurídica, da isonomia e da inafastabilidade da jurisdição estatal, dando especial ênfase a este último, visto que constitui o fundamento constitucional do instituto das tutelas provisórias. Dentro do estudo da inafastabilidade da jurisdição estatal, será feito um aprofundamento de seu corolário, na forma do poder geral de cautela do juiz, do princípio da efetividade da tutela jurisdicional e do princípio da duração razoável do processo, atentando para os valores de celeridade e cooperação processual preconizados pelo novo CPC.

Também será debatida a utilização dos princípios da proporcionalidade da razoabilidade como instrumentos de ponderação principiológica, bem como sua relação com a técnica da interpretação conforme, largamente utilizada pelos tribunais superiores brasileiros. Este embasamento teórico permitirá que, nos capítulos seguintes, seja apresentada uma proposta de interpretação conforme do art. 1.059, CPC/2015, de modo a preservar sua constitucionalidade, sustentando as discussões nucleares do trabalho a respeito dos casos específicos das ações tributárias de compensação de créditos e repetição de indébito.

Em seguida, o capítulo também trará uma definição do significado do termo "liminar", procedendo-se ao enquadramento das diferentes espécies de tutelas provisórias dentro deste conceito. Por último, será desenvolvido um panorama geral da aplicabilidade do instituto da tutela provisória ao processo tributário, na vigência do CPC/2015, inclusive acerca de sua concessão em caráter liminar, ouvida ou não a parte adversa.

1.1 Princípio do devido processo legal, da ampla defesa e do contraditório

O princípio do devido processo legal está previsto expressamente no art. 5º, LIV, CF/88[8], diferentemente de Constituições brasileiras pretéritas, nas quais o princípio vigorava de forma implícita. Gilmar Mendes, argumenta que

> A incorporação de um dispositivo exclusivamente destinado a positivar essa garantia fundamental pode estar associada à vontade constituinte de romper com a ordem política do período anterior (1964-1985), notoriamente caracterizada pelos abusos do Estado ditatorial contra a liberdade dos indivíduos, muitas vezes sem observância do processo definido legalmente.[9]

Em sua acepção formal, imediatamente percebida da leitura do texto da Carta Magna, esse princípio veda, como garantia fundamental de cunho individual, que qualquer pessoa seja privada de sua liberdade ou de seus bens sem o devido processo legal[10].

Gilmar Mendes, aponta que, "na sua acepção originária, esse princípio proíbe a utilização ou transformação do homem em objeto dos processos estatais". O autor ainda conceitua esse princípio como uma "garantia de caráter subsidiário e geral (*Auffanggrundrecht*), em relação às demais garantias", o que significa que é possível se referir diretamente a ele, ao invés de referenciar garantias específicas dele decorrentes[11].

[8] **[CF/88]** Art. 5º. [...] LIV – ninguém será privado da liberdade ou de seus bens sem o devido processo legal.

[9] Mendes, Gilmar. Comentários ao art. 5º, XXXV, CF. In: Canotilho, José Joaquim Gomes, et al. **Comentários à Constituição do Brasil**. 2ª. ed. São Paulo: Saraiva Educação, p. 458-463, 2018, p. 460.

[10] Machado Segundo, Hugo de Brito. **Processo Tributário**. 10ª. ed. São Paulo: Atlas, 2018, p. 35.

[11] Mendes, Gilmar. Comentários ao art. 5º, XXXV, CF. In: Canotilho, José Joaquim Gomes, et al. **Comentários à Constituição do Brasil**. 2ª. ed. São Paulo: Saraiva Educação, p. 458-463, 2018, p. 460-462.

De acordo com Hugo de Brito Machado Segundo, entretanto, "a evolução da ciência jurídica, contudo, revelou no todo insuficiente o princípio em sua acepção meramente formal"[12]. Para alcançar a chamada igualdade substancial, se faz necessária a delimitação, positiva e negativa, do conteúdo das normas jurídicas processuais, de modo a assegurar a igualdade material das partes em conflito. Essa igualdade material se manifestaria, para ele, ao entregar às partes igual possibilidade de "influenciarem no convencimento do julgador, para a prolação de uma decisão justa, razoável, e a mais próxima possível da determinada pelo direito material" [13].

Gilmar Mendes, ao entender que o princípio do devido processo legal significa a exigência de um processo justo, no sentido de que deve cumprir finalidade primordial de garantia e proteção de direitos fundamentais, também aborda a divisão do princípio nas mesmas duas acepções. Citando o direito norte-americano, o autor nomeia o aspecto formal como "*procedural due process of law*" e o aspecto material como "*substantive due process of law*", apontando que a dimensão material – ou substantiva – passou a ser reconhecida, no STF, com a finalidade de realizar o controle de razoabilidade e proporcionalidade das leis[14], inclusive utilizando-o como fator de ponderação principiológica, como será abordado na seção que trata do princípio da proporcionalidade.

A divisão do princípio do devido processo legal em duas dimensões também é ecoada por Cleucio Santos Nunes, ainda que utilizando as nomenclaturas "devido processo legal processual" e "devido processo legal material". O devido processo legal processual equivaleria à dimensão sob a qual o processo seria instrumento de realização de justiça, dando origem a garantias processuais específicas, a exemplo da ampla defesa e do contraditório. Para o autor, o devido processo legal material estaria ligado à função desse princípio de emprestar às leis infraconstitucionais

[12] Machado Segundo, Hugo de Brito. **Processo Tributário**. 10ª. ed. São Paulo: Atlas, 2018, p. 35.

[13] Machado Segundo, Hugo de Brito. **Processo Tributário**. 10ª. ed. São Paulo: Atlas, 2018, p. 35-36.

[14] Mendes, Gilmar. Comentários ao art. 5º, XXXV, CF. In: Canotilho, José Joaquim Gomes, et al. **Comentários à Constituição do Brasil**. 2ª. ed. São Paulo: Saraiva Educação, p. 458-463, 2018, p. 460-462.

conteúdos que tenham o condão de perseguir finalidades coerentes aos objetivos da Constituição Federal, listados no art. 3º, CF/88[15], por meio de fundamentos de razoabilidade e racionalidade[16].

O Min. Mauro Campbell Marques, do STJ, ainda que *obter dictum* (ou "de passagem") em seu voto condutor no Recurso Especial (REsp) nº 1.307.407/SC, adiciona outros corolários ao princípio do devido processo legal, além da ampla defesa e do contraditório, a exemplo da publicidade dos atos processuais e da proibição da prova ilícita. Na mesma oportunidade, o ministro aponta que o devido processo legal é a "garantia maior do cidadão em face do arbítrio" e complementa, por fim, argumentando que a inexistência de um processo judicial revestido de garantias individuais seria incompatível com a própria democracia:

> PROCESSUAL CIVIL. AMPLIAÇÃO OBJETIVA DA DEMANDA. NECESSIDADE DE CONSENTIMENTO DO RÉU. IMPOSSIBILIDADE DE CONSENTIMENTO TÁCITO. DUE PROCESS OF LAW. OBSERVÂNCIA DOS PRINCÍPIOS DO CONTRADITÓRIO E DA AMPLA DEFESA. [...] 2. Tido por muitos como o único e verdadeiro princípio de Direito Processual contido na Constituição Federal de 1988 – art. 5º, LIV –, o princípio do due process of law abrange, como subprincípios ou corolários, a ampla defesa, contraditório, publicidade dos atos processuais, proibição da prova ilícita, entre outros. Como se vê, **o devido processo legal é a garantia maior do cidadão em face do arbítrio, dando-se a ele o direito, antes de ser submetido à sanção estatal, de ser submetido a um processo judicial cercado de garantias e precauções. É incompatível, pois, a democracia com a inexistência de um processo judicial revestido de garantias individuais**. [...] (REsp nº 1.307.407/SC, Rel. Min. Mauro Campbell Marques, Segunda Turma, STJ, j. 22 mai. 2012, DJe 29 mai. 2012, com grifo nosso)

[15] **[CF/88]** Art. 3º Constituem objetivos fundamentais da República Federativa do Brasil:
I – construir uma sociedade livre, justa e solidária;
II – garantir o desenvolvimento nacional;
III – erradicar a pobreza e a marginalização e reduzir as desigualdades sociais e regionais;
IV – promover o bem de todos, sem preconceitos de origem, raça, sexo, cor, idade e quaisquer outras formas de discriminação.

[16] NUNES, Cleucio Santos. **Curso Completo de Direito Processual Tributário**. 5ª. ed. São Paulo: SaraivaJur, 2022, p. 117-118.

Das ideias de igualdade substancial e de dimensão material do princípio do devido processo legal, decorrem, invariavelmente, os princípios do contraditório e da ampla defesa[17], previstos no art. 5º, LV, CF/88[18].

A esse respeito, Cleucio Santos Nunes aponta que o Min. Carlos Velloso, do STF, ainda que de passagem, em seu voto na MC na ADI nº 1.511-7/DF, reconheceu a divisão bidimensional do devido processo legal, anteriormente abordada, tratando como sinônimos os termos "devido processo legal material" e "devido processo legal substancial"[19]. Veja-se:

> Abrindo o debate, deixo expresso que a Constituição de 1988 consagra o devido processo legal nos seus dois aspectos, substantivo e processual, nos incisos LIV e LV, do art. 5º, respectivamente [...] *Due process of law*, com conteúdo substantivo – *substantive due process* – constitui limite ao Legislativo, no sentido de que as leis devem ser elaboradas com justiça, devem ser dotadas de razoabilidade (*reasonableness*) e racionalidade (*rationality*), devem guardar, segundo W. Holmes, um real e substancial nexo com o objetivo que se quer atingir. Paralelamente, *due processo of law*, com caráter processual – *procedural due process* – garante às pessoas um procedimento judicial justo, com direito de defesa (Trecho do voto do Min. Carlos Velloso na MC na ADI nº 1.511-7/DF, Rel. Min. Carlos Velloso, Plenário do STF, j. 16 out. 1996, DJ 06 jun. 2003).

Os princípios da ampla defesa e do contraditório, portanto, são desdobramentos – ou corolários – do devido processo legal, em sua faceta contenciosa, ou seja, quando restar caracterizada uma lide. Assim, quando um deles é ferido, portanto, todos os outros também o são[20]. Por ampla defesa, entende-se que, às partes, devem ser assegurados todos os meios

[17] Machado Segundo, Hugo de Brito. **Processo Tributário**. 10ª. ed. São Paulo: Atlas, 2018, p. 37.

[18] **[CF/88]** Art. 5º. [...] LV – aos litigantes, em processo judicial ou administrativo, e aos acusados em geral são assegurados o contraditório e ampla defesa, com os meios e recursos a ela inerentes;

[19] Nunes, Cleucio Santos. **Curso Completo de Direito Processual Tributário**. 5ª. ed. São Paulo: SaraivaJur, 2022, p. 118.

[20] Carrazza, Roque Antônio. **Curso de Direito Constitucional Tributário**. 29ª. ed. São Paulo: Malheiros Editores LTDA, 2013, p. 507.

necessários para exporem suas pretensões, comprovarem suas alegações e a pleitearem a reforma de decisões eventualmente equivocadas[21].

Apesar de diferenciar o termo "princípios" do termo "garantias", afirmando que a ampla defesa (e contraditório) estariam mais bem enquadrados na segunda categoria, para Cleucio Nunes, a ampla defesa se destina a "efetivar o devido processo legal, uma vez que o processo não será justo sem a segurança de um amplo sistema de alegações, provas e recursos disponibilizados às partes do processo"[22].

No âmbito tributário, por exemplo, a ampla defesa somente estaria respeitada, no lançamento de um auto de infração, caso a descrição do fato gerador imputado ao sujeito passivo restasse feita de maneira detalhada, apontando, inclusive, os dispositivos legais que a Administração Pública entende aplicáveis[23].

Hugo de Brito Machado Segundo, com esteio em Vicente Greco Filho, Oliveira Franco e Gordillo, aponta como inerentes à ampla defesa, no âmbito dos processos judicial e administrativo, (i) ter conhecimento claro da imputação; (ii) poder apresentar alegações contra a acusação; (iii) poder acompanhar a prova produzida e fazer a contraprova; (iv) ter defesa técnica por advogado e (v) poder recorrer de decisão desfavorável. No âmbito particular do processo administrativo, tem-se, ainda, (i) o direito a que toda prova razoavelmente proposta seja produzida, ainda que quem deva fazê-lo seja a Administração Pública; (ii) o direito de que as provas devem ser produzidas antes de se tomar uma decisão a respeito do tema; e (iii) o direito de controlar a produção de provas pela Administração Pública, seja ela testemunhal ou pericial[24].

Tantas são as garantias específicas derivadas deste princípio que Marco Félix Jobim aponta que a ampla defesa deve "envolver todos os elementos necessários para atuação das partes ao longo do processo em sua intei-

[21] Machado Segundo, Hugo de Brito. **Processo Tributário**. 10ª. ed. São Paulo: Atlas, 2018, p. 36-38.

[22] Nunes, Cleucio Santos. **Curso Completo de Direito Processual Tributário**. 5ª. ed. São Paulo: SaraivaJur, 2022, p. 136-139.

[23] Machado Segundo, Hugo de Brito. **Processo Tributário**. 10ª. ed. São Paulo: Atlas, 2018, p. 37.

[24] Machado Segundo, Hugo de Brito. **Processo Tributário**. 10ª. ed. São Paulo: Atlas, 2018, p. 37.

reza", inclusive argumentando que o verdadeiro alcance da ampla defesa deve ser moldado no exame do caso concreto[25].

Por sua vez, o princípio do contraditório seria o "instrumento técnico" da ampla defesa, por meio do qual deve ser dada ciência às partes do que se faz ou pretende que seja feito no processo, oferecendo-as oportunidade de contrapor os argumentos apresentados pela parte adversa[26], como exemplificado no art. 10, CPC/2015[27].

Entendendo que a oportunização do contraditório é premente não somente no processo judicial, mas também no processo administrativo tributário, Roque Antonio Carrazza aponta que, ínsita a este princípio, está a possibilidade de intervir ativamente, inclusive, no processo fiscalizatório, rebatendo "provas, presunções, ficções ou indícios" levantados pelo Fisco[28].

Cleucio Santos Nunes utiliza o termo "bilateralidade de comunicação", de modo a conferir maior abrangência ao conceito de contraditório, "assegurando a qualquer pessoa o direito de tomar ciência da existência de procedimento ou do processo de que seja alvo, não se aplicando somente ao réu em processo judicial". No processo tributário, a transformação de um procedimento em um processo ocorre com a apresentação tempestiva de uma impugnação administrativa, na qual o sujeito passivo pode refutar a pretensão da Fazenda Pública[29].

Modernamente, com o advento do novo CPC, o contraditório ainda teve reforçada sua faceta de cooperação entre as partes, entendendo-se a "bilateralidade do processo, com a necessária oportunidade das partes de

[25] JOBIM, Marco Félix. Princípio do contraditório e da ampla defesa. In: CANOTILHO, José Joaquim Gomes, et al. **Comentários à Constituição do Brasil**. 2ª. ed. São Paulo: Saraiva Educação, p. 463-467, 2018, p. 467.

[26] MACHADO SEGUNDO, Hugo de Brito. **Processo Tributário**. 10ª. ed. São Paulo: Atlas, 2018, p. 37.

[27] **[CPC/2015]** Art. 10. O juiz não pode decidir, em grau algum de jurisdição, com base em fundamento a respeito do qual não se tenha dado às partes oportunidade de se manifestar, ainda que se trate de matéria sobre a qual deva decidir de ofício.

[28] CARRAZZA, Roque Antônio. **Curso de Direito Constitucional Tributário**. 29ª. ed. São Paulo: Malheiros Editores LTDA, 2013, p. 506.

[29] NUNES, Cleucio Santos. **Curso Completo de Direito Processual Tributário**. 5ª. ed. São Paulo: SaraivaJur, 2022, p. 133-136.

participarem em seu resultado final, a fim de que a sentença seja a mais equilibrada possível"[30].

Nesse diapasão, Marco Félix Jobim cita o exemplo do art. 6º, CPC/ 2015[31], que transborda o princípio do contraditório, inclusive, para o princípio da duração razoável do processo, "apostando no processo dialógico para que sejam considerados no momento decisório, os argumentos e fundamentos debatidos e entregues ao conhecimento do juízo". O autor ainda adiciona, de maneira oportuna, que "só será lícito afastar o direito fundamental ao contraditório quando sua aplicação importar risco de lesão a outro direito fundamental". Ele ressalta que, nesses casos, se admitirá o contraditório postergado, característico das medidas *inaudita altera pars*, que são aquelas tomadas sem oitiva da parte adversa, como aquelas previstas para as tutelas provisórias de urgência ou, em alguns casos, também nas de evidência[32].

O próprio art. 9º, CPC/2015, que positiva o princípio do contraditório neste diploma legal, também traz previsão expressa para a concessão de tutelas provisórias em sede liminar *inaudita altera pars*, em seu parágrafo único, incisos I e II[33]. Com relação a tal previsão, Fredie Didier Jr. aponta que

> Não há violação da garantia do contraditório na concessão, justificada pelo perigo, de tutela provisória liminar. Isso porque há uma ponderação legislativa entre a efetividade e o contraditório, preservando-se o contraditório para momento posterior. O contraditório, neste caso, é postecipado para momento seguinte ao da concessão da providência de urgência. Como

[30] Machado Segundo, Hugo de Brito. **Processo Tributário**. 10ª. ed. São Paulo: Atlas, 2018, p. 37-38.

[31] **[CPC/2015]** Art. 6º Todos os sujeitos do processo devem cooperar entre si para que se obtenha, em tempo razoável, decisão de mérito justa e efetiva.

[32] Jobim, Marco Félix. Princípio do contraditório e da ampla defesa. In: Canotilho, José Joaquim Gomes, et al. **Comentários à Constituição do Brasil**. 2ª. ed. São Paulo: Saraiva Educação, p. 463-467, 2018, p. 465-466.

[33] **[CPC/2015]** Art. 9º Não se proferirá decisão contra uma das partes sem que ela seja previamente ouvida.
Parágrafo único. O disposto no caput não se aplica: I – à tutela provisória de urgência; II – às hipóteses de tutela da evidência previstas no art. 311, incisos II e III.

a decisão é provisória, o prejuízo para o réu fica aliviado. Nos casos de tutela provisória liminar de evidência, embora não haja perigo, a alta probabilidade de êxito da demanda é reconhecida como apta a mitigar o contraditório, postecipando-o da mesma maneira[34].

Mariana Pavoni, inclusive, entende que o princípio do devido processo legal não teria sido mitigado pelo legislador, quando da elaboração das regras atuais atinentes à tutela provisória, contudo, "os demais princípios que dele se originaram foram sim analisados, valorados ou diferidos quando se pretendeu conceder provisoriamente o bem da vida"[35]. Discussões mais aprofundadas acerca da possibilidade de mitigação de princípios pelas tutelas provisórias e outras medidas liminares serão levantadas mais adiante no livro.

1.2 Princípio da segurança jurídica

A consideração concatenada dos princípios do devido processo legal, da ampla defesa e do contraditório, origina, por fim, o princípio da segurança jurídica, também denominado princípio da certeza do direito. Trata-se, de acordo com Cleide Previtalli Cais, "de princípio implícito, constituindo um sobreprincípio, algo que em termos ideais deve nortear toda e qualquer norma jurídica". Para a autora, todos os direitos e garantias constitucionais fundamentais decorrem do princípio da segurança jurídica, sendo esse princípio um instrumento do cidadão para controle da discricionariedade do legislador[36].

Cláudio Pereira de Souza Neto aponta que o princípio da segurança jurídica tem múltipla dimensionalidade, por exercer diversas funções em diferentes contextos. O autor também aponta que esse princípio se divide

[34] Didier Jr., Fredie. **Curso de Direito Processual Civil: Introdução ao Direito Processual Civil, parte geral e processo de conhecimento**. 17ª. ed. Salvador: Juspodivm, v. 1, 2015, p. 83.

[35] Pavoni, Mariana Melo de Carvalho. Tutela provisória: a técnica da antecipação a serviço da efetividade da jurisdição. In: BUENO, Cássio Scarpinella, et al. **Tutela provisória no CPC: dos 20 anos de vigência do art. 273 do CPC/1973 ao CPC/2015**. 2ª. ed. São Paulo: Saraiva Educação, Cap. 18, p. 371-387, 2018, p. 376.

[36] Cais, Cleide Previtalli. **O processo tributário**. 8ª. ed. São Paulo: Revista dos Tribunais, 2013, p. 45-47.

em três categorias básicas: (i) estabilidade, (ii) ausência de perigos e (iii) previsibilidade. A estabilidade consiste na ideia de que "as soluções adotadas pelo Estado não podem ser modificadas, salvo em situações excepcionais". Trata-se de uma proteção ao ato jurídico perfeito, que é aquele constituído em conformidade com a legislação em vigor à época em que foi praticado. A ausência de perigos consistiria na ideia de que "os riscos gerados pelo processo econômico devem ser minorados pela atuação do Estado e dos particulares", sendo aplicável, em especial, à esfera ambiental e de tutela dos direitos coletivos[37].

A previsibilidade, por sua vez, é o aspecto da segurança jurídica que protege a confiança dos jurisdicionados. Ainda nas palavras de Cláudio Pereira de Souza Neto, "a previsibilidade da atuação estatal permite que os particulares estabeleçam responsavelmente seus planos de ação e saibam com antecedência quais serão as consequências de seus atos". Em matéria tributária, a dimensão da previsibilidade resta exemplificada pelos princípios da legalidade e irretroatividade tributárias (art. 150, I e III, "a", CF/88[38]), bem como pelo princípio da anterioridade, tanto em sua acepção geral, chamada "anterioridade do exercício financeiro" (art. 150, III, "b", CF/88[39]), quanto em sua acepção de noventena (art. 150, III, "c", CF/88[40]), e na proteção às mudanças de interpretação

[37] Souza Neto, Cláudio Pereira. Segurança. In: Canotilho, José Joaquim Gomes, et al. **Comentários à Constituição do Brasil**. 2ª. ed. São Paulo: Saraiva Educação, p. 236-238, 2018, p. 237-238.

[38] **[CF/88]** Art. 150. Sem prejuízo de outras garantias asseguradas ao contribuinte, é vedado à União, aos Estados, ao Distrito Federal e aos Municípios: I – exigir ou aumentar tributo sem lei que o estabeleça; [...] III – cobrar tributos: a) em relação a fatos geradores ocorridos antes do início da vigência da lei que os houver instituído ou aumentado;

[39] **[CF/88]** Art. 150. Sem prejuízo de outras garantias asseguradas ao contribuinte, é vedado à União, aos Estados, ao Distrito Federal e aos Municípios: [...] III – cobrar tributos: [...] b) no mesmo exercício financeiro em que haja sido publicada a lei que os instituiu ou aumentou;

[40] **[CF/88]** Art. 150. Sem prejuízo de outras garantias asseguradas ao contribuinte, é vedado à União, aos Estados, ao Distrito Federal e aos Municípios: [...] III – cobrar tributos: [...] c) antes de decorridos noventa dias da data em que haja sido publicada a lei que os instituiu ou aumentou, observado o disposto na alínea b; (Incluído pela Emenda Constitucional nº 42, de 19.12.2003)

da norma (art. 146, CTN[41]), protegendo as expectativas legítimas dos contribuintes[42].

Para Cleide Previtalli Cais, em termos tributários, o princípio da segurança jurídica outorga aos contribuintes a necessária segurança em relação ao Estado, expressamente manifesta em diversos dispositivos constitucionais, em especial no art. 145, §1º, CF/88[43], que versa sobre o princípio da capacidade contributiva, e no art. 150, CF/88, que impõe limites ao poder estatal de tributar[44].

No âmbito do processo tributário, de acordo com Hugo de Brito Machado Segundo, a existência de prazos para a realização de procedimentos de fiscalização, de prazos de decadência do direito do Fisco de lançar tributos, de prazos para interposição de recursos, da preclusão, da coisa julgada, dentre outros, são todas decorrências do princípio da segurança jurídica[45].

Outra decorrência significativa do princípio da segurança jurídica é a ideia de "processo pleno" ou "plenitude de jurisdição", que estaria fundamentada em dois elementos, (i) a "formalidade" e (ii) a "segurança" processuais[46]. Para Cássio Scarpinella Bueno, duas manifestações práticas dessa ideia seriam a necessidade de cognição exauriente e a necessi-

41 **[CTN]** Art. 146. A modificação introduzida, de ofício ou em conseqüência de decisão administrativa ou judicial, nos critérios jurídicos adotados pela autoridade administrativa no exercício do lançamento somente pode ser efetivada, em relação a um mesmo sujeito passivo, quanto a fato gerador ocorrido posteriormente à sua introdução.

42 Souza Neto, Cláudio Pereira. Segurança. In: Canotilho, José Joaquim Gomes, et al. **Comentários à Constituição do Brasil.** 2ª. ed. São Paulo: Saraiva Educação, p. 236-238, 2018, p. 238.

43 **[CF/88]** Art. 145. [...] §1º Sempre que possível, os impostos terão caráter pessoal e serão graduados segundo a capacidade econômica do contribuinte, facultado à administração tributária, especialmente para conferir efetividade a esses objetivos, identificar, respeitados os direitos individuais e nos termos da lei, o patrimônio, os rendimentos e as atividades econômicas do contribuinte.

44 CAIS, Cleide Previtalli. **O processo tributário.** 8ª. ed. São Paulo: Revista dos Tribunais, 2013, p. 49.

45 Machado Segundo, Hugo de Brito. **Processo Tributário.** 10ª. ed. São Paulo: Atlas, 2018, p. 19.

46 Machado Segundo, Hugo de Brito. **Processo Tributário.** 10ª. ed. São Paulo: Atlas, 2018, p. 480.

dade de sentença judicial transitada em julgado, para que fosse efetivada a máxima segurança jurídica[47]. Essa plenitude de jurisdição, por certo, no entanto, diminui o grau de celeridade necessário para a adequada satisfação do acesso à Justiça, visto que "as relações econômicas e pessoais da atualidade não se compatibilizam com a longa espera de decisões finais na Justiça"[48].

Tal abordagem crítica será retomada mais adiante, nos capítulos vindouros, quando forem apesentados os óbices doutrinários à concessão de tutelas provisórias contra a Fazenda Pública, mais especificamente aqueles calcados no instituto do duplo grau de jurisdição necessário.

1.3 Princípio da isonomia (ou princípio da igualdade)

O princípio da isonomia, também chamado de princípio da igualdade, está previsto expressamente no art. 5º, *caput*, CF/88[49]. A respeito do conteúdo político-ideológico desse princípio, entende-se que a lei não pode ser utilizada como fonte de privilégios ou perseguições. Deve ser utilizada, em verdade, como instrumento regulador da vida social, de modo que se faz necessário dispensar tratamento equitativo a todos os cidadãos[50].

Esse princípio abarca duas dimensões. Em sua dimensão formal, a isonomia impõe a aplicação indistinta, a todos, das determinações do direito. Trata-se, portanto, do exercício de uma função estatal, pois implica em uma proibição de distinção, pelo aplicador do Direito (Administração Pública ou Judiciário), que não esteja prevista pela lei ou que não esteja descrita na lei[51].

[47] BUENO, Cássio Scarpinella. **Liminar em mandado de segurança: um tema com variações.** 2ª. ed. São Paulo: Editora Revista dos Tribunais, 1999, p. 48.

[48] NUNES, Cleucio Santos. **Curso Completo de Direito Processual Tributário.** 5ª. ed. São Paulo: SaraivaJur, 2022, p. 538.

[49] **[CF/88]** Art. 5º Todos são iguais perante a lei, sem distinção de qualquer natureza, garantindo-se aos brasileiros e aos estrangeiros residentes no País a inviolabilidade do direito à vida, à liberdade, à igualdade, à segurança e à propriedade, nos termos seguintes:

[50] CAIS, Cleide Previtalli. **O processo tributário.** 8ª. ed. São Paulo: Revista dos Tribunais, 2013, p. 53.

[51] MARTINS, Leonardo. Direito Fundamental à Igualdade. In: CANOTILHO, José Joaquim Gomes, et al. **Comentários à Constituição do Brasil.** 2ª. ed. São Paulo: Saraiva Educação,

Os contribuintes, como coletividade, também estão inclusos, por certo, na esfera de ação do art. 5º, *caput*, CF/88. Em complementação, Roque Antonio Carrazza chama atenção para o fato de que não somente têm direito à isonomia os contribuintes que cumprem suas obrigações, mas também aqueles que infringem a legislação tributária e que, em consequência, litigam contra a Fazenda Pública[52].

Somente o aspecto formal, contudo, é insuficiente, visto que "a verdadeira igualdade consiste em tratar igualmente os iguais e desigualmente os desiguais, na medida em que se desigualam"[53]. Assim aparece a dimensão material da isonomia. Qualquer normativo que atingir direitos fundamentais deverá ser compatível com a totalidade da Constituição, assim, será possível e, em alguns casos, necessário, realizar distinções, quando se tratar de proteger direitos fundamentais[54].

Em termos legais, o princípio da isonomia vincula o legislador, de modo que devem ser normatizados, casuisticamente, portanto, critérios discriminatórios, cujo objetivo deve ser de realizar a finalidade das normas. Para tanto, um dos instrumentos mais adequados é o princípio da proporcionalidade, que permite sopesar a discriminação formal frente a seu correspondente material, refletido na vida dos cidadãos[55].

Em termos processuais, o princípio da isonomia também é contemplado no art. 139, I, CPC[56], quando a lei aponta que o juiz assegurará às partes igualdade de tratamento. Nesse sentido, Hugo de Brito Machado Segundo adiciona que não somente o legislador, mas também o adminis-

p. 223-236, 2018, p. 225.

52 Carrazza, Roque Antônio. **Curso de Direito Constitucional Tributário**. 29ª. ed. São Paulo: Malheiros Editores LTDA, 2013, p. 505.

53 Machado Segundo, Hugo de Brito. **Processo Tributário.** 10ª. ed. São Paulo: Atlas, 2018, p. 20.

54 Martins, Leonardo. Direito Fundamental à Igualdade. In: Canotilho, José Joaquim Gomes, et al. **Comentários à Constituição do Brasil**. 2ª. ed. São Paulo: Saraiva Educação, p. 223-236, 2018, p. 225.

55 Machado Segundo, Hugo de Brito. **Processo Tributário.** 10ª. ed. São Paulo: Atlas, 2018, p. 20.

56 **[CPC/2015]** Art. 139. O juiz dirigirá o processo conforme as disposições deste Código, incumbindo-lhe:
I – assegurar às partes igualdade de tratamento;

trador e o juiz "não podem permitir o surgimento de situações que favoreçam injustificadamente um contribuinte em detrimento dos demais, ou, o que é mais comum, beneficiem a Fazenda Pública em detrimento dos contribuintes em geral". Mesmo que se diga que a Fazenda Pública, por ser distinta dos cidadãos em geral, merece tratamento diferenciado, para o autor, o problema mais significativo seria o excessivo alargamento concedido, pela legislação, a essa distinção, "tornando-a justificativa para toda sorte de abusos e injustificados privilégios" [57].

De acordo com Leonardo Martins, o tratamento desigual, em termos constitucionais, pode ser verificado em duas hipóteses. Em uma delas, se verificará violação à isonomia sempre que "uma pessoa, um grupo de pessoas ou uma situação forem essencialmente diferentes, mas apesar disso, forem tratadas indistintamente". Na segunda hipótese, haverá tratamento desigual quando "uma pessoa, um grupo de pessoas ou uma situação forem essencialmente iguais, mas, apesar disso, forem tratadas diferentemente"[58].

Nessa última hipótese poderia se subsumir, justamente, a situação que fora levantada quando da introdução do presente trabalho, na qual a vedação à concessão de tutelas provisórias em face da Fazenda Pública – especificamente quanto às ações tributárias de compensação de créditos e repetição de indébito – estaria criando um subgrupo de jurisdicionados, na forma dos contribuintes, que teria excepcionado seu direito ao aproveitamento de todas as potencialidades do instituto da tutela provisória do CPC/2015.

Adicionalmente, Leonardo Martins aponta que, ao se verificar possível violação do direito à igualdade, deve-se questionar o seu motivo, visto que, ao Estado, seria "lícito criar desigualdades sempre que elas não restarem arbitrárias ou não forem destituídas de fundamento racional", citando como exemplo as intervenções do Estado na esfera econômica,

[57] MACHADO SEGUNDO, Hugo de Brito. **Processo Tributário**. 10ª. ed. São Paulo: Atlas, 2018, p. 21.

[58] MARTINS, Leonardo. Direito Fundamental à Igualdade. In: CANOTILHO, José Joaquim Gomes, et al. **Comentários à Constituição do Brasil**. 2ª. ed. São Paulo: Saraiva Educação, p. 223-236, 2018, p. 229.

inclusive por meio da legislação tributária. Na esfera tributária, o Estado poderia, por exemplo, aumentar alíquotas de impostos para determinados grupos, sem fazê-lo para outros, desde que nomeasse pelo menos um fundamento racional para sua decisão[59].

Há limites, no entanto, a tais intervenções estatais. Na própria esfera tributária, Cleide Previtalli Cais aponta exemplo de três privilégios que, à época em que vigia o CPC/73 (e que ainda se encontram aplicáveis mesmo na vigência do CPC/2015), eram concedidos à Fazenda Pública que, segundo ela, são considerados, pela doutrina, "como viciadas por inconstitucionalidade, por outorgar privilégio a uma das partes em detrimento da outra, sem critério que justifique a distinção"[60].

O primeiro privilégio aponta que, em sendo vencida a Fazenda Pública, e nas execuções por ela propostas, embargadas ou não, a teor do §4º do art. 20 do CPC/73, os honorários advocatícios não se submetem aos limites discriminados pelo §3º do mesmo artigo em favor da parte contrária, devendo ser fixados por apreciação equitativa do juiz, situação tal que se encontra reproduzida no atual art. 85, §§ 2º e 3º, CPC/2015. O segundo se traduz na aplicação do duplo grau de jurisdição necessário se a sentença for proferida contra a União, o Estado, o Distrito Federal, o Município, e respectivas autarquias e fundações de direito público (prevista no art. 475, I, CPC/73, reproduzida no art. 496, I, CPC/15). Por último, o terceiro privilégio se refere à aplicação do duplo grau de jurisdição necessário à sentença que julgar procedentes, no todo ou em parte, os embargos à execução de dívida ativa da Fazenda Pública, conforme o art. 475, II, CPC/73, reproduzido no art. 496, II, CPC/2015[61].

[59] MARTINS, Leonardo. Direito Fundamental à Igualdade. In: CANOTILHO, José Joaquim Gomes, et al. **Comentários à Constituição do Brasil**. 2ª. ed. São Paulo: Saraiva Educação, p. 223-236, 2018, p. 231.
[60] CAIS, Cleide Previtalli. **O processo tributário**. 8ª. ed. São Paulo: Revista dos Tribunais, 2013, p. 56-58.
[61] CAIS, Cleide Previtalli. **O processo tributário**. 8ª. ed. São Paulo: Revista dos Tribunais, 2013, p. 58.

1.4 Princípio da proporcionalidade, ponderação principiológica e a técnica da interpretação conforme

Luís Roberto Barroso define o princípio da proporcionalidade por meio de três aspectos: (i) adequação, (ii) necessidade (também chamada de "vedação do excesso") e (iii) proporcionalidade em sentido estrito[62]. Para Hugo de Brito Machado Segundo, haveria adequação quando o meio utilizado para alcançar a finalidade pretendida fosse eficaz e com ela compatível, sem gerar "efeitos colaterais" juridicamente relevantes quanto a outros direitos fundamentais[63].

No que se refere à necessidade, esta estaria presente quando não existisse outro meio igualmente adequado e que, concomitantemente, fosse menos nocivo ou menos agressivo a outros direitos fundamentais. Leonardo Martins fala em *conditio sine qua non*, na medida em que necessária será a diferenciação se a promoção do bem dos grupos distinguidos não puder ser alcançada sem ela e desde que ela represente o meio menos oneroso que se conhece[64]. Por certo, no entanto, não há como exigir a adoção de meio menos agressivo à custa da falta de idoneidade ou efetividade à tutela do direito material, de modo que apenas após a definição do meio idôneo é que o juiz deverá se preocupar com o de menor restritividade[65].

Por último, para que determinado meio seja considerado proporcional em sentido estrito, deve-se ponderar se as vantagens conquistadas são maiores do que as desvantagens, ou seja, se o ato praticado, sua finalidade

[62] BARROSO, Luís Roberto. Interpretação constitucional como interpretação específica. In: CANOTILHO, José Joaquim Gomes, et al. **Comentários à Constituição do Brasil**. 2ª. ed. São Paulo: Saraiva Educação, p. 91-95, 2018, p. 94

[63] MACHADO SEGUNDO, Hugo de Brito. **Processo Tributário**. 10ª. ed. São Paulo: Atlas, 2018, p. 23.

[64] MARTINS, Leonardo. Direito Fundamental à Igualdade. In: CANOTILHO, José Joaquim Gomes, et al. **Comentários à Constituição do Brasil**. 2ª. ed. São Paulo: Saraiva Educação, p. 223-236, 2018, p. 233.

[65] MARINONI, Luiz Guilherme. Direito Fundamental de Ação. In: CANOTILHO, José Joaquim Gomes, et al. **Comentários à Constituição Brasileira**. 2ª. ed. São Paulo: Saraiva Educação, p. 385-395, 2018, p. 393.

e seu valor subjacente são superiores a eventuais agressões a direitos fundamentais que possam dele decorrer, no caso concreto[66].

A proporcionalidade pode ser enunciada, portanto, como uma adequação entre meios e fins. Cleucio Santos Nunes, contudo, não a considera como um princípio, mas sim como um "instrumento geral de ponderação", junto com o princípio da razoabilidade. Isso, no entanto, não gera diferença prática entre a utilização da proporcionalidade como critério de ponderação principiológica. Em matéria tributária, o autor cita o julgamento da ADI nº 1.976/DF como exemplo de utilização do princípio da proporcionalidade para sopesar a (in)constitucionalidade de um dispositivo legal em matéria tributária – no caso, o art. 33, §2º, Decreto nº 70.235/72, com redação determinada pela Lei nº 10.522/2002[67].

A alteração em questão estabeleceu o "arrolamento de bens" como requisito de admissibilidade de recurso administrativo em processo tributário federal. Entretanto, dentre outros problemas apresentados, esse dispositivo parece ter padecido do aspecto da necessidade, visto que o resultado pretendido (de evitar a interposição de recursos meramente protelatórios) poderia ter sido obtido com o emprego de medida menos gravosa e menos restritiva a direitos individuais. Veja-se:

> EMENTA: AÇÃO DIRETA DE INCONSTITUCIONALIDADE. ART. 32, QUE DEU NOVA REDAÇÃO AO ART. 33, § 2º, DO DECRETO 70.235/72 E ART. 33, AMBOS DA MP 1.699-41/1998. DISPOSITIVO NÃO REEDITADO NAS EDIÇÕES SUBSEQUENTES DA MEDIDA PROVISÓRIA TAMPOUCO NA LEI DE CONVERSÃO. ADITAMENTO E CONVERSÃO DA MEDIDA PROVISÓRIA NA LEI 10.522/2002. ALTERAÇÃO SUBSTANCIAL DO CONTEÚDO DA NORMA IMPUGNADA. INOCORRÊNCIA. PRESSUPOSTOS DE RELEVÂNCIA E URGÊNCIA. DEPÓSITO DE TRINTA PORCENTO DO DÉBITO EM DISCUSSÃO OU ARROLAMENTO PRÉVIO DE BENS E DIREITOS COMO CONDIÇÃO

66 MACHADO SEGUNDO, Hugo de Brito. **Processo Tributário**. 10ª. ed. São Paulo: Atlas, 2018, p. 23.

67 NUNES, Cleucio Santos. **Curso Completo de Direito Processual Tributário**. 5ª. ed. São Paulo: SaraivaJur, 2022, p. 97-98.

PARA A INTERPOSIÇÃO DE RECURSO ADMINISTRATIVO. PEDIDO DEFERIDO.

[...] A exigência de depósito ou arrolamento prévio de bens e direitos como condição de admissibilidade de recurso administrativo constitui obstáculo sério (e intransponível, para consideráveis parcelas da população) ao exercício do direito de petição (CF, art. 5º, XXXIV), além de caracterizar ofensa ao princípio do contraditório (CF, art. 5º, LV).

A exigência de depósito ou arrolamento prévio de bens e direitos pode converter-se, na prática, em determinadas situações, em supressão do direito de recorrer, **constituindo-se, assim, em nítida violação ao princípio da proporcionalidade. Ação direta julgada procedente para declarar a inconstitucionalidade do art. 32 da MP 1699-41 – posteriormente convertida na lei 10.522/2002** –, que deu nova redação ao art. 33, § 2º, do Decreto 70.235/72. (ADI nº 1.976/DF, Rel. Min. Joaquim Barbosa, Plenário do STF, j. 28 mar. 2007, DJ 10 abr. 2007, p. 64, com grifo nosso).

Paralelamente à nomenclatura "proporcionalidade", este princípio, quando utilizado como instrumento de ponderação, também é frequentemente referido como "princípio da razoabilidade". A noção de razoabilidade tem origem no direito anglo-saxão, como desdobramento do *substantive due process of law*, enquanto a ideia de proporcionalidade tem origem no sistema alemão. Para Luís Roberto Barroso, nessas situações, os dois termos podem ser utilizados de forma intercambiável, visto que, essencialmente, "abrigam os mesmos valores subjacentes: racionalidade, justiça, medida adequada, senso comum, rejeição aos atos arbitrários ou caprichosos"[68].

Em concordância com a posição do STF, Leonardo Martins afirma que "o legislador pode perseguir somente propósitos legítimos para justificar o tratamento desigual"[69]. Nesse diapasão, a título de provocação a ser

[68] Barroso, Luís Roberto. Interpretação constitucional como interpretação específica. In: Canotilho, José Joaquim Gomes, et al. **Comentários à Constituição do Brasil**. 2ª. ed. São Paulo: Saraiva Educação, p. 91-95, 2018, p. 94.

[69] Martins, Leonardo. Direito Fundamental à Igualdade. In: Canotilho, José Joaquim Gomes, et al. **Comentários à Constituição do Brasil**. 2ª. ed. São Paulo: Saraiva Educação, p. 223-236, 2018, p. 235.

retomada em momento oportuno, James Marins aponta que "a utilização distorcida da interpretação ou a possibilidade teórica da criação de prerrogativas processuais para a Fazenda Pública tem sido, em relevantes questões, coibida pelo Poder Judiciário"[70].

Adicionalmente, Hugo de Brito Machado Segundo aponta que é justamente pelo fato de a Constituição Federal de 1988 apresentar um rol significativamente diversificado de direitos fundamentais, que um número importante de conflitos principiológicos inevitavelmente surgirá e o princípio da proporcionalidade é, por excelência, o método mais eficiente de ponderação de princípios. Segundo o autor, "não se concebe a aplicação das normas constitucionais, especialmente as de cunho principiológico, sem a utilização dos critérios oferecidos pela proporcionalidade"[71].

Por último, vale tecer comentário acerca da chamada "técnica da interpretação conforme". Para Luís Roberto Barroso, a interpretação conforme objetiva preservar a validade de normas suspeitas de inconstitucionalidade, atribuindo a elas um sentido pertinente com sua redação e que, ao mesmo tempo, realize os mandamentos constitucionais. Ele completa apontando que essa técnica abriga dois aspectos paralelos, sendo, concomitantemente, (i) uma técnica de interpretação e (ii) um mecanismo de controle de constitucionalidade[72]. Nas palavras do autor:

> Como técnica de interpretação, o princípio impõe a juízes e tribunais que interpretam a legislação ordinária de modo a realizar, da maneira mais adequada, os valores e fins constitucionais. Vale dizer: entre interpretações possíveis, deve-se escolher a que tem mais afinidade com a Constituição. Como mecanismo de controle de constitucionalidade, a interpretação conforme a Constituição permite que o intérprete, sobretudo o tribunal constitucional, preserve a validade de uma lei que, na sua leitura mais óbvia, seria inconstitu-

[70] MARINS, James. **Direito Processual Tributário Brasileiro – Administrativo e Judicial**. 12ª. ed. São Paulo: Thomson Reuters Brasil, 2019, p. 529.

[71] MACHADO SEGUNDO, Hugo de Brito. **Processo Tributário**. 10ª. ed. São Paulo: Atlas, 2018, p. 23-24.

[72] BARROSO, Luís Roberto. Interpretação constitucional como interpretação específica. In: CANOTILHO, José Joaquim Gomes, et al. **Comentários à Constituição do Brasil**. 2ª. ed. São Paulo: Saraiva Educação, p. 91-95, 2018, p. 93.

cional. Nessa hipótese, o tribunal, simultaneamente, infirma uma das interpretações possíveis, declarando-a inconstitucional, e afirma outra, que compatibiliza a norma com a Constituição. Trata-se de uma atuação "corretiva", que importa na declaração de inconstitucionalidade sem redução do texto e tem por limite as possibilidades semânticas do texto.[73]

Importa ressaltar, então, que a interpretação conforme encontra limite no próprio princípio da proporcionalidade (ou, de maneira fungível, no princípio da razoabilidade), visto que não pode ir contra o sentido originário do texto normativo. Se assim fosse possível, o magistrado estaria atuando como legislador, o que fere o princípio da separação dos poderes (art. 2º, CF/88), como consignado na Representação (Rp) nº 1.417/DF:

> REPRESENTAÇÃO DE INCONSTITUCIONALIDADE DO PARAGRAFO 3 DO ARTIGO 65 DA LEI ORGÂNICA DA MAGISTRATURA NACIONAL, INTRODUZIDO PELA LEI COMPLEMENTAR N. 54/86.
>
> – O PRINCÍPIO DA INTERPRETAÇÃO CONFORME A CONSTITUIÇÃO (VERFASSUNGSKONFORME AUSLEGUNG) E PRINCÍPIO QUE SE SITUA NO ÂMBITO DO CONTROLE DA CONSTITUCIONALIDADE, E NÃO APENAS SIMPLES REGRA DE INTERPRETAÇÃO. **A APLICAÇÃO DESSE PRINCÍPIO SOFRE, POREM, RESTRIÇÕES, UMA VEZ QUE, AO DECLARAR A INCONSTITUCIONALIDADE DE UMA LEI EM TESE, O S.T.F. – EM SUA FUNÇÃO DE CORTE CONSTITUCIONAL – ATUA COMO LEGISLADOR NEGATIVO, MAS NÃO TEM O PODER DE AGIR COMO LEGISLADOR POSITIVO**, PARA CRIAR NORMA JURÍDICA DIVERSA DA INSTITUIDA PELO PODER LEGISLATIVO. POR ISSO, SE A ÚNICA INTERPRETAÇÃO POSSIVEL PARA COMPATIBILIZAR A NORMA COM A CONSTITUIÇÃO CONTRARIAR O SENTIDO INEQUIVOCO QUE O PODER LEGISLATIVO LHE PRETENDEU DAR, NÃO SE PODE APLICAR O PRINCÍPIO DA INTERPRETAÇÃO CONFORME A CONSTITUIÇÃO, QUE IMPLICARIA, EM

[73] BARROSO, Luís Roberto. Interpretação constitucional como interpretação específica. In: CANOTILHO, José Joaquim Gomes, et al. **Comentários à Constituição do Brasil**. 2ª. ed. São Paulo: Saraiva Educação, p. 91-95, 2018, p. 93.

VERDADE, CRIAÇÃO DE NORMA JURÍDICA, O QUE É PRIVATIVO DO LEGISLADOR POSITIVO. [...] (Rp nº 1.417/DF, Rel. Min. Moreira Alves, Plenário do STF, j. 09 dez. 1987, DJ 15 abr. 1988, p. 8397, com grifo nosso)

1.5 Princípio da inafastabilidade da jurisdição estatal

Previsto expressamente no art. 5º, XXXV, CF/88, o princípio da inafastabilidade da jurisdição estatal aponta que "a lei não excluirá da apreciação do Poder Judiciário lesão ou ameaça a direito. Cleucio Santos Nunes, ao tratar da previsão do art. 5º, XXXV, CF/88, no entanto, prefere o termo "princípio do acesso à jurisdição", possivelmente em função da perspectiva histórica sob a qual esse princípio nasceu[74].

Roque Antonio Carrazza, por sua vez, também utiliza a nomenclatura "princípio da universalidade da jurisdição", apontando que não somente as violações a direitos públicos subjetivos, previstos na Constituição Federal, é que atrairão a incidência do dispositivo em questão. Para o autor, qualquer ofensa a direitos, inclusive aqueles decorrentes de normas infraconstitucionais, também invocarão o art. 5º, XXXV, CF/88[75].

Na sequência, Cleucio Nunes, ressalta que "o acesso à jurisdição é fundamental à efetividade da democracia e ao pleno funcionamento do estado de direito". Para ele, o estado de direito, nos regimes democráticos, se traduziria no sistema político de submissão dos poderes do Estado à legalidade, daí se falar em "estado democrático de direito". Advindo, inicialmente, da filosofia liberal, o conceito de estado democrático de direito teria evoluído para incorporar "um patamar adequado de garantia de dignidade da pessoa humana", na medida em que, mesmo sem ruptura com os valores ligados ao capital econômico, necessária seria a efetivação de direitos fundamentais individuais e sociais[76].

Para Fredie Didier Jr., "o principal efeito desse princípio é o direito fundamental de ação, também designado como direito de acesso ao Poder

[74] Nunes, Cleucio Santos. **Curso Completo de Direito Processual Tributário**. 5ª. ed. São Paulo: SaraivaJur, 2022, p. 123-129.

[75] Carrazza, Roque Antônio. **Curso de Direito Constitucional Tributário**. 29ª. ed. São Paulo: Malheiros Editores LTDA, 2013, p. 502.

[76] Nunes, Cleucio Santos. **Curso Completo de Direito Processual Tributário**. 5ª. ed. São Paulo: SaraivaJur, 2022, p. 123-126.

Judiciário, direito de acesso à justiça ou direito à jurisdição"[77]. Cleide Previtalli Cais, por sua, vez, refere que o princípio em questão "configura a explosão máxima do estado de direito", visto que

> [...] a titularidade do direito subjetivo (denominado de situação jurídica ativa ou direito à jurisdição) é conferida à pessoa física ou jurídica integrante da coletividade, enquanto o dever de prestar a jurisdição (situação jurídica passiva) cabe ao Estado, que o efetiva pelos órgãos do Poder Judiciário[78].

No mesmo diapasão, Cleucio Nunes aponta que, na democracia, se tem "como expectativa o funcionamento eficiente de mecanismos de controle das decisões políticas e a participação justa na distribuição de riqueza", daí ser o acesso à Jurisdição um dos instrumentos de efetivação do estado democrático de direito, contra a ofensa a direitos individuais e coletivos, além do combate à opressão estatal[79].

Independentemente da nomenclatura, no entanto, ressalta-se que Hugo de Brito Machado Segundo, ao tratar do referido dispositivo, aponta que "essa expressão literal, embora sintética, encerra significado assaz abrangente, dando gênese a vários princípios". Dentre os citados princípios, estão alguns de significativo interesse para o presente trabalho: (i) o princípio da efetividade da tutela jurisdicional, (ii) o poder geral de cautela do juiz e (iii) princípio da duração razoável do processo, que serão trabalhados em maior detalhe nas subseções seguintes[80].

Antes, no entanto, de abordar cada um deles, é necessário, entender, em especial, quatro elementos do princípio original, neste trabalho referido como princípio da inafastabilidade da jurisdição estatal. Eles são: (i)

[77] DIDIER JR., Fredie. **Curso de Direito Processual Civil: Introdução ao Direito Processual Civil, parte geral e processo de conhecimento**. 17ª. ed. Salvador: Juspodivm, v. 1, 2015, p. 177.

[78] CAIS, Cleide Previtalli. **O processo tributário**. 8ª. ed. São Paulo: Revista dos Tribunais, 2013, p. 78.

[79] NUNES, Cleucio Santos. **Curso Completo de Direito Processual Tributário.** 5ª. ed. São Paulo: SaraivaJur, 2022, p. 126-127.

[80] MACHADO SEGUNDO, Hugo de Brito. **Processo Tributário**. 10ª. ed. São Paulo: Atlas, 2018, p. 48.

o monopólio da jurisdição pelo Poder Judiciário, (ii) a amplitude aumentada do acesso à justiça, (iii) a necessidade de regulação infraconstitucional, e (iv) a adequação da tutela.

O primeiro elemento, como anunciado, é o "monopólio da jurisdição pelo Poder Judiciário". Acerca do tema, Paulo Roberto Figueiredo Dantas aponta que a Constituição de 1988 adotou o "sistema da jurisdição una", inspirado no modelo inglês, no qual a atividade jurisdicional é entregue somente ao Poder Judiciário[81].

Não se permite, portanto, no Brasil, a criação de órgãos de contencioso administrativo com poder de fazer coisa julgada, como se faz nos países que adotam a chamada "jurisdição dúplice", ou "sistema do contencioso administrativo", como a França e a Itália. Nesses dois países, a Justiça Administrativa tem jurisdição e competência sobre litígios específicos, desde que uma das partes seja o Poder Público. De acordo com José dos Santos Carvalho Filho, a principal vantagem desse sistema é o grau de especialização que a Justiça Administrativa promove, nos litígios de sua competência[82].

Quanto ao "sistema de jurisdição una", também chamado "sistema inglês" ou "sistema do monopólio de jurisdição", adotado no Brasil, todos os litígios, sejam eles públicos ou privados, são sujeitos à apreciação da Justiça comum. Fredie Didier Jr. aponta, inclusive, que durante os períodos colonial e imperial, o Brasil esteve filiado ao sistema da jurisdição dúplice, com frequente uso do contencioso administrativo, tendo o sistema da jurisdição una sido implementado apenas com a Constituição de 1891[83].

Para Carvalho Filho, a maior vantagem desse sistema, adotado, também, por países como os Estados Unidos e o México, seria a imparcialidade dos julgamentos, a partir do momento em que "o Estado-Admi-

[81] DANTAS, Paulo Roberto Figueiredo. **Direito Processual Constitucional**. 9ª. ed. São Paulo: Saraiva Educação, 2019, p. 42.

[82] CARVALHO FILHO, José dos Santos. Sistemas de Controle. In: CARVALHO FILHO, José dos Santos. **Manual de Direito Administrativo**. 27ª. ed. São Paulo: Atlas S.A., p. 1031-1032, 2014, p. 1031.

[83] DIDIER JR., Fredie. **Curso de Direito Processual Civil: Introdução ao Direito Processual Civil, parte geral e processo de conhecimento**. 17ª. ed. Salvador: Juspodivm, v. 1, 2015, p. 180.

nistração e o administrado se colocam, a todo tempo, em plano jurídico de igualdade quando seus conflitos de interesse são deduzidos nas ações judiciais"[84].

De fato, no Brasil, há órgãos administrativos com função de julgamento, a exemplo dos Tribunais de Contas da União e dos Estados[85], contudo, "a definitividade do pronunciamento e, especialmente, o recurso legítimo à coação jurídica como medida extrema para torná-lo eficaz" são exclusivos do Poder Judiciário, assim, mesmo que o processo administrativo seja desfavorável ao administrado, ainda será possível recorrer ao Judiciário para reavaliação da lide[86].

Do monopólio da jurisdição pelo Poder Judiciário decorre, adicionalmente, o fato de que a utilização anterior de uma instância administrativa não é condição para a utilização da via judicial, salvo raras exceções, como a Justiça Desportiva. É possível, portanto, no sistema de jurisdição una brasileiro, que se recorra ao Judiciário mesmo sem que se tenha intentado a via administrativa para solução do caso[87].

A respeito dessa decorrência, vale abrir uma digressão para tratar da linha temporal do dispositivo constitucional do art. 5º, XXXV, CF/88, ao longo da evolução do ordenamento jurídico brasileiro, com base no competente escorço realizado por Luiz Guilherme Marinoni, em capítulo dedicado a esse dispositivo constitucional, na obra Comentários à Constituição do Brasil. Nessa oportunidade, Marinoni relembra as palavras de Rui Barbosa, em articulado apresentado ao STF em 1892, no qual versava que "onde quer que haja um direito individual violado, há de haver um recurso judicial para debelação da injustiça". Apesar das palavras do autor, as Constituições de 1824, 1891, 1934 e 1937, não traziam normas de conteúdo similar, tendo sido a Constituição de 1946 a responsável pela

[84] CARVALHO FILHO, José dos Santos. Sistemas de Controle. In: CARVALHO FILHO, José dos Santos. **Manual de Direito Administrativo**. 27ª. ed. São Paulo: Atlas S.A., p. 1031-1032, 2014, p. 1032.

[85] DANTAS, Paulo Roberto Figueiredo. **Direito Processual Constitucional**. 9ª. ed. São Paulo: Saraiva Educação, 2019, p. 42.

[86] MACHADO SEGUNDO, Hugo de Brito. **Processo Tributário**. 10ª. ed. São Paulo: Atlas, 2018, p. 49.

[87] DANTAS, Paulo Roberto Figueiredo. **Direito Processual Constitucional**. 9ª. ed. São Paulo: Saraiva Educação, 2019, p. 42.

introdução do dispositivo, em seu art. 141, §4º[88]. A Constituição de 1967 repetiu o texto, em seu art. 150, §4º, bem como o fez a Emenda Constitucional (EC) nº 1, de 1969, em seu art. 153, §4º[89].

Complementando os estudos de Luiz Guilherme Marinoni, Cleide Previtalli Cais relembra que a Emenda Constitucional nº 07/77, no entanto, restringiu o alcance do art. 153, §4º, da EC nº 01/1969[90], apontando que, em determinadas situações, o ingresso em juízo poderia ser condicionado ao exaurimento prévio das vias administrativas. Tal restrição, com a vigência do art. 5º, XXXV, CF/88, no entanto, tornou-se impensável, assegurando-se amplo e irrestrito acesso para o exercício da jurisdição[91]. Luiz Guilherme Marinoni e Daniel Mitidiero tratam essa decorrência do primeiro elemento como a perspectiva temporal do acesso à justiça[92].

O segundo elemento, por sua vez, é a "amplitude aumentada do acesso à justiça". Em todas as Constituições anteriores, havia restrição do princípio da inafastabilidade aos direitos individuais. O art. 5º, XXXV, CF/88, no entanto, deixou de fazer essa referência, de modo que os direitos coletivos passaram a ser abarcados pelo dispositivo. Luiz Guilherme Marinoni e Daniel Mitidiero incluem, ainda, as demandas envolvendo a sindicabilidade dos atos da Administração Pública, bem como as questões políticas,

[88] **[CF/46]** Art. 141. [...] §4º – A lei não poderá excluir da apreciação do Poder Judiciário qualquer lesão de direito individual.
(Este texto foi repetido, com as mesmas palavras, no art. 150, §4º, da Constituição de 1967, e no art. 153, §4º, da Emenda Constitucional nº 1 de 1969)

[89] Marinoni, Luiz Guilherme. Direito Fundamental de Ação. In: Canotilho, José Joaquim Gomes, et al. **Comentários à Constituição Brasileira**. 2ª. ed. São Paulo: Saraiva Educação, p. 385-395, 2018, p. 385.

[90] **[EC nº 07/77]** Art. 153. [...] §4º A lei não poderá excluir da apreciação do Poder Judiciário qualquer lesão de direito individual. O ingresso em juízo poderá ser condicionado a que se exauram previamente as vias administrativas, desde que não exigida garantia de instância, nem ultrapassado o prazo de cento e oitenta dias para a decisão sobre o pedido.

[91] CAIS, Cleide Previtalli. **O processo tributário**. 8ª. ed. São Paulo: Revista dos Tribunais, 2013, p. 79.

[92] Marinoni, Luiz Guilherme; Mitidiero, Daniel. Direito fundamental à tutela adequada e efetiva. In: Sarlet, Ingo Wolfgang; Marinoni, Luiz Guilherme; Mitidiero, Daniel. **Curso de Direito Constitucional**. 8ª. ed. São Paulo: Saraiva Educação, Cap. 5.3, p. 826-832, 2019, p. 828.

que podem ser judicializadas quando se vislumbrar exercício abusivo de prerrogativas políticas e violação a direitos fundamentais[93].

De fato, o princípio da inafastabilidade da jurisdição estatal jamais teria amplitude significativa caso o legislador pudesse definir matérias que não podem ser questionadas perante o Poder Judiciário, assim, o art. 5º, XXXV, CF/88, também tem um conteúdo direcionado ao Poder Legislativo, "proibindo um fazer, ou seja, a exclusão da apreciação"[94].

O terceiro elemento é a "necessidade de regulação infraconstitucional". Para Cleucio Santos Nunes, "dizer que o 'amplo acesso à justiça' é um princípio do processo ou um direito fundamental da pessoa, não permite, entretanto, que se conclua seja vedado à lei disciplinar a forma como esse acesso deve ser exercido". A base desse elemento, portanto, é de que o processo, como instrumento de direito e direito em si mesmo, necessita de regras e pressupostos para seu desenvolvimento, de modo a equilibrar os interesses das partes e a se revelar eficaz para a pacificação do conflito[95]. Como exemplos de limitações possíveis, o autor cita as regras de processo civil que dispõem

> sobre a extinção da ação quando faltar interesse de agir (art. 485, VI, CPC), os requisitos obrigatórios das petições iniciais (art. 319, CPC), a prescrição e a decadência (art. 487, II, CPC) e a perempção, litispendência e coisa julgada (art. 485, V, CPC), dentre outras[96].

O alcance das limitações infraconstitucionais ao art. 5º, XXXV, CF/88, no entanto, deve ser observado com parcimônia, avaliando-se, indivi-

[93] MARINONI, Luiz Guilherme; MITIDIERO, Daniel. Direito fundamental à tutela adequada e efetiva. In: SARLET, Ingo Wolfgang; MARINONI, Luiz Guilherme; MITIDIERO, Daniel. **Curso de Direito Constitucional**. 8ª. ed. São Paulo: Saraiva Educação, Cap. 5.3, p. 826-832, 2019, p. 827.

[94] MARINONI, Luiz Guilherme. Direito Fundamental de Ação. In: CANOTILHO, José Joaquim Gomes, et al. **Comentários à Constituição Brasileira**. 2ª. ed. São Paulo: Saraiva Educação, p. 385-395, 2018, p.387.

[95] NUNES, Cleucio Santos. **Curso Completo de Direito Processual Tributário**. 5ª. ed. São Paulo: SaraivaJur, 2022, p. 123.

[96] NUNES, Cleucio Santos. **Curso Completo de Direito Processual Tributário**. 5ª. ed. São Paulo: SaraivaJur, 2022, p. 123.

dualmente, cada restrição imposta, para que não se incorra em violação ao princípio da proporcionalidade ou ao poder geral de cautela do juiz[97].

Cleide Previtalli Cais aborda discussão relevante acerca da decadência do direito de pleitear a repetição de indébito, na esfera administrativa, prevista no art. 168, do Código Tributário Nacional (CTN)[98], que será de cinco anos, e do prazo prescricional para proposição de ação anulatória que vise desconstituir a decisão administrativa que denegou a restituição, constante do art. 169, CTN[99]. Ela aponta que, apesar de entender que os dispositivos em questão foram recepcionados pela Constituição Federal de 1988, parte da doutrina, a exemplo de Paulo de Barros Carvalho, entende que a previsão do art. 169, parágrafo único, CTN, que, em termos práticos, diminui para um ano o tempo de apreciação da causa pelo magistrado, seria incompatível com o art. 5º, XXXV, CF/88, visto que inibiria a tutela jurisdicional do sujeito passivo e impediria o direito de ação no plano concreto, de maneira desproporcional[100].

Outro exemplo de limitação infraconstitucional ao alcance do art. 5º, XXXV, CF/88, é a questão do custo financeiro do processo. Tal custo, no entanto, em termos práticos, poderia impedir o cidadão de propor uma ação, ainda que convicto de que seu direito teria sido violado. Significa-

[97] DIDIER JR., Fredie. **Curso de Direito Processual Civil: Introdução ao Direito Processual Civil, parte geral e processo de conhecimento**. 17ª. ed. Salvador: Juspodivm, v. 1, 2015, p. 181.

[98] **[CTN]** Art. 168. O direito de pleitear a restituição extingue-se com o decurso do prazo de 5 (cinco) anos, contados: I – nas hipóteses dos incisos I e II do artigo 165, da data da extinção do crédito tributário; II – na hipótese do inciso III do artigo 165, da data em que se tornar definitiva a decisão administrativa ou passar em julgado a decisão judicial que tenha reformado, anulado, revogado ou rescindido a decisão condenatória.

[99] **[CTN]** Art. 169. Prescreve em dois anos a ação anulatória da decisão administrativa que denegar a restituição.

Parágrafo único. O prazo de prescrição é interrompido pelo início da ação judicial, recomeçando o seu curso, por metade, a partir da data da intimação validamente feita ao representante judicial da Fazenda Pública interessada.

[100] CAIS, Cleide Previtalli. **O processo tributário**. 8ª. ed. São Paulo: Revista dos Tribunais, 2013, p. 80-81.

tiva parte dos brasileiros, assim, poderia ser obrigada a renunciar a seus direitos por razões financeiras[101].

Luiz Guilherme Marinoni e Daniel Mitidiero, no entanto, apontam que "o direito à tutela jurisdicional não implica direito à litigância gratuita"[102]. O benefício da gratuidade de justiça, previsto, infraconstitucionalmente, no art. 98 e seguintes, CPC/2015, e na Lei nº 1.060/50, é reconhecido somente aos necessitados, na forma da lei. Dessa forma, "não fere o direito à tutela jurisdicional a imposição do recolhimento de valores a título de taxas processuais como condição de acesso à justiça". Se, no entanto, a taxa judiciária for calculada sem limite sobre o valor da causa, haverá inconstitucionalidade, nos termos da Súmula nº 667, STF[103],[104].

Por último, o quarto elemento do princípio da inafastabilidade da jurisdição estatal é a chamada "adequação da tutela". Hugo de Brito Machado Segundo aponta que é necessário "que todos tenham condições materiais de acesso à jurisdição, que deve ser efetiva, prestada através de instrumentos adequados, acessíveis e eficazes"[105]. No mesmo sentido, Luiz Guilherme Marinoni e Daniel Mitidiero dispõem que o processo "tem de ser capaz de promover a realização do direito material"[106].

[101] Marinoni, Luiz Guilherme. Direito Fundamental de Ação. In: Canotilho, José Joaquim Gomes, et al. **Comentários à Constituição Brasileira**. 2ª. ed. São Paulo: Saraiva Educação, p. 385-395, 2018, p. 388.

[102] Marinoni, Luiz Guilherme; Mitidiero, Daniel. Direito fundamental à tutela adequada e efetiva. In: Sarlet, Ingo Wolfgang; Marinoni, Luiz Guilherme; Mitidiero, Daniel. **Curso de Direito Constitucional**. 8ª. ed. São Paulo: Saraiva Educação, Cap. 5.3, p. 826-832, 2019, 828.

[103] Marinoni, Luiz Guilherme; Mitidiero, Daniel. Direito fundamental à tutela adequada e efetiva. In: Sarlet, Ingo Wolfgang; Marinoni, Luiz Guilherme; Mitidiero, Daniel. **Curso de Direito Constitucional**. 8ª. ed. São Paulo: Saraiva Educação, Cap. 5.3, p. 826-832, 2019, p. 828-829.

[104] **[Súmula nº 667, STF]** Viola a garantia constitucional de acesso à jurisdição a taxa judiciária calculada sem limite sobre o valor da causa.

[105] Machado Segundo, Hugo de Brito. **Processo Tributário**. 10ª. ed. São Paulo: Atlas, 2018, p. 50.

[106] Marinoni, Luiz Guilherme; Mitidiero, Daniel. Direito fundamental à tutela adequada e efetiva. In: Sarlet, Ingo Wolfgang; Marinoni, Luiz Guilherme; Mitidiero,

A adequação da tutela pode ser sumarizada como a "necessidade de análise do direito material posto em causa para se estruturar, a partir daí, um processo dotado de técnicas processuais aderentes à situação levada à juízo". Deve ser levada em conta, portanto, a ideia de igualdade material, que só poderá ser alcançada por meio da tutela jurisdicional diferenciada dos direitos. A ação, portanto, deve correlacionar técnicas processuais adequadas às diferentes situações substanciais carentes de proteção jurisdicional, dando formas também diversas àquilo que pode ser considerada como tutela adequada[107].

Tem-se como exemplos de decorrências práticas do elemento da adequação da tutela: (i) procedimentos com nível de organização apropriado à tutela do direito pretendida; (ii) distribuição adequada do ônus da prova, inclusive com possibilidade de dinamização e inversão; (iii) técnicas antecipatórias idôneas a distribuir isonomicamente o ônus do tempo no processo, seja em face da urgência, seja em face da evidência; (iv) formas de tutela jurisdicional com executividade intrínseca; (v) técnicas executivas idôneas; e (iv) *standards* para valoração probatória pertinentes à natureza do direito material debatido em juízo. Da decorrência (iii), anteriormente referida, depreende-se, de imediato, referência às tutelas provisórias. Da mesma forma, o texto do art. 5º, XXXV, CF/88, também ampliou significativamente o alcance do princípio da inafastabilidade da jurisdição estatal, ao introduzir o termo "ameaça de lesão", de modo que se deixou expresso "que o direito de ação deve poder propiciar a tutela inibitória e ter a sua disposição técnicas processuais capazes de permitir a antecipação da tutela"[108].

Maior detalhamento acerca do fundamento constitucional das tutelas provisórias será desenvolvido mais adiante, visto que, antes, ainda se faz

Daniel. **Curso de Direito Constitucional**. 8ª. ed. São Paulo: Saraiva Educação, Cap. 5.3, p. 826-832, 2019, p. 829.

[107] Marinoni, Luiz Guilherme. Direito Fundamental de Ação. In: Canotilho, José Joaquim Gomes, et al. **Comentários à Constituição Brasileira**. 2ª. ed. São Paulo: Saraiva Educação, p. 385-395, 2018, p. 388-389.

[108] Marinoni, Luiz Guilherme; Mitidiero, Daniel. Direito fundamental à tutela adequada e efetiva. In: Sarlet, Ingo Wolfgang; Marinoni, Luiz Guilherme; Mitidiero, Daniel. **Curso de Direito Constitucional**. 8ª. ed. São Paulo: Saraiva Educação, Cap. 5.3, p. 826-832, 2019, p. 829-830.

necessário abordar três dos principais desdobramentos do princípio da inafastabilidade da jurisdição estatal, que são, como já listado no princípio da presente seção: (i) o princípio da efetividade da tutela jurisdicional, (ii) o poder geral de cautela do juiz e (iii) princípio da duração razoável do processo.

1.5.1 Princípio da efetividade da tutela jurisdicional

Independentemente da terminologia utilizada, seja ela "princípio do acesso à jurisdição" ou "princípio da inafastabilidade da jurisdição estatal", há um ponto de contato entre as palavras de diversos autores, na forma do novo significado que se deve atribuir ao vocábulo "jurisdição". Nesse sentido, para Benedito Cerezzo Pereira Filho, modernamente, a centralidade do acesso à justiça se transferiu para a "*tutela de los derechos, con énfasis a la acción de Derecho Material*"[109].

De fato, Luiz Guilherme Marinoni aponta que "a jurisdição deixou de ter a simples incumbência de prestar as tutelas declaratória e ressarcitória pelo equivalente, assumindo o dever de tutelar, na forma específica os direitos, especialmente os direitos fundamentais". Tal entendimento advém da observação de que o conteúdo das tutelas tem sido ampliado, com o passar dos anos, pela própria atividade jurisdicional e complexificação das demandas levadas ao Judiciário. Já não se trata mais, somente, de tutela patrimonial, mas envolve direitos não-patrimoniais e, diversas vezes, direitos fundamentais. Diferentemente do que se pode pensar, a princípio, no entanto, não se trata de exigir, do legislador, a previsão de procedimentos específicos para cada tipo de tutela, mas sim de possibilitar, ao julgador, definir qual técnica processual representará garantia mais ampla ao jurisdicionado. De acordo com Marinoni, "o art. 5º, XXXV, da CF afirma um direito de ação abstrato e atípico, mas capaz de permitir a obtenção das várias tutelas prometidas pelo direito material"[110].

[109] Pereira Filho, Benedito Cerezzo. El poder del juez: ayer y hoy. **UWM Law Review**, Olsztyn: v. 4, p. 181-198, dez. 2012. Disponível em: http://lawforensics.org/volume_4/. Acesso em 14. out. 2022.

[110] Marinoni, Luiz Guilherme. Direito Fundamental de Ação. In: Canotilho, José Joaquim Gomes, et al. **Comentários à Constituição Brasileira**. 2ª. ed. São Paulo: Saraiva Educação, p. 385-395, 2018, p. 389.

É justamente durante a análise do caso concreto que o julgador concretiza a previsão da garantia constitucional do art. 5º, XXXV, CF/88, quando leva em consideração todos os dados do problema para aplicar o procedimento mais adequado. Assim, é o esperado, quanto à postura do intérprete, que este "não se embarace com exegese tacanha, literal e desproporcional de dispositivos infraconstitucionais"[111].

A consequência direta da ideia de que a correta aplicação do princípio da inafastabilidade da jurisdição estatal se funda na análise do caso concreto é de que a tutela verdadeiramente idônea a direitos, abordada sob o ângulo teleológico, implica no deslocamento do foco da prestação jurisdicional do conceito para o resultado propiciado por seu exercício, ou seja, para sua efetividade[112].

Luís Roberto Barroso define a efetividade como desempenho concreto da função social do Direito. Para ele, a efetividade "representa a materialização, no mundo dos fatos, dos preceitos legais e simboliza a aproximação, tão íntima quanto possível, entre o *dever-ser* normativo e o *ser* da realidade social"[113]. Cássio Scarpinella Bueno, inclusive, define a "tendência universal de efetividade do processo" como premissa básica do moderno Processo Civil[114].

Nesse sentido, para Eduardo Cambi e Aline Regina das Neves, não se pode confundir "acesso à justiça" com "acesso ao Poder Judiciário", visto que o ato de propor uma demanda não implica, necessariamente, em justiça das decisões ou presteza da atividade jurisdicional. Para os autores, o acesso à justiça "demanda a ruptura de barreiras e a introdução de mecanismos de facilitação não somente do ingresso em juízo, mas também do

[111] Machado Segundo, Hugo de Brito. **Processo Tributário.** 10ª. ed. São Paulo: Atlas, 2018, p. 51.

[112] Marinoni, Luiz Guilherme; Mitidiero, Daniel. Direito fundamental à tutela adequada e efetiva. In: Sarlet, Ingo Wolfgang; Marinoni, Luiz Guilherme; Mitidiero, Daniel. **Curso de Direito Constitucional**. 8ª. ed. São Paulo: Saraiva Educação, Cap. 5.3, p. 826-832, 2019, p. 826-827.

[113] Barroso, Luís Roberto. **Curso de Direito Constitucional contemporâneo: os conceitos fundamentais e a construção do novo modelo**. 4ª. ed. São Paulo: Saraiva, 2013, p. 243.

[114] Bueno, Cássio Scarpinella. **Liminar em mandado de segurança: um tema com variações**. 2ª. ed. São Paulo: Editora Revista dos Tribunais, 1999, p. 31.

fornecimento de meios adequados durante todo o desenvolvimento da relação processual"[115].

Para Bueno, por sua vez, a necessidade social de efetividade do processo gera uma necessidade de releitura dos institutos processuais a partir deste prisma, de modo que, tanto no processo coletivo, quanto no individual, tal efetividade consiga promover acesso a uma ordem jurídica justa[116].

A Exposição de Motivos do novo Código de Processo Civil de 2015, logo em suas primeiras linhas, também ressalta a necessidade de eficiência. Aponta-se que a real efetividade do ordenamento jurídico depende, em significativa medida, da eficiência do sistema processual. Para os idealizadores do novo diploma, a falta de efetividade do processo, na tutela de direitos lesados ou ameaçados de lesão, "não se harmoniza com as garantias constitucionais de um Estado Democrático de Direito"[117].

De fato, a tutela jurisdicional, contemporaneamente considerada, deve ser tempestiva, adequada e efetiva, para que seja capaz de realizar o acesso à justiça, respeitando a ideia de dignidade da pessoa humana, inserindo-se na categoria dogmática das ações estatais positivas[118]. A jurisprudência dos tribunais superiores brasileiros, inclusive, vem caminhando no mesmo sentido, como se observa na ementa do REsp nº 612.108/PR, de relatoria do Min. Luiz Fux, a seguir colacionada.

[115] CAMBI, Eduardo; NEVES, Aline Regina das. Duração razoável do processo e tutela antecipada. In: BUENO, Cássio Scarpinella, et al. **Tutela provisória no CPC: dos 20 anos de vigência do art. 273 do CPC/73 ao CPC/2015**. 2ª. ed. São Paulo: Saraiva Educação, Cap. 4, p. 83-109, 2018, p. 87.

[116] BUENO, Cássio Scarpinella. **Liminar em mandado de segurança: um tema com variações**. 2ª. ed. São Paulo: Editora Revista dos Tribunais, 1999, p. 12.

[117] BRASIL. Exposição de Motivos. Código de Processo Civil de 2015. **Código de Processo Civil e Normas Correlatas**. Senado Federal, 2015, p. 24. Disponível em: https://www2.senado.leg.br/bdsf/bitstream/handle/id/512422/001041135.pdf. Acesso em: 13 out. 2022.

[118] CAMBI, Eduardo; NEVES, Aline Regina das. Duração razoável do processo e tutela antecipada. In: BUENO, Cássio Scarpinella, et al. **Tutela provisória no CPC: dos 20 anos de vigência do art. 273 do CPC/73 ao CPC/2015**. 2ª. ed. São Paulo: Saraiva Educação, Cap. 4, p. 83-109, 2018, p. 87.

> PROCESSUAL CIVIL. ADMINISTRATIVO. VIOLAÇÃO AO ART. 535 DO CPC. NÃO CONFIGURADA. LITISCONSÓRCIO ATIVO FACULTATIVO. INDENIZAÇÃO. REPARAÇÃO DE DANOS MATERIAIS E MORAIS. REGIME MILITAR. DISSIDENTE POLÍTICO PROCURADO NA ÉPOCA DO REGIME MILITAR. FALTA DE REGISTRO DE ÓBITO E NÃO COMUNICAÇÃO À FAMÍLIA. DANO MORAL. FATO NOTÓRIO. NEXO CAUSAL. PRESCRIÇÃO.
>
> [...] 17. A exigibilidade a qualquer tempo dos consectários às violações dos direitos humanos decorre do princípio de que o reconhecimento da dignidade humana é o fundamento da liberdade, da justiça e da paz, razão por que a Declaração Universal inaugura seu regramento superior estabelecendo no art. 1º que "todos os homens nascem livres e iguais em dignidade e direitos".
>
> 18. Deflui da Constituição federal que **a dignidade da pessoa humana é premissa inarredável de qualquer sistema de direito que afirme a existência, no seu corpo de normas, dos denominados direitos fundamentais e os efetive em nome da promessa da inafastabilidade da jurisdição, marcando a relação umbilical entre os direitos humanos e o direito processual.** (REsp nº 612.108/PR, Rel. Min. Luiz Fux, Primeira Turma, STJ, j. 02 set. 2004, DJ 03 nov. 2004, p. 147, com grifo nosso)

Ao conceituar o chamado "princípio da efetividade da tutela jurisdicional", decorrência direta do princípio da inafastabilidade da jurisdição estatal, Hugo de Brito Machado Segundo aponta que a jurisdição deve ter, entre outras, três dimensões principais. A primeira é a existência de procedimentos específicos adequados à tutela de determinados direitos. A segunda é a possibilidade de fato de os cidadãos, independentemente de classe social, recorrerem ao Judiciário. Por último, a terceira dimensão, que é a mais importante para o escopo do presente trabalho, é a existência e o efetivo deferimento de tutelas de urgência adequadas à preservação da máxima efetividade possível do provimento final[119]. De fato, para James Marins, o fundamento de validade constitucional das tutelas provi-

[119] MACHADO SEGUNDO, Hugo de Brito. **Processo Tributário**. 10ª. ed. São Paulo: Atlas, 2018, p. 50.

sórias está, justamente, na cláusula pétrea do art. 5º, XXXV, CF/88[120]. No mesmo sentido é Hugo de Brito Machado Segundo, que assevera:

> As tutelas provisórias têm inegável fundamento constitucional. São decorrência do princípio que assegura a efetividade da tutela jurisdicional, e o seu deferimento, ou não, depende exclusivamente do cotejo desse princípio com um outro, que é o que assevera à parte demandada, contra a qual a tutela é deferida, o direito a um prévio e exauriente devido processo legal[121].

Completa, ainda, o autor, afirmando que as tutelas provisórias "quando se mostrarem meios adequados, necessários e proporcionais em sentido estrito a uma prestação jurisdicional útil e efetiva, são uma imposição constitucional", derivada diretamente do art. 5º XXXV, CF/88[122].

Em sentido, até certo ponto, diverso, Teori Zavascki apresentava tese interessante, na qual defendia que, em verdade, o fundamento constitucional do instituto (e vale ressaltar que, desde 1999, o autor já reconhecia e utilizava a nomenclatura "tutela provisória") residiria não somente no art. 5º, XXXV, CF/88, mas no "próprio sistema constitucional organicamente considerado", visto que se trataria de mecanismo de concretização e harmonização de direitos fundamentais em conflito[123].

Independentemente, no entanto, de onde exatamente se encontra o fundamento das tutelas provisórias, este fundamento é, indubitavelmente, constitucional, de modo que se justifica a utilização do método da ponderação principiológica. Assim, para que prevaleça o princípio da efetividade da tutela jurisdicional, deve-se utilizar a técnica da tutela provisória quando há risco de ineficácia da tutela pretendida, em especial caso longo processo de cognição exauriente deva ser levado a cabo, e quando há relevante possibilidade de tal tutela ser, de fato, confirmada

[120] Marins, James. **Direito Processual Tributário Brasileiro – Administrativo e Judicial**. 12ª. ed. São Paulo: Thomson Reuters Brasil, 2019, p. 602.

[121] Machado Segundo, Hugo de Brito. **Processo Tributário**. 10ª. ed. São Paulo: Atlas, 2018, p. 483.

[122] Machado Segundo, Hugo de Brito. **Poder Público e Litigiosidade**. Indaiatuba: Editora Foco, 2021, p. 44.

[123] Zavascki, Teori Albino. **Antecipação de tutela**. 2ª. ed. São Paulo: Saraiva, 1999, p. 61.

em sede final. Nesse ínterim, Machado Segundo aponta que "a prevalência absoluta do direito ao devido processo legal, ao contraditório e a ampla defesa levaria ao fenecimento do direito à tutela jurisdicional"[124].

Teori Zavascki já adiantava o mesmo raciocínio, desde, pelo menos, o ano de 1999, quando afirmava que "a fórmula para viabilizar a convivência entre segurança jurídica e efetividade da jurisdição é a da outorga de medidas de caráter provisório, que sejam aptas a superar as situações de risco de perecimento de qualquer um desses direitos" [125].

Especificamente quanto às ações tributárias, James Marins entende que a análise da efetividade da prestação jurisdicional deve levar em conta, inclusive, a "peculiar relação que envolve os dois polos da relação jurídico-tributária", no sentido de que a falta de compreensão ponderada deste contexto pode gerar "irremediável prejuízo para o polo manifestamente mais fraco, qual seja, o contribuinte"[126].

Ainda no mesmo diapasão, Hugo de Brito Machado Segundo entende que deferir tutelas provisórias quando os requisitos de lei estão presentes não é mera aplicação do direito, mas imposição constitucional[127]. Assim, legislação que vise vedar, em qualquer caso, a concessão de tutela provisória, estaria estiolando valores constitucionais fundamentais. Quanto ao papel do juiz, no caso concreto, o autor afirma, em sede de ponderação principiológica abstrata, homenageando o princípio da proporcionalidade, ao se referir aos casos em que se observa a presença dos requisitos autorizadores da concessão de tutelas provisórias, que

> O juiz, naturalmente, afere tais aspectos em cada caso, sendo a pequena redução na intensidade de um dos requisitos suprida pela maior intensidade do outro, a indicar a necessidade de se dar maior peso ao direito de quem requer a tutela a uma jurisdição útil, ou ao direito daquele contra quem o

[124] Machado Segundo, Hugo de Brito. **Processo Tributário.** 10ª. ed. São Paulo: Atlas, 2018, p. 485.

[125] Zavascki, Teori Albino. **Antecipação de tutela**. 2ª. ed. São Paulo: Saraiva, 1999, p. 66-67.

[126] Marins, James. **Direito Processual Tributário Brasileiro – Administrativo e Judicial**. 12ª. ed. São Paulo: Thomson Reuters Brasil, 2019, p. 466.

[127] Machado Segundo, Hugo de Brito. **Processo Tributário.** 10ª. ed. São Paulo: Atlas, 2018, p. 485.

pedido é feito, de ver observado um exauriente devido processo legal antes de se submeter aos efeitos da mencionada tutela, a fim de poder em seu resultado ultimamente influenciar.[128]

1.5.2 Poder geral de cautela do juiz

Persistindo no estudo dos princípios que derivam da inafastabilidade da jurisdição estatal, como seu corolário direto, faz-se necessário detalhamento acerca do chamado "poder geral de cautela do juiz", intimamente relacionado ao princípio da efetividade da tutela jurisdicional.

Para Letícia Araújo Costa, o art. 798, CPC/73, enunciava tal poder na forma de uma concessão, feita ao magistrado, como representante do Estado em sua função jurisdicional, de conceder, "além das medidas cautelares típicas, tais como o arresto ou sequestro, medidas cautelares atípicas, ou seja, não descritas pela norma jurídica". Tais medidas cautelares atípicas seriam admitidas sempre que o magistrado, dentro de seu entendimento discricionário, entendesse que as medidas cautelares expressamente previstas na lei não seriam suficientes à garantia da efetividade do processo. A ideia central do poder geral de cautela do juiz, portanto, é de dar mais liberdade ao magistrado, visto que seria impossível, para o legislador, prever abstratamente todas as situações que poderiam obstar a prestação efetiva da jurisdição[129].

A jurisprudência dos tribunais superiores também seguia no mesmo sentido, na vigência do CPC/73, ressaltando a íntima relação do poder geral de cautela com o princípio da efetividade da tutela jurisdicional, como exemplificado na MC nº 1.316/PA, de relatoria do Min. José Delgado. Observa-se que o ministro chega, inclusive, a abranger as medidas liminares *inaudita altera pars*, nas quais a tutela é concedida sem a oitiva da parte adversa, dentro do escopo do poder geral de cautela do juiz:

[128] MACHADO SEGUNDO, Hugo de Brito. **Processo Tributário**. 10ª. ed. São Paulo: Atlas, 2018, p. 486.

[129] COSTA, Letícia Araújo. O poder geral de cautela do juiz à luz do novo Código de Processo Civil. **Central de Pesquisa Patrimonial do Tribunal Regional do Trabalho da 3ª Região**, 2015, p. 2. Disponível em: http://as1.trt3.jus.br/bd-trt3/bitstream/handle/11103/13540/COSTA%2C%20L%20A%20-%20Poder%20Geral%20de%20Cautela%20%C3%A0%20luz%20do%20novo%20C%C3%B3digo%20de%20Processo%20Civil.pdf?sequence=1&isAllowed=y. Acesso em: 14 out. 2022.

PROCESSUAL CIVIL E ADMINISTRATIVO. PREFEITO. CASSAÇÃO DE MANDATO. MEDIDA CAUTELAR PARA EMPRESTAR EFEITO SUSPENSIVO A RECURSO ESPECIAL.

[...] **3. O poder geral de cautela há que ser entendido com uma amplitude compatível com a sua finalidade primeira, que é a de assegurar a perfeita eficácia da função jurisdicional. Insere-se, aí, sem dúvida, a garantia da efetividade da decisão a ser proferida. A adoção de medidas cautelares (inclusive as liminares inaudita altera pars) é fundamental para o próprio exercício da função jurisdicional, que não deve encontrar obstáculos, salvo no ordenamento jurídico.**

4. O provimento cautelar tem pressupostos específicos para sua concessão. São eles: o risco de ineficácia do provimento principal e a plausibilidade do direito alegado (periculum in mora e fumus boni iuris), que, presentes, determinam a necessidade da tutela cautelar e a inexorabilidade de sua concessão, para que se protejam aqueles bens ou direitos de modo a se garantir a produção de efeitos concretos do provimento jurisdicional principal.

5. Em casos tais, pode ocorrer dano grave à parte, no período de tempo que mediar o julgamento no tribunal a quo e a decisão do recurso especial, dano de tal ordem que o eventual resultado favorável, ao final do processo, quando da decisão do recurso especial, tenha pouca ou nenhuma relevância.

6. Para alcançar uma providência em matéria cautelar é necessário reunir num processo a existência da plausibilidade do direito substancial e a probabilidade de dano. [...] (MC nº 1.316/PA, Rel. Ministro José Delgado, Primeira Turma, STJ, j. 14 dez. 1999, DJ 28 fev. 2000, p. 39, com grifo nosso)

Para Luiz Guilherme Marinoni, a "omissão da lei processual na instituição de técnica processual adequada não elimina o dever de o juiz prestar, ao autor que possui razão no caso concreto, a tutela que lhe foi prometida pelo direito substancial"[130]. No mesmo sentido, em substancioso voto no âmbito do Agravo de Instrumento nº 986.918 na Representação nº 977.734/TCE-MG, o conselheiro substituto de contas Licurgo Mourão, citando Alexandre Freitas Câmara, dispôs:

[130] MARINONI, Luiz Guilherme. Direito Fundamental de Ação. In: CANOTILHO, José Joaquim Gomes, et al. **Comentários à Constituição Brasileira**. 2ª. ed. São Paulo: Saraiva Educação, p. 385-395, 2018, p. 392.

O poder geral de cautela, portanto, é corolário lógico da garantia constitucional do devido processo legal, conforme preceitua o art. 5º, XXXV, da CR/88. Nesse sentido, o magistério de Alexandre Freitas Câmara, *in verbis*: **Admitir a existência de casos para os quais não houvesse nenhuma medida cautelar capaz de evitar um dano irreparável, ou de difícil reparação, para a efetividade do processo seria admitir a existência de casos para os quais não existiria nenhum meio de prestação da tutela jurisdicional adequada, o que contrariaria a garantia constitucional** (a qual, relembre-se, está posta entre as garantias fundamentais do nosso sistema político e jurídico) (AI nº 986.918 na Rp nº 977.734/TCE-MG, Rel. Conselheiro Substituto Licurgo Mourão, Tribunal Pleno, TCE-MG, j. 14 dez. 2016, citando FREITAS CÂMARA, Alexandre. Lições de Direito Processual Civil. Rio de Janeiro: Lumen Juris, 2008, vol. III, p. 45 com grifo nosso).

Apesar de inexistir, no CPC/2015, dispositivo com mesmo teor que o art. 798, CPC/73, a doutrina entende que o poder geral de cautela do juiz segue aplicável[131] e, inclusive, ampliado pelo novo Código de Processo Civil[132]. José Roberto Santos Bedaque, inclusive, entende que "a grande inovação do novo Código de Processo Civil consiste na adoção, como regra, do poder geral de cautela"[133]. Tal ideia também é reforçada

[131] James Marins, diversamente, aponta o art. 297, CPC/2015, como substituto direto do art. 798, CPC/73. Para ele, o dispositivo seria, inclusive, ainda mais abrangente do que seu antecessor, demonstrando que, de fato, o poder geral de cautela se mantém eficaz no ordenamento jurídico brasileiro posterior à Lei nº 13.105/2015 (MARINS, James. **Direito Processual Tributário Brasileiro – Administrativo e Judicial**. 12ª. ed. São Paulo: Thomson Reuters Brasil, 2019, p. 667-668).
[CPC/2015] Art. 297. O juiz poderá determinar as medidas que considerar adequadas para efetivação da tutela provisória.
Parágrafo único. A efetivação da tutela provisória observará as normas referentes ao cumprimento provisório da sentença, no que couber.

[132] Veiga, Daniel. Braga; Fonseca, Geraldo; D'orio, Rodrigo. Tutela provisória: questões polêmicas. In: Bueno, Cássio Scarpinella, et al. **Tutela Provisória no CPC: dos 20 anos de vigência do art. 273 do CPC/73 ao CPC/2015**. 2ª. ed. São Paulo: Saraiva Educação, Cap. 24, p. 481-567, 2018.

[133] Bedaque, José Roberto dos Santos. Arts. 294 a 311, CPC. In: Bueno, Cássio Scarpinella (coord.). **Comentários ao Código de Processo Civil**. São Paulo: Saraiva, v. 1 (arts. 1º a 317), p. 916-967, 2017, p. 938.

na Exposição de Motivos do Código de Processo Civil de 2015, quando se apresenta a extinção das ações cautelares nominadas[134].

A jurisprudência também é no mesmo sentido, como exemplificado no Agravo Regimental (AgR) na Reclamação (Rcl) nº 5.969/SE, de relatoria do Min. Celso de Mello, na qual a relação entre o poder geral de cautela e o princípio da efetividade da tutela jurisdicional é tema central do precedente:

> E M E N T A: RECLAMAÇÃO – ANTECIPAÇÃO DOS EFEITOS DA TUTELA JURISDICIONAL EM FACE DO PODER PÚBLICO (LEI Nº 9.494/97, ART. 1º) – OUTORGA DE MEDIDA CAUTELAR EM SEDE DE CONTROLE NORMATIVO ABSTRATO (ADC 4/DF) – DECISÃO PLENÁRIA REVESTIDA DE EFICÁCIA VINCULANTE – INTERPRETAÇÃO DO ART. 102, § 2º, DA CONSTITUIÇÃO DA REPÚBLICA – OBSERVÂNCIA, POR ÓRGÃO DE JURISDIÇÃO INFERIOR, DO EFEITO VINCULANTE DERIVADO DESSE JULGAMENTO PLENÁRIO – INADEQUAÇÃO DO EMPREGO DA RECLAMAÇÃO COMO SUCEDÂNEO DE AÇÃO RESCISÓRIA, DE RECURSOS OU DE AÇÕES JUDICIAIS EM GERAL – EXTINÇÃO DO PROCESSO DE RECLAMAÇÃO – PRECEDENTES – RECURSO DE AGRAVO IMPROVIDO.
>
> – **Os provimentos de natureza cautelar acham-se instrumentalmente destinados a conferir efetividade ao julgamento final resultante do processo principal, assegurando, desse modo, "ex ante", plena eficácia à tutela jurisdicional do Estado, inclusive no que concerne às decisões que, fundadas no poder cautelar geral – inerente a qualquer órgão do Poder Judiciário –, emergem do processo de fiscalização concentrada de constitucionalidade**. Doutrina. Precedentes.
>
> – O remédio constitucional da reclamação não pode ser utilizado como um (inadmissível) atalho processual destinado a permitir, por razões de caráter meramente pragmático, a submissão imediata do litígio ao exame direto do Supremo Tribunal Federal. Precedentes.

[134] BRASIL. Exposição de Motivos. Código de Processo Civil de 2015. **Código de Processo Civil e Normas Correlatas**. Senado Federal, 2015, p. 32. Disponível em: https://www2.senado.leg.br/bdsf/bitstream/handle/id/512422/001041135.pdf. Acesso em: 13 out. 2022.

> – A reclamação, constitucionalmente vocacionada a cumprir a dupla função a que alude o art. 102, I, "l", da Carta Política (RTJ 134/1033), não se qualifica como sucedâneo recursal nem configura instrumento viabilizador do mero reexame do conteúdo de atos jurisdicionais ou administrativos, eis que tal finalidade revela-se estranha à destinação constitucional subjacente à instituição dessa medida processual. Precedentes. (AgR na Rcl nº 5.969/SE, Rel. Min. Celso de Mello, Plenário do STF, j. 17 set. 2009, DJe 18 mar. 2014, com grifo nosso)

De acordo com Daniel Brajal Veiga et al, em verdade, trata-se de um "dever-poder geral de cautela", tendo em vista que o art. 5º, XXXV, CF/88, confere ao magistrado o "dever de fazer atuar o seu poder através dos meios necessários e adequados para imunizar o direito ameaçado ou lesado". Assim, a existência de tal dever-poder independe de previsão legal específica no CPC/2015, uma regra infraconstitucional, tendo em vista que decorre diretamente da Constituição Federal. Os autores chamam atenção, no entanto, para o art. 297, *caput*, CPC/2015[135], que seria um exemplo prático da aplicabilidade do poder geral de cautela, quanto à efetivação das tutelas provisórias. A terminologia "determinar as medidas que considerar adequadas" é, no entender dos juristas, norma aberta que fundamenta o dever-poder geral de cautela no âmbito do novo Código de Processo[136].

Luiz Guilherme Marinoni também adere à ideia de que o poder geral de cautela, em verdade, se trata de um dever-poder, apontando que, ao incidir sobre o juiz e o legislador, como representantes do Estado, a omissão do legislador não justifica a omissão do juiz. Assim, para que haja efetiva tutela de direitos, "não há outra alternativa a não ser admitir ao juiz

[135] **[CPC/2015]** Art. 297. O juiz poderá determinar as medidas que considerar adequadas para efetivação da tutela provisória.

[136] VEIGA, Daniel. Braga; FONSECA, Geraldo; D'ORIO, Rodrigo. Tutela provisória: questões polêmicas. In: BUENO, Cássio Scarpinella, et al. **Tutela Provisória no CPC: dos 20 anos de vigência do art. 273 do CPC/73 ao CPC/2015**. 2ª. ed. São Paulo: Saraiva Educação, Cap. 24, p. 481-567, 2018, p. 488-490.

a supressão da omissão inconstitucional ou da insuficiência de proteção normativa ao direito fundamental de ação"[137].

O próprio STF, no julgamento da ADPF nº 172/DF, de relatoria do Min. Marco Aurélio, reconheceu que o poder geral de cautela é próprio do Judiciário, no ordenamento jurídico-constitucional brasileiro, por força do art. 5º, XXXV, CF/88:

> **PODER DE CAUTELA – JUDICIÁRIO. Além de resultar da cláusula de acesso para evitar lesão a direito – parte final do inciso XXXV do artigo 5º da Constituição Federal –, o poder de cautela, mediante o implemento de liminar, é ínsito ao Judiciário.**
>
> ARGUIÇÃO DE DESCUMPRIMENTO DE PRECEITO FUNDAMENTAL – SUBSIDIARIEDADE. Ante a natureza excepcional da arguição de descumprimento de preceito fundamental, o cabimento pressupõe a inexistência de outro meio judicial para afastar lesão decorrente de ato do Poder Público – gênero.
>
> ARGUIÇÃO DE DESCUMPRIMENTO DE PRECEITO FUNDAMENTAL – LIMINAR – INSUBSISTÊNCIA. Uma vez assentada a inadequação da arguição de descumprimento de preceito fundamental, fica prejudicado o exame da medida acauteladora deferida (ADPF nº 172/DF, Rel. Min. Marco Aurélio, Plenário do STF, j. 10 jun. 2009, DJe 21 ago. 2009, com grifo nosso).

O STJ, mais recentemente, foi no mesmo sentido no REsp nº 1.779.976/GO, julgado em 03 de maio de 2021, inclusive apontando diretamente a ligação entre tutelas provisórias e o poder geral de cautela do juiz, por meio da Doutrina dos Poderes Implícitos, a qual versa que a própria atribuição de poderes a determinado órgão está, mesmo que implicitamente, conferindo os meios necessários para a execução deste poder.

> ADMINISTRATIVO E PROCESSUAL CIVIL. RECURSO ESPECIAL. IMPROBIDADE ADMINISTRATIVA. AÇÃO CIVIL PÚBLICA. LICITAÇÃO. CONCESSÃO DE LIMINAR. PRESENÇA DO FUMUS BONI IURIS

[137] MARINONI, Luiz Guilherme. Direito Fundamental de Ação. In: CANOTILHO, José Joaquim Gomes, et al. **Comentários à Constituição Brasileira**. 2ª. ed. São Paulo: Saraiva Educação, p. 385-395, 2018, p. 389.

E DO PERICULUM IN MORA. EXERCÍCIO DO PODER GERAL DE CAUTELA E ADOÇÃO DE MEDIDAS TENDENTES A FAZER CESSAR AS ILEGALIDADES PRATICADAS. PROIBIÇÃO DE CONTRATAR COM O PODER PÚBLICO. MEDIDA SEM NATUREZA PUNITIVA. POSSIBILIDADE. HISTÓRICO DA DEMANDA [...]

17. Todo o ordenamento jurídico-processual outorga ao magistrado amplos poderes para tutelar os interesses que a Ação Civil Pública busca proteger. São exemplos dessas medidas o poder geral de cautela assegurado pelo art. 297, caput, do CPC e a concessão da tutela específica disciplinada no art. 497 do CPC: "Art. 497. Na ação que tenha por objeto a prestação de fazer ou de não fazer, o juiz, se procedente o pedido, concederá a tutela específica ou determinará providências que assegurem a obtenção de tutela pelo resultado prático equivalente."

18. **O poder geral de cautela e de tutela antecipada é ínsito ao próprio exercício da atividade decisória, seja ela judicial, seja administrativa. Trata-se de prerrogativa que integra a esfera dos poderes implícitos da autoridade pública, inerente à competência para adotar todas as medidas adequadas ao pleno funcionamento e alcance das finalidades que lhe estão legalmente confiadas.**

19. **A possibilidade de determinação de tutelas provisórias inaudita altera parte constitui consectário lógico da doutrina dos poderes implícitos amplamente reconhecida pelo STF para os mais diversos tipos de procedimento administrativo. Trata-se de aplicação do princípio segundo o qual "a concessão dos fins importa a concessão dos meios."** (STF, ADI 2.797/DF Distrito Federal). Por todos: STF, MS 33.092, Rel. Min. Gilmar Mendes, j.m 24.3.2015, Segunda Turma, DJE de 17-8-2015; STF, MS 32.494 MC, Rel. Min. Celso de Mello, decisão monocrática, j. 11-11-2013, DJE de 13-11-2013; MS 24.510, Rel. Min. Ellen Gracie, voto do Min. Celso de Mello, j. 19-11-2003, P, DJ de 19-3-2004.

20. Dessarte, verifica-se a possibilidade da concessão de outras medidas cautelares no caso concreto, conforme o próprio acórdão admitiu ao ratificar a medida de suspensão dos contratos administrativos, eivados de vícios, entre o ora recorrido e a Administração Pública Municipal às fls. 632-648, e-STJ.

21. Nesse contexto, conforme consignado pelo recorrente à fl. 661, e-STJ, "uma vez que reconhecidos pelo Tribunal de Justiça os requisitos da plausibilidade do direito invocado e a probabilidade da ocorrência de um

dano potencial, **afigura-se legítimo a aplicação de medidas cautelares inominadas**, quais sejam a suspensão dos contratos administrativos questionados – já deferida pelo juízo de 1º grau e referendada pelo Tribunal de Justiça – e a proibição do recorrido de contratação com o ente público municipal." [...]

33. Recurso Especial provido, para que, reconhecida a viabilidade da medida cautelar requerida, o Tribunal de origem examine a presença de seus outros requisitos no caso.

(REsp nº 1.779.976/GO, Rel. Min. Herman Benjamin, Segunda Turma, STJ, j. 23 fev. 2021, DJe 03 mai. 2021, com grifo nosso)

Aprofundando-se ainda mais em sua análise, Daniel Brajal Veiga *et al*, ressaltam que, além do dever-poder geral de cautela, o novo CPC ainda traz o que os autores chamam de dever-poder geral de antecipação, também com base no princípio da inafastabilidade da jurisdição estatal. Com argumentação cuidadosa, os autores citam nomes como Cândido Rangel Dinamarco e Cássio Scarpinella Bueno para defender tal ponto de vista[138].

Adicionalmente, para Maria Elizabeth de Castro Lopes, a tutela cautelar cumpria papel importante na vigência do CPC/73, contudo, era insuficiente, de modo que a jurisprudência, "em sua função criadora, procurava solucionar situações concretas em que era necessário conceder ao titular do direito mais que a garantia de que a morosidade processual não acarretaria o perecimento de seu direito"[139].

Nesse diapasão, Luiz Guilherme Marinoni e Daniel Mitidiero, incluem o art. 300, do CPC/2015[140], no qual estão previstas as tutelas provisórias

138 VEIGA, Daniel. Braga; FONSECA, Geraldo; D'ORIO, Rodrigo. Tutela provisória: questões polêmicas. In: BUENO, Cássio Scarpinella, et al. **Tutela Provisória no CPC: dos 20 anos de vigência do art. 273 do CPC/73 ao CPC/2015**. 2ª. ed. São Paulo: Saraiva Educação, Cap. 24, p. 481-567, 2018, p. 490-492.

139 LOPES, Maria Elizabeth de Castro. O juiz e a tutela antecipada. In: BUENO, Cássio Scarpinella., et al. **Tutela provisória no CPC: dos 20 anos de vigência do art. 273 do CPC/1973 ao CPC/2015**. 2ª. ed. São Paulo: Saraiva Educação, Cap. 10, p. 238-246, 2018, p. 245.

140 **[CPC/2015]** Art. 300. A tutela de urgência será concedida quando houver elementos que evidenciem a probabilidade do direito e o perigo de dano ou o risco ao resultado útil do processo.

de urgência, em um conjunto de regras processuais abertas, que possibilitam ao juiz o poder de utilizar a técnica antecipatória sempre que estiverem presentes determinadas particularidades aplicáveis ao caso concreto. De acordo com os autores, outro exemplo do poder geral de cautela – e do poder geral de antecipação – do juiz no novo Código de Processo seria o art. 497, CPC/2015[141], que admite que o juiz possa, de ofício ou sob provocação, impor multa para garantir que o demandado cumpra obrigações de fazer ou não fazer. Ainda outro exemplo seria o art. 536, *caput* e §1º, CPC/2015[142], no qual o termo "entre outras medidas" autoriza o magistrado a fazer uso de quaisquer instrumentos que entenda legítimos e adequados para efetivação do direito, além daqueles listados no dispositivo[143].

Também em suporte do dever-poder geral de antecipação, Maria Elizabeth de Castro Lopes, aponta que "ao juiz foi concedido o poder de atender prontamente a situações que os italianos denominam *crisi de cooperazione*, ou seja, deferir modalidade de tutela diferenciada, desde que preenchidos os requisitos legais"[144].

Assim, para Daniel Brajal Veiga et al, o dever-poder geral de cautela e o dever-poder geral de antecipação têm dupla função: (i) proteger o

[141] **[CPC/2015]** Art. 497. Na ação que tenha por objeto a prestação de fazer ou de não fazer, o juiz, se procedente o pedido, concederá a tutela específica ou determinará providências que assegurem a obtenção de tutela pelo resultado prático equivalente.

[142] **[CPC/2015]** Art. 536. No cumprimento de sentença que reconheça a exigibilidade de obrigação de fazer ou de não fazer, o juiz poderá, de ofício ou a requerimento, para a efetivação da tutela específica ou a obtenção de tutela pelo resultado prático equivalente, determinar as medidas necessárias à satisfação do exequente.

§1º Para atender ao disposto no caput, o juiz poderá determinar, **entre outras medidas**, a imposição de multa, a busca e apreensão, a remoção de pessoas e coisas, o desfazimento de obras e o impedimento de atividade nociva, podendo, caso necessário, requisitar o auxílio de força policial. (com grifo nosso)

[143] MARINONI, Luiz Guilherme; MITIDIERO, Daniel. Direito fundamental à tutela adequada e efetiva. In: SARLET, Ingo Wolfgang; MARINONI, Luiz Guilherme; MITIDIERO, Daniel. **Curso de Direito Constitucional**. 8ª. ed. São Paulo: Saraiva Educação, Cap. 5.3, p. 826-832, 2019, p. 391-392.

[144] LOPES, Maria Elizabeth de Castro. O juiz e a tutela antecipada. In: BUENO, Cássio Scarpinella., et al. **Tutela provisória no CPC: dos 20 anos de vigência do art. 273 do CPC/1973 ao CPC/2015**. 2ª. ed. São Paulo: Saraiva Educação, Cap. 10, p. 238-246, 2018, p. 246.

escopo do processo e (ii) proteger a efetividade da jurisdição, impedindo que tal jurisdição se atenha a somente atender ao direito da parte que se encontra em perigo. Para os autores, "o juiz tem, portanto, o dever-poder de agir, aplicando a lei, deferindo as medidas necessárias para tutelar a lesão ou a ameaça a direito, como que o art. 5º, XXXV, da CF"[145].

Sumarizando o raciocínio, Luiz Guilherme Marinoni ainda aponta que as normas abertas que exprimem o poder geral de cautela e o poder geral de antecipação "nada mais são do que respostas do legislador ao direito fundamental de ação, permitindo o surgimento da tese de que o jurisdicionado tem o direito fundamental de construir a ação adequada ao caso concreto"[146]. A título de provocação – que será retomada em momento oportuno, neste trabalho, de maneira mais detalhada – chama-se atenção para o entendimento de Luiz Guilherme Marinoni e Daniel Mitidiero, a respeito das vedações à concessão de tutelas provisórias em face da Fazenda Pública[147]. Para os autores,

> Não é possível ao Estado, por exemplo, proibir a prestação da tutela antecipatória indiscriminadamente. É ínsito ao Poder Judiciário o poder de prestar tutela antecipatória. No entanto, existem significativas restrições, no plano infraconstitucional, à concessão de tutela antecipatória contra a Fazenda Pública (art. 1º da Lei 9.494/1997). Essas restrições, contudo, não têm o condão de excluir o cabimento de antecipação de tutela contra a Fazenda Pública. São inconstitucionais[148].

[145] VEIGA, Daniel. Braga; FONSECA, Geraldo; D'ORIO, Rodrigo. Tutela provisória: questões polêmicas. In: BUENO, Cássio Scarpinella, et al. **Tutela Provisória no CPC: dos 20 anos de vigência do art. 273 do CPC/73 ao CPC/2015**. 2ª. ed. São Paulo: Saraiva Educação, Cap. 24, p. 481-567, 2018, p. 491-492.

[146] MARINONI, Luiz Guilherme. Direito Fundamental de Ação. In: CANOTILHO, José Joaquim Gomes, et al. **Comentários à Constituição Brasileira**. 2ª. ed. São Paulo: Saraiva Educação, p. 385-395, 2018, p. 392.

[147] MARINONI, Luiz Guilherme; MITIDIERO, Daniel. Direito fundamental à tutela adequada e efetiva. In: SARLET, Ingo Wolfgang; MARINONI, Luiz Guilherme; MITIDIERO, Daniel. **Curso de Direito Constitucional**. 8ª. ed. São Paulo: Saraiva Educação, Cap. 5.3, p. 826-832, 2019, p. 830; MITIDIERO, Daniel. **Antecipação de tutela**. 1ª. ed. São Paulo: Revista dos Tribunais Ltda, 2013, p. 164.

[148] MARINONI, Luiz Guilherme; MITIDIERO, Daniel. Direito fundamental à tutela adequada e efetiva. In: SARLET, Ingo Wolfgang; MARINONI, Luiz Guilherme; MITIDIERO,

1.5.3 Princípio da duração razoável do processo

O princípio da inafastabilidade da jurisdição se relaciona, como já bem estabelecido, à capacidade do Poder Judiciário de tutelar, quanto ao jurisdicionado, "o bem da vida apto a sua fruição, levando-se em consideração, portanto, o momento exato de sua concessão". Quando, então, a tutela jurisdicional for concedida após o perecimento do direito, as consequências são idênticas à negativa de acesso ao Judiciário, de modo que o respeito ao art. 5º, XXXV, CF/88, na prática, não se verifica[149].

Nesse sentido, Francisco Glauber Pessoa Alves, entende que "a tramitação duradoura do feito causa insegurança, insatisfação e incerteza"[150]. Cássio Scarpinella Bueno apontava, desde o ano de 1999, que já não se esperava mais um processo no qual fossem analisadas e contraditadas todas as formas de prova possíveis. Para o autor, levando em conta as necessidades da sociedade contemporânea, se deveria entender que a lentidão natural do processo já não teria mais lugar ou, quando verificada na prática, seria "fator apto a gerar profundo e generalizado descontentamento dos 'usuários' da justiça"[151].

Eduardo Cambi e Aline Regina das Neves, por sua vez, afirmam que a intempestividade na concessão da tutela jurisdicional pode, inclusive, "ensejar o descrédito do Poder Judiciário e a deformação da acepção que se tem acerca do processo, que, de meio de solução de controvérsias, pode passar a método de perpetuação de conflitos"[152].

Daniel. **Curso de Direito Constitucional**. 8ª. ed. São Paulo: Saraiva Educação, Cap. 5.3, p. 826-832, 2019, p. 830.

[149] PAVONI, Mariana Melo de Carvalho. Tutela provisória: a técnica da antecipação a serviço da efetividade da jurisdição. In: BUENO, Cássio Scarpinella, et al. **Tutela provisória no CPC: dos 20 anos de vigência do art. 273 do CPC/1973 ao CPC/2015**. 2ª. ed. São Paulo: Saraiva Educação, Cap. 18, p. 371-387, 2018, p. 377-378.

[150] ALVES, Francisco Glauber Pessoa. A tutela antecipada em face da Fazenda Pública, seu perfil contemporâneo (tendências jurisprudenciais) e a necessidade de uma hermenêutica que lhe atribua efetividade. **Revista de Processo**. São Paulo: p. 37 a 71. Ano 28, n. 110., abr. – jun. 2003, p. 40.

[151] BUENO, Cássio Scarpinella. **Liminar em mandado de segurança: um tema com variações**. 2ª. ed. São Paulo: Editora Revista dos Tribunais, 1999, p. 13-14.

[152] CAMBI, Eduardo; NEVES, Aline Regina das. Duração razoável do processo e tutela antecipada. In: BUENO, Cássio Scarpinella, et al. **Tutela provisória no CPC: dos 20 anos**

A respeito de tal solução de controvérsias, Hugo de Brito Machado Segundo introduz a ideia do princípio da máxima coincidência possível, "segundo o qual a tutela jurisdicional deve criar situação o mais semelhante possível àquela que se teria configurado na hipótese de respeito espontâneo do direito reclamado em juízo"[153]. Assim, o processo, com a finalidade de aproximar a verdade formal (aquela constante dos autos) da verdade material (aquela que efetivamente incidiu), deveria conciliar dois valores antagônicos:

> (a) o direito da parte demandada a uma ampla cognição do problema, com o exaurimento de todas as etapas processuais; e, em oposição a isso, (b) o direito da parte demandante a uma tutela célere. O valor *a* é importante para reduzir as possibilidades de equívoco na decisão judicial, especial, mas não exclusivamente no que tange à matéria de fato. O valor *b*, por sua vez, é relevante porque pouca ou nenhuma utilidade tem a decisão que, conquanto irretocável, é proferida após fenecido no todo ou em parte o direito a ser por ela resguardado[154].

Quanto à tutela célere, entende-se que tal direito fundamental já fazia parte do ordenamento jurídico brasileiro desde o advento da Constituição de 1988, como corolário direto do art. 5º, XXXV, CF/88[155]. Parte da doutrina ainda aponta que a incorporação, pelo Decreto nº 678/92, do Pacto de San José da Costa Rica, já havia, inclusive, positivado a duração razoável do processo como garantia fundamental, desde o ano de 1992[156].

de vigência do art. 273 do CPC/73 ao CPC/2015. 2ª. ed. São Paulo: Saraiva Educação, Cap. 4, p. 83-109, 2018, p. 88.

153 Machado Segundo, Hugo de Brito. **Processo Tributário**. 10ª. ed. São Paulo: Atlas, 2018, p. 475.

154 Machado Segundo, Hugo de Brito. **Processo Tributário**. 10ª. ed. São Paulo: Atlas, 2018, p. 480.

155 Cambi, Eduardo; Neves, Aline Regina das. Duração razoável do processo e tutela antecipada. In: Bueno, Cássio Scarpinella, et al. **Tutela provisória no CPC: dos 20 anos de vigência do art. 273 do CPC/73 ao CPC/2015**. 2ª. ed. São Paulo: Saraiva Educação, Cap. 4, p. 83-109, 2018, p. 90.

156 Fonsêca, Vitor. Art. 4º, CPC. In: Bueno, Cássio Scarpinella (coord.). **Comentários ao Código de Processo Civil**. São Paulo: Saraiva, v. 1 (arts. 1º a 317), p. 92-99, 2017, p. 93.

Contudo, foi com a Emenda Constitucional nº 45/2004, conhecida como "Reforma do Judiciário", que expressamente se adicionou o princípio ao rol de garantias constitucionais do art. 5º, CF/88, na forma de seu inciso LXXVIII. Este, indubitavelmente, foi mais um passo em direção à mudança de mentalidade para a qual a atividade jurisdicional no Brasil vem se orientando.

De acordo com Samuel Miranda Arruda, o art. 5º, LXXVIII, CF/88, é a etapa naturalmente subsequente à garantia do acesso à jurisdição, visto que se relaciona à qualidade do cumprimento da justiça, como missão estatal. Assim, o próprio Poder Legislativo também é destinatário da referida previsão constitucional, visto que deve estabelecer regras processuais específicas para seu cumprimento[157].

Ainda com relação ao dever de legislar em prol da eficiência e da celeridade, Hugo de Brito Machado Segundo aponta que a previsão, pela legislação, de formas de tutelar a urgência, é uma forma adequada de "tentar corrigir os problemas decorrentes do tempo", adicionando o elemento da efetividade à jurisdição[158]. No mesmo sentido, Eduardo Cambi e Aline Regina das Neves chamam atenção para o fato de que a tutela provisória é uma forma de possibilitar a inversão do ônus do tempo entre as partes, distribuindo seus efeitos de maneira mais justa e combatendo a demora patológica do processo[159].

1.6 Princípio da separação dos poderes

O art. 2º, CF/88[160], enuncia o princípio da separação dos poderes. Para José Afonso da Silva, "o poder é um fenômeno sociocultural", de modo

[157] Arruda, Samuel Miranda. O direito fundamental à razoável duração do processo. In: Canotilho, José Joaquim Gomes, et al. **Comentários à Constituição do Brasil**. 2ª. ed. São Paulo: Saraiva Educação, p. 541-546, 2018, p. 541-542.

[158] Machado Segundo, Hugo de Brito. **Processo Tributário**. 10ª. ed. São Paulo: Atlas, 2018, p. 480.

[159] Cambi, Eduardo; Neves, Aline Regina das. Duração razoável do processo e tutela antecipada. In: Bueno, Cássio Scarpinella, et al. **Tutela provisória no CPC: dos 20 anos de vigência do art. 273 do CPC/73 ao CPC/2015**. 2ª. ed. São Paulo: Saraiva Educação, Cap. 4, p. 83-109, 2018, p. 96.

[160] **[CF/88]** Art. 2º São Poderes da União, independentes e harmônicos entre si, o Legislativo, o Executivo e o Judiciário.

que, quando determinado grupo social concorda em conviver, estabelece limites e sacrifícios a serem cumpridos pelos indivíduos, em prol do grupo. O autor prossegue definindo o "poder" como "uma energia capaz de coordenar e impor decisões visando à realização de determinados fins"[161].

O poder político-jurídico, pertencente ao Estado, portanto, é uno e indivisível. Lenio Streck e Fábio de Oliveira, no entanto, apontam que o "poder", referenciado no art. 2º, CF/88, tem duas significações: (i) em seu sentido subjetivo, engloba os órgãos estatais do Executivo, Legislativo e Judiciário, e (ii) em seu sentido objetivo, inclui as funções a serem desempenhadas por tais órgãos, que podem ser típicas ou atípicas[162]. No mesmo sentido, se entende que a divisão ou separação de poderes "consiste em confiar cada uma das funções governamentais (legislativa, executiva e jurisdicional) a órgãos diferentes"[163].

Para Ingo Sarlet e Rodrigo Brandão[164], bem como para José Afonso da Silva[165], a divisão de poderes se fundamenta (i) na especialização funcional e (ii) na independência orgânica. Assim, cada órgão é especializado em determinada função e é efetivamente independente dos outros, de modo que não há que se falar em subordinação hierárquica. Dessa forma, entende-se que um poder está proibido de invadir a discricionariedade dos outros em razão da separação dos poderes[166], entretanto, é significativo observar que, mesmo autônomos, os poderes devem ser capazes de

[161] SILVA, José Afonso da. **Curso de Direito Constitucional Positivo**. 35ª. ed. São Paulo: Malheiros Editores Ltda, 2012, p. 106-107.

[162] STRECK, Lênio Luiz.; OLIVEIRA, Fábio de. Art. 2º, CF. In: CANOTILHO, José Joaquim Gomes, et al. **Comentários à Constituição do Brasil**. 2ª. ed. São Paulo: Saraiva Educação, p. 144-149, 2018.

[163] SILVA, José Afonso da. **Curso de Direito Constitucional Positivo**. 35ª. ed. São Paulo: Malheiros Editores Ltda, 2012, p. 108.

[164] SARLET, Ingo Wolfgang; BRANDÃO, Rodrigo Art. 60, CF. In: CANOTILHO, José Joaquim Gomes, et al. **Comentários à Constituição do Brasil**. 2ª. ed. São Paulo: Saraiva Educação, p. 1213-1226, 2018, p. 1222.

[165] SILVA, José Afonso da. **Curso de Direito Constitucional Positivo**. 35ª. ed. São Paulo: Malheiros Editores Ltda, 2012, p. 108-109.

[166] STRECK, Lênio Luiz.; OLIVEIRA, Fábio de. Art. 2º, CF. In: CANOTILHO, José Joaquim Gomes, et al. **Comentários à Constituição do Brasil**. 2ª. ed. São Paulo: Saraiva Educação, p. 144-149, 2018, p. 149.

exercer controle recíproco uns sobre os outros, para proteger os indivíduos contra os eventuais abusos de um poder absoluto[167].

No mesmo diapasão, o STF, no julgamento do MS nº 23.452/RJ, deixou consignado que o princípio da separação dos poderes tem, como principal função, proteger contra arbitrariedade e abusos perpetrados pelo Estado, impedindo a formação de instâncias hegemônicas de poder:

> **EMENTA:** COMISSÃO PARLAMENTAR DE INQUÉRITO – PODERES DE INVESTIGAÇÃO (CF, ART. 58, §3º) – LIMITAÇÕES CONSTITUCIONAIS – LEGITIMIDADE DO CONTROLE JURISDICIONAL [...] O CONTROLE JURISDICIONAL DE ABUSOS PRATICADOS POR COMISSÃO PARLAMENTAR DE INQUÉRITO NÃO OFENDE O PRINCÍPIO DA SEPARAÇÃO DE PODERES.
>
> – A essência do postulado da divisão funcional do poder, além de derivar da necessidade de conter os excessos dos órgãos que compõem o aparelho de Estado, representa o princípio conservador das liberdades do cidadão e constitui o meio mais adequado para tornar efetivos e reais os direitos e garantias proclamados pela Constituição. Esse princípio, que tem assento no art. 2º da Carta Política, não pode constituir e nem qualificar-se como um inaceitável manto protetor de comportamentos abusivos e arbitrários, por parte de qualquer agente do Poder Público ou de qualquer instituição estatal.
>
> – O Poder Judiciário, quando intervém para assegurar as franquias constitucionais e para garantir a integridade e a supremacia da Constituição, desempenha, de maneira plenamente legítima, as atribuições que lhe conferiu a própria Carta da República. O regular exercício da função jurisdicional, por isso mesmo, desde que pautado pelo respeito à Constituição, não transgride o princípio da separação de poderes.
>
> [...] O CONTROLE DO PODER CONSTITUI UMA EXIGÊNCIA DE ORDEM POLÍTICO-JURÍDICA ESSENCIAL AO REGIME DEMOCRÁTICO.

[167] BARROSO, Luís Roberto. **Curso de Direito Constitucional contemporâneo: os conceitos fundamentais e a construção do novo modelo**. 4ª. ed. São Paulo: Saraiva, 2013, p. 196-197.

– O sistema constitucional brasileiro, ao consagrar o princípio da limitação de poderes, teve por objetivo instituir modelo destinado a impedir a formação de instâncias hegemônicas de poder no âmbito do Estado, em ordem a neutralizar, no plano político-jurídico, a possibilidade de dominação institucional de qualquer dos Poderes da República sobre os demais órgãos da soberania nacional. Com a finalidade de obstar que o exercício abusivo das prerrogativas estatais possa conduzir a práticas que transgridam o regime das liberdades públicas e que sufoquem, pela opressão do poder, os direitos e garantias individuais, atribuiu-se, ao Poder Judiciário, a função eminente de controlar os excessos cometidos por qualquer das esferas governamentais, inclusive aqueles praticados por Comissão Parlamentar de Inquérito, quando incidir em abuso de poder ou em desvios inconstitucionais, no desempenho de sua competência investigatória. [...] (MS nº 23.452/RJ, Rel. Min. Celso de Mello, Plenário do STF, j. 16 set. 1999, DJ 12 mai. 2000, p. 20).

Para Ingo Sarlet e Rodrigo Brandão, "todo o poder corrompe"[168], de modo que, de acordo com Lenio Streck e Fábio de Oliveira, "a separação de poderes tem por mote o controle do poder pelo próprio poder, um sistema de fiscalização e limitação recíprocas, o denominado sistema de freios e contrapesos"[169]. José Afonso da Silva complementa este conceito de sistema de freios e contrapesos denotando que sua função precípua é de harmonizar os poderes, em prol de um equilíbrio que permita a realização do bem coletivo, evitando arbítrios e desmandos, em especial contra os governados[170].

Posteriormente, Ingo Sarlet e Rodrigo Brandão retomam a ideia de "equilíbrio harmônico", apontando que ele depende, para sua observação prática, da "estrutura orgânico-funcional de cada nação". Assim, depen-

[168] SARLET, Ingo Wolfgang; BRANDÃO, Rodrigo Art. 60, CF. In: CANOTILHO, José Joaquim Gomes, et al. **Comentários à Constituição do Brasil**. 2ª. ed. São Paulo: Saraiva Educação, p. 1213-1226, 2018, p. 1222.

[169] STRECK, Lênio Luiz.; OLIVEIRA, Fábio de. Art. 2º, CF. In: CANOTILHO, José Joaquim Gomes, et al. **Comentários à Constituição do Brasil**. 2ª. ed. São Paulo: Saraiva Educação, p. 144-149, 2018, p. 148.

[170] SILVA, José Afonso da. **Curso de Direito Constitucional Positivo**. 35ª. ed. São Paulo: Malheiros Editores Ltda, 2012, p. 110.

dendo da prioridade que cada nação confere à separação de funções e aos controles recíprocos (freios e contrapesos), o conceito de equilíbrio harmônico poderia variar[171].

No Brasil, o art. 60, §4º, III, CF/88[172], aponta que a separação de poderes é cláusula pétrea, de modo que não pode ser alvo de emenda constitucional tendente a aboli-la. Desta feita, ao se cotejar as características essenciais dessa separação com tal limitação concreta ao poder de reforma, observa-se que este princípio é de suma importância no ordenamento jurídico pátrio. Em paralelo, Lenio Streck e Fábio de Oliveira entendem que, modernamente, a atividade jurisdicional assume papel criativo – não mais somente declaratório – de modo que

> O juiz deixa de ser a boca que pronuncia as palavras da lei para construir o verbo com esteio no texto legal. Sem cair forçosamente no voluntarismo, as palavras da norma não deixam de ser as palavras do juiz, compromissado com o texto normativo, uma parceria, porquanto o texto não permite qualquer voz. Dito de outra forma, exige-se do judiciário, quando dessa sindicância, o respeito à integridade e à coerência, assim como a preservação da autonomia do direito, tão duramente conquistada a partir do segundo pós-guerra[173].

Nesse diapasão, James Marins, ao analisar o efeito da Lei nº 8.437/92 sobre as liminares em ação cautelar, critica a possibilidade de o referido diploma estar atentando contra o princípio da separação dos poderes:

> Conquanto a norma não tenha chegado a proibir a concessão de liminares de caráter cautelar, inegavelmente restringiu o alcance do instituto. Basta simples observação para constatar-se que a lei ordinária intentou retirar parcela de força da garantia constitucional cautelar, o que é vedado pelo

[171] Sarlet, Ingo Wolfgang; Brandão, Rodrigo Art. 60, CF. In: Canotilho, José Joaquim Gomes, et al. **Comentários à Constituição do Brasil**. 2ª. ed. São Paulo: Saraiva Educação, p. 1213-1226, 2018, p. 1222-1223.

[172] **[CF/88]** Art. 60. [...] § 4º Não será objeto de deliberação a proposta de emenda tendente a abolir: [...] III – a separação dos Poderes;

[173] Streck, Lênio Luiz.; Oliveira, Fábio de. Art. 2º, CF. In: Canotilho, José Joaquim Gomes, et al. **Comentários à Constituição do Brasil**. 2ª. ed. São Paulo: Saraiva Educação, p. 144-149, 2018, p. 149.

art. 60, §4º, da Carta Magna de 1988, tendo em vista que o direito à obtenção de liminar em medida cautelar constitui-se em cláusula pétrea, inafastável inclusive por emenda constitucional[174].

Independentemente de se aceitar ou não a crítica de Marins, fato é que, como afirmado por Luiz Guilherme Marinoni, dentro do âmbito criativo da atividade jurisdicional, emerge, sobremaneira, um reforço ao poder geral de cautela e ao poder geral de antecipação do juiz. Isso se dá porque a proposição de medidas aptas a suprimir eventual insuficiência de proteção normativa ao direito fundamental de ação deixa de ser meramente um poder do magistrado, para ser, em verdade, um dever-poder, ínsito ao Poder Judiciário[175].

1.7 Provimentos liminares, tutelas provisórias e o processo tributário

O significado do termo "liminar" pode ser entendido, em um sentido amplo, como abarcando toda forma de procedimento do juiz que seja adotado no início do processo. A classificação utilizada, portanto, é aquela que leva em conta a etapa processual em que a decisão é proferida[176]. Trata-se, então, do aspecto temporal da medida judicial, remetendo ao "limiar do feito", em geral estando associada à desnecessidade de ouvida da parte adversa, mas não necessariamente estando a atrelada a isso, ou seja, podem existir decisões liminares em que há oitiva da parte adversa[177].

De fato, as liminares podem ser deferidas nos mais diversos tipos de ação, a exemplo das ações possessórias, da Ação Civil Pública, da ação de nunciação de obra nova, dentre outras. No processo tributário, as

[174] MARINS, James. **Direito Processual Tributário Brasileiro – Administrativo e Judicial**. 12ª. ed. São Paulo: Thomson Reuters Brasil, 2019, p. 639-640.

[175] MARINONI, Luiz Guilherme. Direito Fundamental de Ação. In: CANOTILHO, José Joaquim Gomes, et al. **Comentários à Constituição Brasileira**. 2ª. ed. São Paulo: Saraiva Educação, p. 385-395, 2018, p. 389.

[176] MACHADO SEGUNDO, Hugo de Brito. **Processo Tributário**. 10ª. ed. São Paulo: Atlas, 2018, p. 481.

[177] NUNES, Cleucio Santos. **Curso Completo de Direito Processual Tributário**. 5ª. ed. São Paulo: SaraivaJur, 2022, p. 506.

liminares são, essencialmente, (i) a liminar em mandado de segurança e (ii) as tutelas provisórias[178]. No processo tributário, um dos efeitos mais relevantes da concessão de liminares – sejam elas em sede de Mandado de Segurança ou de qualquer outro tipo – bem como do deferimento de tutelas provisórias, é a suspensão da exigibilidade do crédito tributário, por força do art. 151, IV e V, CTN[179].

As tutelas provisórias, por sua vez, constituem gênero que abarca aspectos de determinadas prestações jurisdicionais que são diversos do aspecto temporal. De acordo com Hugo de Brito Machado Segundo, o termo pode ser utilizado para "designar a prestação jurisdicional que, sem o caráter de definitividade, equaciona situação posta em juízo". Como já apresentado anteriormente, para a maior parte da doutrina e da jurisprudência, o fundamento constitucional das tutelas provisórias reside no art. 5º, XXXV, CF/88, e em seu corolário[180].

Fundamentam as tutelas provisórias, portanto, o princípio da efetividade da tutela jurisdicional, o poder geral de cautela do juiz e o princípio da duração razoável do processo. O regramento infraconstitucional geral do instituto, atualmente, se encontra entre os arts. 294 e 311, CPC/2015. Nos termos do art. 294, *caput*, CPC/2015[181], as tutelas provisórias podem ser de dois tipos: (i) tutelas de urgência e (ii) tutelas de evidência. As tutelas de urgência, por sua vez, podem ser divididas em duas modalidades, como disposto, respectivamente, no art. 300, §3º, CPC/2015, e no art. 301, CPC: (a) tutelas de urgência de natureza antecipada e (b) tutelas de urgência de natureza cautelar.

De maneira geral, as tutelas de urgência são aquelas que devem ser concedidas quando três requisitos se verificam, cumulativamente. De

178 Marins, James. **Direito Processual Tributário Brasileiro – Administrativo e Judicial.** 12ª. ed. São Paulo: Thomson Reuters Brasil, 2019, p. 557-670.

179 **[CTN]** Art. 151. Suspendem a exigibilidade do crédito tributário: [...]
IV – a concessão de medida liminar em mandado de segurança.
V – a concessão de medida liminar ou de tutela antecipada, em outras espécies de ação judicial; (Incluído pela Lcp nº 104, de 2001)

180 Machado Segundo, Hugo de Brito. **Processo Tributário.** 10ª. ed. São Paulo: Atlas, 2018, p. 482-483.

181 **[CPC/2015]** Art. 294. A tutela provisória pode fundamentar-se em urgência ou evidência.

acordo com o art. 300, *caput* e §3º, CPC[182], eles são (i) o perigo de dano, o qual também inclui o risco ao resultado útil do processo, (ii) a probabilidade do direito e (iii) a reversibilidade da medida. Podem, no entanto, ser exigidos requisitos específicos, dependendo do caso concreto, a exemplo da exigência de "caução real ou fidejussória idônea para ressarcir os danos que a outra parte possa vir a sofrer", como disposto no art. 300, §1º, CPC/2015.

O perigo de dano, reconhecido, tradicionalmente, como *periculum in mora* (ou, em tradução nossa, "perigo na demora"), também envolve o risco ao resultado útil do processo. Assim, tendo em vista a ideia de efetividade e duração razoável do processo, o risco a ser mitigado se relaciona com a utilidade que a tutela representa para o pleiteante do direito. Esse risco ou perigo deve ser avaliado no caso concreto, inexistindo fórmula genérica para identificá-lo[183].

A probabilidade – ou verossimilhança – do direito, reconhecida, tradicionalmente, como *fumus boni iuris* (ou em tradução nossa, "fumaça do bom direito"), se revela quando a alegação tiver aparência de verdade, quando apreciada em conjunto com a matéria fática, em juízo de probabilidade do magistrado[184].

A reversibilidade da medida se relaciona à eventual impossibilidade de retorno ao *status quo ante*, em caso de improcedência da demanda, em sede de tutela final. Trata-se, portanto, de preservação, dentro da téc-

[182] **[CPC/2015]** Art. 300. A tutela de urgência será concedida quando houver elementos que evidenciem a probabilidade do direito e o perigo de dano ou o risco ao resultado útil do processo.
§1º Para a concessão da tutela de urgência, o juiz pode, conforme o caso, exigir caução real ou fidejussória idônea para ressarcir os danos que a outra parte possa vir a sofrer, podendo a caução ser dispensada se a parte economicamente hipossuficiente não puder oferecê-la.
§2º A tutela de urgência pode ser concedida liminarmente ou após justificação prévia.
§3º A tutela de urgência de natureza antecipada não será concedida quando houver perigo de irreversibilidade dos efeitos da decisão.

[183] BEDAQUE, José Roberto dos Santos. Arts. 294 a 311, CPC. In: BUENO, Cássio Scarpinella (coord.). **Comentários ao Código de Processo Civil**. São Paulo: Saraiva, v. 1 (arts. 1º a 317), p. 916-967, 2017, p. 932.

[184] DINAMARCO, Cândido Rangel. **A reforma do Código de Processo Civil**. 5ª. ed. São Paulo: Malheiros Editores LTDA, 2001, p. 145.

nica de ponderação principiológica, do princípio da segurança jurídica daquele contra o qual a tutela de urgência foi concedida[185].

Conjugando-se a aplicabilidade dos requisitos de cabimento das tutelas de urgência com o aspecto temporal – o qual se traduz no momento de verificação destes requisitos e de decisão a respeito da concessão da tutela – observa-se que ambas as modalidades de tutelas de urgência podem ser concedidas (a) de maneira antecedente, ou seja, antes mesmo do processo começar, ou (b) de maneira incidental, após o início do processo, nos termos do art. 294, parágrafo único, CPC/2015[186].

Adicionalmente, nas duas modalidades, existe a possibilidade de que sejam apreciadas após justificação prévia da parte adversa, ou liminarmente, sem a oitiva da parte adversa (*inaudita altera pars*), se enquadrando, assim, no gênero temporal "liminar", nos termos do art. 300, §2º, CPC/2015. A possibilidade de provimento liminar *inaudita altera pars* para as tutelas de urgência também está positivada no art. 9º, parágrafo único, I, CPC/2015[187].

A tutela de evidência, por sua vez, independe dos elementos autorizadores da tutela de urgência, tratando-se de uma tutela baseada na força do conjunto probatório, no sentido de corroborar as alegações do autor. Ela será deferida quando for verificado pelo menos um dos seguintes requisitos: (i) abuso do direito de defesa ou manifesto propósito protelatório da parte; (ii) as alegações de fato puderem ser comprovadas apenas documentalmente e houver tese firmada em julgamento de recursos repetitivos ou em súmula vinculante; (iii) se tratar de pedido reipersecutório (reivindicação de coisas) fundado em prova documental adequada do contrato de depósito; (iv) a petição inicial for instruída com

[185] Bedaque, José Roberto dos Santos. Arts. 294 a 311, CPC. In: Bueno, Cássio Scarpinella (coord.). **Comentários ao Código de Processo Civil**. São Paulo: Saraiva, v. 1 (arts. 1º a 317), p. 916-967, 2017, p. 935-938.

[186] **[CPC/2015]** Art. 294. [...] Parágrafo único. A tutela provisória de urgência, cautelar ou antecipada, pode ser concedida em caráter antecedente ou incidental.

[187] **[CPC/2015]** Art. 9º Não se proferirá decisão contra uma das partes sem que ela seja previamente ouvida.
Parágrafo único. O disposto no caput não se aplica: I – à tutela provisória de urgência;

prova documental suficiente do direito dos fatos constitutivos do direito do autor, a que o réu não oponha prova capaz de gerar dúvida razoável[188].

Uma vez mais, conjugando os requisitos da concessão da tutela com o aspecto temporal, de acordo com o art. 311, parágrafo único, CPC/2015, na segunda e terceira hipóteses anteriormente listadas, será possível a decisão em caráter liminar, sem que a parte adversa precise ser ouvida. A possibilidade de provimento liminar *inaudita altera pars* para as tutelas de evidência também está positivada no art. 9º, parágrafo único, II, CPC/2015 [189].

Para Cleucio Santos Nunes, o termo "liminar", portanto, "abrange as modalidades de tutela provisória, significando um gênero destinado a simplificar a linguagem". Ele ainda adiciona que "a prática forense talvez mantenha a tradição, de modo que, ao se falar 'o juiz concedeu uma liminar', esta poderá ser na forma das tutelas provisórias 'cautelar', 'antecipada' ou 'de evidência'"[190].

O art. 1.059, CPC/2015, portanto, ao citar a "tutela provisória requerida contra a Fazenda Pública", mas fazer referência a dispositivos legais (arts. 1º a 4º, Lei nº 8.437/92, e art. 7º, §2º, Lei nº 12.016/2009) que utilizam o termo "liminar", em verdade, deve ser interpretado como utilizando este último termo em sua acepção genérica. Restam inclusos, portanto, na abrangência das vedações propostas, caso o dispositivo seja interpretado em sua literalidade, todas as tutelas provisórias, não somente aquelas concedidas no início do processo, de maneira *inaudita altera pars* (sem a oitiva da parte adversa), independentemente de terem fundamento na urgência ou na evidência.

Antes de prosseguir com análises mais detalhadas a respeito da utilização das tutelas provisórias no processo tributário, no entanto, vale

[188] Nunes, Cleucio Santos. **Curso Completo de Direito Processual Tributário**. 5ª. ed. São Paulo: SaraivaJur, 2022, p. 506.

[189] **[CPC/2015]** Art. 9º Não se proferirá decisão contra uma das partes sem que ela seja previamente ouvida.
Parágrafo único. O disposto no caput não se aplica: [...] II – às hipóteses de tutela da evidência previstas no art. 311, incisos II e III;

[190] Nunes, Cleucio Santos. **Curso Completo de Direito Processual Tributário**. 5ª. ed. São Paulo: SaraivaJur, 2022, p. 507.

observar outro entendimento acerca do termo "liminar", trazido por Teori Zavascki. Nas palavras do autor:

> É de se perguntar, pois, qual o conteúdo que caracteriza a decisão como "medida liminar" ou, simplesmente como uma "liminar", distinguindo-a das demais decisões interlocutórias tomadas pelo juiz, ainda que no mesmo momento processual. Sob esse prisma, a liminar consiste em provimento que antecipa providência que, pelo regime processual normal, ocorreria apenas como eficácia da futura sentença de procedência. Tomada com este sentido, a expressão está sempre relacionada com a sentença que julga definitivamente a causa, ou seja: liminar será provimento que atende, em caráter provisório, parcial ou integralmente, o que o autor pede como provimento definitivo. Pouco importa, para esse efeito, que a decisão tenha sido proferida *initio litis* ou não[191].

Assim, quando dispositivos legais se prestam a limitar a concessão de liminares, eles não fazem referência, em verdade, ao aspecto temporal do processo, mas sim ao caráter de satisfatividade da medida. Este entendimento crítico acerca do uso do termo "liminar" na legislação pátria é de significativa valia para se compreender a intencionalidade do Legislador, ao longo do tempo em que foi concebido aquilo que se convencionou referenciar, neste trabalho, como "Sistema de proteção à Fazenda Pública". A evolução e maturação deste Sistema será trabalhado em maiores detalhes no capítulo seguinte.

De fato, o "Sistema de proteção à Fazenda Pública" se trata de um conjunto de normas legais infraconstitucionais, precedentes judiciais e súmulas que preveem vedações à concessão de medidas liminares, incluindo as tutelas provisórias, contra a Fazenda Pública, com o objetivo de proteção ao erário. Ao utilizar o termo "liminar", portanto, as disposições integrantes deste Sistema buscam conter as providências antecipatórias eventualmente contidas nas decisões interlocutórias dos magistrados. Nas palavras de Teori Zavascki, "suspende-se a execução de

191 ZAVASCKI, Teori Albino. **Antecipação de tutela**. 2ª. ed. São Paulo: Saraiva, 1999, p. 162-163.

liminares, não por terem sido proferidas *initio litis*, mas porque seu conteúdo traz consequências que se quer evitar"[192].

1.7.1 Tutela provisória de urgência de natureza antecipada no processo tributário

Em termos ideais, todo processo teria oitiva das partes, ampla produção de provas e sentenças que examinassem detalhadamente cada ponto alegado, contudo, restrições de tempo, custos e pessoal no Sistema Judiciário impedem a concretização desta amplitude. Quanto ao problema do tempo em especial, uma solução possível é a tutela antecipada[193].

Tanto se fez necessária, ao longo da prática jurídica na vigência do CPC/73, que a Lei nº 8.952/1994 a introduziu no CPC/73, sob o nome de "antecipação dos efeitos da tutela". Vale observar, no entanto, que para Cassone, Rossi e Cassone, é somente a tutela do art. 273, I, CPC/73, a ser concedida com base na existência de prova inequívoca, verossimilhança da alegação e fundado receio de dano, que se aproxima da tutela provisória de urgência de natureza antecipada do CPC/2015. Para os autores, a hipótese do art. 273, II, CPC/73 (aplicável quando caracterizado o manifesto propósito protelatório do réu), bem como aquela do §6º do mesmo artigo (aplicável nos casos de pedidos incontroversos), em verdade, guardariam mais semelhança com a moderna tutela de evidência[194].

Adicionalmente, para Cleucio Santos Nunes, a antecipação de tutela, tanto em sua versão atual, denominada "tutela provisória de urgência de natureza antecipada", quanto em sua versão do CPC/73 ("antecipação dos efeitos da tutela"), guarda semelhanças relevantes com as medidas liminares aplicáveis ao mandado de segurança[195].

À tutela de urgência de natureza antecipada se aplicam, por certo, os requisitos comuns a todas as tutelas de urgência, quais sejam, (a) a proba-

[192] Zavascki, Teori Albino. **Antecipação de tutela**. 2ª. ed. São Paulo: Saraiva, 1999, p. 163.

[193] Nunes, Cleucio Santos. **Curso Completo de Direito Processual Tributário**. 5ª. ed. São Paulo: SaraivaJur, 2022, p. 511.

[194] Cassone, Vittorio; Rossi, Júlio César; Cassone, Maria Eugênia Teixeira. **Processo Tributário: Teoria e Prática**. 15ª. ed. São Paulo: Atlas, 2017, p. 123.

[195] Nunes, Cleucio Santos. **Curso Completo de Direito Processual Tributário**. 5ª. ed. São Paulo: SaraivaJur, 2022, p. 511.

bilidade do direito, (b) o perigo de dano ou risco ao resultado útil do processo e (c) a reversibilidade da medida. João Batista Lopes, no entanto, aponta que o requisito da reversibilidade da medida pode – e, em alguns casos, deve – ser flexibilizado em face do princípio da proporcionalidade, para atender situações em que a aplicação do requisito, caso feita em sua literalidade, "implicaria sacrifício da própria tutela jurisdicional"[196].

Este entendimento já encontrava defesa, pelo menos, desde o ano de 1999, quando Cássio Scarpinella Bueno apontava que eventuais limites sistemáticos à efetivação de provimentos jurisdicionais antecipados não poderiam, necessariamente, impedir a concessão de tutelas. Seria necessário, de acordo com o autor, "atenuar a rigidez (literal) das normas processuais", de modo a viabilizar, no caso concreto, a efetivação do direito[197]. No mesmo sentido, José Roberto dos Santos Bedaque, assim assevera:

> A irreversibilidade, todavia, não pode constituir impedimento absoluto à concessão de tutela antecipada. Além dos valores em conflito, deve-se levar em consideração, para solução do problema, a circunstância de que a antecipação depende da verossimilhança do direito. [...] O requisito negativo da irreversibilidade pode revelar-se, inexigível no caso concreto, pois seria ilegítimo negar-se o Estado a tutelar direito verossímil se presente o risco de seu perecimento. Isso porque, se não houver a antecipação, o reconhecimento da existência desse direito passa a ter relevância puramente teórica, uma vez já verificada sua destruição. [...] A admissibilidade dessa técnica, não regulada pelo legislador ordinário, deve ser analisada em face da garantia constitucional de acesso à justiça e à efetividade da tutela. Ninguém pode ser privado da tutela jurisdicional adequada e eficaz se a providência representar o único meio de evitar o perecimento do direito[198].

[196] LOPES, João Batista. **Tutela antecipada no processo civil brasileiro**. 3ª. ed. São Paulo: Revista dos Tribunais, 2007, p. 85.

[197] BUENO, Cássio Scarpinella. **Execução Provisória e Antecipação de Tutela**. 1ª. ed. São Paulo: Saraiva, 1999, p. 355.

[198] BEDAQUE, José Roberto dos Santos. Arts. 294 a 311, CPC. In: BUENO, Cássio Scarpinella (coord.). **Comentários ao Código de Processo Civil**. São Paulo: Saraiva, v. 1 (arts. 1º a 317), p. 916-967, 2017, p. 937-938.

O art. 303, CPC/2015, traz previsão direta a respeito do procedimento a ser tomado nos casos de tutela antecipada requerida em caráter antecedente, adicionando, além dos requisitos comuns, também os requisitos de (d) requerimento da tutela antecipada, (e) indicação do pedido de tutela final e (f) exposição da lide e do direito que se busca realizar.

O deferimento de tutela antecipada, como já exposto, também pode ser efetuado em sede liminar, sem oitiva da parte adversa (*inaudita altera pars*), na forma do art. 9º, parágrafo único, I, CPC/15. Se o juiz considerar insuficiente o conjunto probatório apresentado pelo requerente, poderá designar audiência de justificação. Se ainda não entender que os requisitos justificadores estão presentes, poderá conceder a tutela antecipada após manifestação da parte adversa, sopesando a necessidade de eficácia da tutela e a eventual mitigação do direito da parte adversa ao contraditório[199].

Para ilustrar a verificação destes requisitos no processo tributário, Cleucio Santos Nunes narra caso hipotético no qual uma empresa fabricante de agulhas e seringas descartáveis paga a Contribuição para o Financiamento da Seguridade Social (Cofins). O Governo, com base no art. 2º, §3º, Lei nº 10.833/2003, pode reduzir a zero ou restabelecer, por meio de decreto, a alíquota da Cofins aplicável a determinados insumos utilizados por empresas da área da saúde[200].

Admitindo que, depois de ter reduzido a alíquota de 3% para zero, no ano seguinte, o Governo decida aumentá-la para o percentual padrão do tributo, de 7,6%, o que, por certo, é diferente de mero restabelecimento, dado o valor inicial de 3%, podendo significar violação ao dispositivo de lei citado. No caso hipotético, a tutela definitiva pretendida pela empresa seria a declaração de inexigibilidade da Cofins, caso tenha que ser calculada sob a alíquota de 7,6%. Caso não fosse possível a antecipação de tutela, enquanto aguardasse o final do rito processual, a empresa teria que pagar a Cofins em alíquota majorada, sob pena de ser autuada

199 BEDAQUE, José Roberto dos Santos. Arts. 294 a 311, CPC. In: BUENO, Cássio Scarpinella (coord.). **Comentários ao Código de Processo Civil**. São Paulo: Saraiva, v. 1 (arts. 1º a 317), p. 916-967, 2017, p. 933.

200 NUNES, Cleucio Santos. **Curso Completo de Direito Processual Tributário**. 5ª. ed. São Paulo: SaraivaJur, 2022, p. 512.

pela Receita Federal. A urgência, neste caso, portanto, é contemporânea à propositura da ação, e o perigo de dano ou risco ao resultado útil do processo nada mais é de que somente a decisão em caráter liminar acerca da tutela poderá evitar os prejuízos sofridos pelo contribuinte com a exigência de um aumento indevido do tributo. Caso não haja deferimento em sede liminar, o processo não teria resultado útil para o contribuinte, que teria que pagar o tributo majorado e, depois, pedir a restituição do indébito ou a compensação do crédito tributário, com todos os óbices financeiros e legais decorrentes destes procedimentos[201].

Também importa ressaltar que a concessão de tutela antecipada em caráter antecedente gera, para a parte adversa, o ônus processual de recorrer da decisão, visto que, se não o fizer tal decisão se estabiliza. Inclusive, mesmo que recorra, a não observância dos requisitos de admissibilidade do recurso será comparada à não interposição. Para José Roberto dos Santos Bedaque, "a técnica da estabilização destina-se a evitar o prosseguimento do processo, na hipótese em que o comportamento de ambas as partes revelar concordância com o resultado até então provisório"[202].

1.7.2 Tutela provisória de urgência de natureza cautelar no processo tributário

O CPC/73 trazia livro próprio a tratar do processo cautelar. O Livro III – "Do Processo Cautelar", trazia alguns procedimentos cautelares específicos (arresto, sequestro, caução, busca e apreensão, exibição, produção antecipada de provas, dentre outros), chamados coletivamente de "ações cautelares nominadas", além de possibilitar a utilização de outras medidas provisionais, em seu art. 888, CPC/73.

Ao extinguir as ações cautelares nominadas e passar a tratar das tutelas provisórias no Livro V da Parte Geral, o CPC/2015 tornou regra a aplicação do poder geral de cautela em homenagem aos valores de celeridade

[201] NUNES, Cleucio Santos. **Curso Completo de Direito Processual Tributário.** 5ª. ed. São Paulo: SaraivaJur, 2022, p. 515-516.

[202] BEDAQUE, José Roberto dos Santos. Arts. 294 a 311, CPC. In: BUENO, Cássio Scarpinella (coord.). **Comentários ao Código de Processo Civil**. São Paulo: Saraiva, v. 1 (arts. 1º a 317), p. 916-967, 2017, p. 944.

e efetividade, como se pode observar no excerto a seguir colacionado da Exposição de Motivos do novo diploma.

> Extinguiram-se também as ações cautelares nominadas. Adotou-se a regra no sentido de que basta à parte a demonstração do *fumus boni iuris* e do perigo de ineficácia da prestação jurisdicional para que a providência pleiteada deva ser deferida. Disciplina-se também a tutela sumária que visa a proteger o direito evidente, independentemente de *periculum in mora*[203].

Como espécie de tutela de urgência, a tutela provisória de urgência de natureza cautelar também exige os três requisitos básicos, ou seja, (a) a probabilidade do direito, (b) o perigo de dano ou risco ao resultado útil do processo e (c) a reversibilidade da medida. De acordo com Cleucio Santos Nunes, no entanto, a principal distinção entre a tutela cautelar e a tutela antecipada é de natureza conceitual:

> [...] enquanto na tutela antecipada o autor visa obter, desde logo, a prestação jurisdicional final, ainda que sejam somente os efeitos práticos esperados dessa tutela, na pretensão cautelar, pretende o autor, primeiramente, proteger a discussão sobre um direito que está ameaçado, em razão de uma conduta esperada do réu ou pela ação natural do tempo[204].

Dada tal similaridade, o art. 305, parágrafo único, CPC/2015, trouxe a possibilidade de fungibilidade entre as tutelas de urgência, podendo o juiz receber um pedido como outro, caso entenda que o enquadramento proposto não é o mais correto. Trata-se de iniciativa pensada de modo que dúvidas classificatórias não mais pudessem ser empecilhos à prestação adequada da tutela jurisdicional, por "aplicadores mais preocupados

203 BRASIL. Exposição de Motivos. Código de Processo Civil de 2015. **Código de Processo Civil e Normas Correlatas**. Senado Federal, 2015, p. 32. Disponível em: https://www2.senado.leg.br/bdsf/bitstream/handle/id/512422/001041135.pdf. Acesso em: 13 out. 2022.

204 NUNES, Cleucio Santos. **Curso Completo de Direito Processual Tributário**. 5ª. ed. São Paulo: SaraivaJur, 2022, p. 522-523.

em nele encontrar pretextos para não prestar uma tutela jurisdicional efetiva"[205].

Nesse sentido, José Roberto dos Santos Bedaque, aponta que "existe nexo intenso entre a tutela cautelar e o escopo de efetividade do processo, pois é mediante essa via que se assegura ao titular de um direito a possibilidade de obter, em sede jurisdicional, resultado próximo daquele que a satisfação voluntária lhe traria"[206].

Outro ponto importante é de que, na forma do art. 310, CPC/2015, mesmo que haja indeferimento da tutela cautelar pedida em caráter antecedente, não ficará o autor impossibilitado de formular o pedido principal, nem deverá a decisão sobre a cautelar influir em seu julgamento do pedido principal, exceto, é claro, se o motivo do indeferimento da cautelar for o reconhecimento de decadência ou prescrição[207].

Assim como a tutela de urgência antecipada, a tutela de urgência cautelar, também chamada de "tutela urgente conservativa", por seu efeito de evitar o perigo de ineficácia da prestação final, preservando o objeto em juízo, pode ser concedida em sede liminar *inaudita altera pars*, na forma do art. 9º, parágrafo único, I, CPC/2015. Poderá haver, igualmente, audiência de justificação prévia e eventual deferimento posterior da tutela cautelar, após oportunização de contraditório[208].

Para ilustrar a tutela cautelar no processo tributário, Cleucio Santos Nunes traz outro exemplo hipotético. Supõe-se que um contribuinte foi autuado pelo não pagamento de um tributo e pelo não cumprimento de obrigações acessórias, acarretando a incidência de multa. O contribuinte, no entanto, entendia fazer jus a determinada imunidade tributária e, segundo seu julgamento, não seriam exigidas as obrigações acessórias

[205] Machado Segundo, Hugo de Brito. **Processo Tributário**. 10ª. ed. São Paulo: Atlas, 2018, p. 483.

[206] Bedaque, José Roberto dos Santos. Arts. 294 a 311, CPC. In: Bueno, Cássio Scarpinella (coord.). **Comentários ao Código de Processo Civil**. São Paulo: Saraiva, v. 1 (arts. 1º a 317), p. 916-967, 2017, p. 938.

[207] Nunes, Cleucio Santos. **Curso Completo de Direito Processual Tributário**. 5ª. ed. São Paulo: SaraivaJur, 2022, p. 529.

[208] Bedaque, José Roberto dos Santos. Arts. 294 a 311, CPC. In: Bueno, Cássio Scarpinella (coord.). **Comentários ao Código de Processo Civil**. São Paulo: Saraiva, v. 1 (arts. 1º a 317), p. 916-967, 2017, p. 933

na forma como constante do auto de infração. O pedido principal deste contribuinte, portanto, seria de anulação do auto de infração em razão de sua "antijuridicidade", mas o pedido cautelar seria de suspensão da exigibilidade do crédito tributário enquanto durasse o processo, para que a Fazenda Pública ficasse impedida de inscrever o crédito na dívida ativa até que a Justiça definisse se tais débitos eram ou não efetivamente devidos. Nota-se, portanto, que o direito relacionado ao pedido cautelar não se confunde com o direito pretendido em sede definitiva[209].

No caso apresentado, a eminente inscrição na dívida ativa e a conseguinte Execução Fiscal que dela se originaria caracterizariam a urgência do caso e, também, o perigo de dano, tendo em vista os efeitos práticos que tal inscrição determinaria, incluindo a inserção do nome do contribuinte em cadastros tributários (a exemplo do Cadastro Informativo de Créditos não Quitados do Setor Público Federal – Cadin), o protesto da Certidão de Dívida Ativa (CDA), restrições ao crédito, a impossibilidade de se habilitar em licitações ou receber financiamentos públicos, dentre outros. O risco ao resultado útil do processo também fica claro quando, por exemplo, o contribuinte, ao não pagar o tributo que considera indevido, fica impedido de obter uma Certidão Negativa de Débitos (CND) ou uma Certidão Positiva com Efeitos de Negativa (CPEN), quando seu negócio depende de fornecimento de bens ao Poder Público[210].

1.7.3 Tutela provisória de evidência no processo tributário

Na tutela de evidência, diferentemente dos outros tipos de tutela provisória, a urgência não é aspecto central, como aponta o art. 311, *caput*, CPC/2015, dando lugar (a) à clareza dos fatos, (b) à plausibilidade das alegações ou (c) as provas em favor do autor, assim fazendo jus à sua denominação. Essa modalidade de tutela provisória, portanto, "visa o atendimento imediato do pleito do autor, não em razão do decurso do

[209] NUNES, Cleucio Santos. **Curso Completo de Direito Processual Tributário.** 5ª. ed. São Paulo: SaraivaJur, 2022, p. 523-524.

[210] NUNES, Cleucio Santos. **Curso Completo de Direito Processual Tributário.** 5ª. ed. São Paulo: SaraivaJur, 2022, p. 525-526.

tempo, mas em função da notória presença do direito da parte, constatada desde o ajuizamento da medida"[211].

Para Cassone, Rossi e Cassone, os antecessores da atual tutela de evidência eram as hipóteses do art. 273, II, CPC/73 (aplicável quando caracterizado o manifesto propósito protelatório do réu), e do §6º do mesmo artigo (aplicável nos casos de pedidos incontroversos), originalmente enquadrados, na vigência do Código antigo, como "antecipação dos efeitos da tutela"[212]. Ambas as possibilidades em verdade, restam replicadas no art. 311, CPC/2015, o qual, no entanto, expandiu o alcance do instituto.

As quatro possibilidades de deferimento de tutela de evidência são: (i) abuso do direito de defesa ou manifesto propósito protelatório da parte; (ii) as alegações de fato puderem ser comprovadas apenas documentalmente e houver tese firmada em julgamento de recursos repetitivos ou em súmula vinculante; (iii) se tratar de pedido reipersecutório fundado em prova documental adequada do contrato de depósito e (iv) a petição inicial for instruída com prova documental suficiente do direito dos fatos constitutivos do direito do autor, a que o réu não oponha prova capaz de gerar dúvida razoável.

No processo tributário, no entanto, é incomum a utilização da terceira hipótese, relacionada à reivindicação de coisas. De fato, para Leonardo Carneiro da Cunha, "não é comum – sendo até improvável – pensar numa hipótese de ação de depósito contra a Fazenda Pública. De todo modo, se for proposta uma ação de depósito contra a Fazenda Pública, cabe a tutela provisória de evidência prevista no inciso III do art. 311 do CPC"[213]. Assim sendo, restam factíveis somente a primeira, segunda e quarta hipóteses.

Com relação à primeira, entende-se que os argumentos do autor do pedido, atrelados à forte probabilidade existência do direito, são reforçados pela fraqueza dos argumentos trazidos pela defesa, em manifesto

[211] NUNES, Cleucio Santos. **Curso Completo de Direito Processual Tributário**. 5ª. ed. São Paulo: SaraivaJur, 2022, p. 529.

[212] CASSONE, Vittorio; ROSSI, Júlio César; CASSONE, Maria Eugênia Teixeira. **Processo Tributário: Teoria e Prática**. 15ª. ed. São Paulo: Atlas, 2017, p. 123.

[213] CUNHA, Leonardo José Carneiro da. **A Fazenda Pública em juízo**. 15ª. ed. Rio de Janeiro: Forense, 2018, p. 320.

propósito protelatório[214]. Esta hipótese não comporta a possibilidade de deferimento liminar, por ausência de previsão legal no art. 311, parágrafo único, CPC/2015.

A quarta hipótese, relacionada à prova documental não adequadamente refutada, se verifica quando o autor traz prova pré-constituída tanto da causa de pedir ativa, ou seja, dos fatos que deram origem à relação material, quanto da causa de pedir passiva, ou seja, aqueles em razão dos quais a pretensão é exigível. Importa, também, diferenciar esta hipótese daquela prevista no art. 355, CPC/2015, conhecida como julgamento antecipado do mérito. Esta última será conferida somente quando não houver qualquer necessidade de nova produção de provas, ou seja, quando houver certeza. A tutela de evidência com base no art. 311, IV, CPC/2015, por outro lado, implica em uma probabilidade também alta, mas ainda não definitiva, ou seja, em juízo de verossimilhança[215].

Deixou-se por último, enfim, a segunda hipótese – aquela na qual os argumentos do autor estão lastreados em teses jurisprudenciais fixadas em precedentes – visto que pode ser concedida em sede liminar (assim como a terceira, mas que não tem importância real no processo tributário), nos termos do art. 311, parágrafo único, CPC/2015. Isso se dá porque, quando a fundamentação trazida pelo autor tem base em julgamento anterior dos tribunais superiores, presume-se que já houve adequada apreciação da matéria pelas mais altas e qualificadas cortes do país. Nessas hipóteses, de acordo com Cleucio Nunes, não faz sentido impor ao autor "lento trâmite processual para obtenção de um direito que já se constata ser pouco discutível com base nas hipóteses legais pré-estabelecidas" [216].

Dois apontamentos relevantes a respeito dessa hipótese foram discutidos no Seminário "O Poder Judiciário e o novo Código de Processo Civil", organizado pela Escola Nacional de Formação e Aperfeiçoamento

214 BEDAQUE, José Roberto dos Santos. Arts. 294 a 311, CPC. In: Bueno, Cássio Scarpinella (coord.). **Comentários ao Código de Processo Civil**. São Paulo: Saraiva, v. 1 (arts. 1º a 317), p. 916-967, 2017, p. 955.

215 BEDAQUE, José Roberto dos Santos. Arts. 294 a 311, CPC. In: BUENO, Cássio Scarpinella (coord.). **Comentários ao Código de Processo Civil**. São Paulo: Saraiva, v. 1 (arts. 1º a 317), p. 916-967, 2017, p. 957-958.

216 NUNES, Cleucio Santos. **Curso Completo de Direito Processual Tributário**. 5ª. ed. São Paulo: SaraivaJur, 2022, p. 530.

de Magistrados (Enfam). O primeiro, oficializado na forma do Enunciado nº 30[217], dispõe que não há necessidade de que o julgamento dos tribunais superiores tenha caráter vinculante para que seja apto a fundamentar um pedido de tutela de evidência. O segundo, oficializado na forma do Enunciado nº 31[218], por sua vez, aponta que não se faz necessário o trânsito em julgado da decisão que servir de fundamento à tutela[219]. Diversos outros apontamentos relevantes também foram realizados pelo Fórum Permanente de Processualistas Civis (FPPC), na Carta de Florianópolis, datada de março de 2017[220]. Alguns dos exemplos mais significativos são os Enunciados nº 418, nº 422 e nº 423, FPPC[221].

Observa-se que, mesmo que a tutela de evidência seja concedida *inaudita altera pars,* a Fazenda Pública ainda tem a seu dispor diversos meios para reverter a questão, inclusive podendo lavrar autuações fiscais sobre a matéria controvertida, mesmo que o contribuinte aparente ter o direito

[217] **[Seminário "O Poder Judiciário e o novo Código de Processo Civil" – ENFAM]** 30) É possível a concessão da tutela de evidência prevista no art. 311, II, do CPC/2015 quando a pretensão autoral estiver de acordo com orientação firmada pelo Supremo Tribunal Federal em sede de controle abstrato de constitucionalidade ou com tese prevista em súmula dos tribunais, independentemente de caráter vinculante.

[218] **[Seminário "O Poder Judiciário e o novo Código de Processo Civil" – ENFAM]** 31) A concessão da tutela de evidência prevista no art. 311, II, do CPC/2015 independe do trânsito em julgado da decisão paradigma.

[219] ENFAM. Seminário "O Poder Judiciário e o Novo Código de Processo Civil"- Enunciados Aprovados. **Escola Nacional de Formação e Aperfeiçoamento de Magistrados (ENFAM)**, Brasília, 2015, p. 3. Disponível em: https://www.enfam.jus.br/wp-content/uploads/2015/09/ENUNCIADOS-VERS%C3%83O-DEFINITIVA-.pdf. Acesso em: 14 out. 2022.

[220] FPPC. Fórum Permanente de Processualistas Civis (FPPC). **Carta de Florianópolis – Enunciados do Fórum Permanente de Processualistas Civis**, 24, 25 e 26 de março de 2017, p. 54-55. Disponível em: https://institutodc.com.br/wp-content/uploads/2017/06/FPPC-Carta-de-Florianopolis.pdf. Acesso em: 14 out. 2022.

[221] **[FPPC – Enunciado nº 418]** "As tutelas provisórias de urgência e de evidência são admissíveis no sistema dos Juizados Especiais" (Grupo: Impacto nos Juizados e nos procedimentos especiais da legislação extravagante).

[FPPC – Enunciado nº 422] "A tutela de evidência é compatível com os procedimentos especiais" (Grupo: Tutela de urgência e tutela de evidência).

[FPPC – Enunciado nº 423] "Cabe tutela de evidência recursal" (Grupo: Tutela de urgência e tutela de evidência).

ao afastamento da exigência tributária. Nesse caso, nas palavras de Cleucio Santos Nunes, "o que autoriza o deferimento da tutela de evidência não é exatamente o justificado receio de autuações, mas a evidência do direito invocado, comprovado por meio de decisões do STJ ou em súmula vinculante"[222].

Assim sendo, além de ser compatível com a prática do processo tributário, também se observa que a tutela de evidência com fundamento no art. 311, II, CPC/2015, ao aceitar a possibilidade de deferimento liminar, prestigia o princípio da inafastabilidade da jurisdição estatal, em especial quanto às ameaças à direito (art. 5º, XXXV, CF/88), bem como todo o seu corolário e a integridade do sistema de precedentes dos tribunais superiores[223].

Nestas situações, considerando o Enunciado nº 582, FPPC[224], é possível, inclusive, se falar em utilização analógica do art. 304, CPC/2015[225], que prevê a estabilização da tutela de urgência antecipada, também para a tutela de evidência, no âmbito do processo tributário, homenageando o princípio da duração razoável do processo, visto que o resultado – confirmação da tutela provisória de evidência – já é previamente conhecido, posto que semelhante à questão já vigorosamente apreciada[226].

222 Nunes, Cleucio Santos. **Curso Completo de Direito Processual Tributário**. 5ª. ed. São Paulo: SaraivaJur, 2022, p. 530.

223 Bueno, Cássio Scarpinella. Tutela Provisória contra o Poder Público no CPC de 2015. In: Bueno, Cássio Scarpinella., et al. **Tutela Provisória no CPC: Dos 20 anos de vigência do art. 273 do CPC/73 ao CPC/2015**. 2ª. ed. São Paulo: Saraiva Educação, p. 68-81, 2018, p. 76-77; CUNHA, Leonardo José Carneiro da. **A Fazenda Pública em juízo**. 15ª. ed. Rio de Janeiro: Forense, 2018, p. 321.

224 **[FPPC – Enunciado nº 582]** "Cabe estabilização da tutela antecipada antecedente contra a Fazenda Pública" (Grupo: Tutela provisória). (FPPC. Fórum Permanente de Processualistas Civis (FPPC). **Carta de Florianópolis – Enunciados do Fórum Permanente de Processualistas Civis**, 24, 25 e 26 de março de 2017, p. 73. Disponível em: https://institutodc.com.br/wp-content/uploads/2017/06/FPPC-Carta-de-Florianopolis.pdf. Acesso em: 14 out. 2022).

225 **[CPC/2015]** Art. 304. A tutela antecipada, concedida nos termos do art. 303, torna-se estável se da decisão que a conceder não for interposto o respectivo recurso.

226 Nunes, Cleucio Santos. **Curso Completo de Direito Processual Tributário**. 5ª. ed. São Paulo: SaraivaJur, 2022, p. 532.

2.
A EVOLUÇÃO DAS TUTELAS PROVISÓRIAS E DO SISTEMA DE PROTEÇÃO À FAZENDA PÚBLICA

Inicialmente, o presente capítulo busca construir uma linha do tempo abrangente, que inclua tanto as origens e a maturação do instituto das tutelas provisórias, quanto a evolução, crescimento e complexificação daquilo que se convencionou chamar "Sistema de Proteção à Fazenda Pública". Em linhas gerais, esse Sistema pode ser definido como o conjunto de normas legais infraconstitucionais, precedentes e súmulas que, com o objetivo de proteção ao erário, preveem vedações à concessão de medidas liminares, incluindo as tutelas provisórias, contra a Fazenda Pública.

Por último, busca-se conferir uma delimitação mais cuidadosa do escopo desta obra, demonstrando a abrangência das diversas vedações contidas no art. 1.059, CPC/2015, bem como quais delas se busca combater com o presente trabalho, e apresenta-se um panorama do estado atual do Sistema de proteção à Fazenda Pública. Relembra-se que, apesar de parte da doutrina entender pela inconstitucionalidade total do art. 1.059, CPC/2015, o que se defende, no presente trabalho, é sua inconstitucionalidade parcial, especificamente no que se refere às ações de compensação de créditos tributários e repetição de indébito, com base em uma proposta de interpretação conforme do dispositivo.

2.1 Origens das tutelas provisórias e a gênese do sistema de proteção à Fazenda Pública

Algumas das primeiras manifestações das tutelas provisórias, na forma de medidas urgentes, nasceram com o direito romano. A "*operis novit nuntiatio*", por exemplo, se tratava de denúncia oral por meio da qual ficava proibido o proprietário de prosseguir em obra iniciada (*opus novum*), mas ainda não concluída. Caso não obedecida a advertência, ao denunciante era lícito pleitear ao pretor – o aplicador da lei – um interdito proibitório ou demolitório[227].

João Batista Lopes ainda cita outros exemplos, como os já mencionados interditos (*interdicta*), que apareciam sob várias formas (proibitório, demolitório, dentre outros) e consistiam em imposições de determinado comportamento a um indivíduo, a pedido de outro, por decisão mandamental do pretor. Outro exemplo era a "*missio in possessionem*", que consistia em um sequestro da coisa sobre a qual se litigava, entregando-a um terceiro, que agia como depositário enquanto a lide pendia de julgamento, de maneira similar às liminares possessórias[228], constantes dos arts. 564 e 565, CPC/2015[229].

Mais um exemplo era a "*cautio damni infecti*", que consistia, de acordo com Moacyr Amaral Santos, na garantia dada ao proprietário ou possuidor de um imóvel "contra o dano ainda não feito (*damnum infectum*) e que havia razão para temer que se verificasse à sua propriedade, por motivo do estado da obra do prédio vizinho ou de atividades neste exercidas"[230].

[227] Ruiz, Ivan Aparecido. Antecipação da tutela no direito processual civil brasileiro: do nascimento à maioridade, mas, ainda, com dificuldade da sua adequada postulação e aplicação. In: Bueno, Cássio Scarpinella, et al. **Tutela provisória no CPC: Dos 20 anos do art. 273 do CPC/1973 ao CPC/2015**. 2ª. ed. São Paulo: Saraiva Educação, Cap. 19, p. 388-415, 2018, p. 393.

[228] Lopes, João Batista. **Tutela antecipada no processo civil brasileiro**. 3ª. ed. São Paulo: Revista dos Tribunais, 2007, p. 42-44.

[229] **[CPC/2015]** Art. 564. Concedido ou não o mandado liminar de manutenção ou de reintegração, o autor promoverá, nos 5 (cinco) dias subsequentes, a citação do réu para, querendo, contestar a ação no prazo de 15 (quinze) dias.

[CPC/2015] Art. 565. No litígio coletivo pela posse de imóvel, quando o esbulho ou a turbação afirmado na petição inicial houver ocorrido há mais de ano e dia, o juiz, antes de apreciar o pedido de concessão da medida liminar, deverá designar audiência de mediação, a realizar-se em até 30 (trinta) dias, que observará o disposto nos §§ 2º e 4º.

[230] Santos, Moacyr Amaral. *Cautio damni infecti*. **Revista da Faculdade de Direito**, Universidade de São Paulo, São Paulo, v. 52, p. 216-241, 1957, p. 224. Disponível em: https://www.revistas.usp.br/rfdusp/article/download/66270/68880/. Acesso em: 14 out. 2022.

De acordo com Mariana Melo de Carvalho Pavoni, esse instituto guarda semelhança com a moderna liminar em ação civil pública[231].

Outro instituto digno de nota era a "*pignoris capio*", que consistia no apossamento de coisa do devedor, similar à liminar de busca e apreensão prevista no art. 3º, do Decreto-Lei nº 911/69[232], com nítido viés cautelar. Por fim, cita-se, também, os institutos "*restitutio in integrum*", "*addictio*", "*nexus*", e "*manus injection*", cujo ponto de contato era "sua concessão mediante cognição sumária e provisória, aliada à junção entre a fase de conhecimento e executiva"[233].

Na Idade Média, também se desenvolveram institutos com os mesmos fundamentos, com destaque para os "*mandata sine clausula justificativa*", ou "mandato sem cláusula justificativa", que "eram admitidos em circunstâncias extremas, principalmente quando presentes dois elementos essenciais, ou seja, *damnum irreparabile* e *periculum in mora*, que foram absorvidos pelo direito contemporâneo"[234].

No Brasil, com a adoção das Ordenações Portuguesas, já se fazia presente a tutela cautelar, atualmente uma espécie de tutela provisória de urgência. Nas Ordenações Afonsinas, havia previsão do instituto no Livro Terceiro, Título XXV, intitulado "*Do Reo, que há obrigado a satisdar*

[231] PAVONI, Mariana Melo de Carvalho. Tutela provisória: a técnica da antecipação a serviço da efetividade da jurisdição. In: BUENO, Cássio Scarpinella, et al. **Tutela provisória no CPC: dos 20 anos de vigência do art. 273 do CPC/1973 ao CPC/2015**. 2ª. ed. São Paulo: Saraiva Educação, Cap. 18, p. 371-387, 2018, p. 373.

[232] **[Decreto-Lei nº 911/69]** Art. 3º O proprietário fiduciário ou credor poderá, desde que comprovada a mora, na forma estabelecida pelo §2º do art. 2º, ou o inadimplemento, requerer contra o devedor ou terceiro a busca e apreensão do bem alienado fiduciariamente, a qual será concedida liminarmente, podendo ser apreciada em plantão judiciário. (Redação dada pela Lei nº 13.043, de 2014)

[233] PAVONI, Mariana Melo de Carvalho. Tutela provisória: a técnica da antecipação a serviço da efetividade da jurisdição. In: BUENO, Cássio Scarpinella, et al. **Tutela provisória no CPC: dos 20 anos de vigência do art. 273 do CPC/1973 ao CPC/2015**. 2ª. ed. São Paulo: Saraiva Educação, Cap. 18, p. 371-387, 2018, p. 373.

[234] RUIZ, Ivan Aparecido. Antecipação da tutela no direito processual civil brasileiro: do nascimento à maioridade, mas, ainda, com dificuldade da sua adequada postulação e aplicação. In: BUENO, Cássio Scarpinella, et al. **Tutela provisória no CPC: Dos 20 anos do art. 273 do CPC/1973 ao CPC/2015**. 2ª. ed. São Paulo: Saraiva Educação, Cap. 19, p. 388-415, 2018, p. 393.

em Juízo, por não possuir bens de raiz". Nas Ordenações Manuelinas, a previsão se encontrava no Livro Terceiro, Título XX, intitulado "*Do Reo que he obrigado a dar fiança, ou cauçam em Juízo, por nom possuir bens de raiz*". Por último, as Ordenações Filipinas previam a possibilidade de fiança, arresto e sequestro em seu Livro Terceiro, Título XXXI, intitulado "*Quando o réo he obrigado satisdar em Juízo por não possuir bens de raiz*"[235].

Mais tarde, o Regulamento nº 737, de 25 de novembro de 1850, que tratava do processo comercial, trouxe, em seu Título VI – "Dos processos preparatórios, preventivos e incidentes", a previsão do arresto, da detenção pessoal, da exibição, dos depósitos, dentre outras medidas de cunho cautelar. Com a unificação do processo civil brasileiro por força da Constituição de 1934, o Código de Processo Civil de 1939 (CPC/39) também se propôs a cuidar das medidas cautelares no Livro V – "Dos processos acessórios", Título I – "Das medidas preventivas"[236].

Junto com as possibilidades de utilização das medidas urgentes, no entanto, também começou a se desenvolver um conjunto de normas cujo objetivo era blindar a Fazenda Pública, fazendo com que a concessão de tais medidas fosse dificultada ou, em alguns casos, impossibilitada. Dois dos primeiros exemplos constantes do ordenamento jurídico pátrio foram o art. 3º, "a", Lei nº 2.410/55[237], e o art. 1º, Lei nº 2.770/56[238] –

[235] RUIZ, Ivan Aparecido. Antecipação da tutela no direito processual civil brasileiro: do nascimento à maioridade, mas, ainda, com dificuldade da sua adequada postulação e aplicação. In: BUENO, Cássio Scarpinella, et al. **Tutela provisória no CPC: Dos 20 anos do art. 273 do CPC/1973 ao CPC/2015**. 2ª. ed. São Paulo: Saraiva Educação, Cap. 19, p. 388-415, 2018, p. 392-393.

[236] RUIZ, Ivan Aparecido. Antecipação da tutela no direito processual civil brasileiro: do nascimento à maioridade, mas, ainda, com dificuldade da sua adequada postulação e aplicação. In: BUENO, Cássio Scarpinella, et al. **Tutela provisória no CPC: Dos 20 anos do art. 273 do CPC/1973 ao CPC/2015**. 2ª. ed. São Paulo: Saraiva Educação, Cap. 19, p. 388-415, 2018, p. 392.

[237] **[Lei nº 2.410/55]** Art. 3º – Nos mandados de segurança, porventura requeridos para obter o desembaraço de bens de qualquer ordem vindos a qualquer título do estrangeiro sem licença prévia ou com licença considerada falsa, observar-se-ão as seguintes normas: a) não se concederá, em caso algum, a suspensão liminar do ato contra o qual se requer o mandado referido no Art.7º, II, da Lei nº 1.533, de 31 de dezembro de 1951; [...]

[238] **[Lei nº 2.770/56]** Art. 1º Nas ações e procedimentos judiciais de qualquer natureza, que visem obter a liberação de mercadorias, bens ou coisas de qualquer espécie procedentes

diplomas que ainda estão em vigor – os quais suprimiram a concessão de medidas liminares para a liberação de mercadorias de procedência estrangeira. Leonardo Carneiro da Cunha assim justifica a existência destes dispositivos:

> A vedação para concessão de tutela de urgência destinada à liberação de bens e mercadorias justifica-se, em princípio, pelo risco de irreversibilidade da medida, pois o desembaraço antecipado das mercadorias pode impedir eventual cominação do perdimento. Se, em princípio, houver aparente conduta criminosa ou risco para a população, para o meio ambiente, para a saúde, enfim, para o interesse público, sendo possivelmente irreversível o provimento, há de prevalecer a vedação legal. Diversamente, se não houver nada disso; se, na realidade, a apreensão da mercadoria consistir num meio coercitivo indireto de cobrança de tributo, deve, então, ser possível a concessão da medida liminar. É que, devido um tributo, cabe ao ente fazendário constituir o crédito mediante lançamento tributário e promover a cobrança judicial, servindo-se da execução fiscal, não lhe sendo legítimo impor medidas restritivas ao contribuinte como forma indireta de cobrança, nem apreender bens ou mercadorias. A jurisprudência está pejada de decisões que repelem a adoção de meios coercitivos indiretos de cobrança, bastando lembrar o teor dos enunciados 70, 323 e 547, todos da Súmula do Supremo Tribunal Federal[239].

No mesmo sentido, também quanto a estes diplomas, vale ressaltar crítica sintetizada por Cleucio Santos Nunes, que entende que a vedação à concessão de medidas liminares para a liberação de mercadorias de procedência estrangeira viola o art. 5º, XV, CF/88, visto que ofende o direito de locomoção e faz com que, em significativa parte das vezes, reste somente a via da reparação de danos contra o Poder Público. O autor ainda assevera que "ofende o postulado da proporcionalidade impedir o juiz de deferir liminar para liberação de bens, principalmente se estes

do estrangeiro, não se concederá, em caso algum, medida preventiva ou liminar que, direta ou indiretamente importe na entrega da mercadoria, bem ou coisa.

239 Cunha, Leonardo José Carneiro da. **A Fazenda Pública em juízo**. 15ª. ed. Rio de Janeiro: Forense, 2018, p. 308

forem de natureza perecível, o que pode acarretar prejuízos de difícil reparação ao importador"[240].

Em seguida, o art. 5º, da Lei nº 4.348/64[241], passou a impedir a concessão de liminares em mandados de segurança que visassem à reclassificação ou equiparação de servidores públicos, ou à concessão de aumento ou extensão de vantagens. O art. 4º, Lei nº 4.348/64[242], também incrementou a proteção à Fazenda Pública ao dispor que o Presidente do Tribunal poderia suspender, por meio de despacho fundamentado, a requerimento de pessoa jurídica de direito público interessada, a execução de liminares e, até, de sentenças concessivas de segurança, sob a justificativa de "grave lesão à ordem, à saúde, à segurança e à economia públicas".

Dois anos depois, o art. 1º, §4º, da Lei nº 5.021/66[243], por sua vez, proibiu a concessão de medida liminar para efeito de pagamento de vencimentos e vantagens pecuniárias a servidor público federal.

Tanto a Lei nº 4.348/64, quanto a Lei nº 5.021/66 se encontram, atualmente, revogadas pela Lei nº 12.016/2009, conhecida como Lei do Mandado de Segurança (a qual também revogou a antiga Lei do Mandado de Segurança, Lei nº 1.533/51), mas as limitações que continham persistem

[240] Nunes, Cleucio Santos. **Curso Completo de Direito Processual Tributário**. 5ª. ed. São Paulo: SaraivaJur, 2022, p. 671.

[241] **[Lei nº 4.348/64]** Art. 5º Não será concedida a medida liminar de mandados de segurança impetrados visando à reclassificação ou equiparação de servidores públicos, ou à concessão de aumento ou extensão de vantagens.

[242] **[Lei nº 4.348/64]** Art 4º Quando, a requerimento de pessoa jurídica de direito público interessada e para evitar grave lesão à ordem, à saúde, à segurança e à economia públicas, o Presidente do Tribunal, ao qual couber o conhecimento do respectivo recurso (VETADO) suspender, em despacho fundamentado, a execução da liminar, e da sentença, dessa decisão caberá agravo, sem efeito suspensivo no prazo de (10) dez dias, contados da publicação do ato.

[243] **[Lei nº 5.021/66]** Art. 1º O pagamento de vencimentos e vantagens pecuniárias asseguradas, em sentença concessiva de mandado de segurança, a servidor público federal, da administração direta ou autárquica, e a servidor público estadual e municipal, somente será efetuado relativamente às prestações que se vencerem a contar da data do ajuizamento da inicial. [...] §4º Não se concederá medida liminar para efeito de pagamento de vencimentos e vantagens pecuniárias.

em voga no ordenamento, na forma do art. 7º, §2º, Lei nº 12.016/2009[244], como se detalhará mais à frente.

Em 24 de julho de 1985, foi promulgada a Lei nº 7.347/85, chamada "Lei da Ação Civil Pública", a qual, em seu art. 12, *caput*, previa a possibilidade de o juiz proferir decisão liminar, em ações civis públicas, com ou sem justificação prévia. O art. 12, §1º, Lei nº 7.347/85[245], no entanto, em redação similar ao art. 4º, Lei nº 4.348/64, dispunha que tal decisão concessiva de liminar poderia ter sua eficácia suspensa pelo Presidente do Tribunal ao qual coubesse agravo, para "evitar grave lesão à ordem, à saúde, à segurança e à economia pública".

A este conjunto de normas protetivas que, ao longo do tempo, se tornou progressivamente mais intrincado, passando a envolver precedentes judiciais e jurisprudência sumulada pelos tribunais superiores, convencionou-se chamar, neste trabalho, "Sistema de proteção à Fazenda Pública". Para efeitos didáticos, portanto, define-se o Sistema de proteção à Fazenda Pública como o conjunto de normas legais infraconstitucionais, precedentes judiciais e súmulas que, com o objetivo de proteção ao erário, preveem vedações à concessão de medidas liminares, incluindo as tutelas provisórias, contra o Poder Público.

2.2 O Código de Processo Civil de 1973 e a Constituição de 1988

O próximo momento da narrativa é o advento do CPC/73, em substituição ao CPC/39. De acordo com Carolina Cristina Miotto, o objetivo era "redigir um código que se adequasse à pluralidade de culturas, crenças e ideais da Sociedade brasileira e de aperfeiçoar os institutos", tendo sido

244 **[Lei nº 12.016/2009]** Art. 7º. [...] §2º Não será concedida medida liminar que tenha por objeto a compensação de créditos tributários, a entrega de mercadorias e bens provenientes do exterior, a reclassificação ou equiparação de servidores públicos e a concessão de aumento ou a extensão de vantagens ou pagamento de qualquer natureza.

245 **[Lei nº 7.347/85]** Art. 12. Poderá o juiz conceder mandado liminar, com ou sem justificação prévia, em decisão sujeita a agravo.
§1º A requerimento de pessoa jurídica de direito público interessada, e para evitar grave lesão à ordem, à saúde, à segurança e à economia pública, poderá o Presidente do Tribunal a que competir o conhecimento do respectivo recurso suspender a execução da liminar, em decisão fundamentada, da qual caberá agravo para uma das turmas julgadoras, no prazo de 5 (cinco) dias a partir da publicação do ato.

a tarefa confiada ao jurista Alfredo Buzaid, em 1961, pelo então Ministro da Justiça, Oscar Pedroso Horta, ainda na vigência da Constituição de 1946[246].

O anteprojeto do CPC/73 foi apresentado em janeiro de 1964, submetido à revisão em 1972 e, no mesmo ano, levado à apreciação do Congresso Nacional sob a nomenclatura de Projeto de Lei nº 810/72, já na vigência da EC nº 1, de 1967. O Código, então, foi promulgado por meio da Lei nº 5.869/73[247].

Para Cândido Rangel Dinamarco, no que se refere ao processo cautelar, a maior novidade do novo Código teria sido a explicitude com que a matéria foi tratada, em particular quanto ao poder geral de cautela. De fato, o CPC/73 trouxe segmento próprio, na forma do Livro III – "Do Processo Cautelar", para disciplinar o assunto, abordando alguns procedimentos cautelares específicos (arresto, sequestro, caução, busca e apreensão, exibição, produção antecipada de provas, dentre outros) e prevendo a possibilidade de outras medidas provisionais, em seu art. 888, CPC/73[248].

Para Ivan Aparecido Ruiz, o CPC/73 "inovava em muito" ao introduzir o Livro III, visto que inaugurava a chamada tutela cautelar como um tipo específico de ação, cuja finalidade era de assegurar o resultado útil do processo, rompendo com "a velha dicotomia" entre o processo de conhecimento e o processo de execução[249]. Chamando atenção para o "fator

[246] MIOTTO, Carolina Cristina. A evolução do Direito Processual Civil Brasileiro: de 1939 à análise dos objetivos visados pelo Projeto de Lei n. 8.046 de 2010. **Revista da UNIFEBE**, Brusque: v. 1, n. 11ª, p. 1-19, ago. 2013, p. 3. Disponível em: https://periodicos.unifebe.edu.br/index.php/RevistaUnifebe/article/view/135. Acesso em: 14 out. 2022.

[247] MIOTTO, Carolina Cristina. A evolução do Direito Processual Civil Brasileiro: de 1939 à análise dos objetivos visados pelo Projeto de Lei n. 8.046 de 2010. **Revista da UNIFEBE**, Brusque: v. 1, n. 11ª, p. 1-19, ago. 2013, p. 4. Disponível em: https://periodicos.unifebe.edu.br/index.php/RevistaUnifebe/article/view/135. Acesso em: 14 out. 2022.

[248] DINAMARCO, Cândido Rangel. **A reforma do Código de Processo Civil**. 5ª. ed. São Paulo: Malheiros Editores LTDA, 2001, p. 25.

[249] RUIZ, Ivan Aparecido. Antecipação da tutela no direito processual civil brasileiro: do nascimento à maioridade, mas, ainda, com dificuldade da sua adequada postulação e aplicação. In: BUENO, Cássio Scarpinella, et al. **Tutela provisória no CPC: Dos 20 anos do art. 273 do CPC/1973 ao CPC/2015**. 2ª. ed. São Paulo: Saraiva Educação, Cap. 19, p. 388-415, 2018, p. 389.

tempo" como importante para averiguar a utilidade dos provimentos judiciais, o autor complementa:

> No entanto, como a atividade processual, seja pela sua dialética, seja pelo fator tempo, não há como reconhecer e realizar o direito da parte em tempo real, como se apontará adiante, pois em muitas situações a urgência do caso concreto, assim como a situação de perigo, exige um pronunciamento imediato do órgão jurisdicional. Processo é vida, pois nasce, desenvolve e termina.[250]

Mesmo após sua complexa e morosa elaboração, no entanto, o CPC/73, recebeu críticas desde o momento de sua promulgação e, em razão disso, sofreu amplas e significativas reformas ao longo dos anos[251].

De acordo com Cândido Rangel Dinamarco, as primeiras reformas ao CPC/73 ocorreram já no mesmo ano de sua promulgação, durante seu *vacatio legis*, e seguiram pelos anos seguintes, objetivando, de maneira geral, retificar disposições e adaptar as matérias processuais de acordo com as previsões de leis esparsas, em especial da Lei de Falências da época. As reformas que interessam à presente análise, no entanto, foram posteriores ao advento da Constituição Federal de 1988. Com a promulgação da CF/88, iniciou-se o processo de constitucionalização do Direito Processual no Brasil. De acordo com o autor, a Constituição "deu especial atenção aos dois polos do direito processual constitucional ao definir garantias e princípios voltados à tutela constitucional do processo e ao

[250] RUIZ, Ivan Aparecido. Antecipação da tutela no direito processual civil brasileiro: do nascimento à maioridade, mas, ainda, com dificuldade da sua adequada postulação e aplicação. In: BUENO, Cássio Scarpinella, et al. **Tutela provisória no CPC: Dos 20 anos do art. 273 do CPC/1973 ao CPC/2015**. 2ª. ed. São Paulo: Saraiva Educação, Cap. 19, p. 388-415, 2018, p. 390.

[251] MIOTTO, Carolina Cristina. A evolução do Direito Processual Civil Brasileiro: de 1939 à análise dos objetivos visados pelo Projeto de Lei n. 8.046 de 2010. **Revista da UNIFEBE**, Brusque: v. 1, n. 11ª, p. 1-19, ago. 2013, p. 6-7. Disponível em: https://periodicos.unifebe.edu.br/index.php/RevistaUnifebe/article/view/135. Acesso em: 14 out. 2022.

fortalecer o arsenal de medidas integrantes da jurisdição constitucional das liberdades"[252].

Foram positivados de forma explícita, os princípios da inafastabilidade da jurisdição estatal (art. 5º, XXXV, CF/88), do devido processo legal (art. 5º, LV, CF/88), do contraditório (art. 5º, LV, CF/88), da ampla defesa (art. 5º, LV, CF/88), dentre outros. De acordo com Carolina Cristina Miotto, a CF/88 desencadeou uma nova onda de reformas no CPC/73, tendo em vista que "destacou o compromisso do Estado por uma tutela jurisdicional justa e democrática, mediante um processo équo, acessível e realizado em tempo razoável" [253].

No ano seguinte à promulgação da CF/88, no entanto, o Sistema de proteção à Fazenda Pública se movimentou. Por meio do art. 1º, da Medida Provisória (MP) nº 118/89, posteriormente convertida na Lei nº 7.969/89[254], a previsão do art. 5º, Lei nº 4.348/64[255] foi estendida, passando-se a vedar a reclassificação ou equiparação de servidores públicos, bem como a concessão de aumento ou extensão de vantagens, por meio das medidas cautelares do CPC/73.

2.3 O Governo Collor: da ADI nº 223/DF até a Lei nº 8.437/92

O Presidente Fernando Collor de Mello assumiu a presidência em 15 de março de 1990, como primeiro presidente eleito após o fim do Regime Militar. Nesse mesmo dia, o presidente apresentou um pacote de 22

[252] Dinamarco, Cândido Rangel. **A reforma do Código de Processo Civil**. 5ª. ed. São Paulo: Malheiros Editores LTDA, 2001, p. 25-27.

[253] Miotto, Carolina Cristina. A evolução do Direito Processual Civil Brasileiro: de 1939 à análise dos objetivos visados pelo Projeto de Lei n. 8.046 de 2010. **Revista da UNIFEBE**, Brusque: v. 1, n. 11ª, p. 1-19, ago. 2013, p. 9. Disponível em: https://periodicos.unifebe.edu.br/index.php/RevistaUnifebe/article/view/135. Acesso em: 14 out. 2022.

[254] **[Lei nº 7.969/89]** Art. 1º Aplica-se às medidas cautelares previstas nos artigos 796 a 810 do Código de Processo Civil, o disposto nos artigos 5º e seu parágrafo único e 7º da Lei nº 4.348, de 26 de junho de 1964.

[255] O art. 1º, Lei nº 7.969/89, também estendia, às medidas cautelares do CPC/73, o alcance do art. 7º, Lei nº 4.348/64, que concedia efeito suspensivo a recursos contra decisões concessivas de mandado de segurança que importassem em outorga ou adição de vencimento, ou em reclassificação funcional.

Medidas Provisórias que compunham o "Plano Brasil Novo", o qual, mais tarde, viria a ficar conhecido como "Plano Collor I".

De acordo com o Jornal "O Globo", além da instituição do Cruzeiro (Cr$) como moeda nacional (MP nº 168/90) e "em paralelo a uma drástica redução do consumo, o pacote determinava ainda um forte ajuste fiscal, com aumento da tributação, fim de incentivos e subsídios, além do corte de cerca de cem mil servidores públicos". O plano também incluía uma determinação de que os saques da caderneta de poupança ou da conta corrente dos cidadãos estariam limitados a Cr$ 50 mil, enquanto o restante ficaria retido por 18 (dezoito) meses, com correção monetária e juros de 6% (seis por cento) ao ano[256]. O periódico assim descreveu o cenário que se apresentou nos três dias seguintes:

> A população reagiu com perplexidade, especialmente às medidas de bloqueio do dinheiro. Ao fim do feriado bancário de três dias, longas filas se formaram nas agências, e os bancos não tinham dinheiro suficiente para cobrir saques dos clientes. O comércio também ficou paralisado[257].

Em 18 de março de 1990, como complementação ao pacote de três dias antes, foi publicada a MP nº 173/90, que, em seu art. 1º[258], vedava a concessão de medida liminar em mandados de segurança em ações ordinárias e cautelares decorrentes de parte das medidas provisórias que compunham o Plano Collor I (no caso, as Medidas Provisórias números

[256] O GLOBO. Plano Collor confiscou a poupança, e Brasil mergulhou na hiperinflação. **Acervo O GLOBO**, 16 mar. 2015. Disponível em: https://acervo.oglobo.globo.com/fatos-historicos/plano-collor-confiscou-poupanca-brasil-mergulhou-na-hiperinflacao-15610534. Acesso em: 14 out. 2022.

[257] O GLOBO. Plano Collor confiscou a poupança, e Brasil mergulhou na hiperinflação. **Acervo O GLOBO**, 16 mar. 2015. Disponível em: https://acervo.oglobo.globo.com/fatos-historicos/plano-collor-confiscou-poupanca-brasil-mergulhou-na-hiperinflacao-15610534. Acesso em: 14 out. 2022.

[258] **[MP nº 173/90]** Art. 1º Não será concedida medida liminar em mandados de segurança em ações ordinárias e cautelares decorrentes das Medidas Provisórias números 151, 154, 158, 160, 161, 162, 164, 165, 167 e 168, de 15 de março de 1990, aplicando-se-lhes o disposto no parágrafo único do artigo 5º da Lei nº 4.348, de 26 de junho de 1964.

151, 154, 158, 160, 161, 162, 164, 165, 167 e 168, todas de 15 de março de 1990).

Em face da significativa reação social ao Plano Collor I, e da impossibilidade de se obter, em juízo, provimento liminar que afastasse o bloqueio aos saques bancários, o Partido Democrático Trabalhista (PDT) ajuizou Ação Direta de Inconstitucionalidade (ADI), no STF, contra a MP nº 173/90, na data de 28 de março de 1990. A Medida Cautelar (MC) na ADI nº 223/DF foi, então, no dia 04 de abril de 1990, apreciada pelo Plenário da Corte, inaugurando três correntes jurisprudenciais a respeito da constitucionalidade da vedação à concessão de liminares contra a Fazenda Pública nos casos de "ameaça a direito".

De acordo com Luiz Guilherme Marinoni, a primeira corrente, capitaneada pelo Min. Celso de Mello, sustenta que lei que veda a concessão de liminares viola o princípio da inafastabilidade da jurisdição estatal[259]. Veja-se trecho relevante do voto do ministro, a seguir colacionado:

> O princípio da inafastabilidade do controle jurisdicional representa, pelo seu caráter global e abrangente, instrumento de defesa do direito à ação de conhecimento, do direito à ação de execução e do direito à ação cautelar. Particularizar qualquer dessas situações e, em consequência, excluí-la da tutela constitucional, significaria, em última análise, repudiar conquista de inegável valor político jurídico (Trecho do voto do Min. Celso de Mello na MC na ADI nº 223, p. 7 e 8 do voto, equivalentes às p. 35 e 36 do Acórdão. Rel. Min. Paulo Brossard, Rel. p/ Acórdão Min. Sepúlveda Pertence, Plenário do STF, j. 05 abr. 1990, DJ 29 jun. 1990, p. 6218)

A segunda corrente, liderada pelo Min. Moreira Alves, defende que a vedação à antecipação provisória do direito material não implica em negativa de acesso ao Poder Judiciário, posto que a satisfação definitiva será proporcionada, caso esteja de acordo com o Direito, no provimento

[259] MARINONI, Luiz Guilherme. Direito Fundamental de Ação. In: CANOTILHO, José Joaquim Gomes, et al. **Comentários à Constituição Brasileira**. 2ª. ed. São Paulo: Saraiva Educação, p. 385-395, 2018, p. 390.

judicial definitivo[260]. Tal posicionamento fica evidente no trecho do voto do Min. Moreira Alves a seguir:

> O proibir-se, em certos casos, por interesse público, a antecipação provisória da satisfação do direito material lesado ou ameaçado não exclui, evidentemente, da apreciação do Poder Judiciário a lesão ou ameaça a direito, pois ela se obtém normalmente na satisfação definitiva que é proporcionada pela ação principal, que esta sim, não pode ser vedada para privar-se o lesado ou ameaçado de socorrer-se do Poder Judiciário. (Trecho do voto do Min. Moreira Alves na MC na ADI nº 223, p. 8 do voto, equivalente à p. 83 do Acórdão. Rel. Min. Paulo Brossard, Rel. p/ Acórdão Min. Sepúlveda Pertence, Plenário do STF, j. 05 abr. 1990, DJ 29 jun. 1990, p. 6218)

A terceira corrente, que, até certo ponto, optava por uma solução de compromisso quanto às duas primeiras, era capitaneada pelo Min. Sepúlveda Pertence. Essa terceira corrente sagrou-se vencedora, tendo sido o Min. Pertence indicado como relator para o acórdão, que assim foi ementado:

> Ação Direta de Inconstitucionalidade contra a Medida Provisória 173, de 18.3.90, que veda a concessão de 'medida liminar em mandado de segurança e em ações ordinárias e cautelares decorrentes das medidas provisórias números 151, 154, 158, 160, 162, 165, 167 e 168': Indeferimento do pedido de suspensão cautelar da vigência do diploma impugnado: razões dos votos vencedores. Sentido da inovadora alusão constitucional à plenitude da garantia da jurisdição contra a ameaça a direito: ênfase à função preventiva de jurisdição, na qual se insere a função cautelar e, quando necessário, o poder de cautela liminar. Implicações da plenitude da jurisdição cautelar, enquanto instrumento de proteção ao processo e de salvaguarda da plenitude das funções do Poder Judiciário. Admissibilidade, não obstante, de condições e limitações legais ao poder cautelar do juiz. A tutela cautelar e o risco do constrangimento precipitado a direitos da parte contrária, com violação da

[260] Marinoni, Luiz Guilherme. Direito Fundamental de Ação. In: Canotilho, José Joaquim Gomes, et al. **Comentários à Constituição Brasileira**. 2ª. ed. São Paulo: Saraiva Educação, p. 385-395, 2018, p. 390.

garantia do devido processo legal. Consequente necessidade de controle da razoabilidade das leis restritivas ao poder cautelar. Antecedentes legislativos de vedação de liminares de determinado conteúdo. Critério de razoabilidade das restrições, a partir do caráter essencialmente provisório de todo provimento cautelar, liminar ou não. Generalidade, diversidade e imprecisão de limites do âmbito de vedação de liminar da MP 173, que, se lhe podem vir, a final, a comprometer a validade, dificultam demarcar, em tese, no juízo de delibação sobre o pedido de sua suspensão cautelar, até onde são razoáveis as proibições nela impostas, enquanto contenção ao abuso do poder cautelar, e onde se inicia, inversamente, o abuso das limitações e a consequente afronta a plenitude da jurisdição e ao Poder Judiciário. Indeferimento da suspensão liminar da MP 173, que não prejudica, segundo o relator do acórdão, o exame judicial em cada caso concreto da constitucionalidade, incluída a razoabilidade, da aplicação da norma proibitiva da liminar. Considerações, em diversos votos, dos riscos da suspensão cautelar da medida impugnada. (MC na ADI nº 223/DF, Rel. Min. Paulo Brossard, Rel. p/ Acórdão Min. Sepúlveda Pertence, Plenário do STF, j. 05 abr. 1990, DJ 29 jun. 1990, p. 6218).

Essencialmente, portanto, de acordo com Luiz Guilherme Marinoni, essa terceira corrente entendia que não seria adequado entender inconstitucionais quaisquer limitações legais à outorga de liminares, devendo cada lei restritiva ser analisada de acordo com o princípio da razoabilidade[261].

Irresignado com a determinação do STF, o Governo Federal editou a MP nº 181, de 17 de abril de 1990, que revogou a MP nº 173/90 – cuja eficácia havia sido suspensa pelo STF, na decisão na ADI nº 223/DF – mantendo o texto inalterado. Poucos dias depois, no entanto, possivelmente tendo em vista que a excessiva generalidade e imprecisão de limites do texto da MP nº 173/90 fora o principal argumento utilizado pela Corte para suspender a eficácia da Medida Provisória em questão, o Presidente Collor editou a MP nº 182, de 23 de abril de 1990, que revogava a MP nº 181/90.

[261] MARINONI, Luiz Guilherme. Direito Fundamental de Ação. In: CANOTILHO, José Joaquim Gomes, et al. **Comentários à Constituição Brasileira**. 2ª. ed. São Paulo: Saraiva Educação, p. 385-395, 2018, p. 391.

O art. 1º, da MP nº 182/90[262] tinha redação diferente de seus antecessores, limitando as vedações à concessão de medidas cautelares e liminares em mandados de segurança às matérias contidas nos diplomas legais e medidas provisórias que enumerou. Outro ponto importante foi que a nova redação previa vedação retroativa, a ser observada a partir de 15 de março de 1990, data do pacote original de Medidas Provisórias do Plano Collor I. O diploma previa, também, no art. 1º, parágrafo único, MP nº 182/90, que a sentença concessiva de segurança, nesses casos, estaria sujeita ao duplo grau de jurisdição obrigatório (reexame necessário), como condição para sua produção de efeitos.

Em 23 de maio de 1990, nova reedição da Medida Provisória, na forma da MP nº 186/90, revogou a anterior, com pequenas alterações no texto do art. 1º[263], incluindo, no rol de vedações, as leis resultantes das conversões das MP previstas na redação anterior. Manteve-se, no entanto, o condicionamento da eficácia da decisão ao reexame necessário, bem como a vedação retroativa ao dia 15 de março de 1990.

[262] **[MP nº 182/90]** Art. 1º Pelo prazo de (30) trinta meses, a contar de 15 de março de 1990, nos feitos judiciais que versem matéria contida nas Leis nºs 8.012, de 4 de abril de 1990, 8.014, de 6 de abril de 1990, 8.021, 8.023, 8.024, 8.029, 8.030, 8.032, 8.033, 8.034, todas de 12 de abril de 1990, e nas Medidas Provisórias nºs 176, de 29 de março de 1990, 178, 179 e 180, de 17 de abril de 1990, ou nas leis resultantes das conversões destas, não serão concedidas:
I – as medidas cautelares de que tratam os artigos 796 e seguintes do Código de Processo Civil;
II – as medidas liminares em mandados de segurança.
Parágrafo único. Nos feitos referidos neste artigo, a sentença concessiva da segurança, ou aquela que julgue procedente a ação, estará, sempre, sujeita ao duplo grau de jurisdição, somente produzindo efeitos após confirmada pelo respectivo tribunal.

[263] **[MP nº 186/90]** Art. 1º Pelo prazo de trinta meses, a contar de 15 de março de 1990, nos feitos judiciais que versem matéria contida nas Leis nºs 8.012, de 4 de abril de 1990, 8.014, de 6 de abril de 1990, 8.021, 8.023, 8.024, 8.029, 8.030, 8.032, 8.033 8.034, todas de 12 de abril de 1990, 8.035, de 27 de abril de 1990, 8.036, de 11 de maio de 1990, e 8.039, de 30 de maio de 1990, fica suspensa a concessão de liminares em mandados de segurança e nos procedimentos cautelares de que tratam os artigos 796 e seguintes do Código de Processo Civil.
Parágrafo único. Nos feitos referidos neste artigo, a sentença concessiva da segurança, ou aquela que julgue procedente a ação, estará, sempre, sujeita ao duplo grau de jurisdição, somente produzindo efeitos após confirmada pelo respectivo tribunal.

Na data de 04 de junho de 1990, então, foi distribuída, no STF, a ADI nº 295/DF, ajuizada pelo Conselho Federal da Ordem dos Advogados do Brasil (CFOAB), que questionava a constitucionalidade das vedações impostas pela MP nº 186/90, bem como a constitucionalidade de sua retroatividade.

No exato dia do julgamento da MC na ADI nº 295/DF, 22 de junho de 1990, o Presidente Collor editou a MP nº 192/90, revogando aquela que estava sendo apreciada pelo STF, mas mantendo o texto inalterado. Quanto ao julgamento em si, dessa vez, o resultado foi diverso. O STF entendeu, nos termos do voto do Min. Marco Aurélio, indicado relator para o acórdão, que a apreciação da alegada inconstitucionalidade exigiria o julgamento definitivo da lide, tendo sido indeferido o pedido liminar e, portanto, mantida a eficácia da MP nº 186/90 e de sua sucessora, MP nº 192/90. O acórdão foi ementado como a seguir colacionado.

> AÇÃO DIRETA DE INCONSTITUCIONALIDADE – MEDIDA PROVISÓRIA – PERTINÊNCIA – Na dicção da ilustrada maioria, cabível é a ação direta de inconstitucionalidade contra medida provisória. AÇÃO DIRETA DE INCONSTITUCIONALIDADE – LIMINAR – A concessão de liminar pressupõe a relevância do pedido e o risco de manter-se com plena eficácia o preceito de lei atacado. Isso não ocorre relativamente a ato normativo por meio do qual se veda, em certas matérias, a concessão de medida acauteladora pelo Judiciário, impondo-se o julgamento definitivo da lide. (MC na ADI nº 295/DF, Rel. Min. Paulo Brossard, Rel. p/ Acórdão Min. Marco Aurélio, Plenário do STF, j. 22 jun. 1990, DJ 22 ago. 1997, p. 38758, com grifo nosso)

Foram vencidos os ministros Paulo Brossard, relator original do feito, Celso de Mello, cujo posicionamento já havia ficado claro no julgamento anterior, da ADI nº 223/DF, e Carlos Velloso. Vale apontar, no entanto, que o Min. Carlos Velloso, juntando-se em definitivo à primeira corrente de pensamento, capitaneada pelo Min. Celso de Mello, proferiu voto substancioso, do qual se transcreve o seguinte trecho, no qual o magistrado utilizou a pretensa constitucionalidade do art. 4º, Lei nº 4.348/64[264], bem como a necessidade de interpretá-lo restritivamente,

[264] O qual autoriza ao Presidente do Tribunal suspender, por meio de despacho

como argumento para reforçar seu posicionamento pela inconstitucionalidade das vedações à concessão de liminares nos casos de ameaça à direito. Veja-se:

> Acho que esse dispositivo legal – art. 4º da Lei 4348/64 – que autoriza o Presidente do Tribunal a suspender a execução de liminares e de sentenças concessivas de segurança, deve ser interpretado restritivamente, sob pena de causar maus tratos à Constituição. Certo é, entretanto, que o citado dispositivo legal existe e este Egrégio Supremo Tribunal Federal o tem aplicado. De modo que seria difícil acoimá-lo de inconstitucional, a esta altura. O que pugno é no sentido de que o citado dispositivo legal seja interpretado restritivamente. Ele existe, pois. E porque existe e tem sido aplicado, inclusive por esta Suprema Corte, está o Poder Executivo devidamente armado, de modo que não precisa armar-se de poderes outros que violam a Constituição, tal é o caso da medida provisória que proíbe concessão de liminar em mandado de segurança, tornando inócua a garantia constitucional. (Trecho do voto do Min. Carlos Velloso na MC na ADI nº 295/DF, p. 3-4 do voto, equivalentes às p. 48-49 do Acórdão. Rel. Min. Paulo Brossard, Rel. p/ Acórdão Min. Marco Aurélio, Plenário do STF, j. 22 jun. 1990, DJ 22 ago. 1997, p. 38758).

O Min. Sepúlveda Pertence, no julgamento da ADI nº 295/DF, votou com o Min. Marco Aurélio e o Min. Moreira Alves, pelo indeferimento do pedido cautelar, tendo em vista que, no caso concreto, admitiu estar intranquilo quanto à plausibilidade da arguição. Reiterou, no entanto, seu posicionamento na terceira corrente de pensamento, como a seguir apresentado em trecho de seu voto:

> De regra, no exame das liminares em ações diretas, o que pedimos é a plausibilidade da arguição. Na medida provisória, a minha tendência é, de um lado, admitir que se aprofunde mais o exame do mérito, mas de outro lado pedir mais do que a plausibilidade para deferir a cautelar. Por isso, como

fundamentado, a requerimento de pessoa jurídica de direito público interessada, a execução de liminares e, até, de sentenças, sob a justificativa de grave lesão à ordem, à saúde, à segurança e à economia públicas.

> este ainda é um assunto em que não consegui estabelecer tranquilidade [...] prefiro não me fundar nessa nova questão. Quanto à questão de fundo, com todas as vênias, reporto-me ao voto que proferi na Ação Direta 223 [...]. De resto, como fiz da primeira vez, de minha parte deixo ressalvado que o indeferimento da liminar não prejudica o exame judicial, em cada caso concreto, da razoabilidade da aplicação da norma proibitiva de liminar. Com esses fundamentos e essa ressalva, peço vênia ao eminente Relator para indeferir a suspensão liminar. (Trecho do voto do Min. Sepúlveda Pertence na MC na ADI nº 295/DF, p. 3 do voto, equivalente à p. 52 do Acórdão. Rel. Min. Paulo Brossard, Rel. p/ Acórdão Min. Marco Aurélio, Plenário do STF, j. 22 jun. 1990, DJ 22 ago. 1997, p. 38758).

De maneira sumarizada, portanto, como apontado por Luiz Guilherme Marinoni e Daniel Mitidiero, tem-se que, ao final do julgamento da ADI nº 223/DF e da ADI nº 295/DF, ficaram bem definidas três correntes de pensamento, dentro do STF, a respeito da constitucionalidade de leis que determinem vedações à concessão de medidas liminares em casos de ameaça a direito. A primeira, capitaneada pelos ministros Celso de Mello e Carlos Velloso, aponta que lei que veda a concessão de liminares viola o art. 5º, XXXV, CF/88. A segunda, liderada pelo Min. Moreira Alves, defende que a vedação à antecipação provisória do direito material não implica em negativa de acesso ao Poder Judiciário, posto que a satisfação definitiva será proporcionada, caso esteja de acordo com o Direito, no provimento judicial definitivo. A terceira, preconizada pelo Min. Sepúlveda Pertence, entende que não é adequado entender inconstitucionais quaisquer limitações legais à outorga de liminares, devendo cada lei restritiva ser analisada de acordo com o princípio da razoabilidade[265].

Ainda no âmbito do Governo Collor, a linha do tempo prossegue com a promulgação da MP nº 197, de 24 de julho de 1990, que revogava a MP nº 192/90, mas mantinha sua redação. Em seguida, a MP nº 198, de 26 de julho de 1990, revogou a anterior, mas, dessa vez, com mudança de

[265] MARINONI, Luiz Guilherme; MITIDIERO, Daniel. Direito fundamental à tutela adequada e efetiva. In: SARLET, Ingo Wolfgang; MARINONI, Luiz Guilherme; MITIDIERO, Daniel. **Curso de Direito Constitucional**. 8ª. ed. São Paulo: Saraiva Educação, Cap. 5.3, p. 826-832, 2019, p. 830-832.

redação, deixando de prever a eficácia retroativa a partir de 15 de março de 1990. Na data de 23 de agosto de 1990, a MP nº 198/90 foi convertida na Lei nº 8.076/90.

O art. 1º, Lei nº 8.076/90[266], previa a vedação da concessão de medidas liminares em mandados de segurança e procedimentos cautelares que versassem sobre as matérias constantes das leis que enumerava, até a data de 15 de setembro de 1992. Mantinha-se, também no art. 1º, parágrafo único, Lei nº 8.076/90, a condição de observação do reexame necessário para atribuição de eficácia à sentença concessiva de segurança.

Na data de 30 de junho de 1992, é publicada a Lei nº 8.437/92, que também dispunha sobre a concessão de medidas cautelares contra atos do Poder Público. Em seus arts. 1º a 4º, são ecoadas e, muitas vezes, expandidas, diversas restrições já existentes no que tange à concessão de liminares em Mandado de Segurança (MS), fortalecendo e consolidando o Sistema de proteção à Fazenda Pública.

O art. 1º, *caput*, Lei nº 8.437/92[267], por exemplo, aponta que não serão cabíveis medidas liminares "contra atos do Poder Público, no procedimento cautelar ou em quaisquer outras ações de natureza cautelar ou preventiva", toda vez que a lei vedar tal concessão em sede de MS, o que, à época, incluía os já apresentados art. 3º, "a", Lei nº 2.410/55, art. 1º, Lei nº 2.770/56, art. 5º, Lei nº 4.348/64, art. 1º, Lei nº 5.021/66, e art. 1º, Lei nº 8.076/90.

266 **[Lei nº 8.076/90]** Art. 1º Nos mandados de segurança e nos procedimentos cautelares de que tratam os arts. 796 e seguintes do Código de Processo Civil, que versem matérias reguladas pelas disposições das Leis nºs 8.012, de 4 de abril de 1990, 8.014, de 6 de abril de 1990, 8.021, 8.023, 8.024, 8.029, 8.030, 8.032, 8.033, 8.034, todas de 12 de abril de 1990, 8.036, de 11 de maio de 1990, e 8.039, de 30 de maio de 1990, fica suspensa, até 15 de setembro de 1992, a concessão de medidas liminares.
Parágrafo único. Nos feitos referidos neste artigo, a sentença concessiva da segurança, ou aquela que julgue procedente o pedido, sempre estará sujeita ao duplo grau de jurisdição, somente produzindo efeitos após confirmada pelo respectivo tribunal.

267 **[Lei nº 8.437/92 – Redação original, antes da MP nº 2.180-35/2001]** Art. 1º Não será cabível medida liminar contra atos do Poder Público, no procedimento cautelar ou em quaisquer outras ações de natureza cautelar ou preventiva, toda vez que providência semelhante não puder ser concedida em ações de mandado de segurança, em virtude de vedação legal.

Neste ponto, vale ressaltar os apontamentos de Teori Zavascki acerca do tema. Partindo do pressuposto de que o termo "liminar", utilizado pela Lei nº 8.437/92, em verdade, remete a qualquer decisão que, no curso do processo, "antecipa provisoriamente os efeitos da tutela requerida na petição inicial", o jurista entende que a referida lei confunde conceitos[268]. De fato, ao se referir às liminares, o Legislador utilizou o termo em sentido amplo, cujo significado abrange toda e qualquer medida antecipatória de direito material. Nas palavras do autor:

> A Lei n. 8.437, de 30 de junho de 1992, é exemplo claro desta confusão de conceitos. Já em seu pórtico consta que ela "dispõe sobre a concessão de medidas cautelares contra atos do Poder Público", quando, em verdade, buscou disciplinar a concessão, não de medidas genuinamente cautelares, mas sim de medidas evidentemente satisfativas, isto é, de medidas que importavam antecipação do direito material afirmado. Para confirmar, atente-se para o dispositivo em seu art. 1º, que estendeu às "ações de natureza cautelar ou preventiva" as proibições à concessão de liminar em mandado de segurança. Ora, se examinarmos as hipóteses de concessão de liminar em mandado de segurança, verificaremos que todas elas, sem qualquer exceção, dizem respeito a medidas de natureza antecipatória e não cautelar[269].

O art. 1º, §1º, Lei nº 8.437/92[270], nas palavras de Cássio Scarpinella Bueno, proíbe que o juiz de primeiro grau conceda medidas liminares "naquelas hipóteses em que o ato, se impugnado por mandado de segurança, sofreria deslocamento de competência para o tribunal"[271].

[268] Zavascki, Teori Albino. **Antecipação de tutela**. 2ª. ed. São Paulo: Saraiva, 1999, p. 161-166.

[269] Zavascki, Teori Albino. **Antecipação de tutela**. 2ª. ed. São Paulo: Saraiva, 1999, p. 165.

[270] **[Lei nº 8.437/92 – Redação original, antes da MP nº 2.180-35/2001]** Art. 1º [...]
§1º Não será cabível, no juízo de primeiro grau, medida cautelar inominada ou a sua liminar, quando impugnado ato de autoridade sujeita, na via de mandado de segurança, à competência originária de tribunal.
§2º O disposto no parágrafo anterior não se aplica aos processos de ação popular e de ação civil pública.

[271] Bueno, Cássio Scarpinella. **Execução Provisória e Antecipação de Tutela**. 1ª. ed. São Paulo: Saraiva, 1999, p. 227.

Enquanto isso, o art. 1º, §3º, Lei nº 8.437/92[272], proíbe que qualquer medida liminar "esgote, em todo ou em parte, o objeto da ação". Na prática, portanto, este último dispositivo impõe óbice à satisfatividade das medidas liminares.

O art. 2º, Lei nº 8.437/92[273], por sua vez, condicionou a concessão de liminares em Mandado de Segurança Coletivo e Ação Civil Pública, à oitiva do representante judicial da pessoa jurídica de direito público, o que afetou significativamente o poder geral de cautela do juiz, que passou a ter restrita sua possibilidade de conceder liminares *inaudita altera pars*.

Em sequência, o art. 3º, Lei nº 8.437/92[274], ecoa o art. 7º, Lei nº 4.348/64[275], concedendo efeito suspensivo a qualquer recurso interposto em sentença contra processo cautelar, proferida contra o Poder Público, "que importe em outorga ou adição de vencimentos ou de reclassificação funcional".

Importa ressaltar que, na vigência do CPC/73, já existia a figura do "reexame necessário", ou "duplo grau de jurisdição obrigatório", previsto no art. 475, CPC/73[276], que submetia a eficácia de decisões contra

[272] **[Lei nº 8.437/92 – Redação original, antes da MP nº 2.180-35/2001]** Art. 1º [...] §3º Não será cabível medida liminar que esgote, no todo ou em qualquer parte, o objeto da ação.

[273] **[Lei nº 8.437/92]** Art. 2º No mandado de segurança coletivo e na ação civil pública, a liminar será concedida, quando cabível, após a audiência do representante judicial da pessoa jurídica de direito público, que deverá se pronunciar no prazo de setenta e duas horas.

[274] **[Lei nº 8.437/92]** Art. 3º O recurso voluntário ou ex officio, interposto contra sentença em processo cautelar, proferida contra pessoa jurídica de direito público ou seus agentes, que importe em outorga ou adição de vencimentos ou de reclassificação funcional, terá efeito suspensivo.

[275] **[Lei nº 4.348/64]** Art. 7º O recurso voluntário ou "ex officio", interposto de decisão concessiva de mandado de segurança que importe outorga ou adição de vencimento ou ainda reclassificação funcional, terá efeito suspensivo.

[276] **[CPC/73]** Art. 475. Está sujeita ao duplo grau de jurisdição, não produzindo efeito senão depois de confirmada pelo tribunal, a sentença: [...] II – proferida contra a União, o Estado e o Município; III – que julgar improcedente a execução de dívida ativa da Fazenda Pública (art. 585, VI). Parágrafo único. Nos casos previstos neste artigo, o juiz ordenará a remessa dos autos ao tribunal, haja ou não apelação voluntária da parte vencida; não o fazendo, poderá o presidente do tribunal avocá-los.

o Poder Público à reapreciação do feito por instância colegiada. Na prática, portanto, o efeito do art. 3º, Lei nº 8.437/92, era de que, em todas as sentenças contra a Fazenda Pública que importassem em outorga ou adição de vencimentos ou de reclassificação funcional, haveria efeito suspensivo, visto que a interposição de recurso era obrigatória[277].

Por último, no art. 4º, Lei nº 8.437/92[278], é ecoada – e expandida – a disposição do art. 4º, Lei nº 4.348/64, invocando, da mesma maneira, a possibilidade de o Presidente do Tribunal suspender, por meio de despacho fundamentado, a requerimento de pessoa jurídica de direito público interessada e, agora, também do Ministério Público, a execução de liminares nas ações movidas contra o Poder Público e seus agentes[279].

Quanto aos requisitos exigidos, além da verificação de "grave lesão à ordem, à saúde, à segurança e à economia públicas", o art. 4º, Lei nº 8.437/92, também autoriza a atuação do Presidente do Tribunal nos casos de "manifesto interesse público ou de flagrante ilegitimidade", conceitos esses igualmente genéricos e significativamente abrangentes.

2.4 O Governo Itamar Franco: da ADI nº 975/DF até a Lei nº 8.952/94

No dia 19 de dezembro de 1992, após o *impeachment* do Presidente Collor, assumiu seu vice-presidente, Itamar Franco. No dia 23 de novembro de 1993, foi editada a MP nº 375/93, que estabelecia novas regras restritivas

[277] MOLLICA, Rogerio. A antecipação de tutela em face da Fazenda Pública. In: BUENO, Cássio Scarpinella, et al. Tutela provisória no CPC: dos 20 anos do art. 273 do CPC/1973 ao CPC/2015. 2ª. ed. São Paulo: Saraiva Educação, Cap. 16, p. 339-350, 2018, p. 342-343.

[278] **[Lei nº 8.437/92 – Redação original, antes da MP nº 2.180-35/2001]** Art. 4º Compete ao presidente do tribunal, ao qual couber o conhecimento do respectivo recurso, suspender, em despacho fundamentado, a execução da liminar nas ações movidas contra o Poder Público ou seus agentes, a requerimento do Ministério Público ou da pessoa jurídica de direito público interessada, em caso de manifesto interesse público ou de flagrante ilegitimidade, e para evitar grave lesão à ordem, à saúde, à segurança e à economia públicas.
§1º Aplica-se o disposto neste artigo à sentença proferida em processo de ação cautelar inominada, no processo de ação popular e na ação civil pública, enquanto não transitada em julgado.
§2º O presidente do tribunal poderá ouvir o autor e o Ministério Público, em cinco dias.
§3º Do despacho que conceder ou negar a suspensão, caberá agravo, no prazo de cinco dias.

[279] Tal disposição também é significativamente similar àquela do art. 12, §1º, Lei nº 7.347/85, aplicável a decisões concessivas de liminar em ação civil pública.

à concessão de liminares em medidas cautelares inominadas (art. 798, CPC/73), Mandados de Segurança (art. 7, II, Lei nº 1.533/51) e Ações Civis Públicas (art. 12, §1º, Lei nº 7.347/85).

Nos termos de seu art. 5º, §1º, MP nº 375/93[280], em referência direta ao art. 1º, Lei nº 2.770/56, ao art. 5º, Lei nº 4.348/64, ao art. 1º, Lei nº 5.021/66, ao art. 1º, Lei nº 8.437/92, não havia dúvidas de que a Medida Provisória em questão buscava integrar o Sistema de proteção à Fazenda Pública.

Dentre as vedações previstas neste diploma, três eram mais significativas. A primeira, no art. 2º, MP nº 375/93[281], expandia o disposto no art. 2º, Lei nº 8.437/92, para todos os tipos de ação em que fossem concedidas medidas cautelares ou liminares (não mais somente nos casos de Mandado de Segurança Coletivo ou Ação Civil Pública), condicionando tal concessão à oitiva obrigatória do representante judicial da pessoa jurídica de direito público ou da entidade da administração indireta interessada. Seu efeito prático, portanto, seria de nova e mais gravosa restrição ao poder geral de cautela do juiz, eliminando qualquer possibilidade de concessão de liminar *inaudita altera pars*.

A segunda, constante do art. 4º, MP nº 375/93[282], apontava que, nas situações em que se alegasse receio de que o Poder Público pudesse causar dano de difícil reparação a um ente privado, o juiz deveria cotejar "os interesses em confronto, ponderando a prevalência do interesse geral sobre o particular".

[280] **[MP nº 375/93]** Art. 5º [...] §1º Não será concedida medida cautela ou liminar que esgote, no todo ou em parte, o objeto da ação, ou que contrarie o disposto nos arts. 1º da Lei nº 2.770, de 4 de maio de 1956, e 5º da Lei nº 4.348, de 26 de junho de 1964, art. 1º da Lei nº 5.021, de 9 de junho de 1966, e art. 1º da Lei nº 8.437, de 30 de junho de 1992.

[281] **[MP nº 375/93]** Art. 2º A concessão de medida cautelar ou de liminar contra órgão ou entidade da Administração Pública, bem assim contra ato ou omissão dos respectivos agentes ou administradores, somente será possível após a audiência do representante judicial da pessoa jurídica de direito público, ou da entidade da administração indireta, que deverá ser pessoalmente notificado para manifestar-se no prazo de setenta e duas horas.

[282] **[MP nº 375/93]** Art. 4º Ao apreciar a alegação de receio de que a autoridade, órgão ou entidade da administração pública possa causar dano de difícil reparação a ente privado, o juiz cotejará os interesses em confronto, ponderando a prevalência do interesse geral sobre o particular.

A terceira, disposta no art. 5º, III, MP nº 375/93[283], preconizava que quaisquer decisões cautelares ou liminares contrárias ao Poder Público deveriam, necessariamente, conter recurso de ofício para o Presidente do Tribunal competente, de modo a possibilitar o reexame necessário do feito.

Seis dias após a publicação da MP nº 375/93, em 29 de novembro de 1993, foi distribuída, no STF, a ADI nº 975/DF, proposta pelo Conselho Federal da OAB, questionando o diploma legal. O julgamento da Medida Cautelar na ADI nº 975/DF ocorreu em 09 de dezembro de 1993, com relatoria do Min. Carlos Velloso.

Como resultado, restaram suspensos os efeitos do art. 2º; do art. 4º; do inciso III do art. 5º e os seus §§ 3º, 4º, 5º e 6º, bem como da expressão "e 4º", localizada no *caput* do art. 5º; da expressão "que não poderá exceder de trinta dias", localizada no inciso I do art. 5º; das expressões "somente" e "pelo Tribunal competente para o julgamento do recurso de ofício", localizadas no §2º do art. 5º; e, finalmente, da expressão "para julgar o recurso de ofício", localizada no art. 6º, todos da MP nº 375/93.

Diferentemente das Medidas Provisórias questionadas na ADI nº 223/DF e na ADI nº 295/DF, no entanto, a MP nº 375/93 não voltou a ser reeditada. A seguir, colaciona-se a ementa da ADI nº 975/DF:

> EMENTA: CONSTITUCIONAL. MEDIDAS CAUTELARES E LIMINARES: SUSPENSÃO. Medida Provisória nº 375, de 23.11.93.
>
> I. – Suspensão dos efeitos e da eficácia da Medida Provisória nº 375, de 23.11.93, que, a pretexto de regular a concessão de medidas cautelares inominadas (CPC, art. 798) e de liminares em mandado de segurança (Lei 1.533/51, art. 7º, II) e em ações civis públicas (Lei 7.347/85, art. 12), acaba por vedar a concessão de tais medidas, além de obstruir o serviço da Justiça,

[283] **[MP nº 375/93]** Art. 5º A decisão concessiva de medida cautela ou de liminar, devidamente fundamentada, de modo especial quanto ao disposto nos arts. 3º e 4º, deverá:
I – fixar o prazo de eficácia da medida cautela ou da liminar, que não poderá exceder de trinta dias;
II – estabelecer, quando necessário, como condição da eficácia da concessão, a prestação de garantia acauteladora do interesse exposto a risco;
III – conter recurso de ofício para o Presidente do Tribunal competente para os recursos na causa.

> criando obstáculos à obtenção da prestação jurisdicional e atentando contra a separação dos poderes, porque sujeita o Judiciário ao Poder Executivo.
>
> II – Cautelar deferida, integralmente, pelo Relator.
>
> III – Cautelar deferida, em parte, pelo Plenário. (MC na ADI nº 975/DF, Rel. Min. Carlos Velloso, Plenário do STF, j. 09 dez. 1993, DJ 20 jun. 1997, p. 28467, com grifo nosso)

O relator, Min. Carlos Velloso, em referência a seu voto na ADI nº 295/DF, apontou que, quando verificados os pressupostos da medida liminar, seu requerente passa a ter direito subjetivo à tal medida, de modo que, quando o juiz não a concede, viola direito líquido e certo, ensejando a possibilidade de impetração de Mandado de Segurança. Para ilustrar o posicionamento do ministro, transcreve-se trecho relevante de seu voto, no qual, ao final, se descreve a estrutura básica do Sistema de proteção à Fazenda Pública vigente à época:

> Admito que tenham ocorrido excessos na concessão de medidas liminares. A forma, entretanto, de conter esses excessos não é simplesmente proibir a concessão de liminar, ou de estabelecer tantos empecilhos a sua concessão que acabam por vedá-la. A MP 375, objeto da causa, quando não proíbe a concessão de liminar, cria tantos empecilhos à sua concessão, que acaba vedando, por via oblíqua, a liminar. Isto representa retrocesso e atenta contra a Constituição, conforme tentamos demonstrar e como bem registra o Prof. Miguel Reale em artigo publicado em "O Estado de São Paulo, de 25.11.93 [...]. Temos um conjunto de leis que, utilizadas e interpretadas inteligentemente, sem radicalismos – porque a interpretação, em termos ortodoxos, de alguns de seus dispositivos, tornam-nos também inconstitucionais – resolvem o problema dos excessos praticados. Refiro-me às Leis 2.770, de 04.05.56, Lei 4.348, de 26.06.64, Lei 5.021, de 09.06.66, e Lei 8.437, de 30.06.92. Essas leis propiciam, inclusive, medidas que, requeridas a tempo e modo, pelo representante da Fazenda Pública, efetivam o controle judicial da decisão concessiva da liminar. A abertura de jurisprudência relativamente ao mandado de segurança contra ato judicial é outro mecanismo de controle dos excessos de que falamos. (Trecho do voto do Min. Carlos Velloso na MC na ADI nº 975/DF, p. 252 a 355. Rel. Min. Carlos Velloso, Plenário do STF, j. 09 dez. 1993, DJ 20 jun. 1997, p. 28467).

No dia 13 de dezembro de 1994, foi promulgada a Lei nº 8.952/94, que alterou dispositivos do CPC/73 tratando do processo de conhecimento e do processo cautelar. As alterações mais importantes, para o escopo deste trabalho, se deram dentro do Livro I – "Do Processo de Conhecimento", na forma da inclusão dos arts. 273 e 461, §3º, CPC/73, enfim positivando a figura da tutela antecipada no Processo Civil brasileiro.

Antes mesmo do advento deste diploma, a prática forense já admitia a utilização da figura da "cautelar satisfativa", com o objetivo de realizar o direito, de forma mais efetiva, em meio a uma realidade na qual o processo se tornava cada vez mais custoso, inacessível e moroso[284].

Como exemplificado por Reis Friede *et al*, era entendimento do Tribunal Regional da 3ª Região (TRF-3), à época, por exemplo, que a satisfatividade da medida cautelar, aplicável em matéria tributária, poderia "ser de fato, nunca de direito"[285]. Na prática, no entanto, tratava-se de desvirtuamento da medida cautelar – originalmente pensada para garantir o resultado útil do processo – dado que se permitia, por meio dela, a antecipação do bem da vida sem cognição exauriente[286]. Nesse sentido, a ação cautelar, antes do advento da tutela antecipada, era utilizada como

[284] Alves, Francisco Glauber Pessoa. A tutela antecipada em face da Fazenda Pública, seu perfil contemporâneo (tendências jurisprudenciais) e a necessidade de uma hermenêutica que lhe atribua efetividade. **Revista de Processo**. São Paulo: p. 37 a 71. Ano 28, n. 110., abr. – jun. 2003, p. 39.

[285] É cabível medida cautelar nos termos do art. 800, parágrafo único, do Código de Processo Civil, cuja natureza satisfativa poderá ser de fato, nunca de direito. Uma vez que a sentença monocrática não declarou a inexistência de relação jurídica entre o Município de Campo Grande e a Empresa Brasileira de Correios e Telégrafos, quanto ao pagamento de tributos incidentes sobre o recebimento de valores provenientes das operações que especifica, é de se possibilitar à requerente a fiscalização e o lançamento, se o caso, de eventuais débitos apurados. (MC nº 03.062.542, Quarta Turma, TRF-3. Rel. Juíza Lúcia Figueiredo, unânime, DJ 13 ago. 1996)

[286] Friede, Reis.; Menaged, Débora Maliki; Menaged, Marcelo. **Tutela antecipada, tutela específica e tutela cautelar**. 7ª. ed. Rio de Janeiro: GZ Editora, 2012, p. 257-258.

técnica de sumarização da tutela jurisdicional definitiva ou, dito de outra maneira, era uma concessão de tutela satisfativa, em sede cautelar, sem que a cognição fosse exauriente, o que afrontava o devido processo legal, o contraditório e a ampla defesa[287].

Da mesma forma, o ordenamento jurídico da época já trazia figuras jurídicas que se assemelhavam, na prática, a tutelas antecipadas, na forma, por exemplo, dos alimentos provisórios (art. 4º, Lei nº 5.478/68[288]) e da liminar possessória nas ações de manutenção e reintegração de posse[289] (art. 928, parágrafo único, CPC/73[290]). Outro bom exemplo é a medida

[287] Ruiz, Ivan Aparecido. Antecipação da tutela no direito processual civil brasileiro: do nascimento à maioridade, mas, ainda, com dificuldade da sua adequada postulação e aplicação. In: Bueno, Cássio Scarpinella, et al. **Tutela provisória no CPC: Dos 20 anos do art. 273 do CPC/1973 ao CPC/2015**. 2ª. ed. São Paulo: Saraiva Educação, Cap. 19, p. 388-415, 2018, p. 400.

[288] **[Lei nº 5.478/68]** Art. 4º As despachar o pedido, o juiz fixará desde logo alimentos provisórios a serem pagos pelo devedor, salvo se o credor expressamente declarar que deles não necessita.

[289] Com respeito à liminar possessória, é relevante chamar atenção ao fato de que contava, à época do CPC/73, com proteção adicional para a Fazenda Pública, similar àquela do art. 2º, Lei nº 8.437/92, exigindo-se a oitiva dos representantes judiciais para concessão da liminar contra as pessoas jurídicas de direito público (art. 928, parágrafo único, CPC/73). Tal proteção perdura até o momento, na forma do art. 562, CPC/15.

[CPC/2015] Art. 562. Estando a petição inicial devidamente instruída, o juiz deferirá, sem ouvir o réu, a expedição do mandado liminar de manutenção ou de reintegração, caso contrário, determinará que o autor justifique previamente o alegado, citando-se o réu para comparecer à audiência que for designada.

Parágrafo único. Contra as pessoas jurídicas de direito público não será deferida a manutenção ou a reintegração liminar sem prévia audiência dos respectivos representantes judiciais.

[290] **[CPC/73]** Art. 928. Estando a petição inicial devidamente instruída, o juiz deferirá, sem ouvir o réu, a expedição do mandado liminar de manutenção ou de reintegração; no caso contrário, determinará que o autor justifique previamente o alegado, citando-se o réu para comparecer à audiência que for designada.

Parágrafo único. Contra as pessoas jurídicas de direito público não será deferida a manutenção ou a reintegração liminar sem prévia audiência dos respectivos representantes judiciais.

cautelar de separação de corpos (art. 7º, §1º, Lei nº 6.515/77[291]), a qual, apesar do nome, consistia em verdadeira antecipação da tutela[292].

Referindo-se ao momento histórico em questão, Cândido Rangel Dinamarco, apontava que "a realidade dos pleitos judiciais e a angústia das longas esperas são fatores de desprestígio do Poder Judiciário (como se a culpa fosse só sua) e de sofrimento pessoal dos que necessitam da tutela jurisdicional"[293].

Posto o cenário, o uso indiscriminado das cautelares satisfativas, somado à necessidade, constatada pelo legislador, de superar a morosidade do processo e suavizar o desgaste do Poder Judiciário, "denotou a necessidade de generalização da antecipação de tutela às situações tidas comuns, feito esse obtido exatamente através da Lei nº 8.952/94"[294].

A antecipação de tutela, como já se abordou no capítulo anterior, não se trata de "medida que impeça o perecimento do direito, ou que assegure ao titular a possibilidade de exercê-lo no futuro", mas sim de medida que antecipa o bem da vida, ou seja, permite, de pronto, o exercício do próprio direito pleiteado pelo autor. Sua concessão equivale, portanto, à procedência dos pedidos formulados na petição inicial, contudo, dotada de provisoriedade[295].

Desde a promulgação da Lei nº 8.952/94, no entanto, a concessão de tutelas contra a Fazenda Pública já causava polêmicas. Diversas controvérsias doutrinárias surgiram a respeito da aplicabilidade da tutela ante-

291 **[Lei nº 6.515/77]** Art. 7º [...] §1º – A separação de corpos poderá ser determinada como medida cautelar (art. 796 do CPC).

292 Ruiz, Ivan Aparecido. Antecipação da tutela no direito processual civil brasileiro: do nascimento à maioridade, mas, ainda, com dificuldade da sua adequada postulação e aplicação. In: Bueno, Cássio Scarpinella, et al. **Tutela provisória no CPC: Dos 20 anos do art. 273 do CPC/1973 ao CPC/2015**. 2ª. ed. São Paulo: Saraiva Educação, Cap. 19, p. 388-415, 2018, p. 397-400.

293 Dinamarco, Cândido Rangel. **A reforma do Código de Processo Civil**. 5ª. ed. São Paulo: Malheiros Editores LTDA, 2001, p. 140.

294 Pavoni, Mariana Melo de Carvalho. Tutela provisória: a técnica da antecipação a serviço da efetividade da jurisdição. In: BUENO, Cássio Scarpinella, et al. **Tutela provisória no CPC: dos 20 anos de vigência do art. 273 do CPC/1973 ao CPC/2015**. 2ª. ed. São Paulo: Saraiva Educação, Cap. 18, p. 371-387, 2018, p. 373.

295 Dinamarco, Cândido Rangel. **A reforma do Código de Processo Civil**. 5ª. ed. São Paulo: Malheiros Editores LTDA, 2001, p. 141.

cipada nos casos em que se litigava contra o Poder Público. A maioria delas, no entanto revolvia em torno de dois argumentos[296].

Neste trabalho, os dois argumentos em questão serão denominados "óbices doutrinários à utilização de tutelas provisórias contra a Fazenda Pública". Estes argumentos, muito debatidos nos anos que viriam, tanto pela doutrina, quanto pela jurisprudência, ficaram conhecidos como os principais obstáculos à concessão de medidas cautelares e antecipações de tutela durante a vigência do CPC/73.

O primeiro cuidava da obrigatoriedade de aplicação do instituto do reexame necessário (art. 475, CPC/73), visto que a execução de sentenças condenatórias que fossem desfavoráveis à Fazenda Pública, em princípio, suporia a certeza da decisão, ou seja, dependeria de seu trânsito em julgado. O segundo cuidava da necessidade de observância do regime de precatórios (art. 100, CF/88), para que se pudesse operacionalizar o recebimento de valores advindos da Fazenda Pública, de modo que haveria suposta incompatibilidade deste sistema com o instituto da antecipação de tutela[297].

Ambos os obstáculos já se encontram superados pela doutrina e pela jurisprudência dos tribunais superiores brasileiros, contudo, serão detalhados com maior profundidade no capítulo seguinte. No momento, a prioridade é compreender a evolução histórica das tutelas provisórias e do Sistema de proteção à Fazenda Pública contra a concessão de liminares.

Em termos práticos, o art. 273, CPC/73[298], impõe que sejam observados alguns requisitos para a concessão da tutela antecipada. Francisco Glauber Pessoa Alves assim os descreve:

[296] MOLLICA, Rogerio. A antecipação de tutela em face da Fazenda Pública. In: BUENO, Cássio Scarpinella, et al. Tutela provisória no CPC: dos 20 anos do art. 273 do CPC/1973 ao CPC/2015. 2ª. ed. São Paulo: Saraiva Educação, Cap. 16, p. 339-350, 2018, p. 341-342.

[297] NUNES, Cleucio Santos. **Curso Completo de Direito Processual Tributário**. 5ª. ed. São Paulo: SaraivaJur, 2022, p. 532-536.

[298] **[CPC/73 – Redação dada pela Lei nº 8.952/94]** Art. 273. O juiz poderá, a requerimento da parte, antecipar, total ou parcialmente, os efeitos da tutela pretendida no pedido inicial, desde que, existindo prova inequívoca, se convença da verossimilhança da alegação e:

I – haja fundado receio de dano irreparável ou de difícil reparação; ou

> a) a prova inequívoca; (b) a verossimilhança da afirmação; c) fundado receio de dano irreparável ou de difícil reparação; d) abuso do direito de defesa ou manifesto propósito protelatório do réu; e) a reversibilidade do provimento; f) a incontrovérsia quanto a um ou mais dos pedidos[299].

Para Cândido Rangel Dinamarco, as expressões "prova inequívoca" e "verossimilhança da alegação" seriam, em princípio, contraditórias, visto que, se interpretado literalmente, a "prova inequívoca" não permitiria dúvidas, não havendo que se falar em verossimilhança da alegação. O autor, no entanto, entende que as duas expressões se harmonizam dentro do conceito de probabilidade, o qual ele define como "a situação decorrente da preponderância dos motivos convergentes à aceitação de determinada proposição, sobre os motivos divergentes". O grau dessa probabilidade, então, haveria de ser julgado pelo magistrado, de maneira prudente[300].

A disciplina do art. 461, CPC/73, por sua vez, é direcionada à tutela específica das obrigações de fazer e não fazer. De acordo com Cleide Previtalli Cais, "o objetivo do disposto no art. 461 é dar efetividade à ordem judicial, assegurando ao autor a efetiva e concreta prestação jurisdicional que postulou", ressalvada a exceção prevista no próprio §1º deste dispo-

II – fique caracterizado o abuso de direito de defesa ou o manifesto propósito protelatório do réu.
§1º Na decisão que antecipar a tutela, o juiz indicará, de modo claro e preciso, as razões do seu convencimento.
§2º Não se concederá a antecipação da tutela quando houver perigo de irreversibilidade do provimento antecipado.
§3º A execução da tutela antecipada observará, no que couber, o disposto nos incisos II e III do art. 588.
§4º A tutela antecipada poderá ser revogada ou modificada a qualquer tempo, em decisão fundamentada.
§5º Concedida ou não a antecipação da tutela, prosseguirá o processo até final julgamento.

[299] Alves, Francisco Glauber Pessoa. A tutela antecipada em face da Fazenda Pública, seu perfil contemporâneo (tendências jurisprudenciais) e a necessidade de uma hermenêutica que lhe atribua efetividade. **Revista de Processo**. São Paulo: p. 37 a 71. Ano 28, n. 110., abr. – jun. 2003, p. 41.

[300] Dinamarco, Cândido Rangel. **A reforma do Código de Processo Civil**. 5ª. ed. São Paulo: Malheiros Editores LTDA, 2001, p. 145.

sitivo, de modo a assegurar que o resultado prático seja equivalente ao adimplemento da obrigação de fazer ou não fazer[301].

O art. 461, §3º, CPC/73[302], traz a possibilidade da chamada "antecipação de tutela específica", que, de acordo com Cândido Rangel Dinamarco, está dentro da categoria da tutela jurisdicional antecipada. Como espécie de tutela antecipada, portanto, objetiva "pôr o titular de direito no gozo da própria situação final sonegada pelo obrigado e postulada no *petitum*"[303].

Nesse diapasão, João Batista Lopes asseverava, à época, que a "antecipação de efeitos práticos tem caráter executivo *latu sensu* e está em perfeita harmonia com a tendência doutrinária moderna de superação do binômio conhecimento-execução"[304].

Em suma, considera-se que o advento da Lei nº 8.952/94 foi de significativa valia para os jurisdicionados, visto que permitiu maior vigor e efetividade no acesso à justiça, evitando dilações indevidas e, assim, prestigiando o princípio da igualdade. Por certo, representou forte avanço no direito brasileiro[305].

[301] Cais, Cleide Previtalli. **O processo tributário**. 8ª. ed. São Paulo: Revista dos Tribunais, 2013, p. 435.

[302] **[CPC/73 – Redação dada pela Lei nº 8.952/94]** Art. 461. Na ação que tenha por objeto o cumprimento de obrigação de fazer ou não fazer, o juiz concederá a tutela específica da obrigação ou, se procedente o pedido, determinará providências que assegurem o resultado prático equivalente ao do adimplemento. (Redação dada pela Lei nº 8.952, de 13.12.1994)

§1º A obrigação somente se converterá em perdas e danos se o autor o requerer ou se impossível a tutela específica ou a obtenção do resultado prático correspondente. (Incluído pela Lei nº 8.952, de 13.12.1994) [...]

§3º Sendo relevante o fundamento da demanda e havendo justificado receio de ineficácia do provimento final, é lícito ao juiz conceder a tutela liminarmente ou mediante justificação prévia, citado o réu. A medida liminar poderá ser revogada ou modificada, a qualquer tempo, em decisão fundamentada. (Incluído pela Lei nº 8.952, de 13.12.1994)

[303] Dinamarco, Cândido Rangel. **A reforma do Código de Processo Civil**. 5ª. ed. São Paulo: Malheiros Editores LTDA, 2001, p. 158.

[304] Lopes, João Batista. **Tutela antecipada no processo civil brasileiro**. 3ª. ed. São Paulo: Revista dos Tribunais, 2007, p. 64.

[305] Alves, Francisco Glauber Pessoa. A tutela antecipada em face da Fazenda Pública, seu perfil contemporâneo (tendências jurisprudenciais) e a necessidade de uma hermenêutica

2.5 O primeiro Governo FHC: da MP nº 1.570/97 até a decisão na MC na ADC nº 04/DF

No dia 1º de janeiro de 1995, Fernando Henrique Cardoso (FHC) assumia a presidência do Brasil. Ao julgar o Recurso Ordinário em Mandado de Segurança (RMS) nº 22.307-7/DF, o STF deu provimento ao pleito, concedendo reajuste de 28,86% aos impetrantes, onze servidores civis, em seus vencimentos, entendendo que se tratava de mera recomposição monetária e não de aumento de salário, afastando-se a Súmula nº 339 da Corte Suprema[306]. Este benefício fora, anteriormente, reconhecido a servidores militares.

De acordo com Cássio Scarpinella Bueno, esta decisão deu origem a "uma 'avalanche' de ações judiciais (e liminares de antecipação de tutela) para perseguimento daquele mesmo objeto". Em razão disso, com o objetivo de reequilibrar as contas da União Federal, o Presidente editou a MP nº 1.570/97, de 26 de março de 1997[307].

Com a MP nº 1.570/97, as tutelas antecipadas sofriam sua primeira limitação significativa desde sua positivação pela Lei nº 8.952/94. Nos termos do art. 1º, MP nº 1.570/97[308], as antigas vedações à concessão de liminares contra a Fazenda Pública foram estendidas às tutelas antecipadas do art. 273 e 461, CPC/73.

Com isso, passavam a não mais serem cabíveis tutelas antecipadas contra atos do Poder Público, toda vez que a lei vedasse tal concessão em sede de Mandado de Segurança, em sede de procedimento cautelar ou em quaisquer outras ações de natureza cautelar ou preventiva. Isto à época, incluía os já apresentados art. 3º, "a", Lei nº 2.410/55, art. 1º, Lei nº

que lhe atribua efetividade. **Revista de Processo**. São Paulo: p. 37 a 71. Ano 28, n. 110., abr. – jun. 2003, p. 41

306 **[Súmula nº 339, STF]** Não cabe ao Poder Judiciário, que não tem função legislativa, aumentar vencimentos de servidores públicos sob fundamento de isonomia.

307 BUENO, Cássio Scarpinella. **Execução Provisória e Antecipação de Tutela**. 1ª. ed. São Paulo: Saraiva, 1999, p. 228.

308 **[MP nº 1.570/97]** Art. 1º Aplica-se à tutela antecipada prevista nos arts. 273 e 461 do Código de Processo Civil o disposto nos arts. 5º e seu parágrafo único e 7º da Lei nº 4.348, de 26 de junho de 1964, no art. 1º e seu § 4º da Lei nº 5.021, de 9 de junho de 1966, e nos arts 1º, 3º e 4º da Lei nº 8.437, de 30 de junho de 1992.

2.770/56, arts. 5º e 7º, Lei nº 4.348/64, art. 1º, Lei nº 5.021/66, art. 1º, Lei nº 8.076/90, e arts. 1º, 3º e 4º, Lei nº 8.437/92.

Adicionalmente, o art. 2º, MP nº 1.570/97, também incluía um §4º na redação do art. 1º, Lei nº 8.437/92[309], que determinava a prestação obrigatória de garantia real ou fidejussória sempre que houvesse possibilidade de que a Fazenda Pública requerida viesse a sofrer danos em virtude de concessão de liminar ou qualquer outra medida de caráter antecipatório (o que incluía, por certo, as medidas cautelares e as antecipações de tutela).

Questionando a constitucionalidade destes dispositivos, o Partido Liberal (PL) ajuizou Ação Direta de Inconstitucionalidade, distribuída ao Min. Marco Aurélio, no STF, sob a nomenclatura de ADI nº 1.576/DF, no dia 01 de abril de 1997. De acordo com o requerente, um dos argumentos seria a suposta ofensa ao princípio da separação dos poderes, visto que o Poder Executivo teria se intrometido na forma processual de agir do Poder Judiciário. Nesse sentido, em seu relatório, o Min. Marco Aurélio assim dispôs:

> Na óptica do Partido requerente, o cerceio à concessão da tutela antecipada acaba por inviabilizar a defesa de direitos, chegando-se a afirmar que 'ninguém mais nesse País terá condições de buscar os seus direitos infringidos pela Fazenda Pública Nacional', isso em face à exigência de garantia para antecipação de tutela. (Trecho do voto do relator na Medida Cautelar

[309] **[Lei nº 8.437/92 – Redação dada pela MP nº 1.570/97]** Art. 1º Não será cabível medida liminar contra atos do Poder Público, no procedimento cautelar ou em quaisquer outras ações de natureza cautelar ou preventiva, toda vez que providência semelhante não puder ser concedida em ações de mandado de segurança, em virtude de vedação legal.
§1º Não será cabível, no juízo de primeiro grau, medida cautelar inominada ou a sua liminar, quando impugnado ato de autoridade sujeita, na via de mandado de segurança, à competência originária de tribunal.
§2º O disposto no parágrafo anterior não se aplica aos processos de ação popular e de ação civil pública.
§3º Não será cabível medida liminar que esgote, no todo ou em qualquer parte, o objeto da ação.
§ 4º Sempre que houver possibilidade de a pessoa jurídica de direito público requerida vir a sofrer dano, em virtude da concessão da liminar, ou de qualquer medida de caráter antecipatório, o juiz ou o relator determinará a prestação de garantia real ou fidejussória.

na ADI nº 1.576/DF, p. 2 do voto, equivalente à p. 126 do Acórdão. Rel. Min. Marco Aurélio, Plenário do STF, j. 16 abr. 1997, DJ 06 jun. 2003)

O julgamento da MC na ADI nº 1.576/DF, ocorreu em 16 de abril de 1997, e resultou em indeferimento do pedido liminar quanto ao art. 1º, MP nº 1.570/97, que manteve sua eficácia nos termos do voto do relator, e no deferimento do pedido liminar para suspender a vigência do art. 2º, MP nº 1.570/97, nos termos do voto divergente do Min. Celso de Mello. Veja-se a ementa:

> TUTELA ANTECIPADA – SERVIDORES – VENCIMENTOS E VANTAGENS – SUSPENSÃO DA MEDIDA – PRESTAÇÃO JURISDICIONAL. Ao primeiro exame, inexiste relevância jurídica suficiente a respaldar concessão de liminar, afastando-se a eficácia do artigo 1º da Medida Provisória nº 1.570/97, no que limita o cabimento da tutela antecipada, empresta duplo efeito ao recurso cabível e viabiliza a suspensão do ato que a tenha formalizado pelo Presidente do Tribunal a quem competir o julgamento deste último.
>
> LIMINAR – PRESTAÇÃO JURISDICIONAL ANTECIPADA – CAUÇÃO – GARANTIA REAL OU FIDEJUSSÓRIA. Na dicção da ilustrada maioria, concorrem a relevância e o risco no que o artigo 2º da Medida Provisória nº 1.570/97 condicionou a concessão da liminar, ou de qualquer medida de caráter antecipatório, à caução, isso se do ato puder resultar dano a pessoa jurídica de direito público.
>
> SENTENÇA – EFICÁCIA – AÇÃO CIVIL PÚBLICA. Em princípio, não se tem relevância jurídica suficiente à concessão de liminar no que, mediante o artigo 3º da Medida Provisória nº 1.570/97, a eficácia erga omnes da sentença na ação civil pública fica restrita aos limites da competência territorial do órgão prolator. (MC na ADI nº 1.576/DF, Rel. Min. Marco Aurélio, Plenário do STF, j. 16 abr. 1997, DJ 06 jun. 2003, p. 29).

Junto ao Min. Celso de Mello, quanto à argumentação de violação ao princípio da separação dos poderes, o Min. Néri da Silveira entendeu que, em verdade, os arts. 1º e 2º da MP nº 1.570/97 constituem violações ao poder geral de antecipação dos juízes e, de fato, em razão disso, violam o art. 2º, CF/88. Asseverou, também, que estes dispositivos, em verdade, seriam incompatíveis com o instituto da tutela antecipada, violando, adicionalmente, o art. 5º, XXXV, CF/88.

Em contraposição, o Min. Moreira Alves retomou e fortaleceu seu argumento, incialmente esposado no julgamento da MC na ADI nº 223/DF, no dia 04 de abril de 1990, de que a vedação à antecipação provisória do direito material não implica em negativa de acesso ao Poder Judiciário. A respeito das tutelas antecipadas, o ministro entendeu que estas não teriam fundamento constitucional, mas sim infraconstitucional. Veja-se:

> A tutela antecipada não é instituto constitucional. Ela foi criada por lei. Assim como foi criada, a princípio, sem certos limites, não vejo porque não se possa limitá-la, principalmente aplicando-lhe limitações do mandado de segurança, o que, aliás, já foi examinado por esta Corte, com dois votos vencidos. (Trecho do voto do Min. Moreira Alves na MC na ADI nº 1.576/DF, p. 1 do voto, equivalente à p. 153 do Acordão. Rel. Min. Marco Aurélio, Plenário do STF, j. 16 abr. 1997, DJ 06 jun. 2003).

Ainda no âmbito deste julgamento, vale ressaltar que o relator Min. Marco Aurélio, em uma das primeiras manifestações a esse respeito nos tribunais superiores brasileiros, sintetizou com propriedade os dois pontos que, neste trabalho, foram denominados "óbices doutrinários à utilização de tutelas provisórias contra a Fazenda Pública". Como já apontado na seção anterior, estes pontos ficaram conhecidos como os principais obstáculos à concessão de antecipações de tutela durante a vigência do CPC/73, mas, atualmente, já se encontram superados, inclusive pela jurisprudência. Mais detalhes a respeito de como tal superação ocorreu serão apresentados no capítulo seguinte.

O primeiro óbice era a obrigatoriedade de aplicação do instituto do reexame necessário, constante do art. 475, CPC/73[310]. O segundo cuidava da necessidade de observância do regime de precatórios, conforme

[310] **[CPC/73]** Art. 475. Está sujeita ao duplo grau de jurisdição, não produzindo efeito senão depois de confirmada pelo tribunal, a sentença: (Redação dada pela Lei nº 10.352, de 26.12.2001)
I – proferida contra a União, o Estado, o Distrito Federal, o Município, e as respectivas autarquias e fundações de direito público; (Redação dada pela Lei nº 10.352, de 26.12.2001)

a sistemática do art. 100, CF/88, para que se pudesse operacionalizar o recebimento de valores advindos da Fazenda Pública. Nas palavras do ministro:

> Ora, exsurge como gritante paradoxo emprestar-se aos preceitos disciplinadores da tutela antecipada alcance a apanhar a Fazenda Pública, quer federal, estadual ou municipal, enquanto a sentença, ou seja, a entrega da prestação jurisdicional, após a observância do contraditório, do devido processo legal, não surte, de imediato, efeitos, ficando estes na dependência de confirmação. Admita-se, no entanto, estejam as citadas Fazendas alcançadas pelas normas dos artigos 273 e 461 do Código de Processo Civil, muito embora a lei que introduziu os textos no Código não tenha se referido à revogação do inciso II do artigo 475 dele constante.
>
> Indaga-se: a tutela antecipada, consideradas as obrigações de dar e também as de fazer ou não fazer que resultem em última análise, em desembolso de numerário é harmônica com o sistema da Constituição Federal, no que dispõe sobre a forma de execução contra as pessoas jurídicas de direito público? A resposta é, desenganadamente, negativa. A organização da Administração Pública, mas precisamente a submissão a um orçamento balizado, e a necessidade de preservar-se tratamento igualitário aos credores impuseram o sistema do precatório. [...]
>
> Ora, se a sentença coberta pelo manto da coisa julgada não é passível de proporcionar ao beneficiário, de imediato, o direito nela reconhecido, como, então, concluir-se pela harmonia da tutela antecipada quando em jogo interesse da União, do Estado ou do Município? Neste primeiro exame, exsurge a incompatibilidade da mencionada tutela com a ordem constitucional, toda vez que resulte em desembolso pela Fazenda. (Trecho do voto do relator

II – que julgar procedentes, no todo ou em parte, os embargos à execução de dívida ativa da Fazenda Pública (art. 585, VI). (Redação dada pela Lei nº 10.352, de 26.12.2001)
[...] §2º Não se aplica o disposto neste artigo sempre que a condenação, ou o direito controvertido, for de valor certo não excedente a 60 (sessenta) salários mínimos, bem como no caso de procedência dos embargos do devedor na execução de dívida ativa do mesmo valor. (Incluído pela Lei nº 10.352, de 26.12.2001)
§3º Também não se aplica o disposto neste artigo quando a sentença estiver fundada em jurisprudência do plenário do Supremo Tribunal Federal ou em súmula deste Tribunal ou do tribunal superior competente. (Incluído pela Lei nº 10.352, de 26.12.2001)

na MC na ADI nº 1.576/DF, p. 9-11 do voto, equivalentes às p. 133-135 do Acórdão. Rel. Min. Marco Aurélio, Plenário do STF, j. 16 abr. 1997, DJ 06 jun. 2003).

Tendo sido suspensa a eficácia do art. 2º, MP nº 1.570/97, e não sido apreciada a Medida Provisória pelo Congresso Nacional, esta foi reeditada em 24 de abril de 1997, na forma da MP nº 1.570-1/97, dessa vez sem a previsão declarada inconstitucional, em sede liminar, pelo STF. A previsão do art. 1º, MP nº 1.570/97, no entanto, se manteve inalterada, assim como a redação do art. 3º, MP nº 1.570/97 (reproduzida como art. 2º, MP nº 1.570-5/97), que atribuía limites à eficácia da coisa julgada advinda do trânsito em julgado de sentença civil.

Após sucessivas renovações, no dia 21 de agosto de 1997, foi editada a última versão da Medida Provisória em questão (MP nº 1.570-5/97). No dia 10 de setembro de 1997, após finalmente ser apreciada pelo Poder Legislativo federal, a MP foi convertida na Lei nº 9.494/97. Esta lei viria a receber, nos anos vindouros, diversos novos artigos (em especial com o advento da MP nº 1.798/99, diversas vezes reeditada até sua última versão, como MP nº 2.180-35/2001), contudo, em sua redação original, tinha o mesmo texto que a MP nº 1.570-5/97.

Em 27 de novembro de 1997, foi distribuída, no STF, para o Min. Sidney Sanches, a Ação Declaratória de Constitucionalidade (ADC) nº 04/DF, proposta, conjuntamente, pelo Presidente da República, pela Mesa do Senado Federal e pela Mesa da Câmara dos Deputados. O objetivo da ADC era buscar uma declaração de constitucionalidade do art. 1º, Lei nº 9.494/97, por parte da Corte Suprema, com eficácia *erga omnes* e efeito vinculante, relativamente aos demais órgãos do Poder Judiciário e ao Poder Executivo.

Como argumentos de mérito, os requerentes afirmaram que o referido art. 1º, Lei nº 9.494/97, não constituía ofensa ao art. 5º, XXXV, CF/88, tendo em vista, em especial, as decisões do STF na ADI nº 223/DF e na ADI nº 1.576/DF. No dia 11 de fevereiro de 1998, medida cautelar foi concedida na ADC nº 04/DF, por decisão majoritária[311], suspendendo, com

311 O TRIBUNAL, POR MAIORIA, DEFERIU, EM PARTE, O PEDIDO CAUTELAR, PARA **SUSPENDER, C/EFICACIA EX NUNC E COM EFEITO VINCULANTE,**

eficácia *ex nunc* e efeito vinculante, até o julgamento final da ação, a prolação de qualquer decisão sobre pedido de tutela antecipada, contra a Fazenda Pública, que tivesse como pressuposto a inconstitucionalidade do art. 1º, Lei nº 9.494/97.

Como observado por Luiz Guilherme Marinoni, tendo em vista que o objeto de apreciação da ADC nº 04/DF era o mesmo da ADI nº 1.576/DF, os votos dos ministros se ativeram, em termos de conteúdo, aos do julgamento anterior[312]. É relevante destacar, no entanto, que o Min. Celso de Mello, que capitaneou, na ADI nº 223/DF e na ADI nº 1.576/DF, a corrente de entendimento para a qual qualquer lei que veda a concessão de liminares viola o art. 5º, XXXV, CF/88, votou com o relator, pela constitucionalidade do art. 1º, Lei nº 9.494/97, em homenagem ao princípio da colegialidade. Asseverou o ministro que o Tribunal já havia se debruçado sobre a questão e ele, mesmo tendo sido voto vencido, respeitaria o posicionamento da Corte.

Há de se observar, no entanto, que o voto do relator (posteriormente sagrado vencedor, mas redigido, em sede de decisão final, pelo Min. Celso de Mello, em 2008, tendo em vista a aposentadoria do Min. Sidney Sanches), voltou a referenciar os dois pontos que, neste trabalho, foram denominados "óbices doutrinários à utilização de tutelas provisórias contra a Fazenda Pública". Veja-se:

ATÉ FINAL JULGAMENTO DA AÇÃO, A PROLAÇÃO DE QUALQUER DECISÃO SOBRE PEDIDO DE TUTELA ANTECIPADA, CONTRA A FAZENDA PÚBLICA, QUE TENHA POR PRESSUPOSTO A CONSTITUIÇÃO OU A INCONSTITUCIONALIDADE DO ART. 1º DA LEI Nº 9.494, DE 10/9/97, SUSTANDO, AINDA, COM A MESMA EFICÁCIA, OS EFEITOS FUTUROS DESSAS DECISÕES ANTECIPATÓRIAS DE TUTELA JÁ PROFERIDAS CONTRA A FAZENDA PÚBLICA, VENCIDOS, EM PARTE, O MIN. NÉRI DA SILVEIRA, QUE DEFERIA A MEDIDA CAUTELAR EM MENOR EXTENSÃO, E, INTEGRALMENTE, OS MINS. ILMAR GALVÃO E MARCO AURÉLIO, QUE A INDEFERIAM. VOTOU O PRESIDENTE. (ADC nº 04/DF, Rel. Min. Sydney Sanches, Rel. p/ Acórdão Min. Celso de Mello, Plenário do STF. Decisão publicada na Ata nº 3, de 11 fev. 98, j. 01 out. 2008, DJe 30 out. 2014, com grifo nosso)

[312] Marinoni, Luiz Guilherme. Direito Fundamental de Ação. In: Canotilho, José Joaquim Gomes, et al. **Comentários à Constituição Brasileira**. 2ª. ed. São Paulo: Saraiva Educação, p. 385-395, 2018, p. 391.

> Ademais, se é razoável nosso sistema processual, quando, com efeito suspensivo, sujeita ao duplo grau de jurisdição as decisões judiciais de mérito proferidas contra a Fazenda Pública; se é, não só razoável, como constitucionalmente imposto, o sistema de precatórios para execução de tais decisões de mérito, não se mostra desarrazoado exigir-se, pelo menos, o mesmo tratamento para as decisões de mera antecipação de tutela, que não hão de ter eficácia maior que as definitivas. (Trecho do voto do Min. Sidney Sanches na ADC nº 4, p. 48 do voto, equivalente à p. 50 do Acórdão. Rel. Min. Sydney Sanches, Rel. p/ Acórdão Min. Celso de Mello, Plenário do STF, j. 01 out. 2008, DJe 30 out. 2014).

Como já se expôs, o primeiro óbice era a obrigatoriedade de aplicação do instituto do reexame necessário, constante do art. 475, CPC/73[313], enquanto o segundo cuidava da necessidade de observância do regime de precatórios, segundo a sistemática do art. 100, CF/88. Após o julgamento da ADC nº 04/DF, portanto, se consolidaram as três correntes de pensamento, dentro do STF, a respeito da constitucionalidade de leis que determinem vedações à concessão de medidas liminares em casos de ameaça a direito.

Relembra-se que a primeira, capitaneada pelos ministros Celso de Mello e Carlos Velloso, apontava que lei que veda a concessão de liminares viola o art. 5º, XXXV, CF/88. A segunda, liderada pelo Min. Moreira Alves, defendia que a vedação à antecipação provisória do direito mate-

313 **[CPC/73]** Art. 475. Está sujeita ao duplo grau de jurisdição, não produzindo efeito senão depois de confirmada pelo tribunal, a sentença: (Redação dada pela Lei nº 10.352, de 26.12.2001)
I – proferida contra a União, o Estado, o Distrito Federal, o Município, e as respectivas autarquias e fundações de direito público; (Redação dada pela Lei nº 10.352, de 26.12.2001)
II – que julgar procedentes, no todo ou em parte, os embargos à execução de dívida ativa da Fazenda Pública (art. 585, VI). (Redação dada pela Lei nº 10.352, de 26.12.2001)
[...] §2º Não se aplica o disposto neste artigo sempre que a condenação, ou o direito controvertido, for de valor certo não excedente a 60 (sessenta) salários mínimos, bem como no caso de procedência dos embargos do devedor na execução de dívida ativa do mesmo valor. (Incluído pela Lei nº 10.352, de 26.12.2001)
§3º Também não se aplica o disposto neste artigo quando a sentença estiver fundada em jurisprudência do plenário do Supremo Tribunal Federal ou em súmula deste Tribunal ou do tribunal superior competente. (Incluído pela Lei nº 10.352, de 26.12.2001)

rial não implica em negativa de acesso ao Poder Judiciário, posto que a satisfação definitiva seria proporcionada, caso estivesse de acordo com o Direito, no provimento judicial definitivo. A terceira, preconizada pelo Min. Sepúlveda Pertence, entendia que não seria adequado entender inconstitucionais quaisquer limitações legais à outorga de liminares, devendo cada lei restritiva ser analisada de acordo com o princípio da razoabilidade[314].

Tendo se sagrado vencedora, a terceira corrente, capitaneada pelo Min. Sepúlveda Pertence, guiou o julgamento da MC na ADI nº 1.576/DF[315] e da MC na ADC nº 04/DF. Após o julgamento desta última, então, foi suspensa, com eficácia *ex nunc* e efeito vinculante, até o julgamento final da ação[316], a prolação de qualquer decisão sobre pedido de tutela

[314] Marinoni, Luiz Guilherme; Mitidiero, Daniel. Direito fundamental à tutela adequada e efetiva. In: Sarlet, Ingo Wolfgang; Marinoni, Luiz Guilherme; Mitidiero, Daniel. **Curso de Direito Constitucional**. 8ª. ed. São Paulo: Saraiva Educação, Cap. 5.3, p. 826-832, 2019, p. 830-832.

[315] A MC na ADI nº 1.576/DF teve seu acórdão publicado em 06/06/2003, tendo transitado em julgado em 04/07/2003.

[316] A MC na ADC nº 04/DF se tornou definitiva em 21/10/1999. O julgamento final do feito, no entanto, ocorreu somente em 01/10/2008. O acórdão, então, foi publicado em 30/10/2014, tendo transitado em julgado em 07/11/2014, e foi assim ementado:
EMENTA: AÇÃO DECLARATÓRIA DE CONSTITUCIONALIDADE – PROCESSO OBJETIVO DE CONTROLE NORMATIVO ABSTRATO – NATUREZA DÚPLICE DESSE INSTRUMENTO DE FISCALIZAÇÃO CONCENTRADA DE CONSTITUCIONALIDADE – POSSIBILIDADE JURÍDICO-PROCESSUAL DE CONCESSÃO DE MEDIDA CAUTELAR EM SEDE DE AÇÃO DECLARATÓRIA DE CONSTITUCIONALIDADE – INERÊNCIA DO PODER GERAL DE CAUTELA EM RELAÇÃO À ATIVIDADE JURISDICIONAL – CARÁTER INSTRUMENTAL DO PROVIMENTO CAUTELAR CUJA FUNÇÃO BÁSICA CONSISTE EM CONFERIR UTILIDADE E ASSEGURAR EFETIVIDADE AO JULGAMENTO FINAL A SER ULTERIORMENTE PROFERIDO NO PROCESSO DE CONTROLE NORMATIVO ABSTRATO – **IMPORTÂNCIA DO CONTROLE JURISDICIONAL DA RAZOABILIDADE DAS LEIS RESTRITIVAS DO PODER CAUTELAR DEFERIDO AOS JUÍZES E TRIBUNAIS – INOCORRÊNCIA DE QUALQUER OFENSA, POR PARTE DA LEI Nº 9.494/97 (ART. 1º), AOS POSTULADOS DA PROPORCIONALIDADE E DA RAZOABILIDADE** – LEGITIMIDADE DAS RESTRIÇÕES ESTABELECIDAS EM REFERIDA NORMA LEGAL E JUSTIFICADAS POR RAZÕES DE INTERESSE PÚBLICO – AUSÊNCIA DE VULNERAÇÃO À PLENITUDE DA JURISDIÇÃO E À CLÁUSULA DE PROTEÇÃO JUDICIAL EFETIVA – **GARANTIA DE PLENO ACESSO À JURISDIÇÃO DO ESTADO NÃO**

antecipada, contra a Fazenda Pública, que tivesse como pressuposto a inconstitucionalidade do art. 1º, Lei nº 9.494/97. O julgamento do REsp nº 195.967/RS e do REsp nº 184.261/PE são bons exemplos do efeito vinculante deste posicionamento do STF.

> RECURSO ESPECIAL. MATÉRIA DE ÂMBITO FÁTICO-PROBATÓRIO. SÚMULA 7-STJ. PROCESSUAL CIVIL. ANTECIPAÇÃO DE TUTELA CONTRA A FAZENDA PÚBLICA. ART. 1º, DA LEI Nº 9.494/97. ADC Nº 4-DF.
>
> 1. Se a questão federal posta no recurso decorre da aferição feita pelo Tribunal "a quo" acerca da ocorrência dos pressupostos ensejadores da antecipação da tutela, a irresignação esbarra no óbice da súmula 7-STJ, visto que, nesse caso, não há como solucionar a controvérsia sem incursionar na seara fático-probatória, soberanamente delineada pelas instâncias ordinárias.
>
> 2. Tendo em vista decisão liminar do Plenário do STF, datada 11/02/98, proferida na ADC(MC) Nº 4-DF, estão cassados, a partir de 13/02/98, data de sua publicação, com efeito vinculante, os efeitos de decisões concessivas de antecipação de tutela contra a Fazenda Pública.
>
> 3. Recurso especial conhecido em parte. (REsp nº 195.967/RS, Rel. Min. Fernando Gonçalves, Sexta Turma, STJ, j. 09 fev. 1999, DJ 15 mar. 1999, p. 325).

> PROCESSUAL CIVIL E TRIBUTÁRIO. ANTECIPAÇÃO DA TUTELA CONTRA A FAZENDA PÚBLICA. SUSPENSÃO DA INCIDÊNCIA DA COFINS E DO PIS SOBRE AS OPERAÇÕES RELATIVAS AOS DERIVA-

COMPROMETIDA PELA CLÁUSULA RESTRITIVA INSCRITA NO PRECEITO LEGAL DISCIPLINADOR DA TUTELA ANTECIPATÓRIA EM PROCESSOS CONTRA A FAZENDA PÚBLICA – OUTORGA DE DEFINITIVIDADE AO PROVIMENTO CAUTELAR QUE SE DEFERIU, LIMINARMENTE, NA PRESENTE CAUSA – AÇÃO DECLARATÓRIA DE CONSTITUCIONALIDADE JULGADA PROCEDENTE PARA **CONFIRMAR, COM EFEITO VINCULANTE E EFICÁCIA GERAL E "EX TUNC", A INTEIRA VALIDADE JURÍDICO-CONSTITUCIONAL DO ART. 1º DA LEI 9.494, DE 10/09/1997, QUE "DISCIPLINA A APLICAÇÃO DA TUTELA ANTECIPADA CONTRA A FAZENDA PÚBLICA"**. (ADC nº 04/DF, Rel. Min. Sydney Sanches, Rel. p/ Acórdão Min. Celso de Mello, Plenário do STF, j. 01 out. 2008, DJe 30 out. 2014, com grifo nosso)

DOS DO PETRÓLEO E COMBUSTÍVEIS. LIMINAR DO STF NA ADC 04/98.

1. O instituto da antecipação da tutela (art. 273, CPC) deve ser homenageado pelo Juiz quando os pressupostos essenciais exigidos para a sua concessão se tornarem presentes.

2. Tutela antecipada concedida para suspender a incidência da COFINS e do PIS sobre as operações relativas aos derivados de petróleo e combustíveis que se revoga, face o pronunciamento do Supremo Tribunal Federal na medida liminar da Ação Declaratória de Constitucionalidade (ADC 4), em Sessão Plenária do dia 11/02/98, impedindo a aplicação da tutela antecipada contra a Fazenda Pública.

3. Recurso provido. (REsp nº 184.261/PE, Rel. Min. José Delgado, Primeira Turma, STJ, j. 20 out. 1998, DJ 01 mar. 1999, p. 248).

Paralelamente a estes julgamentos, também vinha se firmando, no STJ, jurisprudência no sentido de que seria indevido o deferimento de medida liminar em mandado de segurança para autorizar compensação de créditos tributários[317]. De acordo com esses precedentes, a razão para tanto seria de que o art. 156, II, CTN[318], traz a compensação como causa de extinção do crédito tributário, o que daria efeito plenamente satisfativo à liminar.

Conforme Cleide Previtalli Cais, "a grande controvérsia que se instaurou diante desse assunto provocou a edição de duas Súmulas pelo Superior Tribunal de Justiça, cujos enunciados, aparentemente, são contraditórios"[319]. De acordo com a Súmula nº 212, STJ[320], em sua redação original, a compensação de créditos tributários não poderia ser defe-

[317] Como exemplos, ver RMS nº 4.513/SP, Rel. Min. Antonio de Pádua Ribeiro, Segunda Turma, STJ, j. 23 nov. 1994, DJ 12 dez. 1994, p. 34336; REsp nº 92.651/AL, Rel. Min. Milton Luiz Pereira, Primeira Turma, STJ, j. 17 jun. 1996, DJ 12 ago. 1996, p. 27461; e REsp nº 92.722/CE, Rel. Min. Antônio de Pádua Ribeiro, Segunda Turma, STJ, j. 17 abr. 1997, DJ 19 mai. 1997, p. 20607.

[318] **[CTN]** Art. 156. Extinguem o crédito tributário: [...] II – a compensação;

[319] CAIS, Cleide Previtalli. **O processo tributário**. 8ª. ed. São Paulo: Revista dos Tribunais, 2013, p. 423.

[320] **[Súmula nº 212, STJ – Redação original]** A compensação de créditos tributários não pode ser deferida por medida liminar.

rida por medida liminar. A Súmula nº 213, STJ[321], por sua vez, aponta que o MS é ação adequada para a declaração do direito à compensação tributária. Ambas foram publicadas, originalmente, em 23 de setembro de 1998.

Estas súmulas foram os primeiros elementos normativos que passaram a compor um subgrupo dentro do Sistema de proteção à Fazenda Pública contra a concessão de liminares, atuando especificamente contra o deferimento destes provimentos em sede de compensação de créditos tributários. Como este se trata do assunto nuclear do presente trabalho (junto às ações de repetição de indébito), os efeitos destas duas súmulas serão abordados no capítulo seguinte.

Adicionalmente, para compreender seus efeitos com maior precisão, ainda é necessário que sejam apresentadas outras inovações legais e jurisprudenciais, em especial o art. 1º, §5º, Lei nº 8.437/92 (inserido pela MP nº 1.984-16/2000, cuja versão final é a MP nº 2.180-35/2001), bem como o art. 170-A, CTN, incluído pela LC nº 104/2001, e a Súmula nº 460, STJ, que viriam a incrementar o Sistema de proteção à Fazenda Pública quanto às compensações tributárias. Isto posto, portanto, prossegue-se na linha do tempo.

2.6 O segundo governo FHC: da MP nº 1.798/99 até a Lei nº 10.352/2001

Já nos primeiros dias do segundo governo do Presidente Fernando Henrique Cardoso, foi editada a primeira versão da MP nº 1.798/99, em 13 de janeiro de 1999. O art. 3º, MP nº 1.798/99[322], incluía uma prerrogativa processual extra para a Fazenda Pública, dispensando-a de depósito prévio para interposição de recurso, por meio da inclusão do art. 1º-A, na Lei nº 9.494/97.

Em sua primeira reedição, na forma da MP nº 1.798-1/99, de 11 de fevereiro de 1999, além da persistência da dispensa de depósito recursal pré-

321 **[Súmula nº 213, STJ]** O mandado de segurança constitui ação adequada para a declaração do direito à compensação tributária.

322 **[MP nº 1.798/99]** Art. 3º A Lei nº 9.494, de 10 de setembro de 1997, passa a vigorar acrescida do seguinte art. 1º-A: "Art. 1º-A. Estão dispensadas de depósito prévio, para interposição de recurso, as pessoas jurídicas de direito público federais, estaduais e municipais."

vio, novas prerrogativas foram concedidas às pessoas jurídicas de direito públicos federais, estaduais e municipais. Para as discussões levantadas neste trabalho, vale destacar duas delas.

A primeira foi a inclusão, pelo art. 2º, da MP nº 1.798-1/99[323], do art. 4º-A, Lei nº 8.437/92, que previa a possibilidade de o tribunal, a qualquer tempo, verificada a plausibilidade jurídica, conceder medida cautelar para suspender os efeitos de sentença rescindenda, ou seja, suspender os efeitos de sentença que desconstitui uma decisão prolatada em favor da Fazenda Pública.

A segunda prerrogativa processual relevante trazida pela Medida Provisória se encontrava no art. 5º, MP nº 1.798-1/99[324], que adicionava novos dispositivos à Lei nº 9.494/97. O novo art. 2º-B, Lei nº 9.494/97, dispunha que sentenças que implicassem em "liberação de recurso, inclusão em

[323] **[MP nº 1.798-1/99]** Art. 2º A Lei no 8.437, de 30 de junho de 1992, passa a vigorar acrescida do seguinte artigo: "Art. 4º-A. Nas ações rescisórias propostas pela União, Estados, Distrito Federal e Municípios, bem como pelas autarquias e fundações instituídas pelo Poder Público, caracterizada a plausibilidade jurídica da pretensão, poderá o tribunal, a qualquer tempo, conceder medida cautelar para suspender os efeitos da sentença rescindenda."

[324] **[MP nº 1.798-1/99]** Art. 5º A Lei nº 9.494, de 10 de setembro de 1997, passa a vigorar acrescida dos seguintes artigos:
"Art. 1º-A. Estão dispensadas de depósito prévio, para interposição de recurso, as pessoas jurídicas de direito público federais, estaduais e municipais."
"Art. 2º-A. A sentença civil prolatada em ação de caráter coletivo proposta por entidade associativa, na defesa dos interesses e direitos dos seus associados, abrangerá apenas os substituídos que tenham, na data da propositura da ação, domicílio no âmbito da competência territorial do órgão prolator.
Parágrafo único. Nas ações coletivas propostas contra entidades da administração direta, autárquica e fundacional da União, dos Estados, do Distrito Federal e dos Municípios, a petição inicial deverá obrigatoriamente estar instruída com a ata da assembléia da entidade associativa que a autorizou, acompanhada da relação nominal dos seus associados e indicação dos respectivos endereços."
"Art. 2º-B. A sentença que tenha por objeto a liberação de recurso, inclusão em folha de pagamento, reclassificação, equiparação, concessão de aumento ou extensão de vantagens a servidores da União, dos Estados, do Distrito Federal e dos Municípios, inclusive de suas autarquias e fundações, somente poderá ser executada após seu trânsito em julgado.
Parágrafo único. A sentença proferida em ação cautelar só poderá ter caráter satisfativo quando transitada em julgado a sentença proferida na ação principal."

folha de pagamento, reclassificação, equiparação, concessão de aumento ou extensão de vantagens a servidores" somente poderiam ser executadas após seu trânsito em julgado.

Essa prerrogativa é uma entre as duas principais razões, levantadas por parte da doutrina, para que se defenda o descabimento do instituto da tutela provisória nas ações de repetição de indébito tributário[325]. A segunda razão, por sua vez, seria a própria jurisprudência dominante, contudo, esta discussão será mais profundamente desenvolvida no capítulo seguinte.

O art. 2º-B, Lei nº 9.494/1997, portanto, condiciona execuções que determinem liberações de recursos do Poder Público, em face de sentenças condenatórias, ao trânsito em julgado destas sentenças, ecoando o argumento do óbice do regime de precatórios, sistematizado pelo Min. Marco Aurélio, no julgamento da MC na ADI nº 1.576/DF, e pelo voto do Min. Sidney Sanches, na MC na ADC nº 04/DF.

De acordo com Cleucio Santos Nunes, essa retomada do óbice do regime de precatórios se daria sob uma perspectiva orçamentária, visto que "os recursos que deveriam ser restituídos não constariam, necessariamente, do orçamento da Fazenda". Assim, se a restituição de valores fosse entendida como uma "liberação de recursos", estaria ela condicionada ao trânsito em julgado, tornando este instrumento incompatível com o instituto da tutela provisória[326].

A doutrina, no entanto, já desenvolveu argumentos que se contrapõem a este entendimento. Tais argumentos serão apresentados oportunamente, quando, no capítulo seguinte, se discutir o cabimento das tutelas provisórias nas ações de repetição de indébito tributário.

Em 11 de março de 1999, a Medida Provisória foi novamente reeditada, sem alterações de texto no que tange às três prerrogativas anteriormente abordadas, nomeadamente: (i) a dispensa de depósito recursal prévio; (ii) a concessão, a qualquer tempo, de medida cautelar para suspender os

[325] NUNES, Cleucio Santos. **Curso Completo de Direito Processual Tributário**. 5ª. ed. São Paulo: SaraivaJur, 2022, p. 543-546.

[326] NUNES, Cleucio Santos. **Curso Completo de Direito Processual Tributário**. 5ª. ed. São Paulo: SaraivaJur, 2022, p. 544.

efeitos de sentença rescindenda e (iii) condicionamento da liberação de recursos ao trânsito em julgado da sentença que a determine.

Diversas reedições, então, se seguiram. Em 29 de junho de 1999, a sexta reedição da Medida Provisória passou a se chamar MP nº 1.906-6/99, mas o texto das prerrogativas relevantes da MP nº 1.798-1/99 se manteve. Na 12ª reedição, a nomenclatura passou a ser MP nº 1.984-12/99, ainda sem alteração de redação. A reedição seguinte, no entanto, trouxe inovações. O art. 1º, MP nº 1.984-13/2000[327], de 11 de janeiro de 2000, adicionou, além do costumeiro art. 4º-A, mais dois parágrafos ao art. 4º, Lei nº 8.437/92.

O art. 4º, Lei nº 8.437/92, como já apresentado, ecoa e expande a disposição do art. 4º, Lei nº 4.348/64, invocando, da mesma maneira, a possibilidade de o Presidente do Tribunal suspender, por meio de despacho fundamentado, a requerimento de pessoa jurídica de direito público interessada ou do Ministério Público, a execução de liminares nas ações movidas contra o Poder Público e seus agentes[328].

Quanto aos requisitos exigidos, além da verificação de "grave lesão à ordem, à saúde, à segurança e à economia públicas", o art. 4º, Lei nº 8.437/92, também autoriza a atuação do Presidente do Tribunal nos casos de "manifesto interesse público ou de flagrante ilegitimidade", conceitos esses igualmente genéricos e significativamente abrangentes.

[327] **[MP nº 1.984-13/2000]** Art. 1º A Lei nº 8.437, de 30 de junho de 1992, passa a vigorar acrescida dos seguintes dispositivos:
"Art. 4º [...]
§4º Negada a suspensão, mesmo antes da interposição do agravo a que se refere o parágrafo precedente, caberá novo pedido de suspensão ao Presidente do Tribunal competente para julgar eventual recurso especial ou extraordinário.
§5º A interposição do agravo de instrumento contra liminar concedida nas ações movidas contra o Poder Público e seus agentes não prejudica nem condiciona o julgamento do pedido de suspensão a que se refere este artigo."
"Art. 4º -A. Nas ações rescisórias propostas pela União, Estados, Distrito Federal e Municípios, bem como pelas autarquias e fundações instituídas pelo Poder Público, caracterizada a plausibilidade jurídica da pretensão, poderá o tribunal, a qualquer tempo, conceder medida cautelar para suspender os efeitos da sentença rescindenda."

[328] Tal disposição também é significativamente similar àquela do art. 12, §1º, Lei nº 7.347/85, aplicável a decisões concessivas de liminar em ação civil pública.

O art. 4ª, §4º, Lei nº 8.437/92, adicionado pelo art. 1º, MP nº 1.984-13/2000, por sua vez, confere ao Presidente do tribunal competente nova possibilidade de suspensão, aplicável quando houver Recurso Especial ou Recurso Extraordinário (RE). O art. 4ª, §5º, Lei nº 8.437/92, na sequência, dispõe que os pedidos de suspensão em questão não serão prejudicados ou condicionados por eventual interposição de Agravo de Instrumento contra liminar concedida nas ações movidas contra o Poder Público e seus agentes.

Na 15ª reedição, datada de 9 de março de 2000, o art. 1º, MP nº 1.984-15/2000, passou a trazer uma nova prerrogativa para a Fazenda Pública, na forma da inclusão do art. 1º, §4º, Lei nº 8.437/92, que dispunha que o representante judicial da Fazenda Pública seria imediatamente intimado "nos casos em que cabível medida liminar, sem prejuízo da comunicação ao dirigente do órgão ou entidade". Tratava-se, portanto, de mais uma vantagem processual para o Poder Público, que visava garantir a ciência, pelas Procuradorias, da possibilidade de concessão de medida liminar.

A 16ª reedição, datada de 6 de abril de 2000, por sua vez, trouxe diversas novas disposições relevantes. Nos termos do art. 1º, MP nº 1.984-16/2000[329], foi inserido o art. 1º, §5º, Lei nº 8.437/92, que dispunha que "não será cabível medida liminar que defira compensação de créditos tributários ou previdenciários". Este dispositivo veio no mesmo sentido da

[329] **[MP nº 1.984-16/2000]** Art. 1º A Lei nº 8.437, de 30 de junho de 1992, passa a vigorar com as seguintes alterações:
"Art. 1º [...]
§4º Nos casos em que cabível medida liminar, sem prejuízo da comunicação ao dirigente do órgão ou entidade, o respectivo representante judicial dela será imediatamente intimado.
§5º **Não será cabível medida liminar que defira compensação de créditos tributários ou previdenciários."** (com grifo nosso)
"Art. 4º [...]
§3º Do despacho que conceder ou negar a suspensão, caberá agravo, no prazo de cinco dias, que poderá ser recebido com efeito suspensivo.
§4º Negada a suspensão, mesmo antes da interposição do agravo a que se refere o parágrafo precedente, caberá novo pedido de suspensão ao presidente do tribunal competente para julgar eventual recurso especial ou extraordinário.
§5º A interposição do agravo de instrumento contra liminar concedida nas ações movidas contra o Poder Público e seus agentes não prejudica nem condiciona o julgamento do pedido de suspensão a que se refere este artigo.

Súmula nº 212, STJ, já apresentada anteriormente, incrementando o Sistema de proteção à Fazenda Pública quanto às compensações tributárias.

O art. 1º, MP nº 1.984-16/2000, também alterou a redação do art. 4º, §3º, Lei nº 8.437/92, que passou a prever a possibilidade de concessão de efeito suspensivo ao Agravo que concedesse ou negasse a suspensão. O art. 1º, MP nº 1.984-16/2000, também adicionou três parágrafos (§§ 6º a 8º) ao art. 4º, Lei nº 8.437/92, que dispunham sobre a possibilidade de concessão de efeito suspensivo liminar ao pedido de suspensão da execução de liminares nas ações movidas contra o Poder Público e seus agentes.

O art. 4º, MP nº 1.984-16/2000[330], por sua vez, adicionou dois novos artigos à Lei nº 9.494/97. O art. 1º-B, Lei nº 9.494/97, aumentava de 10 (dez) para 30 (trinta) dias o prazo para a Fazenda Pública opor Embargos à Execução, nos casos de execução por quantia certa do art. 730, CPC/73. O art. 1º-C, Lei nº 9.494/97, passou a trazer prazo prescricional específico de 5 (cinco) anos para a proposição de ações que objetivassem inde-

§6º O presidente do tribunal poderá conferir ao pedido efeito suspensivo liminar, se constatar, em juízo prévio, a plausibilidade do direito invocado e a urgência na concessão da medida.
§7º Ao verificar que a liminar esgotou, no todo ou em qualquer parte, o objeto da ação ou foi deferida em flagrante ofensa à lei ou a jurisprudência de tribunal superior, o presidente do tribunal poderá suspendê-la com eficácia retroativa à data em que foi concedida, tornando sem efeito qualquer ato executivo dela decorrente.
§8º As liminares cujo objeto seja idêntico poderão ser suspensas em uma única decisão, podendo o presidente do tribunal estender os efeitos da suspensão a liminares supervenientes, mediante simples aditamento do pedido original."
"Art. 4º-A. Nas ações rescisórias propostas pela União, Estados, Distrito Federal e Municípios, bem como pelas autarquias e fundações instituídas pelo Poder Público, caracterizada a plausibilidade jurídica da pretensão, poderá o tribunal, a qualquer tempo, conceder medida cautelar para suspender os efeitos da sentença rescindenda."

[330] **[MP nº 1.984-16/2000]** Art. 4º A Lei nº 9.494, de 10 de setembro de 1997, passa a vigorar acrescida dos seguintes artigos:
"Art. 1º-A. Estão dispensadas de depósito prévio, para interposição de recurso, as pessoas jurídicas de direito público federais, estaduais, distritais e municipais."
"Art. 1º-B. O prazo a que se refere o caput do art. 730 do Código de Processo Civil passa a ser de trinta dias."
"Art. 1º-C. Prescreverá em cinco anos o direito de obter indenização dos danos causados por agentes de pessoas jurídicas de direito público e de pessoas jurídicas de direito privado prestadoras de serviços públicos." [...]

nização por danos causados por agentes de pessoas jurídicas de direito público e pessoas jurídicas de direito privado prestadoras de serviços públicos[331].

[331] Vale ressaltar que a constitucionalidade dos art. 1ºB e 1º-C, viria, mais tarde, a ser questionada por meio da ADI nº 2.418/DF, distribuída em 22 de fevereiro de 2001, ao Min. Sepúlveda Pertence, no STF. No acórdão deste feito, publicado em 17 de novembro de 2016, no entanto, ficou consignado que ambas as normas são constitucionais, como a seguir ementado.
Ementa: CONSTITUCIONAL. LEGITIMIDADE DAS NORMAS ESTABELECENDO PRAZO DE TRINTA DIAS PARA EMBARGOS À EXECUÇÃO CONTRA A FAZENDA PÚBLICA (ART. 1º-B DA LEI 9.494/97) E PRAZO PRESCRICIONAL DE CINCO ANOS PARA AÇÕES DE INDENIZAÇÃO CONTRA PESSOAS DE DIREITO PÚBLICO E PRESTADORAS DE SERVIÇOS PÚBLICOS (ART. 1º-C DA LEI 9.494/97). LEGITIMIDADE DA NORMA PROCESSUAL QUE INSTITUI HIPÓTESE DE INEXIGIBILIDADE DE TÍTULO EXECUTIVO JUDICIAL EIVADO DE INCONSTITUCIONALIDADE QUALIFICADA (ART. 741, PARÁGRAFO ÚNICO E ART. 475-L, § 1º DO CPC/73; ART. 525, § 1º, III E §§ 12 E 14 E ART. 535, III, § 5º DO CPC/15).
1. **É constitucional a norma decorrente do art. 1º-B da Lei 9.494/97**, que fixa em trinta dias o prazo para a propositura de embargos à execução de título judicial contra a Fazenda Pública.
2. **É constitucional a norma decorrente do art. 1º-C da Lei 9.494/97**, que fixa em cinco anos o prazo prescricional para as ações de indenização por danos causados por agentes de pessoas jurídicas de direito público e de pessoas jurídicas de direito privado prestadoras de serviços públicos, reproduzindo a regra já estabelecida, para a União, os Estados e os Municípios, no art. 1º do Decreto 20.910/32.
3. São constitucionais as disposições normativas do parágrafo único do art. 741 do CPC, do § 1º do art. 475-L, ambos do CPC/73, bem como os correspondentes dispositivos do CPC/15, o art. 525, § 1º, III e §§ 12 e 14, o art. 535, § 5º. São dispositivos que, buscando harmonizar a garantia da coisa julgada com o primado da Constituição, vieram agregar ao sistema processual brasileiro um mecanismo com eficácia rescisória de sentenças revestidas de vício de inconstitucionalidade qualificado, assim caracterizado nas hipóteses em que (a) a sentença exequenda esteja fundada em norma reconhecidamente inconstitucional – seja por aplicar norma inconstitucional, seja por aplicar norma em situação ou com um sentido inconstitucionais; ou (b) a sentença exequenda tenha deixado de aplicar norma reconhecidamente constitucional; e (c) desde que, em qualquer dos casos, o reconhecimento dessa constitucionalidade ou a inconstitucionalidade tenha decorrido de julgamento do STF realizado em data anterior ao trânsito em julgado da sentença exequenda.
4. Ação julgada improcedente. (ADI nº 2.418/DF, Rel. Min. Teori Zavascki, Plenário do STF, j. 04 mai. 2016, DJe 17 nov. 2016, com grifo nosso)

Na 18ª reedição, datada de 1º de junho de 2000, o art. 1º, MP nº 1.984-18/2000[332], adicionou mais um parágrafo ao art. 4º, Lei nº 8.437/92, que previa que também poderia ter efeito suspensivo a decisão que negasse provimento a Agravo de Instrumento interposto contra a liminar que suspendesse a execução de liminares nas ações movidas contra o Poder Público e seus agentes.

[332] **[MP nº 1.984-18/2000]** Art. 1º A Lei nº 8.437, de 30 de junho de 1992, passa a vigorar com as seguintes alterações:
"Art. 1º [...]
§4º Nos casos em que cabível medida liminar, sem prejuízo da comunicação ao dirigente do órgão ou entidade, o respectivo representante judicial dela será imediatamente intimado.
§5º Não será cabível medida liminar que defira compensação de créditos tributários ou previdenciários."
"Art. 4º [...]
§3º **Do despacho que conceder ou negar a suspensão, caberá agravo, no prazo de cinco dias, que será levado a julgamento na sessão seguinte a sua interposição**.
§4º Negado provimento ao agravo de que trata o parágrafo anterior, caberá novo pedido de suspensão ao Presidente do Tribunal competente para julgar eventual recurso especial ou extraordinário.
§5º **É cabível também o pedido de suspensão a que se refere o parágrafo anterior, quando negado provimento a agravo de instrumento interposto contra a liminar a que se refere este artigo**.
§6º A interposição do agravo de instrumento contra liminar concedida nas ações movidas contra o Poder Público e seus agentes não prejudica nem condiciona o julgamento do pedido de suspensão a que se refere este artigo.
§7º O presidente do tribunal poderá conferir ao pedido efeito suspensivo liminar, se constatar, em juízo prévio, a plausibilidade do direito invocado e a urgência na concessão da medida.
§8º Ao verificar que a liminar esgotou, no todo ou em qualquer parte, ou objeto da ação ou foi deferida em flagrante ofensa à lei ou a jurisprudência de tribunal superior, o presidente do tribunal poderá suspendê-la com eficácia retroativa à data em que foi concedida, tornando sem efeito qualquer ato executivo dela decorrente.
§9º As liminares cujo objeto seja idêntico poderão ser suspensas em uma única decisão, podendo o presidente do tribunal estender os efeitos da suspensão a liminares supervenientes, mediante simples aditamento do pedido original."
"Art. 4º-A. Nas ações rescisórias propostas pela União, Estados, Distrito Federal e Municípios, bem como pelas autarquias e fundações instituídas pelo Poder Público, caracterizada a plausibilidade jurídica da pretensão, poderá o tribunal, a qualquer tempo, conceder medida cautelar para suspender os efeitos da sentença rescindenda."

Foi, também, modificada a redação do art. 4º, §3º, Lei nº 8.437/92, que passou a prever que, ao invés de poder ser recebido com efeito suspensivo (como ditava a antiga redação, dada pela MP nº 1.984-16/2000), o Agravo contra a decisão interlocutória que concedesse ou negasse a suspensão deveria ser levado a julgamento já na sessão seguinte à sua interposição.

Na 22ª reedição, datada de 27 de setembro de 2000, o art. 1º, MP nº 1.984-22/2000[333], deu ao art. 4º, Lei nº 8.437/92, a redação de seus §§ 2º a 8º que atualmente se encontra em voga, diminuindo o número de parágrafos deste artigo, uma vez mais, para oito. Destaca-se, dentre as mudanças impostas pela MP nº 1.984-22/2000, que o prazo para oitiva

[333] **[MP nº 1.984-22/2000]** Art. 1º A Lei nº 8.437, de 30 de junho de 1992, passa a vigorar com as seguintes alterações:
"Art. 1º [...]
§4º Nos casos em que cabível medida liminar, sem prejuízo da comunicação ao dirigente do órgão ou entidade, o respectivo representante judicial dela será imediatamente intimado.
§5º Não será cabível medida liminar que defira compensação de créditos tributários ou previdenciários."
"Art. 4º [...]
§2º O Presidente do Tribunal poderá ouvir o autor e o Ministério Público, em setenta e duas horas.
§3º Do despacho que conceder ou negar a suspensão, caberá agravo, no prazo de cinco dias, que será levado a julgamento na sessão seguinte a sua interposição.
§4º Se do julgamento do agravo de que trata o parágrafo anterior resultar a manutenção ou o restabelecimento da decisão que se pretende suspender, caberá novo pedido de suspensão ao Presidente do Tribunal competente para conhecer de eventual recurso especial ou extraordinário.
§5º É cabível também o pedido de suspensão a que se refere o parágrafo anterior, quando negado provimento a agravo de instrumento interposto contra a liminar a que se refere este artigo.
§6º A interposição do agravo de instrumento contra liminar concedida nas ações movidas contra o Poder Público e seus agentes não prejudica nem condiciona o julgamento do pedido de suspensão a que se refere este artigo.
§7º O presidente do tribunal poderá conferir ao pedido efeito suspensivo liminar, se constatar, em juízo prévio, a plausibilidade do direito invocado e a urgência na concessão da medida.
§8º As liminares cujo objeto seja idêntico poderão ser suspensas em uma única decisão, podendo o presidente do tribunal estender os efeitos da suspensão a liminares supervenientes, mediante simples aditamento do pedido original."

do autor e do Ministério Público passou de cinco dias para setenta e duas horas. Também importa ressaltar que o art. 1º, MP nº 1.984-22/2000 não reeditou o antigo art. 4º-A, Lei nº 8.437/92, cujo texto não voltou a aparecer nas reedições seguintes.

O art. 14, MP nº 1.984-22/2000[334], por sua vez, acrescentou dois parágrafos ao art. 4º, Lei nº 4.348/64. Este diploma, conforme já destacado, impedia a concessão de liminares em mandados de segurança que visassem à reclassificação ou equiparação de servidores públicos, ou à concessão de aumento ou extensão de vantagens. Essencialmente, o art. 14, MP nº 1.984-22/2000, estendeu a esse tipo de liminar todas as regras aplicáveis em função da Lei nº 8.437/92, "amarrando" as duas leis, de modo a conceder mais robustez ao Sistema de proteção à Fazenda Pública contra a concessão de liminares.

Na data de 27 de dezembro de 2000[335], a 26ª reedição da Medida Provisória passou a se chamar MP nº 2.102-26/2000. Nesta reedição, o art. 4º, MP nº 2.102-26/2000[336], expandiu o alcance do art. 1º-B, Lei nº 9.494/97, apontando que aumentava de 10 (dez) para 30 (trinta) dias não somente

[334] **[MP nº 1.984-22/2000]** Art. 14. O art. 4º da Lei no 4.348, de 26 de junho de 1964, passa a vigorar com as seguintes alterações:
"Art. 4º [...]
§1º Indeferido o pedido de suspensão ou provido o agravo a que se refere o caput, caberá novo pedido de suspensão ao Presidente do Tribunal competente para conhecer de eventual recurso especial ou extraordinário.
§2º Aplicam-se à suspensão de segurança de que trata esta Lei, as disposições dos §§ 5º a 8º do art. 4º da Lei no 8.437, de 30 de junho de 1992."

[335] Nesta mesma data, 27/12/2000, também foi editada a MP nº 2.075-34/2000 (originária da MP nº 1.671/98), a qual, pela primeira vez, trouxe, em seu art. 5º, MP nº 2.075-34/2000, a inclusão do art. 29-B, Lei nº 8.036/90 (diploma que dispõe sobre o Fundo de Garantia do Tempo de Serviço – FGTS, e dá outras providências), que vedava a concessão, contra a Fazenda Pública, de medida liminar em mandado de segurança, em procedimento cautelar ou em quaisquer outras ações de natureza cautelar ou preventiva, bem como de tutela antecipada, que implicasse em saque ou movimentação da conta vinculada do trabalhador no FGTS.

[336] **[MP nº 2.102-26/2000]** Art. 4º A Lei nº 9.494, de 10 de setembro 1997, passa a vigorar acrescido dos seguintes artigos:
"Art. 1º-A Estão dispensadas de depósitos prévio, para interposição de recurso, as pessoas jurídicas com direito público federais, estaduais, distritais e municipais.

o prazo para a Fazenda Pública opor Embargos à Execução nos casos de execução por quantia certa do art. 730, CPC/73, mas também para opor Embargos à Execução em matéria trabalhista, previstos no art. 884, da Consolidação das Leis do Trabalho (CLT), aprovada pelo Decreto-Lei nº 5.452/43.

Na data de 28 de junho de 2001, a 33ª versão da Medida Provisória passou a se chamar MP nº 2.180-33/2001. Por último, na data de 24 de agosto de 2001, a Medida Provisória foi reedita pela 35ª e última vez. O art. 1º, MP nº 2.180-35/2001[337], acrescentou o art. 4º, §9º, Lei nº 8.437/92,

Art. 1º-B **O prazo a que se refere o caput dos arts. 730 do Código de Processo Civil, e 884 da Consolidação das Leis do Trabalho, aprovada pelo Decreto-Lei nº 5.452, de 1º de maio de 1943, passa a ser de trinta dias**. (com grifo nosso)
Art. 1º-C Prescreverá em cinco anos o direito de obter indenização dos danos causados por agentes de pessoas jurídicas de direito público e de pessoas jurídicas de direito privado prestadoras de serviços públicos.
Art. 2º-A A sentença civil prolatada em ação de caráter coletivo proposta entidade associativa, na defesa dos interesses e direitos dos seus associados, abrangerá apenas aos substituídos que tenham, na data de propositura da ação, domicílio no âmbito da competência territorial do órgão prolator.
Parágrafo único. Nas ações coletivas propostas contra a União, os Estados, o Distrito Federal, os Municípios e suas autarquias e fundações, a petição inicial deverá obrigatoriamente estar instruída com a ata da assembléia da entidade associativa que a autorizou, acompanhada da relação nominal dos seus associados e indicações dos seus respectivos endereços.
Art. 2º-B A sentença que tenha por objeto a liberação de recurso, inclusão de folha de pagamento, reclassificação, equiparação, concessão de aumento ou extensão de vantagens a servidores da União, dos Estados, do Distrito Federal e dos Municípios, inclusive de suas autarquias e fundações, somente poderá ser executada após seu trânsito em julgado."

[337] **[MP nº 2.180-35/2001]** Art. 1º A Lei no 8.437, de 30 de junho de 1992, passa a vigorar com as seguintes alterações:
"Art. 1º [...]
§4º Nos casos em que cabível medida liminar, sem prejuízo da comunicação ao dirigente do órgão ou entidade, o respectivo representante judicial dela será imediatamente intimado.
§5º Não será cabível medida liminar que defira compensação de créditos tributários ou previdenciários."
"Art. 4º [...]
§2º O Presidente do Tribunal poderá ouvir o autor e o Ministério Público, em setenta e duas horas.
§3º Do despacho que conceder ou negar a suspensão, caberá agravo, no prazo de cinco dias, que será levado a julgamento na sessão seguinte a sua interposição.

que dispunha que a suspensão da execução de liminares nas ações movidas contra o Poder Público e seus agentes, deferida pelo Presidente do Tribunal, vigoraria até o trânsito em julgado da decisão de mérito na ação principal. As disposições acerca da Lei nº 4.348/64 também foram mantidas no art. 14, MP nº 2.180-35/2001[338].

Quanto à Lei nº 9.494/97, o art. 4º, MP nº 2.180-35/2001[339], trouxe diversas inovações, nas formas dos arts. 1º-D, 1º-E e 1º-F. O art. 1º-D, Lei

§4º Se do julgamento do agravo de que trata o §3º resultar a manutenção ou o restabelecimento da decisão que se pretende suspender, caberá novo pedido de suspensão ao Presidente do Tribunal competente para conhecer de eventual recurso especial ou extraordinário.
§5º É cabível também o pedido de suspensão a que se refere o § 4o, quando negado provimento a agravo de instrumento interposto contra a liminar a que se refere este artigo.
§6º A interposição do agravo de instrumento contra liminar concedida nas ações movidas contra o Poder Público e seus agentes não prejudica nem condiciona o julgamento do pedido de suspensão a que se refere este artigo.
§7º O Presidente do Tribunal poderá conferir ao pedido efeito suspensivo liminar, se constatar, em juízo prévio, a plausibilidade do direito invocado e a urgência na concessão da medida.
§8º As liminares cujo objeto seja idêntico poderão ser suspensas em uma única decisão, podendo o Presidente do Tribunal estender os efeitos da suspensão a liminares supervenientes, mediante simples aditamento do pedido original.
§9º A suspensão deferida pelo Presidente do Tribunal vigorará até o trânsito em julgado da decisão de mérito na ação principal."

338 **[MP nº 2.180-35/2001]** Art. 14. O art. 4º da Lei no 4.348, de 26 de junho de 1964, passa a vigorar com as seguintes alterações:
"Art. 4º [...]
§1º Indeferido o pedido de suspensão ou provido o agravo a que se refere o caput, caberá novo pedido de suspensão ao Presidente do Tribunal competente para conhecer de eventual recurso especial ou extraordinário.
§2º Aplicam-se à suspensão de segurança de que trata esta Lei, as disposições dos §§ 5º a 8º do art. 4º da Lei nº 8.437, de 30 de junho de 1992."

339 **[MP nº 2.180-35/2001]** Art. 4º A Lei nº 9.494, de 10 de setembro de 1997, passa a vigorar acrescida dos seguintes artigos:
"Art. 1º-A. Estão dispensadas de depósito prévio, para interposição de recurso, as pessoas jurídicas de direito público federais, estaduais, distritais e municipais."
"Art. 1º-B. O prazo a que se refere o caput dos arts. 730 do Código de Processo Civil, e 884 da Consolidação das Leis do Trabalho, aprovada pelo Decreto-Lei no 5.452, de 1o de maio de 1943, passa a ser de trinta dias."

nº 9.494/97, dispunha que, nas execuções em que o particular não opusesse Embargos à Execução, não seriam devidos honorários advocatícios pela Fazenda Pública. No sentir de Leonardo Carneiro da Cunha, este dispositivo "derrogou a regra inserta no §4º do art. 20 do CPC, de sorte que, nas execuções que envolvam a Fazenda Pública, como executada, não haverá condenação em honorários sucumbenciais, caso não haja oposição de embargos do executado"[340],[341].

"Art. 1º-C. Prescreverá em cinco anos o direito de obter indenização dos danos causados por agentes de pessoas jurídicas de direito público e de pessoas jurídicas de direito privado prestadoras de serviços públicos."
"Art. 1º-D. Não serão devidos honorários advocatícios pela Fazenda Pública nas execuções não embargadas."
"Art. 1º-E. São passíveis de revisão, pelo Presidente do Tribunal, de ofício ou a requerimento das partes, as contas elaboradas para aferir o valor dos precatórios antes de seu pagamento ao credor."
"Art. 1º-F. Os juros de mora, nas condenações impostas à Fazenda Pública para pagamento de verbas remuneratórias devidas a servidores e empregados públicos, não poderão ultrapassar o percentual de seis por cento ao ano."
"Art. 2º-A. A sentença civil prolatada em ação de caráter coletivo proposta por entidade associativa, na defesa dos interesses e direitos dos seus associados, abrangerá apenas os substituídos que tenham, na data da propositura da ação, domicílio no âmbito da competência territorial do órgão prolator.
Parágrafo único. Nas ações coletivas propostas contra a União, os Estados, o Distrito Federal, os Municípios e suas autarquias e fundações, a petição inicial deverá obrigatoriamente estar instruída com a ata da assembléia da entidade associativa que a autorizou, acompanhada da relação nominal dos seus associados e indicação dos respectivos endereços."
"Art. 2º-B. A sentença que tenha por objeto a liberação de recurso, inclusão em folha de pagamento, reclassificação, equiparação, concessão de aumento ou extensão de vantagens a servidores da União, dos Estados, do Distrito Federal e dos Municípios, inclusive de suas autarquias e fundações, somente poderá ser executada após seu trânsito em julgado."

340 Cunha, Leonardo José Carneiro da. Opinião 9 – Honorários na execução fundada em título extrajudicial contra a fazenda pública. **Website de Leonardo Carneiro da Cunha**, 26 jun. 2013, p. 1. Disponível em: http://www.leonardocarneirodacunha.com.br/opiniao/opiniao-9-honorarios-na-execucao-fundada-em-titulo-extrajudicial-contra-a-fazenda-publica/. Acesso em: 07 jun. 2019.

341 **[CPC/73]** Art. 20. [...] §4º Nas causas de pequeno valor, nas de valor inestimável, naquelas em que não houver condenação ou for vencida a Fazenda Pública, e nas execuções, embargadas ou não, os honorários serão fixados consoante apreciação eqüitativa do juiz, atendidas as normas das alíneas a, b e c do parágrafo anterior. (Redação dada pela Lei nº 8.952, de 13.12.1994)

O art. 1º-E, Lei nº 9.494/97, por sua vez, permitia que o Presidente do tribunal, de ofício ou a requerimento das partes, revisse as contas elaboradas para aferir o valor dos precatórios antes de seu pagamento ao credor. Por último, o art. 1º-F, Lei nº 9.494/97, estabelecia um teto de 6% ao ano para os juros de mora devidos pela Fazenda Pública, nas ações em que esta fosse condenada a pagar verbas remuneratórias devidas a servidores e empregados públicos.

No mesmo dia 24 de agosto de 2001 (junto com a MP nº 2.180-35/2001), também foi editada a MP nº 2.197-43/2001 (originariamente, MP nº 1.671/98), que, em seu art. 5º, MP nº 2.197-43/2001, reeditava (como previsto, pela primeira vez, na MP nº 2.075-34/2000), o art. 29-B, Lei nº 8.036/90[342]. Este diploma dispõe sobre o Fundo de Garantia do Tempo de Serviço (FGTS) e dá outras providências.

Essencialmente, o art. 29-B, Lei nº 8.036/90, veda a concessão, contra a Fazenda Pública, de medida liminar em mandado de segurança, em procedimento cautelar ou em quaisquer outras ações de natureza cautelar ou preventiva, bem como de tutela antecipada, que implique em saque ou movimentação da conta vinculada do trabalhador no FGTS. Trata-se, portanto, de mais um elemento do Sistema de proteção à Fazenda Pública contra a concessão de medidas liminares (inclusive, como expressamente disposto, de tutelas provisórias).

Importa ressaltar que, na redação anterior do art. 62, CF/88[343], as Medidas Provisórias continuam em vigor até que Medida Provisória ulterior as revogue explicitamente ou até deliberação definitiva do Congresso Nacional, como bem sintetizado pela Min. Eliana Calmon, no jul-

[342] **[Lei nº 8.036/90]** Art. 29-B. Não será cabível medida liminar em mandado de segurança, no procedimento cautelar ou em quaisquer outras ações de natureza cautelar ou preventiva, nem a tutela antecipada prevista nos arts. 273 e 461 do Código de Processo Civil que impliquem saque ou movimentação da conta vinculada do trabalhador no FGTS

[343] **[CF/88 – Redação anterior à EC nº 32/2001]** Art. 62. Em caso de relevância e urgência, o Presidente da República poderá adotar medidas provisórias, com força de lei, devendo submetê-las de imediato ao Congresso Nacional, que, estando em recesso, será convocado extraordinariamente para se reunir no prazo de cinco dias.

Parágrafo único. As medidas provisórias perderão eficácia, desde a edição, se não forem convertidas em lei no prazo de trinta dias, a partir de sua publicação, devendo o Congresso Nacional disciplinar as relações jurídicas delas decorrentes.

gamento do REsp nº 643.116/RS, que também demonstra exemplo de aplicação prática do disposto no art. 1º-D, Lei nº 9.494/97, inserido pela MP nº 2.180-35/2001:

> PROCESSO CIVIL – HONORÁRIOS ADVOCATÍCIOS – EXECUÇÕES CONTRA A FAZENDA PÚBLICA AJUIZADA POSTERIORMENTE À MP 2.180-35/2001.
>
> 1. Pelas normas processuais, não se tem dúvida de que, nas execuções de títulos judiciais ou extrajudiciais, sejam elas embargadas ou não, são devidos honorários (art. 20, § 4º, do CPC).
>
> 2. A MP 2.180-35 acrescentou o art. 1º-D à Lei 9.494/97, disciplinadora de tutela antecipada contra a FAZENDA PÚBLICA, determinando a não-incidência da norma quando não embargada a execução.
>
> 3. Lei especial que atinge a execução sub judice, porque iniciada após a vigência da alteração legislativa.
>
> 4. Tratamento diferenciado estabelecido na EC 32/2001, a qual conferiu às medidas provisórias em vigor quando do seu advento eficácia de lei completa e total, até que venham a ser revogadas explicitamente por uma outra medida provisória ou até que sejam objeto de deliberação pelo Congresso Nacional.
>
> 5. Recurso especial improvido. (REsp nº 643.116/RS, Rel. Min. Eliana Calmon, Segunda Turma, STJ, j. 21 set. 2004, DJ 20 jun. 2005, p. 217).

Com a EC nº 32/2001, portanto, às Medidas Provisórias editadas em data posterior à da publicação da emenda, 11 de setembro de 2001, se aplicam as regras da nova redação do art. 62, CF/88[344], de modo que per-

[344] **[CF/88 – Redação dada pela EC nº 32/2001]** Art. 62. Em caso de relevância e urgência, o Presidente da República poderá adotar medidas provisórias, com força de lei, devendo submetê-las de imediato ao Congresso Nacional.

§1º **É vedada a edição de medidas provisórias sobre matéria:**

I – relativa a:

a) nacionalidade, cidadania, direitos políticos, partidos políticos e direito eleitoral;

b) direito penal, processual penal e **processual civil**;

c) organização do Poder Judiciário e do Ministério Público, a carreira e a garantia de seus membros;

dem a eficácia se não forem convertidas em lei no prazo de sessenta dias, prorrogável por igual período, nos termos do art. 62, §3º, CF/88.

d) planos plurianuais, diretrizes orçamentárias, orçamento e créditos adicionais e suplementares, ressalvado o previsto no art. 167, § 3º;
II – que vise a detenção ou seqüestro de bens, de poupança popular ou qualquer outro ativo financeiro;
III – reservada a lei complementar;
IV – já disciplinada em projeto de lei aprovado pelo Congresso Nacional e pendente de sanção ou veto do Presidente da República.
§2º Medida provisória que implique instituição ou majoração de impostos, exceto os previstos nos arts. 153, I, II, IV, V, e 154, II, só produzirá efeitos no exercício financeiro seguinte se houver sido convertida em lei até o último dia daquele em que foi editada.
§3º As medidas provisórias, ressalvado o disposto nos §§ 11 e 12 perderão eficácia, desde a edição, se não forem convertidas em lei no prazo de sessenta dias, prorrogável, nos termos do §7º, uma vez por igual período, devendo o Congresso Nacional disciplinar, por decreto legislativo, as relações jurídicas delas decorrentes.
§4º O prazo a que se refere o § 3º contar-se-á da publicação da medida provisória, suspendendo-se durante os períodos de recesso do Congresso Nacional.
§5º A deliberação de cada uma das Casas do Congresso Nacional sobre o mérito das medidas provisórias dependerá de juízo prévio sobre o atendimento de seus pressupostos constitucionais.
§6º Se a medida provisória não for apreciada em até quarenta e cinco dias contados de sua publicação, entrará em regime de urgência, subseqüentemente, em cada uma das Casas do Congresso Nacional, ficando sobrestadas, até que se ultime a votação, todas as demais deliberações legislativas da Casa em que estiver tramitando.
§7º Prorrogar-se-á uma única vez por igual período a vigência de medida provisória que, no prazo de sessenta dias, contado de sua publicação, não tiver a sua votação encerrada nas duas Casas do Congresso Nacional.
§8º As medidas provisórias terão sua votação iniciada na Câmara dos Deputados.
§9º Caberá à comissão mista de Deputados e Senadores examinar as medidas provisórias e sobre elas emitir parecer, antes de serem apreciadas, em sessão separada, pelo plenário de cada uma das Casas do Congresso Nacional.
§10. É vedada a reedição, na mesma sessão legislativa, de medida provisória que tenha sido rejeitada ou que tenha perdido sua eficácia por decurso de prazo.
§11. Não editado o decreto legislativo a que se refere o §3º até sessenta dias após a rejeição ou perda de eficácia de medida provisória, as relações jurídicas constituídas e decorrentes de atos praticados durante sua vigência conservar-se-ão por ela regidas.
§12. Aprovado projeto de lei de conversão alterando o texto original da medida provisória, esta manter-se-á integralmente em vigor até que seja sancionado ou vetado o projeto.

Dessa forma, tendo sido publicadas antes desta data e não apreciadas, até o presente momento, pelo Congresso, a MP nº 2.180-35/2001 e a MP nº 2.197-43/2001, permanecem em vigor. Outra inovação trazida pela EC nº 32/2001 foi a previsão, no art. 62, §1º, I, "b", CF/88, que veda expressamente a expedição de medidas provisórias sobre direito processual civil.

Entre a 26ª reedição da Medida Provisória, MP nº 2.102-26/2000, e a versão seguinte, o Congresso Nacional editou, em 10 de janeiro de 2001, a Lei Complementar (LC) nº 104/2001, que alterou diversos dispositivos do CTN. Esta lei é apresentada neste momento, ligeiramente fora da cronologia, apenas para que não fosse interrompido o raciocínio acerca das diversas reedições daquela que viria a se tornar a MP nº 2.180-35/2001.

No que interessa à temática deste trabalho, a LC nº 104/2001, trouxe duas disposições relevantes. A primeira foi a inclusão do art. 151, V, CTN[345], que trouxe a hipótese de suspensão de exigibilidade de crédito tributário em face da "concessão de medida liminar ou de tutela provisória"[346], em ações judiciais diversas do Mandado de Segurança (visto que a concessão de liminar em mandado de segurança já era causa de suspensão de exigibilidade desde a redação original do Código, na forma do art. 151, IV, CTN). De fato, para parte da doutrina, a própria inclusão do art. 151, V, CTN, serviu para comprovar que era possível, sim, a concessão de tutela provisória em face da Fazenda Pública, em matéria tributária[347].

A segunda disposição relevante trazida pela LC nº 104/2001 foi a inclusão do art. 170-A, CTN[348], no qual se lê: "É vedada a compensação mediante o aproveitamento de tributo, objeto de contestação judicial pelo sujeito passivo, antes do trânsito em julgado da respectiva decisão

[345] **[CTN]** Art. 151. Suspendem a exigibilidade do crédito tributário: [...] V – a concessão de medida liminar ou de tutela antecipada, em outras espécies de ação judicial; (Incluído pela Lcp nº 104, de 2001)

[346] Apesar de a redação do art. 151, V, CTN, falar em "tutela antecipada", em face da nomenclatura utilizada pelo art. 273, CPC/73, em verdade, entende-se que o preceito normativo abarca todos os tipos de tutelas provisórias.

[347] NUNES, Cleucio Santos. **Curso Completo de Direito Processual Tributário**. 5ª. ed. São Paulo: SaraivaJur, 2022, p. 541-542.

[348] **[CTN]** Art. 170-A. É vedada a compensação mediante o aproveitamento de tributo, objeto de contestação judicial pelo sujeito passivo, antes do trânsito em julgado da respectiva decisão judicial. (Incluído pela Lcp nº 104, de 2001)

judicial.". Para Hugo de Brito Machado Segundo, no entanto, esta norma possui diversos vícios redacionais e tem "velada intenção de empecer o acesso à justiça"[349].

Cleide Previtalli Cais, por sua vez, aponta que parte da doutrina sustenta a inconstitucionalidade desse dispositivo com base no argumento de que ele ofenderia o princípio da universalidade da jurisdição (art. 5º, XXXV, CF/88) e o princípio da independência dos poderes (art. 2º, CF/88), por usurpar o poder geral de cautela do juiz[350].

Não há dúvidas, contudo, de que o art. 170-A, CTN, passou a integrar o Sistema de proteção à Fazenda Pública contra a concessão de liminares, incluindo as tutelas provisórias, no que tange à compensação de créditos tributários, junto com o art. 1º, §5º, Lei nº 8.437/92 (inserido pela MP nº 1.984-16/2000, cuja versão final é a MP nº 2.180-35/2001) e as Súmulas nº 212, 213 e 460, STJ Assim, diversas são as discussões até hoje travadas pela doutrina, a partir da redação do art. 170-A, CTN, e da jurisprudência que se formou ao redor deste dispositivo. Discussão mais aprofundada acerca do tema será desenvolvida no capítulo seguinte, tendo em vista que este dispositivo é central para a discussão nuclear deste trabalho, no que tange às ações tributárias de compensação de créditos.

O último diploma legal relevante para a temática do presente trabalho, editado no governo FHC, foi a Lei nº 10.352/2001, de 26 de dezembro de 2001, que alterou dispositivos do CPC/73, inclusive a antiga redação do art. 475, CPC/73[351]. Essencialmente, o art. 1º, Lei nº 10.352/2001[352],

[349] Machado Segundo, Hugo de Brito. **Processo Tributário.** 10ª. ed. São Paulo: Atlas, 2018, p. 600.

[350] Cais, Cleide Previtalli. **O processo tributário.** 8ª. ed. São Paulo: Revista dos Tribunais, 2013, p. 418.

[351] **[CPC/73 – Redação original]** Art. 475. Está sujeita ao duplo grau de jurisdição, não produzindo efeito senão depois de confirmada pelo tribunal, a sentença:
I – que anular o casamento;
II – proferida contra a União, o Estado e o Município;
III – que julgar improcedente a execução de dívida ativa da Fazenda Pública (art. 585, VI).
Parágrafo único. Nos casos previstos neste artigo, o juiz ordenará a remessa dos autos ao tribunal, haja ou não apelação voluntária da parte vencida; não o fazendo, poderá o presidente do tribunal avocá-los.

[352] **[Lei nº 10.352/2001]** Art. 1º Os artigos da Lei nº 5.869, de 11 de janeiro de 1973, que

alterou, dentre outros, o art. 475, CPC/73, que trata do reexame necessário como condição de eficácia das decisões judiciais contra a Fazenda Pública.

A respeito de tal "condição de eficácia", Cândido Rangel Dinamarco critica a redação do art. 475, CPC/73, apontando que em verdade, não há que se falar, sequer, em eficácia da sentença submetida ao duplo grau de jurisdição, visto que, prolatado o acórdão de reexame necessário, este substituirá a sentença recorrida. Nas palavras do autor:

> A lei n. 10.352, de 26 de dezembro de 2001 reeditou a má redação do art. 475, reproduzindo as palavras que ele já continha antes, assim: "está sujeito ao duplo grau de jurisdição não produzindo efeito senão depois de confirmada pelo tribunal, a sentença" etc. Na realidade, as sentenças indicadas nos incisos desse artigo não produzem jamais eficácia alguma, porque é cediça em direito processual a regra de que o julgamento feito pelo tribunal substitui sempre aquele que foi objeto do recurso, quer negue, quer dê provimento a este. O confirmar a sentença não é outorgar-lhe eficácia ou talvez definitividade, mas emitir novo julgamento conforme.[353]

instituiu o Código de Processo Civil, a seguir mencionados, passam a vigorar com as seguintes alterações:
"Art. 475. Está sujeita ao duplo grau de jurisdição, não produzindo efeito senão depois de confirmada pelo tribunal, a sentença:
I – proferida contra a União, o Estado, o Distrito Federal, o Município, e as respectivas autarquias e fundações de direito público;
II – que julgar procedentes, no todo ou em parte, os embargos à execução de dívida ativa da Fazenda Pública (art. 585, VI).
§1º Nos casos previstos neste artigo, o juiz ordenará a remessa dos autos ao tribunal, haja ou não apelação; não o fazendo, deverá o presidente do tribunal avocá-los.
§2º Não se aplica o disposto neste artigo sempre que a condenação, ou o direito controvertido, for de valor certo não excedente a 60 (sessenta) salários-mínimos, bem como no caso de procedência dos embargos do devedor na execução de dívida ativa do mesmo valor.
§3º Também não se aplica o disposto neste artigo quando a sentença estiver fundada em jurisprudência do plenário do Supremo Tribunal Federal ou em súmula deste Tribunal ou do tribunal superior competente."

353 Dinamarco, Cândido Rangel. **A Reforma da Reforma**. 5ª. ed. São Paulo: Malheiros Editores Ltda., 2003, p. 130.

Como inovação relevante, a nova redação do art. 475, CPC/73, trouxe a inclusão, entre aqueles que se beneficiam do reexame necessário, do Distrito Federal e das autarquias e fundações de direito público deste e de todos os outros entes políticos (União, estados e municípios). Adicionalmente, passou-se a excluir da obrigatoriedade de duplo grau de jurisdição as causas que implicarem em condenação da Fazenda Pública a valor certo "não excedente a 60 (sessenta) salários-mínimos, bem como no caso de procedência dos embargos do devedor na execução de dívida ativa do mesmo valor".

Enfim, o art. 475, §3º, CPC/73, passou a permitir, também, a exclusão da obrigatoriedade do reexame necessário quando se tratar de sentença "fundada em jurisprudência do plenário do Supremo Tribunal Federal ou em súmula deste Tribunal ou do tribunal superior competente". Essencialmente, o Legislador, com a Lei nº 10.352/2001, reconheceu que, se a matéria já fora apreciada pelas mais altas cortes do país, não haveria razão para que fosse rediscutida uma vez mais, quando o resultado já é bem conhecido. Acerca deste dispositivo, em análise mais aprofundada, Cândido Rangel Dinamarco assevera:

> Para incidência desse parágrafo: a) a jurisprudência do plenário do Supremo Tribunal Federal não precisa necessariamente estar expressa em súmula (e, muito menos, em súmula vinculante, que ainda não foi implantada na ordem jurídica brasileira); b) havendo súmula do Supremo Tribunal Federal ou do Superior Tribunal de Justiça, não importa se ela vem de julgados de seu plenário ou das turmas; c) a jurisprudência do tribunal competente para julgar apelações ou agravos (Tribunais de Justiça, de Alçada, Regionais Federais) na causa não é relevante para o fim de excluir a devolução oficial, ainda quando se tratar de jurisprudência do próprio tribunal concretamente competente, no caso, para julgar os recursos da causa[354].

2.7 O governo Lula: da Lei nº 10.444/2002 até a Súmula nº 460, STJ

Após o início do primeiro governo Lula, na data de 07 de maio de 2002, foi editada a Lei nº 10.444/2002, que, assim como a Lei nº 10.352/2001,

[354] Dinamarco, Cândido Rangel. **A Reforma da Reforma**. 5ª. ed. São Paulo: Malheiros Editores Ltda., 2003, p. 132-133.

alterava dispositivos do CPC/73. Neste caso, no entanto, foram alteradas disposições relativas às antecipações de tutela, precursoras, como já apresentado, das tutelas provisórias. O art. 1º, Lei nº 10.444/2002[355], alterava a redação do art. 273, §3º, CPC/73, e incluía o art. 273, §§ 6º e 7º, CPC/73, e o art. 461, §§ 5º e 6º, CPC/73.

Dentre as mudanças mais relevantes, o art. 273, §7º, CPC/73, positivava a fungibilidade entre a tutela cautelar e a tutela antecipada. Nesse sentido, Cândido Rangel Dinamarco, inclusive, já preconizava, desde 2003, que fosse unificada "a teoria das medidas urgentes", para que se obtivesse maior efetividade na prestação jurisdicional[356]. No mesmo diapasão, Hugo de Brito Machado Segundo entende que:

> [...] é muito difícil distinguir, na prática, quando um provimento é "meramente conservativo" ou quando é "antecipatório". Essa imprecisão, se se considerar que uma medida cautelar somente pode ter conteúdo "conser-

[355] **[Lei nº 10.444/2002]** Art. 1º Os artigos da Lei no 5.869, de 11 de janeiro de 1973 – Código de Processo Civil, a seguir mencionados, passam a vigorar com as seguintes alterações:
"Art. 273. [...]
§3º A efetivação da tutela antecipada observará, no que couber e conforme sua natureza, as normas previstas nos arts. 588, 461, §§ 4º e 5º, e 461-A.
[...]
§6º A tutela antecipada também poderá ser concedida quando um ou mais dos pedidos cumulados, ou parcela deles, mostrar-se incontroverso.
§7º Se o autor, a título de antecipação de tutela, requerer providência de natureza cautelar, poderá o juiz, quando presentes os respectivos pressupostos, deferir a medida cautelar em caráter incidental do processo ajuizado."
[...]
"Art. 461. [...]
§5º Para a efetivação da tutela específica ou a obtenção do resultado prático equivalente, poderá o juiz, de ofício ou a requerimento, determinar as medidas necessárias, tais como a imposição de multa por tempo de atraso, busca e apreensão, remoção de pessoas e coisas, desfazimento de obras e impedimento de atividade nociva, se necessário com requisição de força policial.
§6º O juiz poderá, de ofício, modificar o valor ou a periodicidade da multa, caso verifique que se tornou insuficiente ou excessiva."

[356] Dinamarco, Cândido Rangel. **A Reforma da Reforma**. 5ª. ed. São Paulo: Malheiros Editores Ltda., 2003, p. 130.

> vativo", e uma antecipação de tutela somente poder ter conteúdo "antecipatório", leva juízes a divergirem quanto ao cabimento de tutela antecipada ou de medida cautelar para um mesmo caso, o que enseja o deferimento ou o indeferimento de petições idênticas, a depender apenas da distribuição do processo, em insegurança jurídica que só prejudica a efetividade da tutela jurisdicional.[357]

O art. 273, §6º, CPC/73, por sua vez, inovou ao permitir a antecipação de tutela "emergente da incontrovérsia sobre fatos", quando resta dispensada, de acordo com Cândido Rangel Dinamarco, a verificação do "fundado receio de dano irreparável ou de difícil reparação", bem como, em alguns casos, a própria análise da reversibilidade da medida[358].

Nesse sentido, como já apontado anteriormente, para Cassone, Rossi e Cassone, a hipótese do art. 273, §6º, CPC/73, junto daquela do inciso II do mesmo artigo, seriam as verdadeiras antecessoras da atual tutela de evidência, mesmo que originalmente enquadradas, na vigência do antigo Código, como espécies do gênero "antecipação dos efeitos da tutela"[359].

Por último, quanto ao art. 273, §3º, CPC/73, é de relevo comentar que, no sentir de Cândido Rangel Dinamarco, o objetivo da nova redação deste dispositivo foi "o entrelaçamento das normas sobre a efetivação da tutela antecipada com o que está em outros dispositivos do Código de Processo Civil", incluindo o art. 461, §§ 4º e 5º, CPC/73, que tratam do estatuto da tutela específica e com os quais se estabeleceu, nas palavras do autor, um "sistema de vasos comunicantes" [360].

Prosseguindo-se na linha do tempo, no dia 29 de setembro de 2004, em sessão plenária, o STF reconheceu incidentemente a constitucionalidade do art. 1º-D, Lei nº 9.494/97, com a redação dada pela MP nº 2.180-

[357] MACHADO SEGUNDO, Hugo de Brito. **Processo Tributário**. 10ª. ed. São Paulo: Atlas, 2018, p. 487.

[358] DINAMARCO, Cândido Rangel. **A Reforma da Reforma**. 5ª. ed. São Paulo: Malheiros Editores Ltda., 2003, p. 96-97.

[359] CASSONE, Vittorio; ROSSI, Júlio César; CASSONE, Maria Eugênia Teixeira. **Processo Tributário: Teoria e Prática**. 15ª. ed. São Paulo: Atlas, 2017, p. 123.

[360] DINAMARCO, Cândido Rangel. **A Reforma da Reforma**. 5ª. ed. São Paulo: Malheiros Editores Ltda., 2003, p. 102-103.

35/2001, no julgamento do RE nº 420.816/PR. A ementa do precedente em questão segue colacionada:

> **EMENTA:** I. Recurso extraordinário: alínea "b": devolução de toda a questão de constitucionalidade da lei, sem limitação aos pontos aventados na decisão recorrida. Precedente (RE 298.694, Pl. 6.8.2003, Pertence, DJ 23.04.2004).
>
> II. Controle incidente de inconstitucionalidade e o papel do Supremo Tribunal Federal. Ainda que não seja essencial à solução do caso concreto, não pode o Tribunal – dado o seu papel de "guarda da Constituição" – se furtar a enfrentar o problema de constitucionalidade suscitado incidentemente (v.g. SE 5.206-AgR; MS 20.505).
>
> III. Medida provisória: requisitos de relevância e urgência: questão relativa à execução mediante precatório, disciplinada pelo artigo 100 e parágrafos da Constituição: caracterização de situação relevante de urgência legislativa.
>
> IV. Fazenda Pública: execução não embargada: honorários de advogado: constitucionalidade declarada pelo Supremo Tribunal, com interpretação conforme ao art. 1º-D da L. 9.494/97, na redação que lhe foi dada pela MPr 2.180-35/2001, de modo a reduzir-lhe a aplicação à hipótese de execução por quantia certa contra a Fazenda Pública (C. Pr. Civil, art. 730), excluídos os casos de pagamento de obrigações definidos em lei como de pequeno valor (CF/88, art. 100, § 3º). (RE nº 420.816/PR, Rel. Min. Carlos Velloso, Rel. p/ Acórdão Min. Sepúlveda Pertence, Plenário do STF, j. 29 set. 2004, DJ 10 dez. 2006, p. 50).

Importa ressaltar, no entanto, que o alcance do art. 1º-D, Lei nº 9.494/97 foi mitigado, com base na técnica da interpretação conforme, de modo a reduzir o alcance do texto à hipótese de execução por quantia certa contra a Fazenda Pública, excluídos os casos de pagamentos de obrigações definidos em lei como de pequeno valor, com disciplina dada pelo art. 100, §3º, CF/88, como bem destacou a Min. Eliana Calmon, relatora no julgamento do REsp nº 643.469/RS:

> PROCESSO CIVIL – HONORÁRIOS ADVOCATÍCIOS – EXECUÇÕES CONTRA A FAZENDA PÚBLICA AJUIZADA POSTERIORMENTE À MP 2.180-35/2001.

> 1. Pelas normas processuais, não se tem dúvida de que, nas execuções de títulos judiciais ou extrajudiciais, sejam elas embargadas ou não, são devidos honorários (art. 20, § 4º, do CPC).
>
> 2. A MP 2.180-35 acrescentou o art. 1º-D à Lei 9.494/97, disciplinadora de tutela antecipada contra a FAZENDA PÚBLICA, determinando a não-incidência da norma quando não embargada a execução.
>
> 3. Lei especial que atinge a execução sub judice, porque iniciada após a vigência da alteração legislativa.
>
> 4. Tratamento diferenciado estabelecido na EC 32/2001, a qual conferiu às medidas provisórias em vigor quando do seu advento eficácia de lei completa e total, até que venham a ser revogadas explicitamente por uma outra medida provisória ou até que sejam objeto de deliberação pelo Congresso Nacional.
>
> 5. O STF, julgando o RE 420.816/PR em 29/09/2004, reconheceu incidentemente a constitucionalidade do art. 1º-D da Lei 9.494/97, com a redação dada pela MP 2.180-35/2001, dando-lhe interpretação conforme, de modo a reduzir o alcance da medida provisória à hipótese de execução por quantia certa contra a Fazenda Pública (CPC, art. 730), excluídos os casos de pagamentos de obrigações definidos em lei como de pequeno valor, objeto do art. 100, § 3º da CF.
>
> 6. Recurso especial improvido. (REsp nº 643.469/RS, Rel. Min. Eliana Calmon, Segunda Turma, STJ, j. 24 ago. 2005, DJ 13 mar. 2006, p. 260).

Adicionalmente, nas palavras de Leonardo Carneiro da Cunha, "o art. 1º-D da Lei nº 9.494/1997 não se aplica às execuções fundadas em título executivo extrajudicial, somente guardando pertinência com as execuções de sentença que não sejam embargadas". Assim sendo, o autor conclui que haverá honorários neste tipo de execução, mesmo que esta não seja embargada e ainda que seja necessária expedição do precatório[361].

[361] CUNHA, Leonardo José Carneiro da. Opinião 9 – Honorários na execução fundada em título extrajudicial contra a fazenda pública. **Website de Leonardo Carneiro da Cunha**, 26 jun. 2013, p. 2. Disponível em: http://www.leonardocarneirodacunha.com.br/opiniao/

O evento relevante seguinte, para os propósitos deste estudo, é a edição da Súmula nº 729, STF[362], aprovada na Sessão Plenária de 26 de novembro de 2003, e publicada em 11 de dezembro de 2003. De acordo com seu texto, a decisão na ADC nº 04/DF "não se aplica à antecipação de tutela em causa de natureza previdenciária". Essencialmente, portanto, este enunciado admitiu a possibilidade de mitigação da decisão na ADC nº 04/DF, deixando claro que a vedação à concessão de medidas liminares em face do Poder Público, constante do art. 1º, Lei nº 9.494/97, não pode ser compreendida como absoluta.

Como exemplificado na ementa do AgR na Rcl nº 1.020/RJ – precedente que também serviu de base para a edição da Súmula nº 729, STF – o simples fato de que a autorização para compensação tributária de créditos previdenciários poderia refletir em consignação no contracheque de pagamento da remuneração do servidor, não seria suficiente para equiparar tal compensação à vantagem funcional de que trata o art. 1º, Lei nº 9.494/97. Nesse caso, o STF, em decisão unânime, entendeu válida a antecipação de tutela para declarar o direito à compensação dos referidos créditos:

> **EMENTA:** DIREITO CONSTITUCIONAL, PREVIDENCIÁRIO E PROCESSUAL CIVIL. RECLAMAÇÃO DIRIGIDA AO S.T.F., CONTRA DECISÃO DE JUIZ DE 1º GRAU, QUE CONCEDEU TUTELA ANTECIPADA, PARA GARANTIR A COMPENSAÇÃO DE VALORES CORRESPONDENTES A CONTRIBUIÇÕES PREVIDENCIÁRIAS INDEVIDAMENTE RECOLHIDAS. ALEGAÇÃO DE QUE TAL DECISÃO DESRESPEITOU A DO SUPREMO TRIBUNAL FEDERAL, NA A.D.C. Nº 4, QUANDO DEFERIU MEDIDA CAUTELAR, COM FORÇA VINCULANTE, PARA OS FINS ALI CONSIDERADOS.
>
> 1. Ao contrário do sustentado pelo Reclamante, no julgamento da mencionada A.D.C. nº 4, somente se discutiu a constitucionalidade do "caput" do art. 1º da Lei nº 9.494/97, como nele está expresso – e não em conjugação

opiniao-9-honorarios-na-execucao-fundada-em-titulo-extrajudicial-contra-a-fazenda--publica/. Acesso em: 07 jun. 2019.

362 **[Súmula nº 729, STF]** A decisão na Ação Direta de Constitucionalidade 4 não se aplica à antecipação de tutela em causa de natureza previdenciária.

com os parágrafos do art. 1º da Lei nº 8.437/92, que naquele não são referidos. E que, ademais, são inteiramente autônomos.

2. Por isso mesmo, examinando questão assemelhada à que se focaliza na presente Reclamação, decidiu o Plenário, na Reclamação nº 798 (D.J. de 08.09.2000):

> "Ementa: Tutela antecipada concedida para determinação de abatimento na alíquota de contribuição previdenciária do servidor. Nem pela simples circunstância de refletir em consignação no contra-cheque de pagamento da remuneração do servidor, pode ela equiparar-se à vantagem funcional de que trata o art. 1º da Lei nº 9.494-97, validada pelo julgamento cautelar da Ação Declaratória nº 4, de forma alguma descumprido pela decisão reclamada."

3. No caso presente, pelas mesmas razões, a Reclamação não foi admitida, "ab initio", e o presente Agravo é improvido.

4. Decisão unânime. (AgR na Rcl nº 1.020/RJ, Rel. Min. Octavio Gallotti, Plenário do STF, j. 21 ago. 2002, DJ 21 fev. 2003, p. 47, com grifo nosso)

Na sequência da linha do tempo, no dia 11 de maio de 2005, a Primeira Seção do STJ aprovou mudança no texto da Súmula nº 212, STJ[363], publicado em 23 de maio de 2005, de modo a atualizar sua redação, substituindo o termo genérico "medida liminar" por "ação cautelar ou por medida liminar cautelar ou antecipatória". O Tribunal já vinha entendendo que, frente às tutelas cautelares e antecipadas, não poderia ser deferida a compensação de créditos tributários[364], de modo que a mudança de redação da Súmula veio apenas para formalizar tal compreensão.

[363] **[Súmula nº 212, STJ – Redação a partir de 23/05/2005]** A compensação de créditos tributários não pode ser deferida em ação cautelar ou por medida liminar cautelar ou antecipatória.
[Súmula nº 212, STJ – Redação original] A compensação de créditos tributários não pode ser deferida por medida liminar.

[364] PROCESSUAL CIVIL. TRIBUTÁRIO. AGRAVO REGIMENTAL. AUSÊNCIA DE IMPUGNAÇÃO DOS FUNDAMENTOS DA DECISÃO AGRAVADA. SÚMULA 182/STJ. COMPENSAÇÃO DE TRIBUTOS VIA TUTELA ANTECIPADA. IMPOSSIBILIDADE. SÚMULA 212/STJ. RECURSO PROTELATÓRIO. MULTA APLICADA NA INSTÂNCIA ORDINÁRIA MANTIDA. AGRAVO REGIMENTAL DESPROVIDO.

Já no segundo governo Lula, em 07 de agosto de 2009, foi aprovada a nova Lei do Mandado de Segurança, Lei nº 12.016/2009, cujo objetivo era racionalizar a aplicação do instituto, em substituição à Lei nº 1.533/51 (antiga Lei do MS) e a toda a legislação esparsa aplicável ao *writ*[365]. Prova disso é que o art. 29, Lei nº 12.016/2009[366], dentre diversas outras, revoga a Lei nº 4.348/64 e Lei nº 5.021/66.

O art. 7º, III, Lei nº 12.016/2009[367], traz a possibilidade de provimentos liminares em sede de mandado de segurança, que devem ser concedidos sempre que "houver fundamento relevante e do ato impugnado puder resultar a ineficácia da medida". Como apontado por Hugo de Brito Machado Segundo, trata-se, então, de requisitos significativamente semelhantes àqueles exigidos para a moderna tutela provisória, com o "fundamento relevante" se assemelhando à "probabilidade do direito" (*fumus boni iuris*) e a "possibilidade de ineficácia da medida" se asseme-

1. É descabido o recurso que não impugna os fundamentos da decisão hostilizada, nos termos da Súmula 182, deste Tribunal.
2. Esta Corte Superior já firmou o entendimento de que não é possível a compensação de tributos via antecipação de tutela.
Aplicação da Súmula 212/STJ.
3. Evidenciado o caráter protelatório e infundado do recurso, mantem-se a multa aplicada na instância ordinária, prevista no artigo 557, § 2º do Código de Processo Civil.
4. Agravo regimental desprovido. (AgR no AI nº 418.418/SP, Rel. Min. Denise Arruda, Primeira Turma, STJ, j. 19 ago. 2004, DJ 20 set. 2004, p. 185)

[365] NUNES, Cleucio Santos. **Curso Completo de Direito Processual Tributário**. 5ª. ed. São Paulo: SaraivaJur, 2022, p. 658.

[366] **[Lei nº 12.016/2009]** Art. 29. Revogam-se as Leis nos 1.533, de 31 de dezembro de 1951, 4.166, de 4 de dezembro de 1962, 4.348, de 26 de junho de 1964, 5.021, de 9 de junho de 1966; o art. 3º da Lei no 6.014, de 27 de dezembro de 1973, o art. 1º da Lei no 6.071, de 3 de julho de 1974, o art. 12 da Lei nº 6.978, de 19 de janeiro de 1982, e o art. 2º da Lei no 9.259, de 9 de janeiro de 1996.

[367] **[Lei nº 12.016/2009]** Art. 7º Ao despachar a inicial, o juiz ordenará: [...] III – que se suspenda o ato que deu motivo ao pedido, quando houver fundamento relevante e do ato impugnado puder resultar a ineficácia da medida, caso seja finalmente deferida, sendo facultado exigir do impetrante caução, fiança ou depósito, com o objetivo de assegurar o ressarcimento à pessoa jurídica.

lhando ao "perigo de dano ou o risco ao resultado útil do processo" (*periculum in mora*)[368].

De acordo com Cleide Previtalli Cais, é dever do juiz conceder "não apenas a cautela requerida, mas também qualquer outra providência de natureza urgente que se revele necessária para garantir a efetividade da tutela final pretendida pelo impetrante", desde que atendidos todos os critérios para utilização da via mandamental. Nessa hipótese, para a autora, a concessão da liminar é direito subjetivo do impetrante, de modo que a exigência de contracautela, na forma de "caução, fiança ou depósito, com o objetivo de assegurar o ressarcimento à pessoa jurídica", violaria a garantia constitucional do MS, disposta no art. 5º, LXIX e LXX, CF/88[369],[370].

Parte da necessidade de uma nova Lei do MS adveio, de acordo com Cleucio Santos Nunes, do fato de que, a partir da consolidação dos óbices doutrinários à concessão de tutelas provisórias contra a Fazenda Pública (a obrigatoriedade de reexame necessário, do art. 475, CPC/73, e a necessidade de observação do regime de precatórios, do art. 100, CF/88), em especial após a ADC nº 04/DF, "diminuiu a incidência de ações ordinárias em matéria tributária e aumentou a utilização do mandado de segurança[371].

[368] MACHADO SEGUNDO, Hugo de Brito. **Processo Tributário.** 10ª. ed. São Paulo: Atlas, 2018, p. 383-384.

[369] CAIS, Cleide Previtalli. **O processo tributário.** 8ª. ed. São Paulo: Revista dos Tribunais, 2013, p. 322-323.

[370] **[CF/88]** Art. 5º. [...] LXIX – conceder-se-á mandado de segurança para proteger direito líquido e certo, não amparado por habeas corpus ou habeas data, quando o responsável pela ilegalidade ou abuso de poder for autoridade pública ou agente de pessoa jurídica no exercício de atribuições do Poder Público;
LXX – o mandado de segurança coletivo pode ser impetrado por:
a) partido político com representação no Congresso Nacional;
b) organização sindical, entidade de classe ou associação legalmente constituída e em funcionamento há pelo menos um ano, em defesa dos interesses de seus membros ou associados;

[371] NUNES, Cleucio Santos. **Curso Completo de Direito Processual Tributário.** 5ª. ed. São Paulo: SaraivaJur, 2022, p. 655.

Nesse diapasão, o art. 7º, §2º, Lei nº 12.016/2009[372], excluiu a possibilidade de concessão de liminares nos casos de (i) compensação de créditos tributários; (ii) entrega de mercadorias e bens provenientes do exterior; (iii) reclassificação ou equiparação de servidores públicos e (iv) concessão de aumento ou a extensão de vantagens ou pagamento de qualquer natureza.

Em verdade, portanto, o art. 7º, §2º, Lei nº 12.016/2009, reuniu toda a disciplina que já existia, nesse sentido, nos arts. 4º e 5º, Lei nº 4.348/64, art. 1º, §4º, Lei nº 5.021/66, arts. 1º a 4º, Lei nº 8.437/92, arts. 1º e 2º-B, Lei nº 9.494/97 (sendo este especialmente relevante para as ações de repetição de indébito), e art. 170-A, CTN, incluído pela LC nº 104/2001 (sendo este especialmente relevante para as ações de compensação tributária). Quanto à compensação, especificamente, ainda havia reforço do previsto no art. 7º, §2º, Lei nº 12.016/2009, pelas Súmulas nº 212 e 213, STJ, e pelo art. 1º, §5º, Lei nº 8.437/92. Logo no ano seguinte, como se evidenciará adiante, viria, também, a Súmula nº 460, STJ.

De fora ficaram apenas o art. 3º, "a", Lei nº 2.410/55[373], e o art. 1º, da Lei nº 2.770/56, que suprimem a concessão de medidas liminares para a liberação de mercadorias de procedência estrangeira, bem como o art. 29-B, Lei nº 8.036/90, que veda a concessão, contra a Fazenda Pública, de liminares que impliquem em saque ou movimentação da conta vinculada do trabalhador no FGTS; o art. 1º, Lei nº 8.076/90, que previa a vedação da concessão de medidas liminares em MS e procedimentos cautelares que versassem sobre as matérias constantes das leis que enumerava, até a data de 15 de setembro de 1992; e o art. 12, §1º, Lei nº 7.347/85, que prevê restrições à concessão de liminares em ações civis públicas. Estes diplomas, contudo, ainda estão em vigor, de modo que permanecem

372 **[Lei nº 12.016/2009]** Art. 7º. [...] §2º Não será concedida medida liminar que tenha por objeto a compensação de créditos tributários, a entrega de mercadorias e bens provenientes do exterior, a reclassificação ou equiparação de servidores públicos e a concessão de aumento ou a extensão de vantagens ou pagamento de qualquer natureza.

373 **[Lei nº 2.410/55]** Art. 3º – Nos mandados de segurança, porventura requeridos para obter o desembaraço de bens de qualquer ordem vindos a qualquer título do estrangeiro sem licença prévia ou com licença considerada falsa, observar-se-ão as seguintes normas: a) não se concederá, em caso algum, a suspensão liminar do ato contra o qual se requer o mandado referido no Art.7º, II, da Lei nº 1.533, de 31 de dezembro de 1951;

integrando o Sistema de proteção à Fazenda Pública contra a concessão de liminares.

Ainda no mesmo ano, a EC nº 62/2009, de 09 de dezembro de 2009, seria publicada para alterar a antiga redação[374] do art. 100, CF/88, que dispõe sobre o regime de precatórios, o qual traz regras especiais de execução de decisão judicial condenatória contra o Poder Público, em especial a obediência, pelo credor, de um regime cronológico para recebimento de valores da Fazenda Pública.

Chama-se atenção, em especial, para o art. 100, §3º, CF/88[375], que passou a permitir o pagamento imediato das "obrigações definidas em lei como de pequeno valor", por meio do instrumento da Requisição de Pequeno Valor (RPV). Ressaltou-se, no entanto, nesta redação, que o pagamento somente seria possível após o trânsito em julgado da sentença condenatória. Diversos dispositivos desta Emenda Constitucional, no entanto, viriam a ser questionados na justiça, nos anos vindouros.

[374] **[CF/88 – Redação original]** Art. 100. À exceção dos créditos de natureza alimentícia, os pagamentos devidos pela Fazenda Federal, Estadual ou Municipal, em virtude de sentença judiciária, far-se-ão exclusivamente na ordem cronológica de apresentação dos precatórios e à conta dos créditos respectivos, proibida a designação de casos ou de pessoas nas dotações orçamentárias e nos créditos adicionais abertos para este fim.
§1º É obrigatória a inclusão, no orçamento das entidades de direito público, de verba necessária ao pagamento de seus débitos constantes de precatórios judiciários, apresentados até 1º de julho, data em que terão atualizados seus valores, fazendo-se o pagamento até o final do exercício seguinte.
§2º As dotações orçamentárias e os créditos abertos serão consignados ao Poder Judiciário, recolhendo-se as importâncias respectivas à repartição competente, cabendo ao Presidente do Tribunal que proferir a decisão exeqüenda determinar o pagamento, segundo as possibilidades do depósito, e autorizar, a requerimento do credor e exclusivamente para o caso de preterimento de seu direito de precedência, o seqüestro da quantia necessária à satisfação do débito.

[375] **[CF/88 – Redação após a EC nº 62/2009]** Art. 100. Os pagamentos devidos pelas Fazendas Públicas Federal, Estaduais, Distrital e Municipais, em virtude de sentença judiciária, far-se-ão exclusivamente na ordem cronológica de apresentação dos precatórios e à conta dos créditos respectivos, proibida a designação de casos ou de pessoas nas dotações orçamentárias e nos créditos adicionais abertos para este fim. [...] §3º O disposto no caput deste artigo relativamente à expedição de precatórios não se aplica aos pagamentos de obrigações definidas em leis como de pequeno valor que as Fazendas referidas devam fazer em virtude de sentença judicial transitada em julgado.

No dia 25 de agosto de 2010, a Primeira Seção do STJ aprovou o enunciado da Súmula nº 460, STJ[376], publicada em 08 de setembro de 2010. O texto aponta que "é incabível o mandado de segurança para convalidar a compensação tributária realizada pelo contribuinte". De acordo com James Marins, mesmo que a redação sugira aparente contraditoriedade com a Súmula nº 213, STJ, a melhor interpretação de ambas não seria excludente[377]. No capítulo seguinte serão apresentados maiores detalhes acerca desta relação e de como a Súmula nº 460, STJ, passou a integrar o Sistema de proteção à Fazenda Pública contra a concessão de liminares, especificamente nas ações de compensação de créditos tributários.

2.8 O governo Dilma: das ADI's nº 4.425/DF e nº 4.357/DF até o art. 1.059, CPC/2015

Já durante o governo Dilma Rousseff, foram apreciadas duas Ações Diretas de Inconstitucionalidade relevantes acerca do regime de precatórios, em face das mudanças introduzidas pela EC nº 62/2009. Tanto a ADI nº 4.425/DF e a ADI nº 4.357/DF, foram julgadas, pelo STF, em 14 de março de 2013, com data de publicação, respectivamente, em 19 de dezembro de 2013, e 26 de setembro de 2014. As ementas, no entanto, têm essencialmente o mesmo conteúdo, de modo que apenas a da ADI nº 4.425/DF segue colacionada:

> **Ementa:** DIREITO CONSTITUCIONAL. REGIME DE EXECUÇÃO DA FAZENDA PÚBLICA MEDIANTE PRECATÓRIO. EMENDA CONSTITUCIONAL Nº 62/2009. [...] INVALIDADE JURÍDICO-CONSTITUCIONAL DA LIMITAÇÃO DA PREFERÊNCIA A IDOSOS QUE COMPLETEM 60 (SESSENTA) ANOS ATÉ A EXPEDIÇÃO DO PRECATÓRIO. DISCRIMINAÇÃO ARBITRÁRIA E VIOLAÇÃO À ISONOMIA (CF, ART. 5º, CAPUT). INCONSTITUCIONALIDADE DA SISTEMÁTICA DE COMPENSAÇÃO DE DÉBITOS INSCRITOS EM PRECATÓRIOS EM PROVEITO EXCLUSIVO DA FAZENDA PÚBLICA. EMBARAÇO À EFETIVI-

[376] **[Súmula nº 460, STJ]** É incabível o mandado de segurança para convalidar a compensação tributária realizada pelo contribuinte.

[377] MARINS, James. **Direito Processual Tributário Brasileiro – Administrativo e Judicial**. 12ª. ed. São Paulo: Thomson Reuters Brasil, 2019, p. 599-600

DADE DA JURISDIÇÃO (CF, ART. 5º, XXXV), DESRESPEITO À COISA JULGADA MATERIAL (CF, ART. 5º XXXVI), OFENSA À SEPARAÇÃO DOS PODERES (CF, ART. 2º) E ULTRAJE À ISONOMIA ENTRE O ESTADO E O PARTICULAR (CF, ART. 1º, CAPUT, C/C ART. 5º, CAPUT). IMPOSSIBILIDADE JURÍDICA DA UTILIZAÇÃO DO ÍNDICE DE REMUNERAÇÃO DA CADERNETA DE POUPANÇA COMO CRITÉRIO DE CORREÇÃO MONETÁRIA. VIOLAÇÃO AO DIREITO FUNDAMENTAL DE PROPRIEDADE (CF, ART. 5º, XXII). INADEQUAÇÃO MANIFESTA ENTRE MEIOS E FINS. INCONSTITUCIONALIDADE DA UTILIZAÇÃO DO RENDIMENTO DA CADERNETA DE POUPANÇA COMO ÍNDICE DEFINIDOR DOS JUROS MORATÓRIOS DOS CRÉDITOS INSCRITOS EM PRECATÓRIOS, QUANDO ORIUNDOS DE RELAÇÕES JURÍDICO-TRIBUTÁRIAS. DISCRIMINAÇÃO ARBITRÁRIA E VIOLAÇÃO À ISONOMIA ENTRE DEVEDOR PÚBLICO E DEVEDOR PRIVADO (CF, ART. 5º, CAPUT). INCONSTITUCIONALIDADE DO REGIME ESPECIAL DE PAGAMENTO. OFENSA À CLÁUSULA CONSTITUCIONAL DO ESTADO DE DIREITO (CF, ART. 1º, CAPUT), AO PRINCÍPIO DA SEPARAÇÃO DE PODERES (CF, ART. 2º), AO POSTULADO DA ISONOMIA (CF, ART. 5º, CAPUT), À GARANTIA DO ACESSO À JUSTIÇA E A EFETIVIDADE DA TUTELA JURISDICIONAL (CF, ART. 5º, XXXV) E AO DIREITO ADQUIRIDO E À COISA JULGADA (CF, ART. 5º, XXXVI). PEDIDO JULGADO PROCEDENTE EM PARTE.

[...] 4. O regime de compensação dos débitos da Fazenda Pública inscritos em precatórios, previsto nos §§ 9º e 10 do art. 100 da Constituição Federal, incluídos pela EC nº 62/09, embaraça a efetividade da jurisdição (CF, art. 5º, XXXV), desrespeita a coisa julgada material (CF, art. 5º, XXXVI), vulnera a Separação dos Poderes (CF, art. 2º) e ofende a isonomia entre o Poder Público e o particular (CF, art. 5º, caput), cânone essencial do Estado Democrático de Direito (CF, art. 1º, caput).

5. A atualização monetária dos débitos fazendários inscritos em precatórios segundo o índice oficial de remuneração da caderneta de poupança viola o direito fundamental de propriedade (CF, art. 5º, XXII) na medida em que é manifestamente incapaz de preservar o valor real do crédito de que é titular o cidadão. A inflação, fenômeno tipicamente econômico-monetário, mostra-se insuscetível de captação apriorística (ex ante), de modo que o meio escolhido pelo legislador constituinte (remuneração da

caderneta de poupança) é inidôneo a promover o fim a que se destina (traduzir a inflação do período).

6. A quantificação dos juros moratórios relativos a débitos fazendários inscritos em precatórios segundo o índice de remuneração da caderneta de poupança vulnera o princípio constitucional da isonomia (CF, art. 5º, caput) ao incidir sobre débitos estatais de natureza tributária, pela discriminação em detrimento da parte processual privada que, salvo expressa determinação em contrário, responde pelos juros da mora tributária à taxa de 1% ao mês em favor do Estado (ex vi do art. 161, §1º, CTN). Declaração de inconstitucionalidade parcial sem redução da expressão "independentemente de sua natureza", contida no art. 100, §12, da CF, incluído pela EC nº 62/09, para determinar que, quanto aos precatórios de natureza tributária, sejam aplicados os mesmos juros de mora incidentes sobre todo e qualquer crédito tributário.

7. O art. 1º-F da Lei nº 9.494/97, com redação dada pela Lei nº 11.960/09, ao reproduzir as regras da EC nº 62/09 quanto à atualização monetária e à fixação de juros moratórios de créditos inscritos em precatórios incorre nos mesmos vícios de juridicidade que inquinam o art. 100, §12, da CF, razão pela qual se revela inconstitucional por arrastamento, na mesma extensão dos itens 5 e 6 supra.

8. O regime "especial" de pagamento de precatórios para Estados e Municípios criado pela EC nº 62/09, ao veicular nova moratória na quitação dos débitos judiciais da Fazenda Pública e ao impor o contingenciamento de recursos para esse fim, viola a cláusula constitucional do Estado de Direito (CF, art. 1º, caput), o princípio da Separação de Poderes (CF, art. 2º), o postulado da isonomia (CF, art. 5º), a garantia do acesso à justiça e a efetividade da tutela jurisdicional (CF, art. 5º, XXXV), o direito adquirido e à coisa julgada (CF, art. 5º, XXXVI).

9. Pedido de declaração de inconstitucionalidade julgado procedente em parte. (ADI nº 4.425/DF, Rel. Min. Ayres Britto, Rel. p/ Acórdão Min. Luiz Fux, Plenário do STF, j. 14 mar. 2013, DJe 19 dez. 2013).

Dentre as diversas conclusões apresentadas nos julgados, destaca-se a declaração incidental de inconstitucionalidade do art. 1º-F, Lei nº 9.494/97, em sua redação dada pela Lei nº 11.960/2009, de 29 de junho de 2009[378], com fundamento de que "a atualização monetária dos débitos fazendários inscritos em precatórios segundo o índice oficial de remuneração da caderneta de poupança viola o direito fundamental de propriedade (CF, art. 5º, XXII)" [379], nos mesmo termos que o art. 100, §12, CF/88[380], inserido pela EC nº 62/2009.

Outra conclusão relevante foi de que o regime de compensação dos débitos da Fazenda Pública inscritos em precatórios, previsto no art. 100, §§ 9º e 10, CF/88[381], também incluídos pela EC nº 62/2009, é inconstitucional porque ofende diversos princípios constitucionais. Essencialmente, trata-se de uma "compensação automática, prévia e obrigatória entre credor e devedor antes mesmo da expedição do precatório", cujo objetivo, segundo Fernando Facury Scaff e Luma Cavaleiro de Macêdo Scaff, é que "o valor dos precatórios corresponda ao montante líquido

[378] **[Lei nº 9.494/97 – Redação dada pela Lei nº 11.960/2009]** Art. 1º-F. Nas condenações impostas à Fazenda Pública, independentemente de sua natureza e para fins de atualização monetária, remuneração do capital e compensação da mora, haverá a incidência uma única vez, até o efetivo pagamento, dos índices oficiais de remuneração básica e juros aplicados à caderneta de poupança. (Redação dada pela Lei nº 11.960, de 2009)

[379] **[CF/88]** Art. 5º. [...] XXII – é garantido o direito de propriedade;

[380] **[CF/88]** Art. 100. [...]

§12. A partir da promulgação desta Emenda Constitucional, a atualização de valores de requisitórios, após sua expedição, até o efetivo pagamento, independentemente de sua natureza, será feita pelo índice oficial de remuneração básica da caderneta de poupança, e, para fins de compensação da mora, incidirão juros simples no mesmo percentual de juros incidentes sobre a caderneta de poupança, ficando excluída a incidência de juros compensatórios. (Incluído pela Emenda Constitucional nº 62, de 2009) (Vide ADI 4425)

[381] **[CF/88]** Art. 100. [...]

§9º No momento da expedição dos precatórios, independentemente de regulamentação, deles deverá ser abatido, a título de compensação, valor correspondente aos débitos líquidos e certos, inscritos ou não em dívida ativa e constituídos contra o credor original pela Fazenda Pública devedora, incluídas parcelas vincendas de parcelamentos, ressalvados aqueles cuja execução esteja suspensa em virtude de contestação administrativa ou judicial. (Incluído pela Emenda Constitucional nº 62, de 2009) (Vide ADI 4425)

§10. Antes da expedição dos precatórios, o Tribunal solicitará à Fazenda Pública devedora, para resposta em até 30 (trinta) dias, sob pena de perda do direito de abatimento, informação sobre os débitos que preencham as condições estabelecidas no § 9º, para os fins nele previstos. (Incluído pela Emenda Constitucional nº 62, de 2009) (Vide ADI 4425)

de dívida em relação ao devedor, facilitando sua comercialização com terceiros"[382].

O relator, Min. Carlos Ayres Brito, asseverou, neste particular, em seu voto, que restam violados o princípio da efetividade da jurisdição (art. 5º, XXXV, CF/88), a coisa julgada material (art. 5º, XXXVI, CF/88), o princípio da separação dos poderes (art. 2º, CF/88) e o princípio da isonomia (art. 5º, *caput*, CF/88), especificamente entre o Poder Público e o particular, sendo esta última "cânone essencial" do Estado Democrático de Direito (art. 1º, *caput*, CF/88).

Quanto ao princípio da efetividade da jurisdição e a coisa julgada material, entendeu-se que a compensação unilateral e automática de valores as embaraça ao impor um "terceiro turno processual judiciário", sem a participação do particular. O particular, então, mesmo após longo processo de reconhecimento judicial do crédito – crédito este que pode, inclusive, ter natureza alimentar – ainda precisa esperar a concretização de atos adicionais, pela Administração Pública, podendo, inclusive, não recebê-lo, quando tiver outros débitos para com a Fazenda.

Quanto aos princípios da separação dos poderes e da isonomia entre Estado e particular, o relator assim dispôs:

> 12. Com efeito, esse tipo de conformação normativa, mesmo que veiculada por emenda à Constituição, também importa contratura no princípio da separação dos Poderes. No caso, em desfavor do Poder Judiciário. Como ainda se contrapõe àquele traço ou àquela nota que, integrativa da proporcionalidade, demanda a observância obrigatória da exigibilidade/necessidade para a restrição de direito. Isso porque a Fazenda Pública dispõe de outros meios igualmente eficazes para a cobrança de seus créditos tributários e não-tributários. Basta pensar que o crédito, constituído e inscrito em dívida ativa pelo próprio Poder Público, pode imediatamente ser executado, inclusive com a obtenção de penhora de eventual precatório existente em favor do administrado. Sem falar na inclusão do devedor nos cadastros de inadimplentes. [...]

[382] Scaff, Fernando Facury; Scaff, Luma Cavaleiro de Macêdo. O art.100 da Constituição Federal de 1988. In: Canotilho, José Joaquim Gomes, et al. **Comentários à Constituição do Brasil**. 2ª. ed. São Paulo: Saraiva Educação, p. 1442-1450, 2018, p. 1447-1448.

> 13. Não é tudo, porque também me parece resultar preterido o princípio constitucional da isonomia. Explico. Exige-se do Poder Público, para o recebimento de valores em execução fiscal, a prova de que o Estado nada deve à contraparte privada? Claro que não! Ao cobrar o crédito de que é titular, a Fazenda Pública não é obrigada a compensá-lo com eventual débito dela (Fazenda Pública) em face do credor contribuinte. Por conseguinte, revela-se, por mais um título, anti-isonômica a sistemática dos §§ 9º e 10 do art. 100 da Constituição da República, incluídos pela Emenda Constitucional nº 62/2009 (Trecho do voto do Min. Carlos Ayres Britto na ADI nº 4.425/DF, constante da p. 5-7 do Acórdão. Rel. Min. Ayres Britto, Rel. p/ Acórdão Min. Luiz Fux, Plenário do STF, j. 14 mar. 2013, DJe 19 dez. 2013).

Permanece válido, portanto, o entendimento anterior do STF, exarado na ADI nº 2.851/RO que faculta (e não impõe) ao contribuinte a compensação de crédito tributário com débito da Fazenda Pública, decorrente de precatório judicial pendente de pagamento. Esta compensação, portanto, se materializa somente mediante provocação do contribuinte e após a concordância da Fazenda Pública, cuja ementa a seguir se colaciona:

> EMENTA: CONSTITUCIONAL. PRECATÓRIO. COMPENSAÇÃO DE CRÉDITO TRIBUTÁRIO COM DÉBITO DO ESTADO DECORRENTE DE PRECATÓRIO. C.F., art. 100, art. 78, ADCT, introduzido pela EC 30, de 2002.
>
> I. – Constitucionalidade da Lei 1.142, de 2002, do Estado de Rondônia, que autoriza a compensação de crédito tributário com débito da Fazenda do Estado, decorrente de precatório judicial pendente de pagamento, no limite das parcelas vencidas a que se refere o art. 78, ADCT/CF, introduzido pela EC 30, de 2000.
>
> II. – ADI julgada improcedente. (ADI nº 2.851/RO, Rel. Min. Carlos Velloso, Plenário do STF, j. 28 out. 2004, DJ 03 dez. 2004, p. 12).

A próxima – e última – ocorrência da presente linha do tempo é o advento da Lei nº 13.105/2015, que trouxe o novo Código de Processo Civil brasileiro (CPC/2015). A respeito desse diploma, é necessário observar dois pontos. O primeiro é que o CPC/2015 positivou, pela primeira vez, a figura das tutelas provisórias, unificando, assim, o sistema de tutelas antecipadas e cautelares, adicionando a figura das tutelas de evidência, bem como prevendo, como anteriormente apresentado, a possibilidade de concessão liminar destes provimentos.

Tratou-se, portanto, de significativo avanço no sentido de prestigiar o princípio da inafastabilidade da jurisdição estatal, previsto no art. 5º, XXXV, CF/88, bem como todo o seu corolário. Nesse sentido, a Exposição de Motivos do CPC/2015 tratou das tutelas provisórias dentro do objetivo específico número 3 ("simplificar, resolvendo problemas e reduzindo a complexidade de subsistemas, como, por exemplo, o recursal"), demonstrando que, de fato, ela se relaciona à simplificação, efetividade e celeridade[383].

> O Novo CPC agora deixa clara a possibilidade de concessão de tutela de urgência e de tutela à evidência. Considerou-se conveniente esclarecer de forma expressa que a resposta do Poder Judiciário deve ser rápida não só em situações em que a urgência decorre do risco de eficácia do processo e do eventual perecimento do próprio direito. Também em hipóteses em que as alegações da parte se revelam de juridicidade ostensiva deve a tutela ser antecipadamente (total ou parcialmente) concedida, independentemente de periculum in mora, por não haver razão relevante para a espera, até porque, via de regra, a demora do processo gera agravamento do dano.[384]

Na contramão do avançado sistema de tutelas provisórias, no entanto, o segundo ponto relevante, para este trabalho, no novo Código, foi a previsão do art. 1.059, CPC/2015[385], tema central da análise em tela. Nas palavras de Cássio Scarpinella Bueno, o artigo em questão se encontra

[383] BRASIL. Exposição de Motivos. Código de Processo Civil de 2015. **Código de Processo Civil e Normas Correlatas**. Senado Federal, 2015, p. 32-33. Disponível em: https://www2.senado.leg.br/bdsf/bitstream/handle/id/512422/001041135.pdf. Acesso em: 13 out. 2022.

[384] BRASIL. Exposição de Motivos. Código de Processo Civil de 2015. **Código de Processo Civil e Normas Correlatas**. Senado Federal, 2015, p. 32. Disponível em: https://www2.senado.leg.br/bdsf/bitstream/handle/id/512422/001041135.pdf. Acesso em: 13 out. 2022.

[385] **[CPC/2015]** Art. 1.059. À tutela provisória requerida contra a Fazenda Pública aplica-se o disposto nos arts. 1º a 4º da Lei nº 8.437, de 30 de junho de 1992, e no art. 7º, § 2º, da Lei nº 12.016, de 7 de agosto de 2009.

"escondido" no Livro Complementar do Código de Processo, dentre as "Disposições Finais e Transitórias", e gera uma involução no que tange ao tratamento dos procedimentos de litigância contra o Poder Público[386].

Daniel Brajal Veiga *et al*, por sua vez, também denotam que há críticas acerca da opção topográfica do dispositivo, dado que, possivelmente, este se enquadraria melhor entre as disposições pertinentes ao sistema de cumprimento de sentença contra a Fazenda Pública. Para os autores, o objetivo da inclusão do art. 1.059, CPC/2015, no Livro Complementar foi de "fundamentar a interpretação no sentido da manutenção do entendimento de constitucionalidade do sistema de 'blindagem' da Fazenda Pública às tutelas provisórias na vigência do CPC/2015[387].

Nesse diapasão, a seção seguinte deste livro definirá o estado atual do Sistema de proteção à Fazenda Pública contra a concessão de liminares, incluindo as tutelas provisórias, e detalhará o alcance das vedações do art. 1.059, CPC/2015. Finalizada esta análise, será delimitado o escopo exato do presente trabalho.

2.9 A extensão das vedações previstas no art. 1.059, CPC/2015

Da linha do tempo construída até este ponto, observa-se que, de fato, nos governos de todos os Presidentes da era democrática brasileira até o advento do novo CPC, diversas foram as tentativas de obstaculizar a concessão de tutela provisória contra a Fazenda Pública. A este conjunto de normas legais infraconstitucionais, precedentes e súmulas que, com o objetivo de proteção ao erário, preveem vedações à concessão de medidas liminares, incluindo as tutelas provisórias, contra a Fazenda Pública, escolheu-se denominar, neste trabalho, "Sistema de proteção à Fazenda Pública". Também com base na linha do tempo anteriormente apresentada, construiu-se um quadro esquemático (Figura 1) que resume o

[386] BUENO, Cássio Scarpinella. Tutela Provisória contra o Poder Público no CPC de 2015. In: BUENO, Cássio Scarpinella., et al. **Tutela Provisória no CPC: Dos 20 anos de vigência do art. 273 do CPC/73 ao CPC/2015**. 2ª. ed. São Paulo: Saraiva Educação, p. 68-81, 2018, p. 68.

[387] VEIGA, Daniel. Braga; FONSECA, Geraldo; D'ORIO, Rodrigo. Tutela provisória: questões polêmicas. In: BUENO, Cássio Scarpinella, et al. **Tutela Provisória no CPC: dos 20 anos de vigência do art. 273 do CPC/73 ao CPC/2015**. 2ª. ed. São Paulo: Saraiva Educação, Cap. 24, p. 481-567, 2018, p. 560.

estado atual do Sistema de proteção à Fazenda Pública quanto à concessão de medidas liminares.

As tutelas provisórias, entendidas como conjunto que engloba as tutelas de urgência e as tutelas de evidência, portanto, são espécies do gênero "liminar", com este termo entendido em sentido amplo, conforme explanado no capítulo anterior. Como observado na Figura 1, estas tutelas provisórias passaram a contar com vedações expressas a sua concessão contra a Fazenda Pública apenas com o advento do art. 1.059, CPC/2015. Antes deste dispositivo, as previsões legais existentes citavam, sempre, "antecipações de tutela", "medidas cautelares", "tutelas antecipadas" ou "procedimentos cautelares".

Essencialmente, então, o art. 1.059, CPC/2015, estende às tutelas provisórias requeridas contra a Fazenda Pública todas as restrições impostas pelos arts. 1º a 4º, Lei nº 8.437/92, bem como pelo art. 7º, §2º, Lei nº 12.016/2009. Em linhas gerais, portanto, quanto às tutelas provisórias, o art. 1.059, CPC/2015, toma o lugar do art. 1º, *caput*, Lei nº 9.494/1997, que antes capitaneava o Sistema de proteção à Fazenda Pública contra o deferimento de tutelas provisórias. No que tange, especificamente, ao art. 1º, *caput*, Lei nº 9.494/1997, como já apresentado, sua constitucionalidade foi discutida pelo STF, na ADC nº 04/DF, que atestou sua compatibilidade com a Constituição Federal de 1988.

Sistema de proteção à Fazenda Pública

Conjunto de normas legais infraconstitucionais, precedentes e súmulas que, com o objetivo de proteção ao erário, preveem vedações à concessão de medidas liminares, incluindo as tutelas provisórias, contra a Fazenda Pública.

Diplomas legais infraconstitucionais	
Art. 3º, "a", Lei nº 2.410/55 Art. 1º, Lei nº 2.770/56	Suprimem a concessão de medidas liminares em Mandado de Segurança (MS) para a liberação de mercadorias de procedência estrangeira.
Art. 4º, Lei nº 4.348/64 (Revogado pela Lei nº 12.016/2009)	Autoriza, no âmbito do MS, a suspensão de liminar quando se tratar de decisão proferida contra o Poder Público, em caso de manifesto interesse público ou de flagrante ilegitimidade, e para evitar grave lesão à ordem, à saúde, à segurança e à economia públicas.
Art. 5º, Lei nº 4.348/64 Art. 1º, §4º, Lei nº 5.021/66 (Revogados pela Lei nº 12.016/2009)	Veda a concessão de liminar em MS que implique em (i) reclassificação ou equiparação de servidores públicos ou (ii) aumento ou extensão de vantagens pecuniárias.
Art. 7º, Lei nº 4.348/64 (Revogado pela Lei nº 12.016/2009)	Concede efeito suspensivo a qualquer recurso interposto em sentença concessiva de MS, proferida contra o Poder Público, que importe em outorga ou adição de vencimentos ou reclassificação funcional.
Art. 12, §1º, Lei nº 7.347/85	Autoriza e regulamenta, no âmbito da Ação Civil Pública (ACP), a suspensão de liminar quando se tratar de decisão proferida contra o Poder Público.
Art. 1º, Lei nº 7.969/89	Estende às medidas cautelares o disposto nos arts. 5º e 7º, Lei nº 4.348/64, acerca da vedação à concessão de liminares que impliquem em (i) reclassificação ou equiparação de servidores públicos ou (ii) aumento ou extensão de vantagens pecuniárias.
Art. 29-B, Lei nº 8.036/90	Veda a concessão de liminares e tutelas cautelares e antecipadas, contra a Fazenda Pública, que impliquem em saque ou movimentação da conta vinculada do trabalhador, no FGTS.
Art. 1º, Lei nº 8.076/90	Veda a concessão de quaisquer liminares nos processos pertinentes às matérias constantes das leis que enumera, até a data de 15 de setembro de 1992.
Art. 1º, *caput*, Lei nº 8.437/92	Estende a vedação à concessão de liminares em MS, contra a Fazenda Pública, para todos os procedimentos que acautelem ou antecipem provisoriamente os efeitos da tutela principal.
Art. 1º, §1º, Lei nº 8.437/92	Veda que o juízo de primeiro grau conceda medidas liminares nas hipóteses em que o ato, se impugnado por MS, sofreria deslocamento de competência para o tribunal.
Art. 1º, §3º, Lei nº 8.437/92	Proíbe que medidas liminares esgotem, no todo ou em parte, o objeto da ação.
Art. 1º, §5º, Lei nº 8.437/92	Proíbe a concessão de medida liminar que defira compensação de créditos tributários ou previdenciários.
Art. 2º, Lei nº 8.437/92	Condiciona a concessão de liminares em MS Coletivo e ACP à oitiva do representante judicial da Fazenda Pública.
Art. 3º, Lei nº 8.437/92	Ecoa o art. 7º, Lei nº 4.348/64, concedendo efeito suspensivo a qualquer recurso interposto em sentença contra processo cautelar, proferida contra o Poder Público, que importe em outorga ou adição de vencimentos ou reclassificação funcional.
Art. 4º, Lei nº 8.437/92	Ecoa e expande o art. 4º, Lei nº 4.348/64, autorizando e regulamentando, no âmbito do MS, a suspensão de liminar (também chamada suspensão de segurança) quando se tratar de decisão proferida contra o Poder Público.
Art. 1º, Lei nº 9.494/97	Estende às tutelas antecipadas a vedação à concessão de liminares contra a Fazenda Pública, nos casos previstos nos arts. 5º e 7º, Lei nº 4.348/64, art. 1º, §4º, Lei nº 5.021/66, e arts. 1º, 3º e 4º, Lei nº 8.437/92.

Art. 2º-B, Lei nº 9.494/97	Condiciona ao trânsito em julgado da sentença condenatória a execução que determine liberação de recursos do Poder Público. Com efeito, portanto, veda a concessão de liminares contra a Fazenda Pública em ações de repetição de indébito.
Art. 170-A, Lei nº 5.172/66 (CTN) (Incluído pela LC nº 104/2001)	Veda a compensação de créditos tributários antes do trânsito em julgado da decisão que discuta judicialmente tais créditos.
Art. 7º, §2º, Lei nº 12.016/2009	Veda a concessão de liminares em MS nos casos de (i) compensação tributária (ecoando o art. 1º, §5º, Lei nº 8.437/92, e o art. 170-A, CTN); (ii) entrega de mercadorias e bens provenientes do exterior (ecoando o art. 3º, "a", Lei nº 2.410/55, e o art. 1º, Lei nº 2.770/56); (iii) reclassificação ou equiparação de servidores públicos e (iv) concessão de aumento ou a extensão de vantagens ou pagamento de qualquer natureza (ecoando o art. 5º, Lei nº 4.348/64, o art. 1º, §4º, Lei nº 5.021/66, e art. 2º-B, Lei nº 9.494/97).
Art. 1.059, CPC	Estende às tutelas provisórias requeridas contra a Fazenda Pública todas as restrições impostas pelos arts. 1º a 4º, Lei nº 8.437/92 e pelo art. 7º, §2º, Lei nº 12.016/2009.
Súmulas	
Súmula nº 212, STJ (Redação original dada em 23/09/98) (Redação atual dada em 23/05/2005)	Determina que a compensação de créditos tributários não pode ser deferida em ação cautelar ou por medida liminar cautelar ou antecipatória.
Súmula nº 213, STJ (Redação dada em 23/09/98)	Determina que o mandado de segurança constitui ação adequada para a declaração do direito à compensação tributária.
Súmula nº 729, STF (Redação dada em 11/12/2003)	Determina que a decisão na Ação Direta de Constitucionalidade (ADC) nº 04/DF não se aplica à antecipação de tutela em causa de natureza previdenciária.
Súmula nº 460, STJ (Redação dada em 08/09/2010)	Determina que é incabível o mandado de segurança para convalidar a compensação tributária realizada pelo contribuinte.
Precedentes Judiciais	
MC na ADI nº 223/DF (Apreciada pelo STF em 04/04/90) MC na ADI nº 295/DF (Apreciada pelo STF em 22/06/90) MC na ADI nº 975/DF (Apreciada pelo STF em 09/12/93)	Foram estabelecidas três correntes jurisprudenciais a respeito da constitucionalidade da vedação à concessão de liminares contra a Fazenda Pública. A primeira, capitaneada pelos Ministros Celso de Mello e Carlos Velloso, aponta que lei que veda a concessão de liminares viola o art. 5º, XXXV, CF. A segunda, liderada pelo Min. Moreira Alves, defende que a vedação à antecipação provisória do direito material não implica em negativa de acesso ao Poder Judiciário, posto que a satisfação definitiva será proporcionada, caso esteja de acordo com o Direito, no provimento judicial definitivo. A terceira, preconizada pelo Min. Sepúlveda Pertence e sagrada vencedora, entende que não é adequado entender inconstitucionais quaisquer limitações legais à outorga de liminares, devendo cada lei restritiva ser analisada de acordo com o princípio da razoabilidade (MARINONI e MITIDIERO, 2019, p. 830-832).
MC na ADI nº 1.576/DF (Apreciada pelo STF em 16/04/97) MC na ADC nº 04/DF (Apreciada pelo STF em 11/02/98)	Reiteradas as três correntes jurisprudenciais anteriormente estabelecidas, foram sintetizados, também, dois pontos que, neste trabalho, foram denominados "óbices doutrinários à utilização de tutelas provisórias contra a Fazenda Pública". O primeiro óbice era a obrigatoriedade de aplicação do instituto do reexame necessário, constante do art. 475, CPC/73. O segundo cuidava da necessidade de observância do regime de precatórios, de acordo com a sistemática do art. 100, CF, para que se pudesse operacionalizar o recebimento de valores advindos da Fazenda Pública.
REsp nº 801.993/RJ (Julgado pelo STJ em 17/02/2009)	Interpreta o art. 170-A, CTN, como se este condicionasse a compensação de créditos tributários à inexistência de discussão judicial acerca dos créditos a serem utilizados pelo contribuinte na compensação. Desse modo, consolidou a interpretação do art. 170-A, CTN, em conjunto com a Súmula nº 212, STJ, como uma vedação à concessão de liminares contra a Fazenda Pública, nos casos de compensação de créditos tributários.

FIGURA 1 – Sumarização do Sistema de proteção à Fazenda Pública.

Fonte: Elaborado pelo autor.

Com o advento do art. 1.059, CPC/2015, parte da doutrina entende que, mesmo que ele tenha revogado o art. 1º, Lei nº 9.494/1997, sua constitucionalidade estaria garantida pela ADC nº 04/DF, tendo em vista que o mérito dos dois dispositivos é equivalente. Outra corrente, no entanto, entende que, por ter analisado especificamente o art. 1º, Lei nº 9.494/1997, os efeitos da Ação Declaratória de Constitucionalidade não alcançariam o art. 1.059, CPC/2015, do ponto de vista formal[388]. À corrente que entende pela inaplicabilidade da ADC nº 04/DF, filia-se o jurista Cássio Scarpinella Bueno ao afirmar que

> [...] não há razão para deixar de entender que, com o advento do CPC de 2015 e a expressa revogação do arcabouço da "tutela antecipada" do CPC de 1973 (art. 1.046, caput, do CPC de 2015[389]), o art. 1º da Lei n. 9.494/97 foi implicitamente revogado e, por isso, é incapaz, por si só, de querer regular, para o futuro, os casos que, na perspectiva do art. 1.059 do CPC de 2015, serão alcançados pelo novel instituto, da tutela provisória.[390]

Independentemente da aplicabilidade ou não da ADC nº 04/DF ao art. 1.059, CPC/2015, no entanto, é certo que este artigo já vem sendo aplicado pelos tribunais, de modo que é importante compreender seu alcance. Nesta seção, serão discutidos cada um dos dispositivos aos quais o art. 1.059, CPC/2015, faz remissão, para que, assim, se possa definir a abrangência das vedações impostas à concessão de tutelas provisórias contra a Fazenda Pública.

[388] VEIGA, Daniel. Braga; FONSECA, Geraldo; D'ORIO, Rodrigo. Tutela provisória: questões polêmicas. In: BUENO, Cássio Scarpinella, et al. **Tutela Provisória no CPC: dos 20 anos de vigência do art. 273 do CPC/73 ao CPC/2015**. 2ª. ed. São Paulo: Saraiva Educação, Cap. 24, p. 481-567, 2018, p. 561.

[389] **[CPC/2015]** Art. 1.046. Ao entrar em vigor este Código, suas disposições se aplicarão desde logo aos processos pendentes, ficando revogada a Lei no 5.869, de 11 de janeiro de 1973.

[390] BUENO, Cássio Scarpinella. Tutela Provisória contra o Poder Público no CPC de 2015. In: BUENO, Cássio Scarpinella., et al. **Tutela Provisória no CPC: Dos 20 anos de vigência do art. 273 do CPC/73 ao CPC/2015**. 2ª. ed. São Paulo: Saraiva Educação, p. 68-81, 2018, p. 78.

O art. 1º, *caput*, Lei nº 8.437/92[391], aponta que não serão cabíveis medidas liminares "contra atos do Poder Público, no procedimento cautelar ou em quaisquer outras ações de natureza cautelar ou preventiva", toda vez que a lei vedar tal concessão em sede de Mandado de Segurança.

Cássio Scarpinella Bueno chama atenção para o fato de que as restrições nele previstas já se encontrariam suficientemente amparadas pela remissão do art. 1.059, CPC/2015, ao art. 7º, §2º, Lei nº 12.016/2009, contudo, a repetição de normas teria o fim de afirmar que a tutela provisória estaria "vedada naqueles casos, independentemente de a questão merecer ser analisada na perspectiva da antiga tutela cautelar (Lei nº 8.437/92) ou do subsistente mandado de segurança (Lei nº 12.016/2009)"[392].

O art. 1º, §1º, Lei nº 8.437/92[393], proíbe que o juiz de primeiro grau conceda medidas liminares "naquelas hipóteses em que o ato, se impugnado por mandado de segurança, sofreria deslocamento de competência para o tribunal" [394]. O art. 1º, §2º, Lei nº 8.437/92, por sua vez, é irrelevante para a disciplina das tutelas provisórias, visto que faz referência à ação popular e à ação civil pública, cujas hipóteses de concessão de liminar estão previstas nas respectivas leis específicas, Lei nº 4.717/65, e Lei nº 7.347/85. Para Cássio Scarpinella Bueno, "tivesse havido cuidados revisão do texto aprovado na Câmara ou na reta final, perante o Senado

391 **[Lei nº 8.437/92]** Art. 1º Não será cabível medida liminar contra atos do Poder Público, no procedimento cautelar ou em quaisquer outras ações de natureza cautelar ou preventiva, toda vez que providência semelhante não puder ser concedida em ações de mandado de segurança, em virtude de vedação legal.

392 Bueno, Cássio Scarpinella. Tutela Provisória contra o Poder Público no CPC de 2015. In: Bueno, Cássio Scarpinella., et al. **Tutela Provisória no CPC: Dos 20 anos de vigência do art. 273 do CPC/73 ao CPC/2015**. 2ª. ed. São Paulo: Saraiva Educação, p. 68-81, 2018, p. 69.

393 **[Lei nº 8.437/92]** Art. 1º [...]
§1º Não será cabível, no juízo de primeiro grau, medida cautelar inominada ou a sua liminar, quando impugnado ato de autoridade sujeita, na via de mandado de segurança, à competência originária de tribunal.
§2º O disposto no parágrafo anterior não se aplica aos processos de ação popular e de ação civil pública.

394 Bueno, Cássio Scarpinella. **Execução Provisória e Antecipação de Tutela**. 1ª. ed. São Paulo: Saraiva, 1999, p. 227.

Federal, e certamente a menção àquele §2º, do art. 1º da Lei nº 8.437/92 teria sido pertinentemente eliminado"[395].

Enquanto isso, o art. 1º, §3º, Lei nº 8.437/92[396], proíbe que qualquer medida liminar "esgote, em todo ou em parte, o objeto da ação". Para Cleucio Santos Nunes, esse dispositivo perdeu o objeto a partir do momento em que a tutela antecipada surgiu, ainda na vigência dos arts. 273 e 461, CPC/73, visto que se tornou lícita a possibilidade de a tutela urgente coincidir com a tutela final. Na vigência do CPC/2015, a restrição em tela também não surte efeito, dado que o contribuinte pode, simplesmente, pedir a antecipação com base no art. 304, CPC/2015, ao invés de pleitear cautelar para assegurar seu direito[397].

Cássio Scarpinella Bueno, por sua vez, entende que o art. 1º, §3º, Lei nº 8.437/92, deve ser interpretado da mesma forma que o art. 300, §3º, CPC[398], ou seja, a previsão deve ser relativizada no caso concreto, visto que, se tomada em interpretação literal, impediria qualquer tutela provisória de caráter satisfativo e, assim, inviabilizaria o instituto da tutela de urgência de natureza antecipada, visto que esta tem, no caráter satisfativo, sua própria razão de ser[399].

As previsões do art. 1º, §§ 4º e 5º, Lei nº 8.437/92[400], apareceram, pela primeira vez, na 16ª reedição da Medida Provisória que deu origem a este

[395] BUENO, Cássio Scarpinella. Tutela Provisória contra o Poder Público no CPC de 2015. In: BUENO, Cássio Scarpinella., et al. **Tutela Provisória no CPC: Dos 20 anos de vigência do art. 273 do CPC/73 ao CPC/2015**. 2ª. ed. São Paulo: Saraiva Educação, p. 68-81, 2018, p. 70.

[396] **[Lei nº 8.437/92]** Art. 1º [...]
§3º Não será cabível medida liminar que esgote, no todo ou em qualquer parte, o objeto da ação.

[397] NUNES, Cleucio Santos. **Curso Completo de Direito Processual Tributário**. 5ª. ed. São Paulo: SaraivaJur, 2022, p. 534-536.

[398] **[CPC/2015]** Art. 300. [...] §3º A tutela de urgência de natureza antecipada não será concedida quando houver perigo de irreversibilidade dos efeitos da decisão.

[399] BUENO, Cássio Scarpinella. Tutela Provisória contra o Poder Público no CPC de 2015. In: BUENO, Cássio Scarpinella., et al. **Tutela Provisória no CPC: Dos 20 anos de vigência do art. 273 do CPC/73 ao CPC/2015**. 2ª. ed. São Paulo: Saraiva Educação, p. 68-81, 2018, p. 70.

[400] **[Lei nº 8.437/92]** Art. 1º [...]
§4º Nos casos em que cabível medida liminar, sem prejuízo da comunicação ao dirigente do

diploma (MP nº 1.984-16/2000), datada de 6 de abril de 2000. O art. 1º, §4º, Lei nº 8.437/92, determina que, de decisão relativa à tutela provisória, serão intimados tanto o dirigente do órgão ou entidade públicos, quanto o representante judicial da Fazenda Pública. O art. 1º, §5º, Lei nº 8.437/92, que dispõe que "não será cabível medida liminar que defira compensação de créditos tributários ou previdenciários", veio no mesmo sentido da Súmula nº 212, STJ, já apresentada anteriormente, incrementando o Sistema de proteção à Fazenda Pública quanto às compensações tributárias.

O art. 2º, Lei nº 8.437/92[401], por sua vez, condicionou a concessão de liminares em Mandado de Segurança Coletivo e Ação Civil Pública, à oitiva do representante judicial da pessoa jurídica de direito público, o que afetou significativamente o poder geral de cautela do juiz, que passou a ter restrita sua possibilidade de conceder liminares *inaudita altera pars.*

Na sequência, o art. 3º, Lei nº 8.437/92[402], ecoando o art. 7º, Lei nº 4.348/64[403], concedeu efeito suspensivo a qualquer recurso interposto em sentença contra processo cautelar, proferida contra o Poder Público, "que importe em outorga ou adição de vencimentos ou de reclassificação funcional". Cássio Scarpinella Bueno entende que, na prática, esta remissão do art. 1.059, CPC/2015, faz sentido apenas quando excepciona o art.

órgão ou entidade, o respectivo representante judicial dela será imediatamente intimado. (Incluído pela Medida Provisória nº 2,180-35, de 2001)

§5º Não será cabível medida liminar que defira compensação de créditos tributários ou previdenciários. (Incluído pela Medida Provisória nº 2,180-35, de 2001)

401 **[Lei nº 8.437/92]** Art. 2º No mandado de segurança coletivo e na ação civil pública, a liminar será concedida, quando cabível, após a audiência do representante judicial da pessoa jurídica de direito público, que deverá se pronunciar no prazo de setenta e duas horas.

402 **[Lei nº 8.437/92]** Art. 3º O recurso voluntário ou ex officio, interposto contra sentença em processo cautelar, proferida contra pessoa jurídica de direito público ou seus agentes, que importe em outorga ou adição de vencimentos ou de reclassificação funcional, terá efeito suspensivo.

403 **[Lei nº 4.348/64]** Art. 7º O recurso voluntário ou "ex officio", interposto de decisão concessiva de mandado de segurança que importe outorga ou adição de vencimento ou ainda reclassificação funcional, terá efeito suspensivo.

1.012, §1º, V, CPC/2015[404], o qual, nas hipóteses de "concessão ou confirmação da tutela provisória, retira o efeito suspensivo do apelo e permite, como consequência, a viabilidade de início dos atos de cumprimento provisório da sentença"[405].

Por último, no art. 4º, Lei nº 8.437/92[406], é ecoada – e expandida – a disposição do art. 4º, Lei nº 4.348/64, invocando, da mesma maneira, a possibilidade de o Presidente do Tribunal suspender, por meio de despacho fundamentado, a requerimento de pessoa jurídica de direito público interessada e, agora, também do Ministério Público, a execução de liminares nas ações movidas contra o Poder Público e seus agentes[407].

Quanto aos requisitos exigidos, além da verificação de "grave lesão à ordem, à saúde, à segurança e à economia públicas", o art. 4º, Lei nº 8.437/92, também autoriza a atuação do Presidente do Tribunal nos casos de "manifesto interesse público ou de flagrante ilegitimidade", conceitos esses igualmente genéricos e significativamente abrangentes. O AgR na Suspensão de Tutela Antecipada (STA) nº 61/CE, de relatoria do Min. Edson Vidigal, no STJ, é bom exemplo de aplicação destes conceitos.

[404] **[CPC/2015]** Art. 1.012. A apelação terá efeito suspensivo.
§1º Além de outras hipóteses previstas em lei, começa a produzir efeitos imediatamente após a sua publicação a sentença que: [...] V – confirma, concede ou revoga tutela provisória;

[405] Bueno, Cássio Scarpinella. Tutela Provisória contra o Poder Público no CPC de 2015. In: Bueno, Cássio Scarpinella., et al. **Tutela Provisória no CPC: Dos 20 anos de vigência do art. 273 do CPC/73 ao CPC/2015**. 2ª. ed. São Paulo: Saraiva Educação, p. 68-81, 2018, p. 72.

[406] **[Lei nº 8.437/92 – Redação original, antes da MP nº 2.180-35/2001]** Art. 4º Compete ao presidente do tribunal, ao qual couber o conhecimento do respectivo recurso, suspender, em despacho fundamentado, a execução da liminar nas ações movidas contra o Poder Público ou seus agentes, a requerimento do Ministério Público ou da pessoa jurídica de direito público interessada, em caso de manifesto interesse público ou de flagrante ilegitimidade, e para evitar grave lesão à ordem, à saúde, à segurança e à economia públicas.
§1º Aplica-se o disposto neste artigo à sentença proferida em processo de ação cautelar inominada, no processo de ação popular e na ação civil pública, enquanto não transitada em julgado.
§2º O presidente do tribunal poderá ouvir o autor e o Ministério Público, em cinco dias.
§3º Do despacho que conceder ou negar a suspensão, caberá agravo, no prazo de cinco dias.

[407] Tal disposição também é significativamente similar àquela do art. 12, §1º, Lei nº 7.347/85, aplicável a decisões concessivas de liminar em ação civil pública.

No caso em questão, o STJ suspendeu tutela antecipada que concedia provimento "consubstanciado na ordem de pagamento de reajustes de proventos e pensões de Juízes classistas, estendendo a eles os efeitos da majoração conferida pela Lei nº 10.474/00 à magistratura da União". De acordo com o Tribunal, pelo menos um dos bens jurídicos listados no art. 4º, Lei nº 8.437/92, teria sido afetado pela manutenção da tutela:

> AGRAVO REGIMENTAL. JUÍZES CLASSISTAS DA JUSTIÇA DO TRABALHO. REAJUSTE DE PROVENTOS E PENSÕES. MAJORAÇÃO DADA PELA LEI Nº 10.474/00 À MAGISTRATURA DA UNIÃO. SUSPENSÃO DE TUTELA ANTECIPADA. REQUISITOS. LESÃO AOS VALORES TUTELADOS PELA LEI Nº 8.437/92 DEMONSTRADA. EFEITO MULTIPLICADOR.
>
> 1. Exauridas todas as vias recursais no Tribunal de origem, revela-se cabível o pedido originário de suspensão perante o Superior Tribunal de Justiça, afigurando-se, no caso, como condição de procedibilidade do pleito o anterior julgamento, pela Corte local, do Agravo Regimental ou do Agravo de Instrumento lá interposto, conforme ocorreu no caso dos autos, a teor da Lei nº 8.437/92, art. 4º, § 5º (acrescido pela MP nº 2.180-35/2001).
>
> 2. A suspensão de tutela antecipada, como medida de natureza excepcionalíssima, somente deve ser deferida quando demonstrada a possibilidade real de que a decisão questionada cause conseqüências graves e desastrosas a pelo menos um dos bens tutelados pela Lei nº 8.437/92, art. 4º: ordem, saúde, segurança e economia públicas.
>
> 3. O provimento, consubstanciado na ordem de pagamento de reajustes de proventos e pensões de Juízes classistas, estendendo a eles os efeitos da majoração conferida pela Lei nº 10.474/00 à magistratura da União, é daqueles que não pode ser antecipado, a teor do decidido pelo Plenário da Suprema Corte, no julgamento da ADC-4/DF.
>
> 4. Há fundado risco de lesão à ordem pública, nesta compreendida a administrativa, particularmente quando considerado o real efeito multiplicador de inúmeras questões análogas, fundadas em argumentos lastreados em cognição sumária e ainda submetidas à solução definitiva nas instâncias ordinárias, aqui evidenciado na apresentação de ações idênticas perante esta Presidência, como a STA 62-PE.

> 5. Somado a isso, o reajuste a 56 Juízes classistas aposentados e pensionistas, sendo que, na STA 62-PE, são mais 80 beneficiados com a antecipação de tutela, implica em considerável desembolso mensal pela União, antes mesmo que definitivamente julgadas tais ações, a configurar concreto risco de lesão à economia pública.
>
> 6. Com a demonstração do risco de dano alegado, impõe-se a manutenção da suspensão da tutela antecipada contra a União.
>
> 7. Agravo Regimental não provido. (AgR na STA nº 61/CE, Rel. Min. Edson Vidigal, Corte Especial, STJ, j. 25 out. 2004, DJ 06 dez. 2004, p. 171).

Finalizadas as remissões do art. 1.059, CPC/2015, à Lei nº 8.437/92, passa-se à remissão feita ao art. 7º, §2º, Lei nº 12.106/2009, que traz quatro situações nas quais é vedada a concessão de tutelas provisórias em face da Fazenda Pública. Estas situações são, (a) a medida liminar que tenha por objeto a compensação de créditos tributários; (b) a medida liminar que tenha por objeto a entrega de mercadorias e bens provenientes do exterior; (c) a medida liminar que tenha por objeto a reclassificação ou equiparação de servidores públicos; e (d) a medida liminar que tenha por objeto a concessão de aumento ou a extensão de vantagens ou pagamento de qualquer natureza.

Vale dizer que, no dia 09 de junho de 2021, sob relatoria para acórdão do Min. Alexandre de Moraes (e relatoria original, com voto parcialmente vencido, do Min. Marco Aurélio), o STF reputou inconstitucional o art. 7º, § 2º, da Lei nº 12.016/2009. A decisão não tratou, especificamente, do art. 1.059, CPC/2015, contudo, parte da doutrina entende que ela teve efeitos diretos sobre este dispositivo[408]. Esta discussão será trabalhada ao final da seção 3.2 deste livro, quando será debatida a evolução da jurisprudência dos tribunais superiores e a necessidade de exegese restritiva das vedações à concessão de tutelas provisórias contra a Fazenda Pública.

[408] Bueno, Cássio Scarpinella. **Manual do Poder Público em Juízo**. São Paulo: SaraivaJur, 2022, p. 158; Bueno, Cássio Scarpinella. ADI 4.296 e liminar em mandado de segurança: uma proposta de compreensão de seu alcance. **Suprema: Revista de Estudos Constitucionais**. Brasília: v. 2, n. 1, p. 157-184, jan./jun. 2022; Nunes, Cleucio Santos. **Curso Completo de Direito Processual Tributário**. 5ª. ed. São Paulo: SaraivaJur, 2022, p. 550-551.

Prosseguindo com a análise em tela, de acordo com Cleucio Santos Nunes, têm aplicabilidade, no processo tributário, as alíneas "a" e "d", tendo em vista que (i) a compensação de créditos tributários, uma vez que prevista no art. 170, CTN, é matéria de ordem eminentemente tributária, e (ii) em interpretação ampla, a hipótese de "medida liminar que tenha por objeto a concessão de aumento ou a extensão de vantagens ou pagamento de qualquer natureza" abrange as ações de repetição de indébito, positivadas no art. 166, CTN, que são aquelas nas quais se objetiva a condenação da Fazenda Pública à restituição de valores pagos indevidamente pelo contribuinte[409],[410].

É exatamente contra estas duas vedações que este trabalho se insurge. O objetivo deste livro, portanto, como anteriormente apresentado em sede introdutória, é demonstrar a inconstitucionalidade de parte do art. 1.059, Lei nº 13.105/2015, que estabelece o novo CPC, especificamente quanto a vedação à concessão de tutelas provisórias contra a Fazenda Pública nas ações tributárias de compensação de créditos e de repetição de indébito, com base em uma proposta de interpretação conforme do referido dispositivo legal.

Nesse sentido, importa ressaltar que, apesar de parte da doutrina entender pela inconstitucionalidade total do art. 1.059, CPC/2015[411], o que se defende, no presente trabalho, é sua inconstitucionalidade parcial,

[409] NUNES, Cleucio Santos. **Curso Completo de Direito Processual Tributário**. 5ª. ed. São Paulo: SaraivaJur, 2022, p. 535-536.

[410] Também vale ressaltar que, no sentir de Cleucio Santos Nunes, quando se trata de processo judicial tributário, as restrições à concessão de tutelas provisórias do art. 1.059, CPC/2015, devem ser interpretadas restritivamente. Para o autor, as ações Declaratória de Inexistência de relação jurídico-tributária e a Anulatória de Débito Fiscal, por não estarem abrangidas nas vedações do art. 7º, §2º, Lei nº 12.016/2009, poderão ser objeto de tutelas provisórias (NUNES, Cleucio Santos. **Curso Completo de Direito Processual Tributário**. 5ª. ed. São Paulo: SaraivaJur, 2022, p. 535).

[411] Para Cássio Scarpinella Bueno o conteúdo do art. 1.059, CPC/2015, é afronta direta ao princípio da inafastabilidade da jurisdição estatal (art. 5º, XXXV, CF/88) e, portanto, é de todo inconstitucional (BUENO, Cássio Scarpinella. **Novo Código de Processo Civil Anotado**. 3ª. ed. São Paulo: Saraiva, 2017, p. 1016). Enquanto isso, para Cristiano Simão Miller, caso o art. 1.059, CPC/2015, seja utilizado, de maneira indistinta, para vedar o deferimento de tutelas provisórias contra a Fazenda Pública, será, então inconstitucional, também por ofensa ao art. 5º, XXXV, CF/88 (MILLER, Cristiano Simão. Art. 1.059. In:

especificamente no que se refere às ações de compensação de créditos tributários e repetição de indébito, com base em proposta de interpretação conforme do referido dispositivo, a ser apresentada no capítulo seguinte. Eventual inconstitucionalidade do restante do art. 1.059, CPC/2015, fora da esfera tributária, portanto, foge ao escopo deste estudo.

ALVIM, A. A., et al. **Comentários ao Código de Processo Civil – Lei n. 13.105/2015**. 2ª. ed. São Paulo: Saraiva, p. 1258-1259, 2017, p. 1259).

3. INCONSTITUCIONALIDADE DAS VEDAÇÕES À CONCESSÃO DE TUTELAS PROVISÓRIAS CONTRA A FAZENDA PÚBLICA

Inicialmente, este capítulo demonstrará as razões pelas quais a doutrina entende que restam superados os obstáculos à concessão de tutelas provisórias contra a Fazenda Pública propostos durante a vigência do CPC/73. Tais obstáculos doutrinários são: (i) o óbice do duplo grau de jurisdição necessário e (ii) o óbice do regime de precatórios.

Em seguida, será demonstrada a evolução da jurisprudência dos tribunais superiores no sentido de preconizar uma exegese restritiva das vedações ao deferimento de tutelas provisórias contra o Poder Público. Então, será apresentada a proposta de interpretação conforme do art. 1.059, CPC/2015, que embasará a discussão nuclear deste trabalho, a respeito das ações tributárias de compensação de créditos e repetição de indébito.

O capítulo também intentará demonstrar que o art. 1.059, CPC/2015, em sua tentativa de preservar os princípios da segurança jurídica, da ampla defesa e do contraditório, ofende – se interpretado em sua literalidade – o princípio da inafastabilidade da jurisdição estatal e todo o seu corolário, além do princípio da isonomia, bem como o princípio da separação dos poderes e os valores de cooperação processual e celeridade que inspiraram o novo CPC. Por fim, serão apresentadas as razões pelas quais se entende que as vedações à concessão de tutelas provisórias contra a Fazenda Pública não se coadunam com as ações tributárias de compensação de créditos e repetição de indébito.

3.1 Os óbices doutrinários à concessão de tutelas provisórias contra a Fazenda Pública

Como abordado no capítulo anterior, a concessão de tutelas contra a Fazenda Pública já causava polêmicas desde o CPC/73. No julgamento da MC na ADI nº 1.576/DF, o relator, Min. Marco Aurélio, sintetizou com propriedade dois pontos que, neste trabalho, foram denominados "óbices doutrinários à utilização de tutelas provisórias contra a Fazenda Pública". Estes pontos foram, posteriormente, retomados pelo Min. Sidney Sanches, quando relatou a ADC nº 04/DF, na qual se buscava a declaração de constitucionalidade do art. 1º, Lei nº 9.494/1997.

O primeiro óbice consistia na obrigatoriedade de aplicação do instituto do reexame necessário, constante do art. 475, CPC/73. O segundo cuidava da necessidade de observância do regime de precatórios, de acordo com a sistemática do art. 100, CF/88, para que se pudesse operacionalizar o recebimento de valores advindos da Fazenda Pública. Cada um deles – bem como os argumentos desenvolvidos, ao longo dos anos, para que findassem, como estão, superados – será detalhado nas subseções a seguir.

3.1.1 O óbice do duplo grau de jurisdição necessário

Quanto ao primeiro óbice, o instituto da remessa necessária, também chamada de reexame necessário, nada mais é do que é o envio obrigatório de sentença para o segundo grau de jurisdição, nos casos previstos em lei, dentre os quais estão as sentenças proferidas em interesse contrário ao da Fazenda Pública. Sentenças contra o Poder Público, portanto, seriam sentenças de eficácia condicionada ao duplo grau de jurisdição[412].

O contexto apresentado era de que a tutela antecipada, por cuidar, em tese, de adiantamento de sentença, necessitaria de confirmação pelo Tribunal em razão do preceito da remessa necessária, constante do art. 475, CPC/73[413]. Este dispositivo declarava que a sentença contra a Fazenda Pública só seria eficaz depois de confirmação pelo segundo grau de juris-

[412] BUENO, Cássio Scarpinella. **Liminar em mandado de segurança: um tema com variações**. 2ª. ed. São Paulo: Editora Revista dos Tribunais, 1999, p. 38.

[413] **[CPC/73]** Art. 475. Está sujeita ao duplo grau de jurisdição, não produzindo efeito senão depois de confirmada pelo tribunal, a sentença: (Redação dada pela Lei nº 10.352, de 26.12.2001)

I – proferida contra a União, o Estado, o Distrito Federal, o Município, e as respectivas autarquias e fundações de direito público; (Redação dada pela Lei nº 10.352, de 26.12.2001)

II – que julgar procedentes, no todo ou em parte, os embargos à execução de dívida ativa da Fazenda Pública (art. 585, VI). (Redação dada pela Lei nº 10.352, de 26.12.2001)

dição, em homenagem à ideia de "plenitude do processo", de modo que uma tutela antecipada contra o Poder Público, por sua própria natureza, seria ineficaz[414].

Neste ponto, vale relembrar a crítica posta por Cândido Rangel Dinamarco a respeito da redação do art. 475, CPC/73. Para o autor, a ideia de "condição de eficácia" é conceitualmente inadequada, visto que, quando prolatado o acórdão de reexame necessário, este substituirá a sentença recorrida, de modo que "o confirmar a sentença não é outorgar-lhe eficácia ou talvez definitividade, mas emitir novo julgamento conforme"[415].

Hugo de Brito Machado Segundo, por sua vez, entende que as tutelas provisórias têm fundamento constitucional no princípio da inafastabilidade da tutela jurisdicional (art. 5º, XXXV, CF/88) e que, portanto, seu deferimento ou não, depende exclusivamente do cotejo desse princípio com outro, que é o que assegura à parte demandada o direito à cognição exauriente, no qual a ideia de "processo pleno" estaria fundamentada em dois elementos, (i) a "formalidade" e (ii) a "segurança" processuais[416].

Esta plenitude de jurisdição, por certo, no entanto, diminui o grau de celeridade necessário para a adequada satisfação do acesso à Justiça, visto que "as relações econômicas e pessoais da atualidade não se compatibilizam com a longa espera de decisões finais na Justiça"[417]. Dentro dessa percepção parte da doutrina acreditava que, mesmo na vigência

[...] §2º Não se aplica o disposto neste artigo sempre que a condenação, ou o direito controvertido, for de valor certo não excedente a 60 (sessenta) salários mínimos, bem como no caso de procedência dos embargos do devedor na execução de dívida ativa do mesmo valor. (Incluído pela Lei nº 10.352, de 26.12.2001)
§3º Também não se aplica o disposto neste artigo quando a sentença estiver fundada em jurisprudência do plenário do Supremo Tribunal Federal ou em súmula deste Tribunal ou do tribunal superior competente. (Incluído pela Lei nº 10.352, de 26.12.2001)

414 NUNES, Cleucio Santos. **Curso Completo de Direito Processual Tributário**. 5ª. ed. São Paulo: SaraivaJur, 2022, p. 536.

415 DINAMARCO, Cândido Rangel. **A Reforma da Reforma**. 5ª. ed. São Paulo: Malheiros Editores Ltda., 2003, p. 130.

416 MACHADO SEGUNDO, Hugo de Brito. **Processo Tributário**. 10ª. ed. São Paulo: Atlas, 2018, p. 480.

417 NUNES, Cleucio Santos. **Curso Completo de Direito Processual Tributário**. 5ª. ed. São Paulo: SaraivaJur, 2022, p. 537-538.

do CPC/73, seria possível deferir a tutela antecipada contra a Fazenda Pública em razão do princípio da efetividade do processo[418].

Para Jean Carlos Dias, o escopo fundamental desta efetividade seria o grau de predisposição do processo para gerar efeitos concretos na vida dos jurisdicionados. Assim, o processo efetivo seria aquele que tem comprometimento com a tutela de direitos, ou seja, é "uma atividade pública destinada a transcender a esfera puramente formal, para produzir efeitos na vida das pessoas". Trata-se, então, de um conceito ligado à potencialidade do processo de, efetivamente, eliminar a lide[419].

Nesse sentido, Scarpinella Bueno aponta que tal efetividade seria "o *moto perpetuo* da antecipação de tutela", devendo ser mitigadas as características de cognição exauriente e de máxima segurança jurídica do processo, ambas calcadas na sentença judicial transitada em julgado[420]. Para ele, a própria incorporação do instituto da antecipação de tutela ao ordenamento jurídico brasileiro, por meio da Lei nº 8.952/94, seria um sinal de que o legislador estaria prestigiando – mesmo nos casos do art. 475, I e II, CPC/73 – a efetividade da Justiça, em detrimento da segurança jurídica do processo pleno e exauriente, finalizado com a sentença[421].

No mesmo diapasão, também com respeito à tutela antecipada, Francisco Glauber Pessoa Alves assevera:

> Vê-se inegavelmente, a partir da força e do reconhecimento à tutela de urgência antecipatória, que a intenção do direito processual civil atual é sacrificar o valor da segurança ao da efetividade. Interpretar essas mudanças com base em corolários jurídicos de antanho (apegados à segurança) é antes negar valor ao progresso natural do ser humano.[422]

[418] Bueno, Cássio Scarpinella. **Liminar em mandado de segurança: um tema com variações**. 2ª. ed. São Paulo: Editora Revista dos Tribunais, 1999, p. 48.
[419] Dias, Jean Carlos. **Tutelas provisórias no novo CPC: tutelas de urgência: tutela de evidência**. 2ª. ed. Salvador: Juspodivm, 2018, p. 37-38.
[420] Bueno, Cássio Scarpinella. **Liminar em mandado de segurança: um tema com variações**. 2ª. ed. São Paulo: Editora Revista dos Tribunais, 1999, p. 48.
[421] Bueno, Cássio Scarpinella. **Liminar em mandado de segurança: um tema com variações**. 2ª. ed. São Paulo: Editora Revista dos Tribunais, 1999, p. 38.
[422] Alves, Francisco Glauber Pessoa. A tutela antecipada em face da Fazenda Pública, seu perfil contemporâneo (tendências jurisprudenciais) e a necessidade de uma hermenêutica

Essencialmente, são quatro as razões que determinam o afastamento do óbice doutrinário do reexame necessário ao cabimento das tutelas provisórias – e de quaisquer outras medidas liminares fundadas na urgência – contra a Fazenda Pública. A primeira, a segunda e a terceira razões são de ordem formal, enquanto a quarta é de ordem tipicamente material. A primeira razão é de que a Lei nº 8.952/94, responsável pela positivação da antecipação de tutela no CPC/73, ao alterar a redação dos arts. 273 e 461, CPC/73, "não teria vedado o deferimento da medida contra a Fazenda Pública, descabendo à doutrina criar restrição não prevista em lei"[423].

No que tange à esta primeira razão, no entanto, vale ressaltar que, logo após o pronunciamento do STF na MC na ADC nº 04/DF, em 13 de fevereiro de 1998, o entendimento inicial dos tribunais foi de que seria impossível qualquer concessão de tutela antecipada contra a Fazenda Pública, como resta exemplificado no REsp nº 188.974/MS, julgado em 04 de março de 1999, ementado como segue:

> PROCESSUAL CIVIL – TUTELA ANTECIPADA – REQUISITOS – SUSPENSÃO DO DESCONTO DA CONTRIBUIÇÃO DOS SERVIDORES PÚBLICOS – MEDIDA PROVISÓRIA Nº 560/94 – IMPOSSIBILIDADE.
>
> Não atendidos os pressupostos do artigo 273 do CPC, não se concede a tutela antecipada.
>
> Não pode haver concessão da tutela antecipada contra a União.
>
> Recurso provido. (REsp nº 188.974/MS, Rel. Min. Garcia Vieira, Primeira Turma, STJ, j. 04 mar. 1999, DJ 03 mai. 1999, p. 103)

Neste caso, o Instituto Nacional do Seguro Social (INSS) recorria contra acórdão que negou provimento a Agravo de Instrumento que buscava determinar a suspensão de desconto de contribuição previdenciária dos servidores públicos federais, em percentual de 12% (doze por cento), conforme a MP nº 560/94. O voto do relator, Min. Garcia Vieira, da Pri-

que lhe atribua efetividade. **Revista de Processo**. São Paulo: p. 37 a 71. Ano 28, n. 110., abr. – jun. 2003, p. 62.

423 Nunes, Cleucio Santos. **Curso Completo de Direito Processual Tributário**. 5ª. ed. São Paulo: SaraivaJur, 2022, p. 535.

meira Turma, nessa oportunidade, é assaz elucidativo, como se demonstra no excerto a seguir transcrito:

> Se a própria sentença proferida contra a União e suas Autarquias está sujeita ao duplo grau de jurisdição (art. 475, II e III do CPC), não pode haver antecipação de tutela contra a União e o pressuposto da irreversibilidade (art. 273, §2º), impede a sua antecipação de tutela contra a União e suas autarquias para o fim colimado nesta ação e os pagamentos pela União e suas autarquias são feitos na forma do artigo 100 da Constituição Federal, o que impede a antecipação de tutela contra ela. (Trecho do voto do relator no REsp 188.974/MS, p. 1 e 2 do voto. Rel. Ministro Garcia Vieira, Primeira Turma, STJ, j. 04 mar. 1999, DJ 03 mai. 1999, p. 103)

Também é significativo ressaltar, contudo, que, paralelamente, outra corrente dentro do próprio STJ interpretava a decisão na MC na ADC nº 04/DF de maneira diversa. Para o Min. Anselmo Santiago, da Sexta Turma do STJ, o art. 475, II, CPC/73, não afastava a possibilidade de concessão de antecipação de tutela contra a Fazenda Pública:

> PROCESSUAL CIVIL – ANTECIPAÇÃO DE TUTELA – FAZENDA PÚBLICA – LEGITIMIDADE PARA FIGURAR NO PÓLO PASSIVO DA RELAÇÃO – ARTS. 273 E 475, II, DO CPC.
>
> 1. Os comandos dos arts. 273 e 475, II, do CPC, não afastam a possibilidade da concessão de antecipação de tutela em face da Fazenda Pública.
>
> 2. Recurso não conhecido. (REsp nº 171.258/SP, Rel. Min. Anselmo Santiago, Sexta Turma, STJ, j. 10 nov. 1998, DJ 18 dez. 1998, p. 425)

De fato, nos anos vindouros, este segundo entendimento se solidificou no STF e no STJ e ganhou novos argumentos. O Min. Celso de Mello, na Rcl nº 1.514/RS, apontou que:

> Na realidade, uma vez atendidos os pressupostos legais fixados no art. 273, I e II, do CPC, na redação dada pela Lei nº 8.952/94 – e observadas as restrições estabelecidas na Lei nº 9.9494/97 (art. 1º) –, tornar-se-á lícito ao magistrado deferir a tutela antecipatória requerida contra a Fazenda Pública. Isso significa, portanto, que Juízes e Tribunais – sem incorrerem em desres-

peito à eficácia vinculante decorrente do julgamento proferido pelo Supremo Tribunal Federal na apreciação do pedido de medida cautelar formulado na ADC 4-DF, Rel. Min, SYDNEY SANCHES – poderão antecipar os efeitos da tutela jurisdicional em face do Poder Público, desde que o provimento de antecipação não incida em qualquer das situações de pré-exclusão referidas, taxativamente, no art. 1º da Lei nº 9.494/97. (Rcl nº 1.514/RS, Rel. Min. Celso de Mello, Decisão Monocrática, STF, j. 05 jun. 2000, DJ 19 jun. 2000, p. 04)

No mesmo sentido, de acordo com o Min. Félix Fischer, relator do REsp nº 638.919/RS, a própria existência do art. 1º, Lei nº 9.494/97 – cuja constitucionalidade foi debatida na ADC nº 04/DF – reforçava a interpretação de que a impossibilidade de concessão de tutela antecipada contra o Poder Público deveria se verificar somente nas hipóteses taxativamente previstas no dispositivo. A regra, portanto, seria a possibilidade de concessão, como se depreende do trecho do voto condutor a seguir colacionado:

> Com efeito, o art. 1º da Lei nº 9.494/97, ao taxar as situações que vedam a concessão da tutela antecipada acabou por reforçar o entendimento contrário, permitindo a eficácia da medida antecipatória em desfavor do ente público quando a hipótese em discussão não está prevista no aludido dispositivo legal. Tal posicionamento foi abordado na obra de Renato Luís Benucci ("Antecipação da Tutela em Face da Fazenda Pública", São Paulo: Dialética, 2001, p. 64), em relação às situações que excetuam as limitações descritas no aludido diploma legal: "Com efeito, tendo a referida lei determinado as hipóteses em que a antecipação de tutela não poderia ser deferida, aplicando ao instituto da antecipação da tutela as mesmas limitações quanto à concessão de liminares em mandado de segurança, a *contrario sensu*, acabou por reconhecer o cabimento da antecipação de tutela em face da Fazenda Pública nas hipóteses não previstas no texto legal. Acabou por, indiretamente, superar as limitações genéricas a toda espécie de antecipação de tutela em face da Fazenda Pública, como o óbice do reexame necessário, pois se este impedisse a concessão da tutela antecipada, necessidade alguma haveria de se editar um diploma específico para restringir a incidência da antecipação de tutela em face da Fazenda Pública." (Trecho do voto do relator no REsp nº

638.919/RS, p. 6 do Acórdão. Rel. Ministro Felix Fischer, Quinta Turma, STJ, j. 23 jun. 2004, DJ 09 ago. 2004, p. 289).

A segunda razão é de que o art. 475, CPC/73, de fato, restringe a efetividade de sentenças, contudo, o *decisum* que autoriza a concessão de tutela antecipada era – e ainda é – uma decisão de natureza interlocutória, "sendo dotada de provisoriedade e passível de modificação ou de revogação pelo próprio juízo que a concede"[424]. Assim, não haveria que se falar em eficácia condicionada, pois não se trataria de sentença, visto que seu deferimento não extingue o processo[425].

Em face da efetividade do processo, portanto, a interpretação do art. 475, CPC/73, nunca deveria se dar de forma a mitigar os próprios objetivos da antecipação tutela, mesmo quando o Poder Público for parte da lide[426]. Esse argumento também já foi utilizado em diversos pronunciamentos do STJ, a exemplo do REsp nº 659.200/DF, julgado em 21 de setembro de 2004:

> RECURSO ESPECIAL. PROCESSO CIVIL. ANTECIPAÇÃO DOS EFEITOS DA TUTELA. REQUISITOS AUTORIZADORES. SÚMULA N. 7/STJ. REEXAME NECESSÁRIO. ART. 475 DO CPC. INAPLICABILIDADE. VERBA DE CARÁTER ALIMENTAR. EXCEÇÃO AO ART. 2º-B DA LEI N. 9.494/97.
>
> 1. A análise da presença dos requisitos ensejadores da antecipação dos efeitos da tutela, na forma do art. 273, I e II, do CPC, requer o revolvimento do espectro probatório contido nos autos, o que significa exceder o âmbito de cognição conferido ao recurso especial pela Lei Maior, consoante adverte a Súmula n. 7/STJ.
>
> 2. A decisão que antecipa os efeitos da tutela proferida no curso do processo tem natureza de interlocutória, não lhe cabendo aplicar o art. 475 do

[424] CAIS, Cleide Previtalli. **O processo tributário**. 8ª. ed. São Paulo: Revista dos Tribunais, 2013, p. 433.

[425] BUENO, Cássio Scarpinella. **Liminar em mandado de segurança: um tema com variações**. 2ª. ed. São Paulo: Editora Revista dos Tribunais, 1999, p. 38.

[426] NUNES, Cleucio Santos. **Curso Completo de Direito Processual Tributário**. 5ª. ed. São Paulo: SaraivaJur, 2022, p. 535.

CPC, o qual se dirige a dar condição de eficácia às sentenças proferidas contra a Fazenda Pública, quando terminativas com apreciação do mérito (art. 269 do CPC).

3. A jurisprudência desta Corte Superior tem se posicionado firmemente no sentido de, bem sopesada a ratio legis que motivou o legislador ao editar o art. 2º-B da Lei n. 9.494/97, excetuar a regra a fim de fazer valer direitos irrenunciáveis.

4. Recurso especial parcialmente conhecido e, nesse ponto, não provido.

(REsp nº 659.200/DF, Rel. Min. Hélio Quaglia Barbosa, Sexta Turma, STJ, j. 21 set. 2004, DJ 11 out. 2004, p. 384).

A terceira razão são duas das alterações, propostas pela Lei nº 10.352/2001, ao art. 475, CPC/73. A primeira alteração foi o acréscimo do art. 475, §2º, CPC/73, que excluía da remessa necessária as condenações judiciais de valor não superior a 60 (sessenta) salários-mínimos. Para valores abaixo desse limite, portanto, a tutela antecipada seria perfeitamente cabível. A segunda alteração foi a adição do art. 475, §3º, CPC/73, que excluiu da remessa necessária os casos em que o fundamento da concessão de antecipação fosse súmula de tribunal superior. A própria existência destas duas alterações demonstra que o duplo grau de jurisdição nunca fora incompatível com a tutela antecipada e que os dois poderiam, por certo, conviver[427].

O raciocínio jurídico utilizado, em verdade, é similar àquele empregado pelo STJ acerca do art. 1º, Lei nº 9.494/97. Assim, da mesma forma que a inclusão de dispositivo legal que restringe a concessão de tutela autoriza a compreensão de que a tutela é cabível nos casos não previstos, a inclusão de dispositivos autorizadores da concessão – como é o caso do art. 475, §§ 2º e 3º, CPC/73 – também autoriza a interpretação de que, de fato, a tutela antecipada (e, por conseguinte, todo e qualquer provimento liminar fundado em urgência) não é incompatível com a remessa necessária.

Este argumento também encontra guarida nos tribunais pátrios, como se denota do REsp nº 1.085.257/SP, de relatoria da Min. Eliana Calmon,

[427] Nunes, Cleucio Santos. **Curso Completo de Direito Processual Tributário**. 5ª. ed. São Paulo: SaraivaJur, 2022, p. 542.

julgado em 09 de dezembro de 2008, cuja centralidade reside no princípio da efetividade da tutela jurisdicional, derivado do art. 5º, XXXV, CF/88. Nesta oportunidade, a relatora cita, adicionalmente, a previsão do art. 13, Lei nº 10.259/2001[428], que dispensa o reexame necessário nas causas de competência do Juizado Especial Federal (JEF), como também já havia asseverado, anos antes, Francisco Glauber Pessoa Alves[429]. Observe-se a ementa:

> PROCESSUAL CIVIL. REEXAME NECESSÁRIO. AUSÊNCIA DE APELAÇÃO DO ENTE PÚBLICO. INADMISSIBILIDADE DO RECURSO ESPECIAL. PRECLUSÃO LÓGICA.
>
> 1. É fato público e notório que as reformas processuais implementadas no Código de Processo Civil ao longo dos últimos anos têm como objetivo dar efetividade a garantia constitucional do acesso à justiça, positivada no art. 5º, inciso XXXV, da Constituição Federal. Como exemplo desse louvável movimento do legislador tem-se a dispensa do reexame necessário nas causas de competência do Juizado Especial Federal, consoante prevê o art. 13 da Lei 10.259/2001, e nas demais causas mencionadas nos §§ 2º e 3º do art. 475 do diploma processual, na redação que lhes deu a Lei 10.352/2001.
>
> 2. À luz dessa constatação, incumbe ao STJ harmonizar a aplicação dos institutos processuais criados em benefício da fazenda pública, de que é exemplo o reexame necessário, com os demais valores constitucionalmente protegidos, como é o caso do efetivo acesso à justiça.
>
> [...] 6. Recurso especial não conhecido em razão da existência de fato impeditivo do poder de recorrer (preclusão lógica). (REsp nº 1.085.257/SP, Rel. Min. Eliana Calmon, Segunda Turma, STJ, j. 09 dez. 2008, DJe 24 mar. 2009).

[428] **[Lei nº 10.259/2001]** Art. 13. Nas causas de que trata esta Lei, não haverá reexame necessário.

[429] ALVES, Francisco Glauber Pessoa. A tutela antecipada em face da Fazenda Pública, seu perfil contemporâneo (tendências jurisprudenciais) e a necessidade de uma hermenêutica que lhe atribua efetividade. **Revista de Processo**. São Paulo: p. 37 a 71. Ano 28, n. 110., abr. – jun. 2003, p. 63.

A quarta razão, por sua vez, é um argumento de ordem material, fundado no princípio da isonomia (art. 5º, *caput*, CF/88). De fato, Leonardo Martins aponta que, ao se verificar possível violação do direito à igualdade, deve-se questionar o seu motivo, visto que, ao Estado, seria "lícito criar desigualdades sempre que elas não restarem arbitrárias ou não forem destituídas de fundamento racional"[430].

Nesse sentido, para Hugo de Brito Machado Segundo, a Fazenda Pública, por ser distinta dos cidadãos em geral, de fato merece tratamento diferenciado, contudo, excessivo alargamento concedido, pela legislação, a essa distinção, poderia resultar em abusos e privilégios injustificados. Apesar de não ser unanimidade na doutrina, este quarto argumento, portanto, se funda na noção de reciprocidade[431].

Nas palavras de Cleucio Santos Nunes, "ainda que a lei processual restringisse a antecipação dos efeitos da tutela quando a parte contrária fosse a Fazenda, haveria inegável ofensa ao princípio da isonomia e ao estado de direito". Para o autor, tendo em vista que, quando a Fazenda é autora, a tutela antecipada pode ser concedida contra os contribuintes, não haveria razão para o contrário também não ser verdadeiro[432].

3.1.2 O óbice do regime de precatórios

O segundo óbice, apontado pela doutrina, à concessão de tutelas provisórias contra a Fazenda Pública era a existência do regime de precatórios, disciplinado pelo art. 100, *caput*, CF/88[433], e seus parágrafos, que formam

[430] MARTINS, Leonardo. Direito Fundamental à Igualdade. In: CANOTILHO, José Joaquim Gomes, et al. **Comentários à Constituição do Brasil**. 2ª. ed. São Paulo: Saraiva Educação, p. 223-236, 2018, p. 231.

[431] MACHADO SEGUNDO, Hugo de Brito. **Processo Tributário**. 10ª. ed. São Paulo: Atlas, 2018, p. 21.

[432] NUNES, Cleucio Santos. **Curso Completo de Direito Processual Tributário**. 5ª. ed. São Paulo: SaraivaJur, 2022, p. 538.

[433] **[CF/88]** Art. 100. Os pagamentos devidos pelas Fazendas Públicas Federal, Estaduais, Distrital e Municipais, em virtude de sentença judiciária, far-se-ão exclusivamente na ordem cronológica de apresentação dos precatórios e à conta dos créditos respectivos, proibida a designação de casos ou de pessoas nas dotações orçamentárias e nos créditos adicionais abertos para este fim. (Redação dada pela Emenda Constitucional nº 62, de 2009). [...]

verdadeiro sistema organizado. Vale ressaltar que esse sistema de precatórios sofreu diversas mudanças ao longo do tempo, por ação do Poder Constituinte Derivado (EC nº 20/1998, EC nº 30/2000, EC nº 37/2002, EC nº 62/2009 e EC nº 94/2016), bem como por efeito de decisões judiciais, cujos mais significativos exemplos são a ADI nº 2.356/DF, ADI nº 4.357/DF e a ADI nº 4.425/DF.

Essencialmente, o sistema de precatórios permite à Fazenda Pública que pague seus débitos – desde que não seja o caso de cabimento de RPV, nos termos do art. 100, §3º, CF/88 – até o final do exercício financeiro seguinte à inscrição precatório no orçamento público. No julgamento da MC na ADI nº 2.356/DF, o STF asseverou que este sistema tem, ao mesmo tempo, *status* de prerrogativa processual do Poder Público e de garantia constitucional de cumprimento de decisão judicial contra a Fazenda Pública, "que se define em regras de natureza processual conducentes à efetividade da sentença condenatória trânsita em julgado por quantia certa contra entidades de direito público"[434].

[434] EMENTA: MEDIDA CAUTELAR EM AÇÃO DIRETA DE INCONSTITUCIONALIDADE. ART. 2º DA EMENDA CONSTITUCIONAL Nº 30, DE 13 DE SETEMBRO DE 2000, QUE ACRESCENTOU O ART. 78 AO ATO DAS DISPOSIÇÕES CONSTITUCIONAIS TRANSITÓRIAS. PARCELAMENTO DA LIQUIDAÇÃO DE PRECATÓRIOS PELA FAZENDA PÚBLICA.
1. **O precatório de que trata o artigo 100 da Constituição consiste em prerrogativa processual do Poder Público**. Possibilidade de pagar os seus débitos não à vista, mas num prazo que se estende até dezoito meses. Prerrogativa compensada, no entanto, pelo rigor dispensado aos responsáveis pelo cumprimento das ordens judiciais, cujo desrespeito constitui, primeiro, pressuposto de intervenção federal (inciso VI do art. 34 e inciso V do art. 35, da CF) e, segundo, crime de responsabilidade (inciso VII do art. 85 da CF).
2. **O sistema de precatórios é garantia constitucional do cumprimento de decisão judicial contra a Fazenda Pública, que se define em regras de natureza processual conducentes à efetividade da sentença condenatória trânsita em julgado por quantia certa contra entidades de direito público. Além de homenagear o direito de propriedade (inciso XXII do art. 5º da CF), prestigia o acesso à jurisdição e a coisa julgada (incisos XXXV e XXXVI do art. 5º da CF)**. [...]
6. Medida cautelar deferida para suspender a eficácia do art. 2º da Emenda Constitucional nº 30/2000, que introduziu o art. 78 no ADCT da Constituição de 1988. (MC na ADI nº 2.356/DF, Rel. Min. Néri da Silveira, Rel. p/ Acórdão Min. Ayres Britto, Plenário do STF, j. 25 nov. 2010, DJe 19 mai. 2011, com grifo nosso).

A razão para que se entenda o referido sistema como obstáculo à concessão de liminares nos casos em que a tutela consistir em pagamento de valores pelo Poder Público seria de que ele impõe regras especiais para execução contra a Fazenda Pública. De acordo com este entendimento, o credor deve (i) aguardar o trânsito em julgado da sentença condenatória e (ii) obedecer a um regime cronológico de precatórios. Estas regras, portanto, não se coadunariam, a princípio, com o instituto da tutela antecipada, que pressupõe celeridade de execução[435]. De forma geral, Cássio Scarpinella Bueno sumariza esta problemática apontando que

> [...] se a pretensão contra a pessoa jurídica de Direito Público visar ao pagamento, a tutela antecipatória jamais poderá ocorrer, em respeito ao art. 100 da Constituição Federal, que exige como forma de pagamento o precatório e como pressuposto para sua expedição a existência de sentença judiciária (e não de decisão interlocutória, como é o ato concessivo de tutela antecipatória).[436]

Adicionalmente, ainda haveria o problema de que, no modelo tradicional de processo, a execução judicial dependeria de título executivo, seja ele judicial ou extrajudicial, dentro da ideia de *nulla executio sine titulo* (livremente traduzida como "é nula execução sem título"). Nesse sentido, parte da doutrina defendia que a antecipação de tutela se assemelhava à execução sem título, visto que a decisão interlocutória que a defere não conteria, em si, direito já declarado ou do qual já não haveria mais possibilidade de recurso, ou seja, com respeito à qual não se teria verificado o trânsito em julgado[437].

Em contraponto, a doutrina mais abalizada já entende que o sistema de precatórios não constitui óbice à concessão de tutela antecipada contra a Fazenda Pública. Mesmo na vigência do CPC/73, já se obser-

435 Nunes, Cleucio Santos. **Curso Completo de Direito Processual Tributário**. 5ª. ed. São Paulo: SaraivaJur, 2022, p. 536-538.

436 Bueno, Cássio Scarpinella. **Liminar em mandado de segurança: um tema com variações**. 2ª. ed. São Paulo: Editora Revista dos Tribunais, 1999, p. 33.

437 Marinoni, Luiz Guilherme; Arenhart, Sérgio Cruz. **Curso de Processo Civil: Processo de Conhecimento**. 12ª. ed. São Paulo: Revista dos Tribunais, v. 2, 2014, p. 205.

vava que a significativa lentidão das execuções contra o Estado constituía verdadeiro empecilho para a concretização de direito reconhecido judicialmente, em prol do particular. Em razão disso, para Cássio Scarpinella Bueno, deveria ser cabível a antecipação de tutela contra o Poder Público, desde que, por certo, (i) ficassem demonstrados os pressupostos de perigo na demora e verossimilhança da alegação, e (ii) o juízo da execução provisória ficasse convencido de que a efetivação do direito do beneficiário da tutela antecipada não acarretaria a irreversibilidade da decisão[438,439].

Modernamente, o entendimento pela possibilidade da concessão de liminares contra o Poder Público é sustentado por quatro razões principais, em especial no que tange à matéria tributária. A primeira, de cunho eminentemente prático, é de que, concedida a liminar, caso esta não se confirme em sede de provimento final, o contribuinte arcará com as penalidades pecuniárias advindas da mora a partir do momento em que a tutela provisória tenha sido indevidamente concedida, de modo que a Fazenda Pública, efetivamente, não terá prejuízos concretos[440].

A segunda razão enfrenta a questão de a execução judicial, a princípio, depender de título executivo. Para Luiz Guilherme Marinoni e Sérgio Cruz Arenhart, "a tutela antecipatória rompe com o princípio da *nulla executio sine titulo*"[441]. Tendo em vista a necessidade de prestação jurisdicional célere e efetiva como capaz de mitigar o princípio do contraditório, os autores asseveram que

[438] Bueno, Cássio Scarpinella. **Liminar em mandado de segurança: um tema com variações**. 2ª. ed. São Paulo: Editora Revista dos Tribunais, 1999, p. 48-51.

[439] Em termos práticos, eventual depósito em juízo do valor discutido seria uma forma significativamente eficaz de evitar o dano à Fazenda Pública, conferindo ao Poder Público a segurança necessária para que não se verificasse qualquer perigo de irreversibilidade da decisão de tutela antecipada (BUENO, Cássio Scarpinella. **Liminar em mandado de segurança: um tema com variações**. 2ª. ed. São Paulo: Editora Revista dos Tribunais, 1999, p. 33-34).

[440] Nunes, Cleucio Santos. **Curso Completo de Direito Processual Tributário**. 5ª. ed. São Paulo: SaraivaJur, 2022, p. 539.

[441] Marinoni, Luiz Guilherme; Arenhart, Sérgio Cruz. **Curso de Processo Civil: Processo de Conhecimento**. 12ª. ed. São Paulo: Revista dos Tribunais, v. 2, 2014, p. 204.

> As novas exigências de tutela jurisdicional célere e pronta – responsáveis, inclusive, pela transformação da tutela cautelar em técnica de sumarização do processo de conhecimento – *transformaram o princípio da* nulla executio sine titulo *em mito*. Em outros termos: os novos conflitos, por sua própria natureza, deixaram clara a necessidade de tutela antecipatória, ou seja, realização do direito no curso do processo de conhecimento. Nesse caso, passou-se a admitir a tutela do direito antes da realização plena do contraditório. Para a efetividade da tutela do direito, restringe-se, em um primeiro momento, o direito à produção de provas, o qual mais tarde pode ser exercido de forma integral no mesmo processo em que a tutela antecipatória é concedida, garantindo-se, dessa forma e apenas com um processo, o direito à efetividade da tutela jurisdicional e o direito ao contraditório (que na hipótese é apenas postecipado).[442]

No mesmo sentido desta nova tendência do processo civil, vale ressaltar que o STF, no RE nº 573.872/RS, cuja ementa segue colacionada, fixou o Tema nº 45 da Repercussão Geral, no qual entendeu ser possível execução provisória de qualquer decisão, mesmo na pendência de recursos, desde que estes não tenham sido recebidos com efeito suspensivo. Exceções são somente os casos em que se verifica obrigação de pagar quantia certa, os quais devem ser submetidos, em princípio, ao regime de precatórios. Essencialmente, a corte decidiu que "há compatibilidade material entre o regime de cumprimento integral de decisão provisória e a sistemática dos precatórios, haja vista que este apenas se refere às obrigações de pagar quantia certa". Verifica-se, assim, de fato, a presente tendência da jurisprudência em mitigar a ideia da *nulla executio sine titulo*[443]. Veja-se a ementa:

[442] Marinoni, Luiz Guilherme; Arenhart, Sérgio Cruz. **Curso de Processo Civil: Processo de Conhecimento**. 12ª. ed. São Paulo: Revista dos Tribunais, v. 2, 2014, p. 206.

[443] Cleucio Santos Nunes, inclusive, afirma que o resultado prático dessa nova tendência também gera efeitos sobre as ações de repetição de indébito tributário. Para o autor, o rompimento com o princípio da *nulla executio sine titulo* permite a constatação de que, nos casos em que a motivação para restituição de indébito tributário residir no reconhecimento de que o tributo é indevido em face de decisão *erga omnes* do STF (ou seja, quando estiver dotada de alto grau de probabilidade), o art. 100, CF/88, sequer se aplicaria, visto que a antecipação dos efeitos da tutela obedece a uma nova lógica – a da execução sem título

RECURSO EXTRAORDINÁRIO COM REPERCUSSÃO GERAL. DIREITO CONSTITUCIONAL FINANCEIRO. SISTEMÁTICA DOS PRECATÓRIOS (ART. 100, CF/88). EXECUÇÃO PROVISÓRIA DE DÉBITOS DA FAZENDA PÚBLICA. OBRIGAÇÃO DE FAZER. SENTENÇA COM TRÂNSITO EM JULGADO. EMENDA CONSTITUCIONAL 30/2000.

1. Fixação da seguinte tese ao Tema 45 da sistemática da repercussão geral: "A execução provisória de obrigação de fazer em face da Fazenda Pública não atrai o regime constitucional dos precatórios."

2. A jurisprudência do STF firmou-se no sentido da inaplicabilidade ao Poder Público do regime jurídico da execução provisória de prestação de pagar quantia certa, após o advento da Emenda Constitucional 30/2000. Precedentes.

3. A sistemática constitucional dos precatórios não se aplica às obrigações de fato positivo ou negativo, dado a excepcionalidade do regime de pagamento de débitos pela Fazenda Pública, cuja interpretação deve ser restrita. Por consequência, a situação rege-se pela regra geral de que toda decisão não autossuficiente pode ser cumprida de maneira imediata, na pendência de recursos não recebidos com efeito suspensivo.

4. Não se encontra parâmetro constitucional ou legal que obste a pretensão de execução provisória de sentença condenatória de obrigação de fazer relativa à implantação de pensão de militar, antes do trânsito em julgado dos embargos do devedor opostos pela Fazenda Pública.

5. Há compatibilidade material entre o regime de cumprimento integral de decisão provisória e a sistemática dos precatórios, haja vista que este apenas se refere às obrigações de pagar quantia certa.

6. Recurso extraordinário a que se nega provimento. (RE nº 573.872/RS, Rel. Min. Edson Fachin, Plenário do STF, Repercussão Geral, Mérito, j. 24 mai. 2017, DJe 11 set. 2017).

A terceira razão parte da observação de que o regime de precatórios não seria aplicável a todas as formas de cumprimento de sentenças contra a Fazenda Pública. Um primeiro exemplo, como se demonstrou, são as

– em especial por não haver dúvidas sobre o recolhimento indevido dos valores (Nunes, Cleucio Santos. **Curso Completo de Direito Processual Tributário**. 5ª. ed. São Paulo: SaraivaJur, 2022, p. 543).

obrigações de fato positivo ou negativo, as quais, como concluiu o STF no RE nº 573.872/RS, não atraem a aplicação do art. 100, CF/88. Vale dizer, inclusive, que neste precedente, *leading case* do Tema nº 45, da Repercussão Geral do STF, a obrigação de fazer deferida redunda em uma obrigação de pagar de trato sucessivo, ou seja, haveria, indubitavelmente, vantagem pecuniária como efeito secundário da concessão da tutela provisória. Não há, pois, como se esquivar da conclusão de que o STF, neste julgamento, atestou a compatibilidade do regime de precatórios com os provimentos provisórios, os quais incluem, em sentido amplo, as tutelas de urgência e evidência, bastando que (i) restem verificados os requisitos legais de cada uma das modalidades e (ii) os pedidos delas constantes possam ser traduzidos em obrigações de fazer, ainda que, reflexamente, estas redundem em dispêndios por parte da Fazenda Pública.

Outro exemplo seria a ação de compensação de créditos tributários, na qual o contribuinte pode compensar o crédito decorrente do pagamento indevido com tributos vincendos, em operação contábil realizada em seus próprios registros. De fato, partindo-se da ideia de que há uma diferença entre "pagamento" e "escrituração contábil" (esta última também chamada de "acertamento contábil"), Cleucio Santos Nunes afirma que, em princípio não haveria empecilhos à concessão de tutela antecipada, visto que não se trata de pagamento e, portanto, não há que se falar em aplicação do art. 100, CF/88[444].

Nova vantagem que a concessão de tutela provisória contra Fazenda Pública traria para os casos concretos seria a instrumentalização da execução. Isso se daria porque a concessão da tutela forçaria o Juízo, desde logo, a quantificar o bem perseguido pelo autor da ação, o que facilitaria a expedição do precatório e seu depósito no exercício orçamentário seguinte, onde poderia ficar até o julgamento final do feito[445].

Adicionalmente, frente à natureza interlocutória das decisões de concessão de tutela antecipada, Francisco Glauber Pessoa Alves entende que a concessão destas tutelas não inviabilizaria o equilíbrio orçamentário, já

444 NUNES, Cleucio Santos. **Curso Completo de Direito Processual Tributário**. 5ª. ed. São Paulo: SaraivaJur, 2022, p. 539-540.

445 BUENO, Cássio Scarpinella. **Liminar em mandado de segurança: um tema com variações**. 2ª. ed. São Paulo: Editora Revista dos Tribunais, 1999, p. 49.

que, da mesma maneira que o orçamento faz uma previsão para sentenças de mérito, poderia, também, fazer para as decisões interlocutórias[446].

A quarta e última razão para o afastamento do óbice do regime de precatórios à concessão de tutelas provisórias contra a Fazenda Pública é o próprio advento da LC nº 104/2001, que acrescentou o inciso V ao art. 151, CTN[447], incluindo a tutela antecipada como causa de suspensão da exigibilidade do crédito tributário[448].

Feita esta inclusão, já não restam mais dúvida de que a concessão do instituto da tutela antecipada sempre foi possível em matéria tributária, mesmo em face dos óbices impostos pela doutrina e sumarizados na ADI nº 1.576/DF e na ADC nº 04/DF. De fato, o próprio STJ, reconheceu este último argumento no REsp nº 716.379/RN.

> RECURSO ESPECIAL – PROCESSO CIVIL – AUSÊNCIA DE VEDAÇÃO DE CONCESSÃO DE TUTELA ANTECIPADA CONTRA A FAZENDA PÚBLICA – PRETENDIDA SUSPENSÃO DA EXIGIBILIDADE DO CRÉDITO TRIBUTÁRIO – POSSIBILIDADE – ALEGADA INCONSTITUCIONALIDADE DA TAXA DE SEGURANÇA – INCOMPETÊNCIA DESTE STJ PARA EXAMINAR A QUESTÃO.
>
> Em estudo elaborado por este Relator, ficou consignado que "foi firmado o princípio da admissibilidade da tutela antecipada contra a Fazenda Pública, exceto as exceções restritivas" (cf. Domingos Franciulli Netto in "Notas sobre o precatório na execução contra a Fazenda Pública", in Revista dos Tribunais, n. 768, outubro de 1999, p. 44).
>
> A jurisprudência, por sua vez, orienta-se no mesmo sentido. Assim, nos termos do voto da lavra do insigne Ministro Castro Meira, "é admissível a antecipação de tutela contra a Fazenda Pública desde que efetivamente

[446] Alves, Francisco Glauber Pessoa. A tutela antecipada em face da Fazenda Pública, seu perfil contemporâneo (tendências jurisprudenciais) e a necessidade de uma hermenêutica que lhe atribua efetividade. **Revista de Processo**. São Paulo: p. 37 a 71. Ano 28, n. 110., abr. – jun. 2003, p. 69.

[447] **[CTN]** Art. 151. Suspendem a exigibilidade do crédito tributário:
[...] V – a concessão de medida liminar ou de tutela antecipada, em outras espécies de ação judicial; (Incluído pela Lcp nº 104, de 2001)

[448] Nunes, Cleucio Santos. **Curso Completo de Direito Processual Tributário**. 5ª. ed. São Paulo: SaraivaJur, 2022, p. 542.

demonstrados os requisitos que ensejam a sua concessão. A Lei n.º 9.494/97 não constitui óbice aos provimentos antecipatórios contra entidades de direito público, senão nas hipótese taxativamente previstas em lei" (REsp 513.842-MG, DJ 1/3/2004).

A Lei Complementar n. 104/01 introduziu dois novos incisos ao artigo 151 do CTN, que contemplam outras hipóteses de suspensão da exigibilidade do crédito, entre elas a concessão de tutela antecipada.

Não merece ser conhecido o recurso no que concerne à questão da constitucionalidade da Taxa de Segurança, instituída pela Lei Estadual n. 6.848, de 27.12.95. Com efeito, é comezinho que a competência do Superior Tribunal de Justiça refere-se à matéria infraconstitucional.

Recurso especial conhecido em parte e improvido. (REsp nº 716.379/RN, Rel. Min. Franciulli Netto, Segunda Turma, STJ, j. 03 mar. 2005, DJ 22 ago. 2005, p. 234).

Desde o ano de 2006, inclusive, com o julgamento do REsp nº 853.880/RS, de relatoria do Min. Castro Meira, já se reconhece que, às obrigações definidas em lei como de pequeno valor, não se aplica o sistema de precatórios, visto que são pagas por meio de RPV, na forma do art. 100, §3º, CF/88[449]. Vale ressaltar que, no caso em tela, o relator prestou significativa homenagem ao poder geral de cautela do juiz, reforçando que o rol do art. 461, §5º, CPC/73[450], é meramente enumerativo e que o magistrado deve escolher as medidas assecuratórias que melhor

[449] **[CF/88]** Art. 100. Os pagamentos devidos pelas Fazendas Públicas Federal, Estaduais, Distrital e Municipais, em virtude de sentença judiciária, far-se-ão exclusivamente na ordem cronológica de apresentação dos precatórios e à conta dos créditos respectivos, proibida a designação de casos ou de pessoas nas dotações orçamentárias e nos créditos adicionais abertos para este fim. (Redação dada pela Emenda Constitucional nº 62, de 2009). [...]
§3º O disposto no caput deste artigo relativamente à expedição de precatórios não se aplica aos pagamentos de obrigações definidas em leis como de pequeno valor que as Fazendas referidas devam fazer em virtude de sentença judicial transitada em julgado. (Redação dada pela Emenda Constitucional nº 62, de 2009). [...]

[450] **[CPC/73]** Art. 461. [...] §5º Para a efetivação da tutela específica ou a obtenção do resultado prático equivalente, poderá o juiz, de ofício ou a requerimento, determinar as medidas necessárias, tais como a imposição de multa por tempo de atraso, busca e apreensão, remoção de pessoas e coisas, desfazimento de obras e impedimento de ati-

garantam a efetividade da tutela no caso concreto. Apontou, também, que "submeter os provimentos deferidos em antecipação dos efeitos da tutela ao regime de precatórios seria o mesmo que negar a possibilidade de tutela antecipada contra a Fazenda Pública". Observe-se a ementa:

> ADMINISTRATIVO E PROCESSUAL CIVIL. ART. 535, II, DO CPC. OMISSÃO. INEXISTÊNCIA. CUSTEIO DE TRATAMENTO MÉDICO. MOLÉSTIA GRAVE. BLOQUEIO DE VALORES EM CONTAS PÚBLICAS. POSSIBILIDADE. ART. 461, CAPUT E § 5º DO CPC.
>
> 1. A verificação, no âmbito desta Corte, de eventual omissão pelo Tribunal a quo na análise de matéria constitucional importaria na usurpação da competência reservada ao STF.
>
> 2. Além de prever a possibilidade de concessão da tutela específica e da tutela pelo equivalente, o CPC armou o julgador com uma série de medidas coercitivas, chamadas na lei de "medidas necessárias", que têm como escopo o de viabilizar o quanto possível o cumprimento daquelas tutelas.
>
> 3. As medidas previstas no § 5º do art. 461 do CPC foram antecedidas da expressão "tais como", o que denota o caráter não-exauriente da enumeração. Assim, o legislador deixou ao prudente arbítrio do magistrado a escolha das medidas que melhor se harmonizem às peculiaridades de cada caso concreto.
>
> 4. Submeter os provimentos deferidos em antecipação dos efeitos da tutela ao regime de precatórios seria o mesmo que negar a possibilidade de tutela antecipada contra a Fazenda Pública, quando o próprio Pretório Excelso já decidiu que não se proíbe a antecipação de modo geral, mas apenas para resguardar as exceções do art. 1º da Lei 9.494/97.
>
> 5. O disposto no caput do artigo 100 da CF/88 não se aplica aos pagamentos de obrigações definidas em lei como de pequeno valor, de modo que, ainda que se tratasse de sentença de mérito transitada em julgado, não haveria submissão do pagamento ao regime de precatórios.
>
> 6. Em casos como o dos autos, em que a efetivação da tutela concedida está relacionada à preservação da saúde do indivíduo, a ponderação das normas constitucionais deve privilegiar a proteção do bem maior que é a vida.

vidade nociva, se necessário com requisição de força policial. (Redação dada pela Lei nº 10.444, de 7.5.2002)

7. Precedentes de ambas as Turmas que compõem a Primeira Seção.
8. Recurso especial improvido. (REsp nº 853.880/RS, Rel. Min. Castro Meira, Segunda Turma, STJ, j. 19 set. 2006, DJ 28 set. 2006, p. 247)

Este entendimento, cada vez mais sólido naquela Corte, passou a ser utilizado, também, para permitir o bloqueio de verbas públicas, como medida assecuratória atípica fundada no poder geral de cautela do juiz, sedimentando o afastamento do óbice do regime de precatórios à concessão de tutelas provisórias contra o Poder Público, como exemplificado no AgR no REsp nº 935.083/RS, de relatoria do Min. Humberto Martins:

ADMINISTRATIVO. FAZENDA PÚBLICA. FORNECIMENTO DE MEDICAMENTOS. BLOQUEIO DE VERBAS PÚBLICAS. CABIMENTO. ART. 461, § 5º, E ART. 461-A DO CPC. DECISÃO MANTIDA POR SEUS PRÓPRIOS FUNDAMENTOS.

1. A negativa de fornecimento de um medicamento de uso imprescindível, cuja ausência gera risco à vida ou grave risco à saúde, é ato que, per se, viola direitos indisponíveis, pois vida e a saúde são bens jurídicos constitucionalmente tutelados em primeiro plano.
2. O bloqueio da conta bancária da Fazenda Pública possui características semelhantes ao seqüestro e encontra respaldo no art. 461, § 5º, do CPC, uma vez tratar-se não de norma taxativa, mas exemplificativa, autorizando o juiz, de ofício ou a requerimento da parte, determinar as medidas assecuratórias para o cumprimento da tutela específica.
3. O direito à saúde deve prevalecer sobre o princípio da impenhorabilidade dos recursos públicos. Nas palavras do Min. Teori Albino Zavascki, pode-se ter por legítima, ante a omissão do agente estatal responsável pelo fornecimento do medicamento, a determinação judicial do bloqueio de verbas públicas como meio de efetivação do direito prevalente. (REsp 840.912/RS, Primeira Turma, julgado em 15.2.2007, DJ 23.4.2007)
4. Não há que se sujeitar os valores deferidos em antecipação de tutela ao regime de precatórios, pois seria o mesmo que negar a possibilidade de tutela antecipada contra a Fazenda Pública, quando o Supremo Tribunal Federal apenas resguarda as exceções do art. 1º da Lei 9.494/97. Precedente. Agravo regimental improvido. (AgR no REsp nº 935.083/RS, Rel. Ministro

Humberto Martins, Segunda Turma, STJ, j. 02 ago. 2007, DJ 15 ago. 2007, p. 268)

3.2 A evolução da jurisprudência dos tribunais superiores e a necessidade de exegese restritiva das vedações à concessão de tutelas provisórias contra a Fazenda Pública

Ao longo dos anos, a posição dos tribunais superiores a respeito da possibilidade de concessão de tutelas provisórias contra o Poder Público sofreu diversas modificações. Após pesquisa, foi possível dividir em quatro fases a evolução da jurisprudência dos tribunais superiores acerca da exegese quanto às vedações à concessão de tutelas provisórias contra a Fazenda Pública. Foi possível situar cada fase em um período temporal aproximado, contudo, importa ressaltar que estes períodos têm interseções e que, mesmo dentro de cada período, quase sempre é possível encontrar decisões discrepantes.

As fases, bem como seus respectivos períodos temporais, são: (i) a Consideração com temperamentos das restrições (com marco temporal de referência entre os anos de 1999 e 2003); (ii) a Interpretação restritiva dos casos previdenciários (com marco temporal de referência entre os anos de 2001 e 2007); (iii) a Superação dos óbices doutrinários (com marco temporal de referência entre os anos de 2005 e 2009); e (iv) o Afastamento das vedações em casos diversos (a partir de 2008).

Dentro do escopo da quarta fase, de afastamento das vedações em casos diversos, há um marco jurisprudencial que, por sua relevância e possíveis efeitos, suscita debate mais profundo. Trata-se do julgamento da ADI nº 4.296/DF, o qual já foi destacado no fim da seção 2.9. Nesta ocasião, o STF reputou inconstitucional o art. 7º, § 2º, da Lei nº 12.016/2009 (Lei do Mandado de Segurança). Apesar de não tratar especificamente do art. 1.059, CPC/2015, entende-se que esta decisão tem o potencial de impactar significativamente, nos anos vindouros, a interpretação deste dispositivo, bem como de outros dispositivos que trazem vedações à concessão de tutela provisória contra a Fazenda Pública. Por essas razões, o precedente em questão merecerá uma subseção própria.

3.2.1 Primeira fase: consideração com temperamentos das restrições (1999 a 2003)

Logo após o pronunciamento do STF na MC na ADC nº 04/DF, em 13 de fevereiro de 1998, não houve imediata concordância, entre os tribunais, acerca do cabimento das tutelas antecipadas em face da Fazenda Pública. Parte dos magistrados entendia pela vedação irrestrita de tais concessões, a exemplo do que ficou consignado no REsp nº 217.743/CE, de relatoria do Min. José Arnaldo da Fonseca, da Quinta Turma do STJ:

> RECURSO ESPECIAL. PREVIDENCIÁRIO. PROCESSUAL CIVIL. TUTELA ANTECIPADA. IMPOSSIBILIDADE. SUPREMO TRIBUNAL FEDERAL. ADC 04/DF. DECISÕES ANTERIORES. SUSTAÇÃO APENAS DOS EFEITOS FUTUROS.
>
> Ao apreciar a Medida Cautelar, incidente à Ação Declaratória de Constitucionalidade nº 04/DF, o Supremo decidiu que é proibido conceder tutela antecipada contra a Fazenda Pública, ressalvadas as decisões de tutela antecipada concedidas anteriormente ao julgamento desta questão. Precedentes do STJ (REsp 195.998/RS).
>
> Recurso desprovido. (REsp nº 217.743/CE, Rel. Min. José Arnaldo da Fonseca, Quinta Turma, STJ, j. 28 ago. 2001, DJ 22 dez. 2001, p. 345)

Com o passar do tempo, prevaleceu, no entanto, a corrente que entendia pela possibilidade de concessão das tutelas em "hipóteses especialíssimas, nas quais a denegação do pedido implicaria em ameaça à própria sobrevivência do demandante", como apontado pelo Min. Vicente Leal, da Sexta Turma do STJ, no julgamento do REsp nº 463.778/RS:

> ADMINISTRATIVO. TUTELA ANTECIPADA CONTRA FAZENDA PÚBLICA. CONCESSÃO. IMPOSSIBILIDADE. LEI 9.494/97. EXCEÇÃO. SITUAÇÃO EXCEPCIONAL.
>
> – Este Colendo Superior Tribunal de Justiça, tendo em vista decisão do Supremo Tribunal Federal, firmou sua jurisprudência no sentido de ser inaplicável a concessão de tutela antecipada em desfavor da Fazenda Pública enquanto pendente de julgamento definitivo a ação direta de constitucionalidade relativa à Lei 9.494/97 -Todavia, esta Corte Superior, atenta à impossibilidade de aplicação irrestrita da mencionada vedação,

> o que poderia gerar danos irreparáveis à parte em situações peculiares, terminou por admitir a antecipação dos efeitos da tutela em detrimento da Fazenda Pública em hipóteses especialíssimas, nas quais a denegação do pedido implicaria em ameaça à própria sobrevivência do demandante. Precedentes.
>
> – Recurso especial não conhecido. (REsp nº 463.778/RS, Rel. Min. Vicente Leal, Sexta Turma, STJ, j. 26 nov. 2002, DJ 19 dez. 2002, p. 504)

Inaugurava-se, então, uma primeira fase de entendimento jurisprudencial, significativamente frequente entre os anos de 1999 e 2003, a que se convencionou chamar de "consideração com temperamentos das restrições", homenageando o vocábulo utilizado pelo Min. Félix Fischer, da Quinta Turma do STJ, no julgamento do REsp nº 409.172/RS. Esta fase era caracterizada por um afastamento da vedação prevista na ADC nº 04/DF, em situações especialíssimas, nas quais "resta evidente o estado de necessidade e a exigência da preservação da vida humana, sendo, pois, imperiosa a antecipação da tutela como condição, até mesmo, de sobrevivência para o jurisdicionado":

> ADMINISTRATIVO. TUTELA ANTECIPADA. FAZENDA PÚBLICA. ESTADO DE NECESSIDADE. VIDA HUMANA.
>
> Conquanto o colendo Supremo Tribunal Federal, quando do julgamento em plenário da medida liminar na ADC nº 4, tenha entendido pela impossibilidade da antecipação de tutela em face da Fazenda Pública, tal restrição deve ser considerada com temperamentos. A vedação, assim já entendeu esta Corte, não tem cabimento em situações especialíssimas, nas quais resta evidente o estado de necessidade e a exigência da preservação da vida humana, sendo, pois, imperiosa a antecipação da tutela como condição, até mesmo, de sobrevivência para o jurisdicionado. Precedentes.
>
> Recurso não conhecido. (REsp nº 409.172/RS, Rel. Min. Felix Fischer, Quinta Turma, STJ, j. 04 abr. 2002, DJ 29 abr. 2002, p. 320)

Dentro de tais situações especialíssimas, encontrava-se, também, o pagamento de férias e licença-prêmio não gozadas e convertidas em dinheiro, tendo em vista que constituíam dívida de natureza alimentar, de modo que era cabível a concessão de tutela antecipada contra o Poder Público:

> TRIBUTÁRIO – PROCESSUAL CIVIL – IMPOSTO DE RENDA – INCIDÊNCIA – FÉRIAS E LICENÇA-PRÊMIO – TUTELA ANTECIPADA CONTRA A UNIÃO – ADMISSIBILIDADE.
>
> As férias e licença-prêmio não gozadas e convertidas em dinheiro não se sujeitam ao Imposto de Renda. Súmulas nºs. 125 e 136 do STJ.
>
> Tratando-se de questão pacificada e tendo a dívida natureza alimentícia, cabe a tutela antecipada contra a União.
>
> Recurso improvido. (REsp nº 232.005/CE, Rel. Min. Garcia Vieira, Primeira Turma, STJ, j. 18 nov. 1999, DJ 07 fev. 2000, p. 139)

3.2.2 Segunda fase: interpretação restritiva dos casos previdenciários (2001 a 2007)

A segunda fase desta evolução jurisprudencial, temporalmente posicionada entre os anos 2001 e 2007, se caracterizou pela "interpretação restritiva dos casos previdenciários". Durante esta fase, se consolidou o entendimento de que "a decisão na ADC-4 não se aplica em matéria de natureza previdenciária", como constante da Rcl nº 1.122/RS, apreciada pelo STF, em 2001:

> EMENTA: Reclamação. A decisão na ADC-4 não se aplica em matéria de natureza previdenciária. O disposto nos arts. 5º, e seu parágrafo único, e 7º, da Lei nº 4348/1964, e no art. 1º e seu parágrafo 4º da Lei nº 5021, de 9.6.1966, não concernem a benefício previdenciário garantido a segurado, mas, apenas, a vencimentos e vantagens de servidores públicos. Relativamente aos arts. 1º, 3º e 4º da Lei nº 8437, de 30.6.1992, que o art. 1º da Lei nº 9494/1997 manda, também, aplicar à tutela antecipada, por igual, não incidem na espécie aforada no Juízo requerido. A Lei nº 8437/1992 dispõe sobre a concessão de medidas cautelares contra atos do Poder Público. No art. 1º, interdita-se deferimento de liminar, "no procedimento cautelar ou em quaisquer outras ações de natureza cautelar ou preventiva, toda vez que providência semelhante não puder ser concedida em ações de mandado de segurança, em virtude de vedação legal". Ocorrência de evidente remissão às

normas acima aludidas, no que respeita a vencimentos e vantagens de servidores públicos, que prosseguiram, assim, em vigor. A inteligência desse dispositivo completa-se com o que se contém, na mesma linha, no art. 3º da Lei nº 8437/1992. Não cabe emprestar ao § 3º do art. 1º do aludido diploma exegese estranha a esse sistema, conferindo-lhe, em decorrência, autonomia normativa a fazê-lo incidir sobre cautelar ou antecipação de tutela acerca de qualquer matéria.

Reclamação julgada improcedente. (Rcl nº 1.122/RS, Rel. Min. Néri da Silveira, Plenário do STF, j. 30 mai. 2001, DJ 06 set. 2001, p. 8).

A propagação deste entendimento resultou na edição da Súmula nº 729, STF[451], aprovada na Sessão Plenária de 26 de novembro de 2003, e publicada em 11 de dezembro de 2003. Este enunciado, essencialmente, admitiu a possibilidade de mitigação da decisão na ADC nº 04/DF, deixando claro que a vedação à concessão de medidas liminares em face do Poder Público, constante do art. 1º, Lei nº 9.494/97, não pode ser compreendida como absoluta. De fato, diversos foram os precedentes que, posteriormente, confirmaram e expandiram a ideia de interpretação restritiva dos casos previdenciários.

No REsp nº 608.704/CE, o STJ confirmou a possibilidade de execução provisória contra a Fazenda Pública, em razão da concessão de antecipação de tutela, nos casos de revisões de pensões estatutárias. Como justificativa, o tribunal entendeu, em homenagem ao princípio da efetividade da tutela jurisdicional, que, em regra, "os titulares de pensões são pessoas em idade avançada ou portadores de necessidades especiais, onde é imperiosa a imediata satisfação do direito, sob risco de que, em face da demora, o provimento jurisdicional seja inócuo". Com essa decisão, afastou a aplicação do art. 2º-B, Lei nº 9.494/97, apontando que este deve ter interpretação restritiva:

451 **[Súmula nº 729, STF]** A decisão na Ação Direta de Constitucionalidade 4 não se aplica à antecipação de tutela em causa de natureza previdenciária.

> PROCESSUAL CIVIL. EXECUÇÃO PROVISÓRIA. FAZENDA PÚBLICA. POSSIBILIDADE. VEDAÇÃO. ART. 2º-B DA LEI Nº 9.494/97. PENSÕES ESTATUTÁRIAS. REVISÃO. DESCABIMENTO. NATUREZA PREVIDENCIÁRIA.
>
> I – Descabe falar em afronta aos artigos 458, inciso II, e 535, inciso II, do Código de Processo Civil, pois houve a apreciação da matéria suscitada nos embargos de declaração possibilitando, inclusive, sua análise em sede especial.
>
> II – Esta Corte tem se pronunciado no sentido da possibilidade de execução provisória contra a Fazenda Pública e que nessa hipótese, em se tratando de verba de natureza alimentar, é dispensável a prestação de caução.
>
> III – O artigo 2º-B, da Lei nº 9.494/97, impôs a necessidade do trânsito em julgado para a execução de sentenças que determinem a liberação de recurso, inclusão em folha de pagamento, reclassificação, equiparação, concessão de aumento ou extensão de vantagens a servidores, devendo a norma ser interpretada restritivamente.
>
> IV – Não foram incluídas na vedação as revisões de pensões estatutárias, motivo porque inexiste óbice à execução provisória quando presente essa situação. Com efeito, via de regra, os titulares de pensões são pessoas em idade avançada ou portadores de necessidades especiais, onde é imperiosa a imediata satisfação do direito, sob risco de que, em face da demora, o provimento jurisdicional seja inócuo.
>
> V – Entendimento, em hipótese análoga, que deu origem ao enunciado nº 729 da Súmula do Pretório Excelso: "A decisão na ADC-4 não se aplica à antecipação de tutela em causa de natureza previdenciária." Recurso não-conhecido.
>
> (REsp nº 608.704/CE, Rel. Min. Felix Fischer, Quinta Turma, STJ, j. 25 mai. 2004, DJ 01 jul. 2004, p. 271).

O AgR no REsp nº 567.932/RS, então, expandiu este entendimento, permitindo a aplicação analógica da Súmula nº 729, STF, para quaisquer casos de concessão de benefícios previdenciários. No julgado, ficou consignado, quanto ao art. 2º-B, Lei nº 9.494/97, que a "a vedação de execução provisória de sentença contra a Fazenda Pública deve se ater às hipóteses expressamente elencadas no referido dispositivo":

PROCESSUAL CIVIL. ADMINISTRATIVO. SERVIDORA PÚBLICA ESTADUAL INATIVA. EXECUÇÃO PROVISÓRIA DE SENTENÇA CONTRA FAZENDA PÚBLICA. NÃO INCIDÊNCIA DA VEDAÇÃO DO ART. 2.º-B DA LEI N. 9.494/97. HIPÓTESE NÃO PREVISTA.

1. Esta Corte Superior, no desempenho da sua missão constitucional de interpretação da legislação federal, deu uma exegese restritiva ao art. 2.º-B da Lei n.º 9.494/97, no sentido de que a vedação de execução provisória de sentença contra a Fazenda Pública deve se ater às hipóteses expressamente elencadas no referido dispositivo. Precedentes.

2. Em face da referida interpretação restritiva, tem-se afastado a aplicação do art. 2.º-B da Lei n.º 9.949/97 aos casos de benefícios previdenciários, por não se enquadrarem nas hipóteses elencadas no dispositivo em questão. Precedentes.

3. Aplica-se, por analogia, a Súmula n.º 729/STF: "A decisão na ADC-4 não se aplica à antecipação de tutela em causa de natureza previdenciária."

4. Agravo regimental desprovido. (AgR no REsp nº 567.932/RS, Rel. Min. Laurita Vaz, Quinta Turma, STJ, j. 03 abr. 2007, DJ 14 mai. 2007, p. 366).

Decisões posteriores (e ainda mais recentes) das turmas de Direito Público do STJ, viriam a progressivamente qualificar este entendimento, tais quais aquelas tomadas no AgInt no AREsp nº 1.382.861/SP (Segunda Turma) e no AgInt no AREsp nº 1.244.792/SP (Primeira Turma):

PROCESSUAL CIVIL. PREVIDENCIÁRIO. APOSENTADORIA ESPECIAL. EXECUÇÃO PROVISÓRIA DE SENTENÇA. POSSIBILIDADE.

I – Na origem, trata-se de agravo de instrumento em cumprimento provisório de sentença em mandado de segurança, de decisão que determinou que o ente público providenciasse a aposentadoria especial da servidora. No Tribunal a quo, negou-se provimento ao agravo. Esta Corte conheceu do agravo para negar provimento ao recurso especial.

II – À luz da jurisprudência pacífica nesta Corte, é possível a execução provisória de sentença no caso em questão, que versa sobre verbas previdenciárias – proventos de servidor – e, portanto, não se encontra atingida pela vedação contida nos arts. 7º, § 2º e 14, § 3º, da Lei n. 12.016/09. Nesse sentido: (REsp 1.799.849/SP, Rel. Ministro Herman Benjamin, Segunda Turma, julgado em 2/4/2019, DJe 16/4/2019 e AgRg no AREsp 459.964/RN, Rel. Ministra Regina Helena Costa, Primeira Turma, julgado em 15/12/2016, DJe 3/2/2017).

III – Na esteira da remansosa jurisprudência desta Corte superior, o caso em questão não está inserido nas hipóteses previstas pelo art. 2º-B da Lei n. 9.494/1997, ou seja, a sentença que determina o cumprimento de obrigação de fazer – implemento de benefício previdenciário de aposentadoria especial de policial civil – pode ser executada antes de seu trânsito em julgado. Confira-se: (REsp 1.722.515/SP, Rel. Ministro Herman Benjamin, Segunda Turma, julgado em 20/3/2018, DJe 13/11/2018 e REsp 1.701.969/SP, Rel. Ministro Herman Benjamin, Segunda Turma, julgado em 28/11/2017, DJe 19/12/2017).

IV – Agravo interno improvido. (AgInt no AREsp nº 1.382.861/SP, Rel. Min. Francisco Falcão, Segunda Turma, STJ, j. 22 abr. 2020, DJe 24 abr. 2020).

ADMINISTRATIVO. AGRAVO INTERNO NO AGRAVO EM RECURSO ESPECIAL. SERVIDOR PÚBLICO. AGRAVO DE INSTRUMENTO COM PEDIDO DE EFEITO SUSPENSIVO. EXECUÇÃO PROVISÓRIA DE SENTENÇA CONTRA A FAZENDA PÚBLICA. COMPLEMENTAÇÃO DE APOSENTADORIA. POSSIBILIDADE. INTERPRETAÇÃO RESTRITIVA DO ART. 2o.-B DA LEI 9.494/1997. SÚMULA 729/STF. AGRAVO INTERNO DA FAZENDA DO ESTADO DE SÃO PAULO DESPROVIDO.

1. A jurisprudência desta Corte está consolidada quanto à inexistência de vedação legal à concessão de tutela antecipada contra a Fazenda Pública nas causas de natureza previdenciária, como ocorre na espécie. Precedentes: AgRg no AREsp 560.059/RN, Rel. Min. HUMBERTO MARTINS, DJe 4.12.2014; AgRg no AREsp 261.364/ES, Rel. Min. BENEDITO GONÇALVES, DJe 20.6.2014; e AgRg nos EDcl no REsp. 1.046.087/ES, Rel. Min. MARCO AURÉLIO BELLIZZE, DJe 26.2.2013.

2. Agravo Interno da FAZENDA DO ESTADO DE SÃO PAULO desprovido. (AgInt no AREsp nº 1.244.792/SP, Rel. Min. Napoleão Nunes Maia Filho, Primeira Turma, STJ, j. 05 out. 2020, DJe 08 out. 2020).

3.2.3 Terceira fase: superação dos óbices doutrinários (2005 a 2009)

Retomando-se a exposição cronológica, verificou-se que, nos anos seguintes, em especial entre 2005 e 2009, passou-se a discutir, nos tribunais superiores, os óbices doutrinários à concessão de tutelas provisórias contra a Fazenda Pública, na forma do óbice do reexame necessário e do óbice do regime de precatórios. Como se demonstrou na seção anterior, com o tempo, estes obstáculos foram ultrapassados, o que se deu na terceira fase da evolução jurisprudencial, que foi denominada "superação dos óbices doutrinários". O REsp nº 749.082/RN, por exemplo, traz uma sumarização de alguns dos precedentes mais importantes – incluindo alguns mencionados na seção anterior, como o REsp nº 638.919/RS – que afastam o obstáculo do reexame necessário:

> PROCESSUAL CIVIL E TRIBUTÁRIO. TAXA DE SEGURANÇA PÚBLICA. SUSPENSÃO. ANTECIPAÇÃO DE TUTELA CONTRA A FAZENDA PÚBLICA. PRESSUPOSTOS. VERIFICAÇÃO. IMPOSSIBILIDADE. SÚMULA 7/STJ. DUPLO GRAU DE JURISDIÇÃO. COMPATIBILIDADE. ART. 1º DA LEI Nº 9.494/97. INTERPRETAÇÃO RESTRITIVA.
>
> I – Os argumentos referentes à ausência dos pressupostos autorizadores da concessão da cautela não são passíveis de exame em sede especial, por implicar em revolvimento do substrato-fáctico probatório já soberanamente analisado pelas instâncias ordinárias. Faz-se incidir o verbete sumular nº 7 desta Corte Superior. Precedente: REsp nº 652.365/PR, Rel. Min. FRANCIULLI NETTO, DJ de 25/04/2005.
>
> II – Improcede a tese de que a ação sujeita ao duplo grau de jurisdição não recepcionaria a tutela antecipatória, haja vista que a concessão liminar dá-se por meio de decisão interlocutória e não de sentença definitiva, sendo esta última, consoante o ditame do art. 475 da Lei de Ritos, a que se submete ao reexame necessário. Precedente: REsp nº 638.919/RS, Rel. Min. FÉLIX FISCHER, DJ de 09/08/2004.
>
> III – O art. 1º da Lei nº 9.494/97, por haver "determinado as hipóteses em que a antecipação de tutela não poderia ser deferida, aplicando ao instituto da antecipação da tutela as mesmas limitações quanto à concessão de liminares em mandado de segurança, a contrario sensu, acabou por reconhecer o cabimento da antecipação de tutela em face da Fazenda

Pública nas hipóteses não previstas no texto legal" (REsp nº 638.919/RS, idem).

VI – Esta Corte Superior reconhece a impossibilidade da concessão da tutela antecipada contra a Fazenda Pública apenas nos casos em que houver impedimento ao deferimento de liminar em sede mandamental.

V – O caso em exame trata de ação ajuizada com o fito de suspender a exigibilidade de taxa municipal. Nessa linha de raciocínio, perfeitamente possível a concessão da tutela antecipada in casu, uma vez que esta Casa de Justiça já se manifestou, quando presentes os pressupostos, pela concessão da liminar em mandado de segurança para suspender a exigibilidade de crédito tributário. Precedentes: REsp nº 222.838/SP, Relatora Ministra ELIANA CALMON, DJ de 18/02/2002; e REsp nº 70.884/MG, Relator Ministro FRANCISCO PEÇANHA MARTINS, DJ de 22/03/1999.

VI – Recurso especial parcialmente conhecido e, nessa parte, DESPROVIDO. (REsp nº 749.082/RN, Rel. Min. Francisco Falcão, Primeira Turma, STJ, j. 16 mar. 2006, DJ 10 abr. 2006, p. 145).

No REsp nº 834.678/PR, por sua vez, o relator Min. Luiz Fux, aponta que há incompatibilidade na submissão das tutelas antecipadas ao sistema de precatórios, visto que estas não podem ser postergadas em face da "efetividade, auto-executoriedade e mandamentalidade ínsita aos provimentos de urgência". No mesmo julgado, o Tribunal Superior também aponta que, nos casos em que se exige satisfatividade imediata, há incompatibilidade das tutelas de urgência, inclusive, com o recebimento de apelações com efeito suspensivo, conforme ementa a seguir colacionada. No mesmo sentido também é o Enunciado nº 217, FPPC[452].

[452] **[FPPC – Enunciado nº 217]** "A apelação contra o capítulo da sentença que concede, confirma ou revoga a tutela antecipada da evidência ou de urgência não terá efeito suspensivo automático". (FPPC. Fórum Permanente de Processualistas Civis (FPPC). **Carta de Florianópolis – Enunciados do Fórum Permanente de Processualistas Civis**, 24, 25 e 26 de março de 2017, p. 32. Disponível em: https://institutodc.com.br/wp-content/uploads/2017/06/FPPC-Carta-de-Florianopolis.pdf. Acesso em: 14 out. 2022)

PROCESSUAL CIVIL. ADMINISTRATIVO. RESPONSABILIDADE CIVIL DO ESTADO. AÇÃO DE INDENIZAÇÃO. AGRAVO DE INSTRUMENTO. ANTECIPAÇÃO DE TUTELA. EFETIVAÇÃO MEDIANTE EXPEDIÇÃO DE PRECATÓRIO. VIOLAÇÃO DOS ARTS. 165; 458, II; 463, II e 535, I e II, DO CPC. NÃO CONFIGURADA.

1. A tutela de urgência pressupõe a impossibilidade de cumprimento de liturgias que posterguem a prestação jurisdicional, sendo essa a ratio aferível na gênese do novel instituto.

2. Deveras, a institucionalização dos provimentos urgentes é consectário do princípio da inafastabilidade da jurisdição ou do acesso à justiça, que deve atuar de pronto diante de ameaça ou lesão a direito individual ou coletivo.

3. As regras infraconstitucionais, na sua exegese, devem partir da premissa metodológica da novel constitucionalização do direito, inaugurada pela Carta pós-positivista de 1988.

4. A idéia de efetividade, auto-executoriedade e mandamentalidade ínsita aos provimentos de urgência, cuja situação acautelada reclama satisfatividade imediata, conduzem à conclusão da incompatibilidade com os meios que revelem postergação da efetivação da tutela deferida, como sói ser o recebimento de apelação com efeito suspensivo e, a fortiori, submissão da execução das mencionadas tutelas ao regime de precatório.

5. Sob o ângulo analógico, as quantias de pequeno valor podem ser pagas independentemente de precatório e, a fortiori, entregues, por ato de império do Poder Judiciário, notadamente porque o disposto no caput do artigo 100 da CF/88 não se aplica aos pagamentos de obrigações definidas em lei como de pequeno valor, de modo que, ainda que se tratasse de sentença de mérito transitada em julgado, não haveria submissão do pagamento ao regime de precatórios. Precedentes: AgR no REsp 888325/RS, DJ de DJ 29.03.2007; REsp 853880/RS, DJ de 28.09.2006 e REsp 656.838/RS, DJ de 20.06.05.

6. A possibilidade de graves danos decorrentes da demora da efetivação do provimento antecipatório sub examine revela a incompatibilidade da submissão da tutela de urgência ao regime do precatório, máxime porque a pensão provisória a ser paga pelo Município requerido, até decisão final da ação principal, é imprescindível para fazer face às despesas médicas e terapêuticas da menor, acometida de encefalopatia grave e irreversível, em decorrência de vacinação em posto de saúde do Município de Curitiba.

7. Ademais, o Tribunal local, com ampla e irrestrita cognição acerca dos requisitos ensejadores do deferimento da antecipação de tutela, assentou que: "(...) A verossimilhança que pode ser conceituada como convencimento pelo Juiz da certeza dos fatos colacionados na causa petendi, e assim, entendo a mesma restou demonstrada quando das provas contidas nos autos, eis que as crises de convulsão que desencadearam o processo patológico na menor, tiverem como termo inicial, o dia seguinte à aplicação da vacina no Posto de Saúde do Município, o que indica a existência de nexo causal entre o dano a vacina, entretanto, como bem salientou o eminente Procurador de Justiça "essa é a hipótese mais provável, conforme se infere dos documentos de fls. 53, 58 e 60". (fls. 152)

8. Inexiste ofensa aos arts. 165; 458, II; 463, II e 535, I e II, CPC, quando o Tribunal de origem pronuncia-se de forma clara e suficiente sobre a questão posta nos autos, cujo decisum revela-se devidamente fundamentado. Ademais, o magistrado não está obrigado a rebater, um a um, os argumentos trazidos pela parte, desde que os fundamentos utilizados tenham sido suficientes para embasar a decisão. Precedente desta Corte: RESP 658.859/RS, publicado no DJ de 09.05.2005.

9. Recurso especial provido. (REsp nº 834.678/PR, Rel. Min. Luiz Fux, Primeira Turma, STJ, j. 26 jun. 2007, DJ 23 ago. 2007, p. 216).

3.2.4 Quarta fase: afastamento das vedações em casos diversos (a partir de 2008)

Sedimentada a necessidade de interpretação restritiva nos casos previdenciários e superados os óbices doutrinários à concessão de tutelas provisórias contra a Fazenda Pública, os tribunais superiores, a partir de 2008, passaram a admitir tal concessão em situações específicas. Assim teve início a quarta fase da evolução jurisprudencial acerca da matéria, a qual se optou por denominar "afastamento das vedações em casos diversos".

No REsp nº 934.138/MT, por exemplo, o STJ consignou a tese de que o "direito à assistência judiciária estatal assegurado pela Constituição Federal em seu art. 5º, LXXIV – transcende à proibição erigida quanto ao deferimento da tutela de urgência". No mesmo julgado, o relator, Min. Luiz Fux, reforçou, uma vez mais, a função da antecipação dos efeitos da tutela como instrumento de concretização da efetividade e da celeridade da prestação jurisdicional, bem como a ideia de exegese restritiva das vedações contidas no art. 1º, Lei nº 9.494/97:

> PROCESSUAL CIVIL. ADMINISTRATIVO. AÇÃO CIVIL PÚBLICA. DESIGNAÇÃO DE DEFENSOR PÚBLICO. ASSISTÊNCIA JUDICIÁRIA ESTATAL (ART. 5º. LXXIV, DF/88). ANTECIPAÇÃO DE TUTELA CONTRA A FAZENDA PÚBLICA. POSSIBILIDADE.
>
> 1. É possível a concessão de antecipação dos efeitos da tutela em face da Fazenda Pública, como instrumento de efetividade e celeridade da prestação jurisdicional, sendo certo que a regra proibitiva, encartada no art. 1º, da Lei 9.494/97, reclama exegese estrita, por isso que, onde não há limitação não é lícito ao magistrado entrevê-la. Precedentes do STJ: AgR no REsp 945.775/DF, QUINTA TURMA, DJ de 16/02/2009; AgR no REsp 726.697/PE, SEGUNDA TURMA, DJ de 18/12/2008; AgR no AI 892.406/PI, QUINTA TURMA, DJ 17/12/2007; AgR no REsp 944.771/MA, SEGUNDA TURMA, DJ De 31/10/2008; MC 10.613/RJ, Rel. PRIMEIRA TURMA, DJ 08/11/2007; AgR no AI 427600/PA, PRIMEIRA TURMA, DJ 07/10/2002.
>
> 2. A tutela reversível não esgota o objeto da demanda proposta ab origine, a qual objetiva a designação de Defensor Público para a Comarca de Aripuanã-MT.
>
> 3. O aresto que confirma a tutela de urgência sob fundamento de que inocorreu afronta à separação constitucional dos poderes, mercê de ter afirmado a cláusula pétrea do acesso à justiça, contém fundamentos insindicáveis pelo Superior Tribunal de Justiça.
>
> 4. É assente no Egrégio Superior Tribunal de Justiça que: "É possível a concessão de tutela antecipada contra a Fazenda Pública desde que a pretensão autoral não verse sobre reclassificação, equiparação, aumento ou extensão de vantagens pecuniárias de servidores públicos ou concessão de pagamento de vencimentos' (REsp 945.775/DF, QUINTA TURMA, DJ de 16/02/2009)
>
> 5. Hipótese de antecipação dos efeitos da tutela concedida nos autos de Ação Civil Pública, promovida pelo Ministério Público do Estado de Mato Grosso, para determinar que o demandado providenciasse, no prazo de vinte dias, a designação de Defensor Público para a Comarca de Aripuanã-MT, sob pena de pagamento de multa diária no valor de R$ 15.000,00 na hipótese de descumprimento (fls. 12/19).

> 6. In casu, o bem jurídico tutelado – direito à assistência judiciária estatal assegurado pela Constituição Federal em seu art. 5º, LXXIV – transcende à proibição erigida quanto ao deferimento da tutela de urgência.
> 7. Recurso Especial desprovido. (REsp nº 934.138/MT, Rel. Min. Luiz Fux, Primeira Turma, STJ, j. 10 nov. 2009, DJe 04 dez. 2009).

Na Rcl no AgR nº 5.174/ES, no qual foi apreciada a possibilidade de antecipação de tutela para garantir pagamento em pecúnia de férias não gozadas de magistrado, o STF entendeu que é possível o deferimento de tutela antecipada para que seja efetuado pagamento dos valores, visto se tratar de parcela indenizatória:

> EMENTA: MAGISTRATURA. Magistrado. Aposentado. Férias não gozadas. Pagamento em pecúnia. Indenização. Tutela antecipada contra a Fazenda Pública. Verba que não constitui subsídio, vencimento, salário, nem vantagem pecuniária. Ofensa à liminar deferida na ADC nº 4. Não ocorrência. Situação não compreendida pelo art. 1º da Lei nº 9.494/97. Reclamação julgada improcedente. Agravo improvido. Precedentes. Não ofende a decisão liminar proferida na ADC nº 4, a antecipação de tutela que implica ordem de pagamento de verba de caráter indenizatório. (AgR na Rcl nº 5.174/ES, Rel. Min. Cezar Peluso, Plenário do STF, j. 27 nov. 2008, DJe 06 fev. 2009)

No AgR no REsp nº 1.221.158/RS, o Min. Napoleão Nunes Maia Filho afastou a vedação do art. 2º-B, Lei nº 9.494/97, à execução provisória contra a Fazenda Pública nos casos de reestabelecimento de parcela remuneratória ilegalmente suprimida, como era o caso dos autos, em que se versava sobre restabelecimento de auxílio-invalidez de militar:

> ADMINISTRATIVO. AGRAVO REGIMENTAL NO RECURSO ESPECIAL. MILITAR. RESTABELECIMENTO DE AUXÍLIO INVALIDEZ. POSSIBILIDADE DE ANTECIPAÇÃO DE TUTELA CONTRA A FAZENDA PÚBLICA. HIPÓTESE QUE NÃO SE ENQUADRA NAS VEDAÇÕES DO ART. 2º-B DA LEI 9.494/97. AGRAVO REGIMENTAL DESPROVIDO.
> 1. A vedação à execução provisória contra a Fazenda Pública, prevista no art. 2º.-B da Lei 9.494/1997, deve se limitar às hipóteses expressamente elencadas, não se aplicando nos casos de restabelecimento de parcela remunera-

> tória ilegalmente suprimida, como na espécie. Precedentes do STJ (AgR no Ag. 1.292.836/PI, Rel. Min. HERMAN BENJAMIN, DJe 14.9.2010).
>
> 2. Agravo Regimental desprovido. (AgR no REsp nº 1.221.158/RS, Rel. Min. Napoleão Nunes Maia Filho, Primeira Turma, STJ, j. 11 out. 2011, DJe 09 fev. 2012)

No âmbito tributário, por sua vez, vale ressaltar a decisão do relator Min. Benedito Gonçalves, no julgamento do AgR no Agravo de Instrumento (AI) nº 1.396.272/DF, no STJ, no qual se definiu que as questões relativas a descontos tributários tidos por ilegais não se enquadram nas vedações à concessão de antecipação de tutela contra a Fazenda Pública. Este entendimento retomou precedente do ano de 2004, no qual o Min. Francisco Falcão afastou a vedação do art. 2º-B, Lei nº 9.494/97, apontando que "é cabível a concessão de tutela antecipada para impedir o desconto de contribuição previdenciária sobre o valor pago a título de função comissionada". Observe-se as duas ementas:

> TRIBUTÁRIO. AGRAVO REGIMENTAL NO AGRAVO DE INSTRUMENTO. IMPOSTO DE RENDA. LICENÇA PRÊMIO NÃO GOZADA. ANTECIPAÇÃO DE TUTELA. RESTITUIÇÃO. INAPLICABILIDADE DA VEDAÇÃO DA LEI N. 9.494/97.
>
> 1. Noticiam os autos que servidores públicos aposentados ajuizaram demanda, com pedido de antecipação dos efeitos da tutela, na qual sustentaram que, por ocasião da concessão de aposentadoria, não receberam o pagamento de licenças-prêmios não gozadas e não utilizadas para cálculo de tempo de serviço. Posteriormente, a Administração Pública pagou a licença-prêmio em pecúnia, contudo, efetuou o desconto do Imposto de Renda. Por tal razão, pleitearam o reconhecimento da ilegalidade da incidência em face do caráter indenizatório da verba recebida (Súmula 136/STJ).
>
> 2. O Tribunal de origem, em agravo de instrumento, determinou que o ente público restituísse aos agravantes, no próximo contra-cheque, a parcela do imposto de renda retido na fonte, que incidiu sobre a verba indenizatória por eles recebida, ao fundamento de que o presente caso não se trata de concessão de aumento ou extensão de vantagem indevida a servidor público e nem de reclassificação ou equiparação com servidor ativo.

> 3. Não há violação do artigo 535 do CPC, uma vez que o órgão colegiado se manifestou acerca de todas as questões relevantes para a solução da controvérsia, tal como lhe foram postas e submetidas. A alegação da agravante de ocorrência de omissão acerca da ausência de intimação para oferecer resposta ao agravo de instrumento não foi suscitada em sede de embargos de declaração na origem, mas, tão somente, por ocasião da interposição de recurso especial.
>
> 4. Este Tribunal Superior perfilha orientação de que não se enquadram nas vedações à concessão de antecipação de tutela contra a Fazenda Pública as questões relativas a descontos tributários tidos por ilegais, como ocorreu no caso concreto. Precedente: REsp n. 614.715/RS, Rel. Ministro Francisco Falcão, Primeira Turma, DJ 30/8/2004.
>
> 5. Agravo regimental não provido. (AgR no AI nº 1.396.272/DF, Rel. Min. Benedito Gonçalves, Primeira Turma, STJ, j. 17 nov. 2011, DJe 22 nov. 2011).

> PROCESSUAL CIVIL E TRIBUTÁRIO. CONTRIBUIÇÃO PREVIDENCIÁRIA SOBRE FUNÇÃO COMISSIONADA. CABIMENTO DA ANTECIPAÇÃO DE TUTELA. ILEGALIDADE DA EXAÇÃO.
>
> I – É cabível a concessão de tutela antecipada para impedir o desconto de contribuição previdenciária sobre o valor pago a título de função comissionada, porquanto não se trata de extensão de vantagem a servidores públicos e sim do enfrentamento jurídico do desconto tributário reputado ilegal pelos Tribunais Superiores. Não se está diante das hipóteses impeditivas do art. 2º-B, da Lei nº 9.494/97.
>
> II – O Conselho de Administração deste STJ, em 24/11/2003, ao apreciar Processo Administrativo nº 6.544/2002, entendeu pela não incidência da contribuição previdenciária sobre os valores pagos aos seus servidores em razão do exercício de funções comissionadas ou gratificadas, vez que estas parcelas não serão incorporáveis e, conseqüentemente, não integrarão os proventos de aposentadoria.
>
> III – Recurso especial improvido. (REsp nº 614.715/RS, Rel. Min. Francisco Falcão, Primeira Turma, STJ, j. 27 abr. 2004, DJ 30 ago. 2004, p. 222)

Já na vigência do art. 1.059, CPC/2015, que substituiu o art. 1º, Lei nº 9.494/97 como o núcleo do Sistema de proteção à Fazenda Pública, no que tange às tutelas provisórias, a tendência de afastamento das vedações à concessão de tutelas provisórias contra o Poder Público se manteve. Dentro da noção de necessidade de exegese restritiva, foram, então, ampliadas as hipóteses nas quais se entendia que a situação fática não se enquadrava nas vedações previstas em lei.

Na apreciação do AgInt no REsp nº 1.585.761/AL, que versava sobre concessão, em sede de tutela antecipada, de adicional de insalubridade para servidor público, por exemplo, o STJ entendeu pela aplicação analógica de entendimento anteriormente fixado pela Corte. Tal entendimento postulava que deveria ser interpretada restritivamente a vedação à antecipação dos efeitos da tutela, nas ações contra a Fazenda Pública, quando a questão litigiosa tivesse por objeto o restabelecimento de vantagem pecuniária suprimida da folha de pagamento de servidor público:

> ADMINISTRATIVO E PROCESSUAL CIVIL. AGRAVO EM RECURSO ESPECIAL. AUSÊNCIA DE VIOLAÇÃO DO ART. 535 DO CPC. SERVIDOR PÚBLICO. ADICIONAL DE INSALUBRIDADE. PERCENTUAL MÁXIMO. ANTECIPAÇÃO DE TUTELA. DEMONSTRAÇÃO DOS REQUISITOS AUTORIZADORES. A INVERSÃO DO ACÓRDÃO IMPLICARIA O REEXAME DE MATÉRIA FÁTICO-PROBATÓRIA. INCIDÊNCIA DA SÚMULA 07/STJ.
>
> 1. No tocante ao art. 273 do CPC, tendo o Juízo a quo concluído pelo preenchimento dos requisitos necessários à antecipação dos efeitos da tutela, a inversão do que foi decidido, tal como propugnada nas razões do apelo especial, demandaria, necessariamente, novo exame do acervo fático-probatório dos autos, providência, todavia, que encontra óbice no enunciado da Súmula 7 do Superior Tribunal de Justiça.
>
> 2. Havendo o Tribunal a quo concluído que os autores lograram comprovar que percebiam o adicional de insalubridade de forma incorreta, ou seja, com base no salário mínimo e não em seus subsídios, a inversão do julgado demandaria incursão na seara fático-probatória dos autos, providência que esbarra no óbice da Súmula 7/STJ.
>
> 3. "Não há razão para deixar de aplicar, por analogia, o entendimento do STJ segundo o qual a lei deve ser interpretada restritivamente, de forma que inexiste vedação à antecipação dos efeitos da tutela, nas ações contra a Fazenda Pública, quando a questão litigiosa tem por objeto restabeleci-

mento de vantagem pecuniária suprimida da folha de pagamento do servidor público." (AgR no REsp1.352.935, Rel. Min. Herman Benjamin, DJ de 07.08.2014.).

Agravo interno improvido. (AgInt no REsp nº 1.585.761/AL, Rel. Min. Humberto Martins, Segunda Turma, STJ, j. 02 jun. 2016, DJe 08 jun. 2016).

No Agr na Rcl nº 8.902/MG, por sua vez, o STF, apontou que "a concessão, em sentença de mérito, de antecipação dos efeitos da tutela em face do Poder Público não afronta a autoridade da decisão proferida ao exame da ADC 4/DF". Este precedente tinha como pano de fundo a concessão de pontuação, à servidora pública, referente à conclusão de curso de pós-graduação, em certame de promoção por merecimento. Se concedida a pontuação, a servidora teria ascensão funcional e, consequentemente, perceberia aumento remuneratório. No caso, dada tal situação fática, a relatora, Min. Rosa Weber, consignou que, quando a concessão de vantagem pecuniária é efeito secundário da concessão da tutela antecipada, eventual vedação à sua concessão deve ser afastada:

EMENTA: AGRAVO REGIMENTAL EM RECLAMAÇÃO. ANTECIPAÇÃO DOS EFEITOS DA TUTELA EM FACE DO PODER PÚBLICO. CONCESSÃO EM SENTENÇA DE MÉRITO. COGNIÇÃO EXAURIENTE. ALEGADO DESRESPEITO À AUTORIDADE DO DECIDIDO POR ESTA SUPREMA CORTE NA ADC 4/DF. PROMOÇÃO. CONCESSÃO DE VANTAGEM PECUNIÁRIA. EFEITO SECUNDÁRIO.

A concessão, em sentença de mérito, de antecipação dos efeitos da tutela em face do Poder Público não afronta a autoridade da decisão proferida ao exame da ADC 4/DF. Precedentes do Plenário desta Suprema Corte: Rcl 5.900 AgR, Relator o Ministro Celso de Mello, DJe de 30.5.2014; e Rcl 8.894, Redatora para o acórdão a Ministra Carmen Lúcia, DJe de 30.5.2011.

Tampouco há falar em afronta à autoridade do acórdão prolatado na ADC 4/DF quando, no caso da decisão reclamada, a concessão de vantagem pecuniária constitui mero efeito secundário de promoção ou inclusão em curso de habilitação.

Precedentes do Plenário deste Supremo Tribunal Federal: Rcl 6.349 AgR, Relator o Ministro Gilmar Mendes, Dje de 13.6.2014; e Rcl 8.561 AgR,

Relator o Ministro Gilmar Mendes, DJe de 13.6.2014. Agravo regimental conhecido e não provido. (Agr na Rcl nº 8.902/MG, Rel. Min. Rosa Weber, Primeira Turma, STF, j. 05 ago. 2014, DJe 21 ago. 2014)

No mesmo sentido, a ideia de vantagem pecuniária como efeito secundário da concessão da tutela antecipada, também possibilitou seu deferimento para impor a nomeação e a posse de candidato aprovado em concurso público[453], bem como a reintegração de servidor a seu cargo[454]

[453] Como exemplo, cita-se o AgR na Rcl nº 5.983/PI, Rel. Min. Cezar Peluso, Plenário do STF, j. 03 dez. 2008, DJe 06 fev. 2009. Nova ocorrência deste resultado viria a se verificar, também, no AgInt no AREsp nº 1.365.485/DF, detalhando-se que, nestes casos, "não há pagamentos pretéritos, mas apenas a retribuição pelo efetivo serviço prestado", conforme ementado:
ADMINISTRATIVO. AGRAVO INTERNO NO AGRAVO EM RECURSO ESPECIAL. CONCURSO PÚBLICO. NOMEAÇÃO. ART. 2º-B DA LEI N. 9.494/1997. NÃO INCIDÊNCIA. EXECUÇÃO PROVISÓRIA DE SENTENÇA. NOMEAÇÃO E POSSE DE CANDIDATO EM CARGO PÚBLICO EFETIVO. POSSIBILIDADE. JURISPRUDÊNCIA DO STJ.
1. A jurisprudência do STJ é uníssona no sentido de que a vedação inserida no art. 2º-B da Lei n. 9.494/1997 não incide na hipótese de nomeação e posse em razão de aprovação em concurso público, como no presente caso, observada a ordem de classificação. Precedentes: AgInt no Resp 1.590.185/DF, Rel. Ministro Benedito Gonçalves, Primeira Turma, DJe 27/11/2017; AgRg no REsp 1.279.161/DF, Primeira Turma, Rel. Ministro Napoleão Nunes Maia Filho, DJe 16/11/2016; AgRg no AREsp 151.813/GO, Primeira Turma, Rel. Ministro Napoleão Nunes Maia Filho, DJe 11/4/2016.
2. Além do mais, **a jurisprudência do Superior Tribunal de Justiça é no sentido de que é cabível a execução provisória de sentença que garante a nomeação e posse de candidato a cargo público efetivo antes do trânsito em julgado, porquanto, nesse caso, não há pagamentos pretéritos, mas apenas a retribuição pelo efetivo serviço prestado**. Precedentes: AgInt no REsp 1.392.498/DF, Rel. Ministra Regina Helena Costa, Primeira Turma, DJe 5/5/2017; AgInt no AREsp 740.852/PI, Rel. Ministra Assusete Magalhães, Segunda Turma, DJe 13/12/2017.
[...] 4. Agravo interno não provido. (AgInt no AREsp nº 1.365.485/DF, Rel. Min. Benedito Gonçalves, Primeira Turma, STJ, j. 31 ago. 2020, DJe 02 set. 2020, com grifo nosso)

[454] Como exemplo, cita-se o AgR na Rcl nº 6.468/SE, Rel. Min. Cezar Peluso, Plenário do STF, j. 03 dez. 2008, DJe 06 fev. 2009; bem como o AgInt no AREsp n. 1.306.681/SP, no qual restou consignado que, nos casos de reintegração de servidor a seu cargo, "tal situação não representa a criação de uma nova relação jurídica; pelo contrário, apenas revigora relação jurídica que deixou de existir de forma ilegal. Em outras palavras, a reintegração

e a nomeação de candidato aprovado em concurso público, sem concessão de efeito financeiro pretérito[455].

No julgamento do AgR na Rcl nº 10.051/CE, a Corte Suprema reafirmou o afastamento da vedação à concessão de tutelas provisórias quando a antecipação de tutela contra a Fazenda Pública é concedida em sentença de mérito. Na mesma oportunidade, apontou que também não viola o disposto na ADC nº 04/DF "o deferimento de tutela antecipada para determinar a incorporação à remuneração de servidor de parcela referente ao percentual relativo à diferença resultante da conversão do Cruzeiro Real para URV". Este entendimento superou a

não implica na inclusão em folha de pagamento, mas, sim, no retorno de quem nela já se encontrava", conforme ementa abaixo colacionada:

ADMINISTRATIVO E PROCESSO CIVIL. AGRAVO INTERNO NO AGRAVO EM RECURSO ESPECIAL. ART. 2º.-B DA LEI 9.494/1997. INTERPRETAÇÃO RESTRITIVA. DECISÃO QUE DETERMINA A REINTEGRAÇÃO DE SERVIDOR. POSSIBILIDADE DE EXECUÇÃO PROVISÓRIA. PRECEDENTES DO STJ. AGRAVO INTERNO DO PARTICULAR DESPROVIDO.

1. A vedação à execução provisória de sentença contra a Fazenda Pública deve se ater às hipóteses expressamente previstas no artigo 2o.-B da Lei 9.494/1997.

2. Esta Corte já teve a oportunidade – e assim o fez – de estabelecer a possibilidade de execução provisória do julgado que determina a reintegração de Servidor, uma vez que tal situação não representa a criação de uma nova relação jurídica; pelo contrário, apenas revigora relação jurídica que deixou de existir de forma ilegal. Em outras palavras, a reintegração não implica na inclusão em folha de pagamento, mas, sim, no retorno de quem nela já se encontrava. Precedentes: AgInt no AREsp. 690.555/GO, Rel. Min. ASSUSETE MAGALHÃES, DJe 28.9.2017 e AgRg no AREsp. 605.482/RS, Rel. Min. SÉRGIO KUKINA, DJe 11.12.2015.

3. Agravo Interno do Particular desprovido. (AgInt no AREsp nº 1.306.681/SP, Rel. Min. Napoleão Nunes Maia Filho, Primeira Turma, STJ, j. 23 set. 2019, DJe 30 set. 2019)

[455] Como exemplo, cita-se o AgR na Rcl nº 7.402/CE:

EMENTA: AGRAVO REGIMENTAL. RECLAMAÇÃO. DEFERIMENTO DE ANTECIPAÇÃO DE TUTELA CONTRA A FAZENDA PÚBLICA. CANDIDATO APROVADO EM CONCURSO PÚBLICO. VIOLAÇÃO À DECISÃO PROFERIDA NA ADC 4-MC/DF. INOCORRÊNCIA. RECURSO IMPROVIDO. I – A jurisprudência do Supremo Tribunal Federal consolidou-se no sentido de que não está abrangida pela ADC 4/DF decisão que, ao conceder antecipação dos efeitos da tutela, limita-se a assegurar a nomeação a candidato aprovado em concurso público, sem concessão de efeito financeiro pretérito. II – Agravo regimental improvido. (AgR na Rcl nº 7.402/CE, Rel. Min. Ricardo Lewandowski, Plenário do STF, j. 09 dez. 2010, DJe 09 fev. 2011)

antiga posição dos tribunais superiores (exemplificada no AgRg no AI nº 293.610/DF[456]) que, logo após a decisão na MC na ADC nº 04/DF, passaram a vedar esta mesma reposição monetária sob o argumento de que implicaria em melhora da situação financeira do recorrente. Veja-se a ementa:

> Ementa: AGRAVO INTERNO EM RECLAMAÇÃO. REGIME DA LEI 8.038/90 E CPC/73. SERVIDOR PÚBLICO. PERCENTUAL DE 11,98%. DIFERENÇA NA CONVERSÃO DA URV. ANTECIPAÇÃO DE TUTELA CONTRA A FAZENDA PÚBLICA NA SENTENÇA. ADC 4.
>
> 1. A jurisprudência do Supremo Tribunal Federal se firmou no sentido de que a antecipação de tutela contra a Fazenda Pública, quando concedida em sentença de mérito, não afronta a autoridade da ADC 4.
> 2. Ademais, existe jurisprudência assentada nesta Corte no sentido de que não viola o precedente firmando na ADC 4 o deferimento de tutela antecipada para determinar a incorporação à remuneração de servidor de parcela referente ao percentual relativo à diferença resultante da conversão do Cruzeiro Real para URV. Precedentes.
> 3. Agravo interno desprovido. (AgR na Rcl nº 10.051/CE, Rel. Min. Roberto Barroso, Primeira Turma, STF, j. 17 fev. 2017, DJe 13 mar. 2017)

Em 2018, o STJ, no julgamento do AgInt no AREsp nº 767.344/PI, também fixou tese no sentido de que não se aplicam as vedações à concessão destas tutelas "às hipóteses em que o autor busca sua nomeação e posse em cargo público, em razão da sua aprovação em concurso público":

[456] PROCESSUAL CIVIL. PERCENTUAL DE 11,98%. LEI N.º 9.494/97. VEDAÇÕES À CONCESSÃO DE TUTELA ANTECIPADA CONTRA A FAZENDA PÚBLICA.
1. A Lei n.º 9.494/97 estabeleceu vedações à concessão de tutela antecipada contra a Fazenda Pública, dentre as quais em face de pedido de concessão de aumento. Desta forma, vedada se encontra a concessão antecipada do percentual de 11,98, relativos à conversão dos cruzeiros reais em URV, visto se tratar de reposição monetária das perdas sofridas em face do processo inflacionário, a melhora a situação financeira do recorrente.
2. Recurso não provido (AgRg no AI nº 293.610/DF, Rel. Min. Edson Vidigal, Quinta Turma, STJ. j. 29 jun. 2000, DJ 28 ago. 2000, p. 132)

> PROCESSUAL CIVIL E ADMINISTRATIVO. CONCURSO PÚBLICO. VIOLAÇÃO DE NORMATIVOS FEDERAIS. VEDAÇÃO LEGAL À NOMEAÇÃO. INEXISTÊNCIA.
>
> 1. O Plenário do STJ decidiu que "aos recursos interpostos com fundamento no CPC/1973 (relativos a decisões publicadas até 17 de março de 2016) devem ser exigidos os requisitos de admissibilidade na forma nele prevista, com as interpretações dadas até então pela jurisprudência do Superior Tribunal de Justiça" (Enunciado Administrativo n. 2).
>
> 2. Consoante o entendimento do STJ, a vedação legalmente prevista de concessão de antecipação de tutela contra à Fazenda Pública nos casos de aumento ou extensão de vantagens a servidor público não se aplica às hipóteses em que o autor busca sua nomeação e posse em cargo público, em razão da sua aprovação em concurso público. Precedentes.
>
> 3. Agravo interno desprovido. (AgInt no AREsp nº 767.344/PI, Rel. Min. Gurgel de Faria, Primeira Turma, STJ, j. 19 jun. 2018, DJe 08 ago. 2018).

Em abril de 2019, o STJ confirmou, uma vez mais, a tendência jurisprudencial à interpretação restritiva das vedações à concessão de tutelas provisórias em face da Fazenda Pública, no julgamento do REsp nº 1.799.849/SP. No caso em questão, o relator, Min. Herman Benjamin, afastou a vedação do art. 2º-B, Lei nº 9.494/97, nas hipóteses de concessão de aposentadoria voluntária com proventos integrais, tendo em vista que esta não implicaria em aumento de despesas para a Fazenda, "porquanto o servidor passará a perceber da Administração os mesmos valores que percebia na atividade":

> PROCESSUAL CIVIL E PREVIDENCIÁRIO. VERBAS DE NATUREZA PREVIDENCIÁRIA. SÚMULA 729/STF. INAPLICABILIDADE DO ART. 7º, § 2º, DA LEI N. 12.016/2009. APOSENTADORIA DE SERVIDOR PÚBLICO. EXECUÇÃO PROVISÓRIA. POSSIBILIDADE. ART. 2º-B DA LEI 9.494/1997. INTERPRETAÇÃO RESTRITIVA. INCIDÊNCIA DA SÚMULA 83/STJ.
>
> 1. Ao dirimir a controvérsia o Tribunal de origem lançou os seguintes fundamentos (fls. 47-48, e-STJ): "2. Embora a aposentadoria especial antecipe a passagem do servidor para a inatividade, nenhum aumento ou vantagem pecuniária acrescenta em sua remuneração. Os proventos a serem pagos

guardam paridade com os vencimentos que percebia na atividade, estando ausente a situação vedada no art. 2ºB da Lei 9.494/97, qual seja a alteração da situação jurídica do servidor com aumento da despesa da Administração ao remunerá-lo. Também não implica em reclassificação que acarrete a percepção de nova vantagem ou acréscimo remuneratório".

2. Inicialmente, é firme o entendimento do STJ de que, nos termos da Súmula 729 do STF, a regra inserta no art. 7º, § 2º, da Lei 12.016/2009 não se aplica às causas que discutem verbas de natureza previdenciária, como as que envolvem proventos de aposentadoria de servidor público.

3. Outrossim, a jurisprudência do Superior Tribunal de Justiça entende que deve ser dada interpretação restritiva ao art. 2º-B da Lei 9.494/1997, a qual veda a execução provisória de sentença contra a Fazenda Pública, antes que se opere o seu trânsito em julgado, em ações que tenham por objeto a liberação de recurso, inclusão em folha de pagamento, reclassificação, equiparação, concessão de aumento ou extensão de vantagens a servidores, devendo ser observadas as hipóteses expressamente definidas na norma.

4. Dessa forma, verifica-se que a questão ora em análise – execução provisória de decisão concessiva de aposentadoria – não se encontra abrangida pela citada vedação legal, tendo em vista que trata de obrigação de fazer que envolve a implementação de benefício previdenciário.

5. Por fim, reforçando tal entendimento ressalta-se que "a concessão de aposentadoria voluntária com proventos integrais, hipótese dos autos, por não implicar aumento de despesas para a Administração, porquanto o servidor passará a perceber da Administração os mesmos valores que percebia na atividade, não é alcançada pela vedação contida no art. 2º-B da Lei n. 9.494/1997" (REsp 565.319/RS, Relatora Ministra LAURITA VAZ, QUINTA TURMA, DJe 09/05/2005). A propósito, recentes decisões: AREsp 1.402.825/SP, rel. Ministro Mauro Campbell Marques, DJe 11/12/2018; AREsp 1.267.574/SP, rel. Ministro Gurgel de Faria, DJe 22/11/2018; AREsp 1.262.330/SP, rel. Ministro Napoleão Nunes Maia Filho, DJe 3/8/2018.

6. Dessume-se que o acórdão recorrido está em sintonia com o atual entendimento do STJ, razão pela qual não merece prosperar a irresignação. Incide, in casu, o princípio estabelecido na Súmula 83/STJ: "Não se conhece do Recurso Especial pela divergência, quando a orientação do Tribunal se firmou no mesmo sentido da decisão recorrida."

7. Cumpre ressaltar que a referida orientação é aplicável também aos recursos interpostos pela alínea "a" do art. 105, III, da Constituição Federal de 1988. Nesse sentido: REsp 1.186.889/DF, Segunda Turma, Relator Ministro Castro Meira, DJe de 2.6.2010.

8. Recurso Especial não conhecido. (REsp nº 1.799.849/SP, Rel. Min. Herman Benjamin, Segunda Turma, STJ, j. 02 abr. 2019, DJe 16 abr. 2019).

Este precedente foi ecoado e expandido pela Primeira Seção do STJ, em 16 de março de 2021, no AgInt na Execução em Mandado de Segurança (ExeMS) nº 20.795/DF, sob relatoria do Min. Benedito Gonçalves, no qual se reiterou a necessidade de interpretação restritiva do art. 2º-B, Lei nº 9.494/97, bem como do art. 14, §3º, e do art. 7º, §2º, ambos da Lei nº 12.016/2009 (Lei do Mandado de Segurança). No caso, cujo tema de fundo era o enquadramento da impetrante como servidora estatutária (do qual decorreria, por certo, a implementação os efeitos financeiros subsequentes), foi deferida, na origem, tutela provisória para que a impetrante assumisse o cargo. O provimento definitivo dependia do julgamento do Tema nº 481, da Repercussão Geral do STF ("Direito de brasileiro contratado no exterior como 'auxiliar local', antes da Constituição Federal de 1988, ao regime jurídico estabelecido pela Lei 8.112/90"), o qual, à época, ainda não havia ocorrido. A Primeira Seção, então, decidiu que, em se tratando de obrigação de fazer, ainda que gerasse efeitos financeiros subsequentes, a tutela provisória deveria ser cumprida, novamente apoiando a jurisprudência já consolidada a respeito da possibilidade de concessão de vantagem pecuniária como efeito secundário do deferimento da tutela provisória[457].

[457] No mesmo sentido, no REsp nº 1.859.777/DF, no qual se discutia instituição de pensão por morte de servidor público, o relator, Min. Herman Benjamin, asseverou que "não se trata de concessão de aumento ou extensão de vantagem, embora, por via reflexa, acarrete liberação de recursos públicos":
ADMINISTRATIVO E PROCESSUAL CIVIL. PENSÃO POR MORTE DE SERVIDOR PÚBLICO. EXECUÇÃO PROVISÓRIA. POSSIBILIDADE. ART. 2º-B DA LEI 9.494/1997. INTERPRETAÇÃO RESTRITIVA.
1. O STJ entende que, nos casos de instituição de pensão por morte de servidor público, a vedação contida no art. 2º-B da Lei n. 9.494/97 não é aplicável, pois não se trata de concessão de aumento ou extensão de vantagem, embora, por via reflexa, acarrete liberação

> PROCESSUAL CIVIL. AGRAVO INTERNO NA EXECUÇÃO EM MANDADO DE SEGURANÇA. ADMINISTRATIVO. SERVIDOR PÚBLICO. ENQUADRAMENTO COMO SERVIDOR ESTATUTÁRIO NOS TERMOS DO ART. 243 DA LEI Nº 8.112/90. EXECUÇÃO PROVISÓRIA DO ACÓRDÃO CONCESSIVO DA SEGURANÇA. POSSIBILIDADE. CUMPRIMENTO DE OBRIGAÇÃO DE FAZER. INTERPRETAÇÃO RESTRITIVA DOS ARTS. 14, § 3º, C/C 7º, § 2º, DA LEI Nº 12.016/2009 E ART. 2º-B DA LEI Nº 9.494/97 (COM A REDAÇÃO DADA PELA MP Nº 2.180-35/2001). AGRAVO IMPROVIDO.
>
> 1. A jurisprudência desta Corte Superior consagra o entendimento segundo o qual é possível a execução provisória contra a Fazenda Pública, quando ainda não verificado o trânsito em julgado na fase de conhecimento.
>
> 2. O caso dos autos não se sujeita à vedação contida nos dispositivos legais citados pela UNIÃO – a saber, os arts. 14, § 3º, c/c 7º, § 2º, da Lei nº 12.016/2009 e art. 2º-B da Lei nº 9.494/97 (com a redação dada pela MP nº 2.180-35/2001), aos quais ora se confere interpretação restritiva –, porquanto o acórdão concessivo da segurança determinou o cumprimento de obrigação de fazer, consubstanciado no "enquadramento da impetrante como servidora estatutária, nos termos do art. 243 da Lei n. 8.112/90".
>
> 3. Agravo interno improvido. (AgInt na ExeMS nº 20.795/DF, Rel. Min. Benedito Gonçalves, Primeira Seção, STJ, j. 16 mar. 2021, DJe 19 mar. 2021).

A necessidade de interpretação restritiva do art. 2º-B, Lei nº 9.494/97, também encontrou novo eco, posteriormente, no AgInt no REsp nº 1.686.836/PR, apreciado em 22 de agosto de 2022, no qual foi determinado, à Fazenda Pública, a obrigação de fazer de implantar pensão vitalícia, em favor da autora, mesmo em sede de execução provisória. Como

de recursos públicos. Nesse sentido: AgRg no AREsp 230.482/RS, Rel. Ministro Sérgio Kukina, Primeira Turma, DJe 12.3.2013; AgRg no Ag 1.364.594/SP, Rel. Ministro Arnaldo Esteves Lima, Primeira Turma, DJe 27.5.2011; AgRg no Ag 1.168.784/ES, Rel. Ministro Napoleão Nunes Maia Filho, Quinta Turma, DJe 09.8.2010; AgRg no REsp 658.518/RS, Rel. Ministra Laurita Vaz, Quinta Turma, DJ 5.2.2007, p. 331.
2. Recurso Especial não provido. (REsp nº 1.859.777/DF, Rel. Min. Herman Benjamin, Segunda Turma, STJ, j. 05 mar. 2020, DJe 18 jun. 2020)

apoio à tese, a relatora, Min. Assusete Magalhães, trouxe o já citado (ver subseção 3.1.2) posicionamento do STF no julgamento do Tema de Repercussão Geral nº 45 (*leading case* RE nº 573.872/RS), no qual foi fixada a tese de que "A execução provisória de obrigação de fazer em face da Fazenda Pública não atrai o regime constitucional dos precatórios", no mesmo sentido do já citado AgInt na ExeMS nº 20.795/DF.

> PROCESSUAL CIVIL E ADMINISTRATIVO. EXECUÇÃO PROVISÓRIA CONTRA A FAZENDA PÚBLICA. OBRIGAÇÃO DE FAZER. IMPLANTAÇÃO DE PENSÃO. POSSIBILIDADE. ORIENTAÇÃO CONSAGRADA NO STJ E NO STF. RE 573.872/RS (TEMA 45). AGRAVO INTERNO IMPROVIDO.
>
> I. Agravo interno aviado contra decisão que julgara Agravo em Recurso Especial interposto contra decisum publicado na vigência do CPC/2015.
>
> II. Na origem, o Juízo de 1º Grau deferiu requerimento de execução provisória de sentença que condenou a União a implantar pensão vitalícia em favor da autora. Contra essa decisão, foi interposto Agravo de Instrumento, ao qual foi negado provimento.
>
> III. De acordo com jurisprudência consolidada no STJ, o art. 2º-B da Lei 9.494/97 deve ser interpretado restritivamente, a fim de que a vedação nele contida não impeça a execução provisória, contra a Fazenda Pública, de obrigação de fazer consistente na implantação de benefício previdenciário. Nesse sentido: REsp 1.799.849/SP, Rel. Ministro HERMAN BENJAMIN, SEGUNDA TURMA, DJe de 16/04/2019; AgInt na ExeMS 20.795/DF, Rel. Ministro BENEDITO GONÇALVES, PRIMEIRA SEÇÃO, DJe de 19/03/2021; REsp 565.319/RS, Rel. Ministra LAURITA VAZ, QUINTA TURMA, DJe de 09/05/2005.
>
> IV. De igual forma, o STF, na apreciação do Tema 45 da repercussão geral, fixou a seguinte tese: "Não se encontra parâmetro constitucional ou legal que obste a pretensão de execução provisória de sentença condenatória de obrigação de fazer relativa à implantação de pensão de militar, antes do trânsito em julgado dos embargos do devedor opostos pela Fazenda Pública" (RE 573.872, Rel. Ministro EDSON FACHIN, TRIBUNAL PLENO, DJe de 08/09/2017).
>
> V. Agravo interno improvido. (AgInt no REsp nº 1.686.836/PR, Rel. Min. Assusete Magalhães, Segunda Turma, STJ, j. 22 ago. 2022, DJe 29 ago. 2022).

3.2.5 O julgamento da ADI nº 4.296/DF a respeito da exegese das vedações à concessão de tutelas provisórias contra a Fazenda Pública: cancelamento da Súmula nº 212, STJ, e outras possíveis consequências

Conforme apontando no início desta seção 3.2, dentro do escopo da quarta fase, de afastamento das vedações em casos diversos, há um marco jurisprudencial que, por sua relevância e possíveis efeitos, suscita debate mais profundo. Trata-se do julgamento da ADI nº 4.296/DF, apreciada em 09 de junho de 2021.

O Plenário do STF, na oportunidade, reputou inconstitucional o art. 7º, § 2º, da Lei 12.016/2009 (Lei do Mandado de Segurança)[458], o qual, conforme já se expôs na seção 2.9, traz quatro situações nas quais era vedada – antes da ADI nº 4.296/DF – a concessão de tutelas provisórias em face da Fazenda Pública[459]. Estas situações são: (a) a medida liminar que tenha por objeto a compensação de créditos tributários; (b) a medida liminar que tenha por objeto a entrega de mercadorias e bens provenientes do exterior; (c) a medida liminar que tenha por objeto a reclassificação ou equiparação de servidores públicos; e (d) a medida liminar que tenha por objeto a concessão de aumento ou a extensão de vantagens ou pagamento de qualquer natureza. Veja-se a ementa:

> EMENTA: AÇÃO DIRETA DE INCONSTITUCIONALIDADE. ARTS. 1º, §2º, 7º, III E §2º, 22, §2º, 23 E 25, DA LEI DO MANDADO DE SEGU-

[458] Vale dizer que, na ocasião, também foi declarado inconstitucional o art. 22, §2º, da mesma Lei nº 12.016/2009, que trata da exigência de oitiva prévia do representante da pessoa jurídica de direito público como condição para a concessão de liminar em ação coletiva. De acordo com o voto-condutor do Min. Alexandre de Moraes, essa disposição restringe o poder geral de cautela do magistrado e, portanto, é incompatível com a CF/88. Esta declaração específica, no entanto, foge ao escopo do presente trabalho.

[459] Destaca-se que o art. 7º, §2º, Lei nº 12.016/2009 foi considerado inconstitucional pela maioria dos ministros do STF, vencidos o Min. Luiz Fux e o Min. Luís Roberto Barroso, que propuseram interpretação conforme a Constituição para ler, no dispositivo, uma cláusula oculta que leria: "salvo se para evitar o perecimento do direito", bem como o Min. Nunes Marques, que reputou o dispositivo constitucional, e o Min. Gilmar Mendes, que entendia ser inconstitucional somente quanto às liminares em ações de compensação de créditos tributários e relativas a entrega de mercadorias e bens provenientes do exterior.

RANÇA (LEI 12.016/2009). ALEGADAS LIMITAÇÕES À UTILIZAÇÃO DESSA AÇÃO CONSTITUCIONAL COMO INSTRUMENTO DE PROTEÇÃO DE DIREITOS INDIVIDUAIS E COLETIVOS. SUPOSTA OFENSA AOS ARTS. 2º E 5º, XXXV E LXIX, DA CONSTITUIÇÃO. NÃO CABIMENTO DO "WRIT" CONTRA ATOS DE GESTÃO COMERCIAL DE ENTES PÚBLICOS, PRATICADOS NA EXPLORAÇÃO DE ATIVIDADE ECONÔMICA, ANTE A SUA NATUREZA ESSENCIALMENTE PRIVADA. EXCEPCIONALIDADE QUE DECORRE DO PRÓPRIO TEXTO CONSTITUCIONAL. POSSIBILIDADE DE O JUIZ EXIGIR CONTRACAUTELA PARA A CONCESSÃO DE MEDIDA LIMINAR. MERA FACULDADE INERENTE AO PODER GERAL DE CAUTELA DO MAGISTRADO. INOCORRÊNCIA, QUANTO A ESSE ASPECTO, DE LIMITAÇÃO AO JUÍZO DE COGNIÇÃO SUMÁRIA. CONSTITUCIONALIDADE DO PRAZO DECADENCIAL DO DIREITO DE IMPETRAÇÃO E DA PREVISÃO DE INVIABILIDADE DE CONDENAÇÃO AO PAGAMENTO DE HONORÁRIOS SUCUMBENCIAIS. JURISPRUDÊNCIA CONSOLIDADA DO SUPREMO TRIBUNAL FEDERAL. PROIBIÇÃO DE CONCESSÃO DE LIMINAR EM RELAÇÃO A DETERMINADOS OBJETOS. CONDICIONAMENTO DO PROVIMENTO CAUTELAR, NO ÂMBITO DO MANDADO DE SEGURANÇA COLETIVO, À PRÉVIA OITIVA DA PARTE CONTRÁRIA. IMPOSSIBILIDADE DE A LEI CRIAR ÓBICES OU VEDAÇÕES ABSOLUTAS AO EXERCÍCIO DO PODER GERAL DE CAUTELA. EVOLUÇÃO DO ENTENDIMENTO JURISPRUDENCIAL. CAUTELARIDADE ÍNSITA À PROTEÇÃO CONSTITUCIONAL AO DIREITO LÍQUIDO E CERTO. RESTRIÇÃO À PRÓPRIA EFICÁCIA DO REMÉDIO CONSTITUCIONAL. PREVISÕES LEGAIS EIVADAS DE INCONSTITUCIONALIDADE. PARCIAL PROCEDÊNCIA DA AÇÃO.

1. O mandado de segurança é cabível apenas contra atos praticados no desempenho de atribuições do Poder Público, consoante expressamente estabelece o art. 5º, inciso LXIX, da Constituição Federal. Atos de gestão puramente comercial desempenhados por entes públicos na exploração de atividade econômica se destinam à satisfação de seus interesses privados, submetendo-os a regime jurídico próprio das empresas privadas.

2. No exercício do poder geral de cautela, tem o juiz a faculdade de exigir contracautela para o deferimento de medida liminar, quando verificada a real necessidade da garantia em juízo, de acordo com as circunstâncias do

caso concreto. Razoabilidade da medida que não obsta o juízo de cognição sumária do magistrado.

3. Jurisprudência pacífica da CORTE no sentido da constitucionalidade de lei que fixa prazo decadencial para a impetração de mandado de segurança (Súmula 632/STF) e que estabelece o não cabimento de condenação em honorários de sucumbência (Súmula 512/STF).

4. A cautelaridade do mandado de segurança é ínsita à proteção constitucional ao direito líquido e certo e encontra assento na própria Constituição Federal. Em vista disso, não será possível a edição de lei ou ato normativo que vede a concessão de medida liminar na via mandamental, sob pena de violação à garantia de pleno acesso à jurisdição e à própria defesa do direito líquido e certo protegida pela Constituição. Proibições legais que representam óbices absolutos ao poder geral de cautela.

5. Ação julgada parcialmente procedente, apenas para declarar a inconstitucionalidade dos arts. 7º, §2º, e 22º, §2º, da Lei 12.016/2009, reconhecendo-se a constitucionalidade dos arts. 1º, § 2º; 7º, III; 23 e 25 dessa mesma lei. (ADI nº 4.296/DF, Rel. Min. Marco Aurélio, Rel. p/ Acórdão Min. Alexandre de Moraes, Plenário do STF, j. 09 jun. 2021, DJe 11 out. 2021).

Apesar de não ter tratado especificamente do art. 1.059, CPC/2015, entende-se que esta decisão tem o potencial de impactar significativamente, nos anos vindouros, a interpretação deste dispositivo, bem como de outros dispositivos que trazem vedações à concessão de tutela provisória contra a Fazenda Pública. Discutir esses possíveis desdobramentos é, precisamente, o objetivo desta subseção.

Como exemplo deste inegável impacto, o quanto decidido na ADI nº 4.296/DF já provocou o cancelamento da Súmula nº 212, STJ, deliberado em sessão ordinária do dia 14 de setembro de 2022, com decisão publicada no DJe de 19 de setembro de 2022[460].

[460] BRASIL. Superior Tribunal de Justiça. **Cancelamento da Súmula nº 212**. [...]. Primeira Seção, STJ. Disponível em https://www.stj.jus.br/sites/portalp/Paginas/Comunicacao/Noticias/2022/27092022-Sumulas-Anotadas-incluiu-cancelamento-dos-enunciados-212-e-497.aspx. Acesso em 14 out. 2022.

Ressalta-se, de início, que o julgamento da ADI nº 4.296/DF ocorreu em controle concentrado de constitucionalidade. Assim, sobre ela recai o art. 927, I, CPC/2015[461], tornando o precedente de observação obrigatória para as juízas e juízes brasileiros. Não há dúvidas, portanto, de que, atualmente, em Mandados de Segurança, as vedações à concessão de liminares contra a Fazenda Pública contidas no art. 7º, §2º, Lei nº 12.016/2009, incluindo nas ações de compensação de créditos tributários (um dos objetos deste livro), já não são mais aplicáveis.

Considerando-se que o art. 1.059, CPC/2015, conforme exposto na seção 2.9, faz referência direta a este dispositivo da Lei do MS[462] e aos arts. 1º e 4º, Lei nº 8.437/92, não seria inadequado pensar que (i) qualquer vedação direta contida no art. 7º, §2º, Lei nº 12.016/2009, já não mais se aplica às tutelas provisórias contra a Fazenda Pública, em face da inconstitucionalidade por arrastamento, neste particular, do art. 1.059, CPC/2015, ou, tal qual propõe Cássio Scarpinella Bueno, em face da própria *ratio decidendi* da ADI nº 4.296/DF[463], e (ii) qualquer disposição constante dos arts. 1º a 4º, Lei nº 8.437/92 (em especial o art. 1º, §5º, Lei nº 8.437/92[464], que tem maior relevância para este estudo), e de outras leis e normatizações (a exemplo do art. 170-A, CTN, bem como da Súmula nº 212, STJ, a qual, conforme exposto, já foi cancelada pelo STJ), que repitam vedações consideradas inconstitucionais (ou seja, que repliquem prescrições do art. 7º, §2º, Lei nº 12.016/2009), também serão inconstitucionais.

A respeito da primeira categoria, o raciocínio mais simples que se pode fazer, quanto às consequências da ADI nº 4.296/DF, é de que se as

461 **[CPC/2015]** Art. 927. Os juízes e os tribunais observarão: I – as decisões do Supremo Tribunal Federal em controle concentrado de constitucionalidade;

462 **[CPC/2015]** Art. 1.059. À tutela provisória requerida contra a Fazenda Pública aplica-se o disposto nos arts. 1º a 4º da Lei nº 8.437, de 30 de junho de 1992, **e no art. 7º, § 2º, da Lei nº 12.016, de 7 de agosto de 2009**. (com grifo nosso)

463 BUENO, Cássio Scarpinella. ADI 4.296 e liminar em mandado de segurança: uma proposta de compreensão de seu alcance. **Suprema: Revista de Estudos Constitucionais**. Brasília: v. 2, n. 1, p. 157-184, jan./jun. 2022.

464 **[Lei nº 8.437/92]** Art. 1º. [...] §5º Não será cabível medida liminar que defira compensação de créditos tributários ou previdenciários. (Incluído pela Medida Provisória nº 2,180-35, de 2001)

vedações diretas contidas no art. 7º, §2º, Lei nº 12.016/2009, são inconstitucionais, então as remissões diretas a elas, constantes do art. 1.059, CPC/2015, também são inconstitucionais por simples arrastamento, já que as últimas dependem das primeiras e, em face da inconstitucionalidade das primeiras, também restam contaminadas as disposições do art. 1.059, CPC/2015. Em outras palavras, caracterizado o art. 7º, §2º, Lei nº 12.106/2009, como norma-objeto da declaração de inconstitucionalidade, e tendo em vista que a eficácia normativa do trecho correspondente do art. 1.059, CPC/2015, efetivamente depende da norma-objeto, posto que a ela remete diretamente, sem ressalvas, então, por arrastamento, é inconstitucional a vedação do art. 1.059, CPC/2015, quanto às tutelas provisórias contra a Fazenda Pública, nas mesmas hipóteses do art. 7º, §2º, Lei nº 12.106/2009[465].

Ainda que se entenda que a inconstitucionalidade por arrastamento não pode se dar automaticamente, necessitando ser expressamente referida quando da declaração de inconstitucionalidade da norma-objeto, Cássio Scarpinella Bueno defende que a própria ausência de qualquer deliberação expressa, na ADI nº 4.296/DF, a respeito das vedações ao deferimento de tutelas provisórias contra a Fazenda Pública, permite o exame da *ratio decidendi* (aqui definida como os "fundamentos determinantes então alcançados para decidir em um ou em outro sentido"[466]) dos ministros, no acórdão, e, caso se entenda que tais razões de decidir se aplicam também às hipóteses de tutelas provisórias, então será possível

[465] Este raciocínio foi desenvolvido com base na conceituação de inconstitucionalidade por arrastamento adotada pela Segunda Turma do STF na Rcl nº 22.012/RS, no trecho a seguir colacionado (página 18 do inteiro teor do acórdão): "[...] Isso porque **a declaração de inconstitucionalidade por arrastamento alcança dispositivo cuja eficácia normativa dependa da norma objeto da declaração de inconstitucionalidade e, portanto, se relaciona com os limites objetivos da coisa julgada** (Sarlet, Ingo Wolfgang; Marinoni, Luiz Guilherme; Mitidiero, Daniel. Curso de direito constitucional. 2. ed. rev., atual e ampl. São Paulo: Revista dos Tribunais, 2013. p. 1130)". (Rcl nº 22.012/RS, Rel. Min. Dias Toffoli, Segunda Turma, STF, j. 05 dez. 2017, DJe 27 fev. 2018, com grifo nosso)

[466] Bueno, Cássio Scarpinella. ADI 4.296 e liminar em mandado de segurança: uma proposta de compreensão de seu alcance. **Suprema: Revista de Estudos Constitucionais**. Brasília: v. 2, n. 1, p. 157-184, jan./jun. 2022, p. 167.

concluir que estas também são tão inconstitucionais quanto o art. 7º, §2º, Lei nº 12.106/2009.

Assim, ainda a respeito da primeira categoria, quanto à *ratio decidendi* da ADI nº 4.296/DF, entende-se que devem ser observados três pontos importantes. O primeiro é a respeito do princípio da isonomia, referido no voto do relator original, Min. Marco Aurélio (página 15 do inteiro teor), e reafirmado integralmente no voto do Min. Edson Fachin (página 51 do inteiro teor). O segundo é a respeito do poder geral de cautela do juiz, referido no voto do relator para o acórdão, Min. Alexandre de Moraes (página 43 do inteiro teor), e reafirmado pelas ministras Rosa Weber (página 60 do inteiro teor) e Carmen Lúcia (página 64 do inteiro teor). O terceiro é específico a respeito da compensação de créditos tributários e entrega de mercadorias e bens provenientes do exterior, conforme referido no voto do Min. Gilmar Mendes (página 121 do inteiro teor).

A respeito da segunda categoria (vedações constantes de outros dispositivos que repliquem prescrições do art. 7º, §2º, Lei nº 12.016/2009, declaradas inconstitucionais), deve-se observar outra questão específica do julgamento da ADI nº 4.296/DF, que é referida com mais detalhes no voto do Min. Gilmar Mendes (página 78 do inteiro teor) e no voto do Min. Marco Aurélio (página 12 do inteiro teor), e reside no fato de que nenhum dos ministros deferiu a preliminar da Fazenda Pública que tentava impedir a apreciação do ponto específico da compensação de créditos tributários, em razão de o Requerente (CFOAB) não ter impugnado todo o complexo normativo referente a este tema (ou seja, não ter impugnado as demais normas do Sistema de proteção à Fazenda Pública que tratassem do mesmo tema da compensação de créditos tributários, em especial o art. 170-A, CTN e o art. 1º, Lei nº 8.437/92).

Acerca da primeira questão da primeira categoria (vedação direta contida no art. 7º, §2º, Lei nº 12.016/2009, que já não mais se aplica às tutelas provisórias contra a Fazenda Pública), destaca-se que os ministros Marco Aurélio e Edson Fachin concluem que o art. 7º, §2º, Lei nº 12.016/2009 "concedia à Fazenda Pública tratamento preferencial incompatível com o Estado Democrático de Direito, relegando à inocuidade possível direito líquido e certo a ser examinado pelo julgador daquele que se diga prejudicado por um ato público".

Trata-se, pois de uma ausência de isonomia entre Fazenda Pública e contribuinte. Sob a perspectiva deste princípio, previsto no art. 5º, *caput*, CF/88, e no art. 37, *caput*, CF/88, Leonardo Martins afirma que "o legislador pode perseguir somente propósitos legítimos para justificar o tratamento desigual"[467]. Nesse sentido, Cássio Scarpinella Bueno entende que não haveria nenhum critério que conseguisse justificar que processos contra o Poder Público poderiam ser – ou tenderiam a ser – menos eficientes que as lides entre particulares, de modo que limitar liminares em MS e, por certo, também tutelas provisórias contra a Fazenda Pública, seria afrontar esta garantia fundamental[468].

A segunda questão da primeira categoria (vedação direta contida no art. 7º, §2º, Lei nº 12.016/2009, que já não mais se aplica às tutelas provisórias contra a Fazenda Pública), igualmente quanto à *ratio decidendi* do acórdão, é a argumentação do Min. Alexandre de Moraes a respeito do poder geral de cautela do juiz. No acórdão, o relator retoma o posicionamento do Min. Carlos Velloso na ADI nº 975/DF, apresentado na seção 2.4 deste livro, e conclui que "presentes os requisitos ensejadores da medida liminar em sede de mandado de segurança, a concessão da medida liminar será ínsita à finalidade constitucional de proteção ao direito líquido e certo". Segue, então, apontando que qualquer proibição a esta concessão de liminar é maculada por inconstitucionalidade absoluta, já que restringe a eficácia de um remédio de assento constitucional.

Sob a perspectiva do poder geral de cautela e de antecipação do juiz, Teori Zavascki afirma que o ordenamento jurídico brasileiro propôs normas abertas, "de terminologia fluida e conteúdo genérico" (como é o caso dos arts. 273 e 798, CPC/73, e dos arts. 297 e 300, CPC/2015) que abrem, ao juiz, a possibilidade de formular, no caso concreto, a solução mais adequada para sopesar os princípios da segurança jurídica e da efetividade da

467 MARTINS, Leonardo. Direito Fundamental à Igualdade. In: CANOTILHO, José Joaquim Gomes, et al. **Comentários à Constituição do Brasil**. 2ª. ed. São Paulo: Saraiva Educação, p. 223-236, 2018, p. 235.

468 BUENO, Cássio Scarpinella. Tutela Provisória contra o Poder Público no CPC de 2015. In: BUENO, Cássio Scarpinella., et al. **Tutela Provisória no CPC: Dos 20 anos de vigência do art. 273 do CPC/73 ao CPC/2015**. 2ª. ed. São Paulo: Saraiva Educação, p. 68-81, 2018, p. 78.

tutela jurisdicional. Esta, para o autor, seria a "via judicial de criação da regra conformadora"[469].

Tendo em vista, conforme já se apontou, que o fundamento das tutelas provisórias é constitucional, mais especificamente consubstanciado princípio da inafastabilidade da jurisdição estatal, constante do art. 5º, XXXV, CF/88[470] (ou, de acordo com Zavascki, reside não somente neste dispositivo, mas no "próprio sistema constitucional organicamente considerado", visto que se trataria de mecanismo de concretização e harmonização de direitos fundamentais em conflito[471]), o raciocínio a seguir é o mesmo daquela da ADI nº 4.296/DF: presentes os requisitos ensejadores da tutela provisória, a concessão da tutela em questão será ínsita à finalidade constitucional de garantia do direito com efetividade e em tempo razoável, restando maculada de inconstitucionalidade toda norma infraconstitucional que impedisse o exercício deste direito.

Desta feita, qualquer norma não originária, seja ela advinda de reforma constitucional ou legislação infraconstitucional, jamais poderá limitar de maneira desmedida a atividade jurisdicional, em especial na forma do poder geral de cautela e antecipação. O papel do legislador, portanto, é de disciplinar a concessão de provimentos liminares, sem que, no entanto, restem ofendidos direitos e garantia constitucionais[472].

[469] Zavascki, Teori Albino. **Antecipação de tutela**. 2ª. ed. São Paulo: Saraiva, 1999, p. 67.

[470] Machado Segundo, Hugo de Brito. **Poder Público e Litigiosidade**. Indaiatuba: Editora Foco, 2021, p. 44; Marins, James. **Direito Processual Tributário Brasileiro – Administrativo e Judicial**. 12ª. ed. São Paulo: Thomson Reuters Brasil, 2019, p. 602; e, ainda, o Min. Ricardo Lewandowski, em seu voto na ADI nº 4.296/DF (página 67 do inteiro teor), no qual aponta que: "Considero inconstitucional, tal como fez agora o Ministro Alexandre Moraes e outros, o art. 7º, § 2º, porque entendo que essa disposição colide com o princípio da inafastabilidade da jurisdição, ou também chamado de universalidade da jurisdição, que está estampado no art. 5º, XXXV, da nossa Constituição Federal, que assim prescreve: 'a lei não excluirá da apreciação do Poder Judiciário lesão ou ameaça a direito'" (Trecho do voto do Min. Ricardo Lewandowski na ADI nº 4.296/DF, Rel. Min. Marco Aurélio, Rel. p/ Acórdão Min. Alexandre de Moraes, Plenário do STF, j. 09 jun. 2021, DJe 11 out. 2021, p. 67 do inteiro teor do acórdão).

[471] Zavascki, Teori Albino. **Antecipação de tutela**. 2ª. ed. São Paulo: Saraiva, 1999, p. 61.

[472] Lopes, João Batista. **Tutela antecipada no processo civil brasileiro**. 3ª. ed. São Paulo: Revista dos Tribunais, 2007, p. 115.

A consequência de se limitar a atividade jurisdicional de forma exorbitante seria de "fortalecimento ou enfraquecimento desmedido de um poder, criando-se uma relação de subordinação entre os poderes onde deveria haver vínculo de coordenação harmônica", de modo que se estaria desrespeitando o princípio da separação dos poderes[473].

Outra característica do poder geral de cautela e antecipação do Judiciário, conforme já se apontou, é sua interface com o princípio da duração razoável do processo, constitucionalmente positivado no art. 5º, LXXVIII, CF/88. Para Vitor Fonsêca, o direito fundamental enunciado no art. 5º, LXXVIII, CF/88, é "autônomo e independe das técnicas processuais adotadas pela lei". Isso significa que o dever do juiz de zelar por esse direito não se adstringe às técnicas processuais expressamente previstas em lei – ditas "típicas" – mas abrange, por certo, "todas as medidas necessárias para garantir que a solução integral do mérito seja oferecida em prazo razoável". Nesse sentido vêm, justamente, as previsões dos arts. 4º e 6º, do CPC/2015[474], que não somente reforçam a ideia de celeridade e efetividade processuais, como também reconhecem a obrigação de cooperação das partes para a efetivação do acesso à justiça[475].

Para Cleide Previtalli Cais, "justiça tardia não é justiça". Ao legislador ordinário cabe, então, conceder ao Poder Judiciário, em respeito ao art. 5º, *caput* e incisos XXXV e LXXVIII, CF/88, o nível de discricionariedade necessário e suficiente para aplicação célere e efetiva das tutelas provisórias. Assim, quando o Poder Legislativo, ao invés de legislar em prol da efetividade do acesso à jurisdição, o faz em sentido contrário, estabelecendo limites indevidos à atividade jurisdicional, acaba não somente por

[473] Sarlet, Ingo Wolfgang; Brandão, Rodrigo Art. 60, CF. In: Canotilho, José Joaquim Gomes, et al. **Comentários à Constituição do Brasil**. 2ª. ed. São Paulo: Saraiva Educação, p. 1213-1226, 2018, p. 1223.

[474] **[CPC/2015]** Art. 4º As partes têm o direito de obter em prazo razoável a solução integral do mérito, incluída a atividade satisfativa.

[CPC/2015] Art. 6º Todos os sujeitos do processo devem cooperar entre si para que se obtenha, em tempo razoável, decisão de mérito justa e efetiva.

[475] Fonsêca, Vitor. Art. 4º, CPC. In: Bueno, Cássio Scarpinella (coord.). **Comentários ao Código de Processo Civil**. São Paulo: Saraiva, v. 1 (arts. 1º a 317), p. 92-99, 2017, p. 95-96.

desprestigiar garantias fundamentais, mas também por negar, aos jurisdicionados, o próprio acesso à Justiça[476].

A terceira questão da primeira categoria (vedação direta contida no art. 7º, §2º, Lei nº 12.016/2009, que já não mais se aplica às tutelas provisórias contra a Fazenda Pública), também quanto à *ratio decidendi* do acórdão, é específica à vedação a liminares em ações de compensação de créditos tributários e nas entregas de mercadorias e bens provenientes do exterior, e é referida no voto do Min. Gilmar Mendes (página 121 do inteiro teor). O raciocínio do ministro é de que, caso seja possível obter o provimento em sede de tutela provisória, no rito ordinário, ou em sede de processo administrativo, não haverá razões para que não seja possível obtê-los, também, em sede de liminar em MS.

A respeito da concessão de liminar em MS para entrega de mercadorias e bens provenientes do exterior, o ministro desataca que, com o julgamento do Tema nº 1.042, da Repercussão Geral do STF (tese fixada: "É constitucional vincular o despacho aduaneiro ao recolhimento de diferença tributária apurada mediante arbitramento da autoridade fiscal"), se tornou possível, na esfera administrativa, condicionar o desembaraço aduaneiro ao pagamento da diferença tributária apurada pelo Fisco, "não vejo razão para proibir o mesmo procedimento em sede de mandado de segurança e obter a liberação da mercadoria, condicionada ao depósito judicial (ou garantia equivalente) da integralidade da diferença apurada pelo Fisco".

A respeito da concessão de liminar em MS para garantir a compensação de créditos tributários, o Min. Gilmar Mendes citou a disposição do art. 311, II, CPC/2015, que traz a possibilidade de deferimento de tutela de evidência quando as alegações de fato puderem ser comprovadas apenas documentalmente e houver tese firmada em julgamento de casos repetitivos ou em súmula vinculante. Argumentou, então, que se o pedido de compensação estiver fundamentado em tese firmada em julgado de casos repetitivos, nos termos do art. 928, CPC/2015, ou súmula vinculante, com comprovação apenas documental quanto às alegações de fato (ou seja, somente com prova pré-constituída, tal que exigido no MS),

[476] CAIS, Cleide Previtalli. **O processo tributário.** 8ª. ed. São Paulo: Revista dos Tribunais, 2013, p. 429.

"seria contrassenso proibir, em sede de Mandado de Segurança, algo que se pode obter em ação sob o rito ordinário".

Desse modo, tal qual entende Cleucio Santos Nunes, e em face da declaração explícita do Min. Gilmar Mendes, em seu voto na ADI nº 4.296/DF, a respeito do cabimento da tutela provisória de evidência do art. 311, II, CPC/2015, nas ações de compensação de créditos tributários, defende-se que "o entendimento assentado para a liminar em mandado de segurança pelo STF é extensível para as tutelas provisórias previstas no CPC, para os mesmos casos"[477].

A respeito da segunda categoria, qual seja, as vedações constantes de outros dispositivos que repliquem prescrições do art. 7º, §2º, Lei nº 12.016/2009, o ponto destacado é de que nenhum dos ministros deferiu a preliminar da Fazenda Pública que tentava impedir a apreciação do ponto específico da compensação de créditos tributários, em razão de o Requerente (CFOAB) não ter impugnado todo o complexo normativo referente a este tema (ou seja, não ter impugnado as demais normas do Sistema de proteção à Fazenda Pública que tratassem do mesmo tema da compensação de créditos tributários, em especial do art. 170-A, CTN, e o art. 1º, Lei nº 8.437/92).

Eu seu voto, o Min. Marco Aurélio (página 12 do inteiro teor) afasta a preliminar em questão apenas apontando que "A articulação sobre a ausência de impugnação do complexo normativo não pode servir de base a concluir-se que toda e qualquer ação deve envolver a totalidade da lei atacada". O Min. Gilmar Mendes, no entanto, debate a questão com um detalhamento maior (página 78 do inteiro teor). Analisando a redação do art. 1º, §5º, Lei nº 8.437/92[478], o ministro a reputa genérica e atécnica, já que poderia incidir "sobre todas as espécies de demandas que debatam compensação de créditos tributários e previdenciários (ações ordinárias, embargos à execução etc.)", enquanto o dispositivo efetivamente discutido – art. 7º, §2º, Lei nº 12.016/2009, é específico ao Mandado de Segu-

477 Nunes, Cleucio Santos. **Curso Completo de Direito Processual Tributário**. 5ª. ed. São Paulo: SaraivaJur, 2022, p. 550-551.

478 **[Lei nº 8.437/92]** Art. 1º. [...] §5º Não será cabível medida liminar que defira compensação de créditos tributários ou previdenciários. (Incluído pela Medida Provisória nº 2,180-35, de 2001)

rança. Assim, poderia surgir dúvida, até, se o art. 1º, §5º, Lei nº 8.437/92, sendo excessivamente genérico, se aplicaria ou não ao MS, já que existe Lei própria, mais específica. Quanto ao art. 170-A, CTN, o ministro não tece maiores comentários, mas afasta diretamente a necessidade de o Requerente impugná-lo para ultrapassar a preliminar:

> Concordo com a posição externada no parecer da Procuradoria-Geral da República (eDOC 16), ao sustentar que a norma de 1992 é mais genérica e atécnica, configurando proibição de requerimento do próprio pedido de medida liminar – ao utilizar a expressão "não será cabível" –, além de incidir sobre todas as espécies de demandas que debatam compensação de créditos tributários e previdenciários (ações ordinárias, embargos à execução etc.), ao passo que a previsão da atual legislação diz respeito a várias vedações de concessão de liminar, especificamente em sede de mandado de segurança, podendo remanescer dúvidas sobre a aplicabilidade, no *writ of mandamus*, daquela norma, razão pela qual não entendo haver prejudicialidade pela ausência de impugnação daquele §5º do art. 1º da Lei 8.437/1992 e tampouco do art. 170-A do Código Tributário Nacional (CTN). (Trecho do Voto do Min. Gilmar Mendes na ADI nº 4.296/DF, Rel. Min. Marco Aurélio, Rel. p/ Acórdão Min. Alexandre de Moraes, Plenário do STF, j. 09 jun. 2021, DJe 11 out. 2021, p. 78 do inteiro teor do acórdão)

Vale dizer que o fato de nenhum ministro ter aceitado a preliminar fazendária não necessariamente autoriza a conclusão de que são inconstitucionais as vedações constantes de outros dispositivos que repliquem prescrições do art. 7º, §2º, Lei nº 12.016/2009, já que o foco da atenção no julgamento foi mesmo o confronto deste dispositivo com a Constituição. Para Cássio Scarpinella Bueno, no entanto, o julgamento da ADI nº 4.296/DF, "nulifica não só os dispositivos em si mesmo considerados, mas também, como já destacado, os demais que guardavam com eles não só identidade, total ou parcial, de texto, de objetivo"[479]. Esta conclusão

[479] BUENO, Cássio Scarpinella. **Manual do Poder Público em Juízo**. São Paulo: SaraivaJur, 2022, p. 158.

é significativamente reforçada pelo cancelamento da Súmula nº 212, por parte do STJ, ocorrida em 14 de setembro de 2022[480].

Em posição similar, mas restrita à questão da compensação de créditos tributários, Cleucio Santos Nunes defende que a decisão do STF na ADI nº 4.296/DF, é mais uma demonstração de que, dependendo do caso concreto, não é proporcional à Constituição Federal que a lei impeça a concessão de tutelas provisórias para se compensar créditos do contribuinte com débitos tributários[481].

Nessa toada, mirando o futuro, a conclusão mais adequada, depois que o tema das vedações constantes de outros dispositivos que repliquem prescrições do art. 7º, §2º, Lei nº 12.016/2009, passe por maturação no Judiciário brasileiro, e que melhor fortaleceria o sistema de precedentes enaltecido pelo CPC/2015, considerando a *ratio decidendi*, em homenagem aos princípios da segurança jurídica e da inafastabilidade da jurisdição estatal, seria mesmo de que "as razões para se chegar à conclusão da inconstitucionalidade daquele dispositivo são plenamente válidas para também afirmar inconstitucionais quaisquer outras regras que vedem aprioristicamente a concessão de tutela provisória"[482].

3.3 Interpretação conforme do art. 1.059, CPC/2015

Pelo exposto na seção anterior, vê-se que a evolução e maturação da jurisprudência dos tribunais superiores, ao longo dos anos, foi no sentido de consignar que as vedações à concessão de tutelas provisórias contra a Fazenda Pública devem ser interpretadas restritivamente, visto que, se assim não fossem, se estaria impondo óbice desmedido à efetividade e celeridade processuais, bem como se estaria desrespeitando os princípios da proporcionalidade e da razoabilidade.

480 BRASIL. Superior Tribunal de Justiça. **Cancelamento da Súmula nº 212**. [...] Primeira Seção, STJ. Disponível em https://www.stj.jus.br/sites/portalp/Paginas/Comunicacao/Noticias/2022/27092022-Sumulas-Anotadas-incluiu-cancelamento-dos-enunciados-212-e-497.aspx. Acesso em 14 out. 2022

481 NUNES, Cleucio Santos. **Curso Completo de Direito Processual Tributário.** 5ª. ed. São Paulo: SaraivaJur, 2022, p. 550.

482 BUENO, Cássio Scarpinella. ADI 4.296 e liminar em mandado de segurança: uma proposta de compreensão de seu alcance. **Suprema: Revista de Estudos Constitucionais.** Brasília: v. 2, n. 1, p. 157-184, jan./jun. 2022, p. 179.

A respeito destes dois princípios – proporcionalidade e razoabilidade – entendidos, neste trabalho, como sinônimos[483], retoma-se, neste ponto, a provocação feita na seção 1.4. Apontou-se, então, que James Marins entende que "a utilização distorcida da interpretação ou a possibilidade teórica da criação de prerrogativas processuais para a Fazenda Pública tem sido, em relevantes questões, coibida pelo Poder Judiciário"[484].

De fato, isto é verdade. O princípio da proporcionalidade possui íntima relação com o princípio do devido processo legal. De acordo com Gilmar Mendes, o STF já assentou entendimento no sentido de que atos estatais considerados violadores do princípio da proporcionalidade transgridem a perspectiva material do devido processo legal (*substantive due process of law*)[485], como exemplificado em trecho da ementa da decisão do Min. Celso de Mello, à época presidente do STF, na Suspensão de Segurança (SS) nº 1.320/DF:

> [...] Como precedentemente enfatizado, o princípio da proporcionalidade visa a inibir e a neutralizar o abuso do Poder Público no exercício das funções que lhe são inerentes, notadamente no desempenho da atividade de caráter legislativo e regulamentar. [...] Cumpre enfatizar, nesse ponto, que a cláusula do devido processo legal – objeto de expressa proclamação pelo art. 5º, LIV, da Constituição, e que traduz um dos fundamentos dogmáticos do princípio da proporcionalidade – deve ser entendida, na abrangência de sua noção conceitual, não só sob o aspecto meramente formal, que impõe restrições de caráter ritual à atuação do Poder Público (*procedural due process*

[483] Para Luís Roberto Barroso, os dois termos, proporcionalidade e razoabilidade, quando utilizados como instrumentos de ponderação, podem ser utilizados de forma intercambiável, visto que, essencialmente, "abrigam os mesmos valores subjacentes: racionalidade, justiça, medida adequada, senso comum, rejeição aos atos arbitrários ou caprichosos" (Barroso, Luís Roberto. Interpretação constitucional como interpretação específica. In: Canotilho, José Joaquim Gomes, et al. **Comentários à Constituição do Brasil**. 2ª. ed. São Paulo: Saraiva Educação, p. 91-95, 2018, p. 94).

[484] Marins, James. **Direito Processual Tributário Brasileiro – Administrativo e Judicial**. 12ª. ed. São Paulo: Thomson Reuters Brasil, 2019, p. 529.

[485] Mendes, Gilmar. Comentários ao art. 5º, XXXV, CF. In: CANOTILHO, José Joaquim Gomes, et al. **Comentários à Constituição do Brasil**. 2ª. ed. São Paulo: Saraiva Educação, p. 458-463, 2018, p. 462.

> *of law*), mas, sobretudo, em sua dimensão material (*substantive due process of law*), que atua como decisivo obstáculo à edição de atos normativos revestidos de conteúdo arbitrário ou irrazoável. A essência do *substantive due process of law*, reside na necessidade de proteger os direitos e as liberdades das pessoas contra qualquer modalidade de legislação ou de regulamentação que se revele opressiva ou destituída do necessário coeficiente de razoabilidade [...]. A jurisprudência constitucional do Supremo Tribunal Federal, bem por isso, tem censurado a validade jurídica de atos estatais, que, desconsiderando as limitações que incidem sobre o poder normativo do Estado, veiculem prescrições que ofendem os padrões de razoabilidade e que se revelam destituídas de causa legítima, exteriorizando abusos inaceitáveis e inconstitucionalizando agravos inúteis e nocivos aos direitos das pessoas. (SS nº 1.320/DF, Decisão da presidência do STF, prolatada em 06 abr. 1999. Rel. Min. Celso de Mello, DJ 14 abr. 1999, com grifo nosso).

Exemplo significativo de situação na qual o STF entendeu inadequada a proposição de prerrogativa processual para a Fazenda Pública, com base no princípio da proporcionalidade, foi o caso apreciado na ADI nº 1.753-2/DF. No caso em questão, o Conselho Federal da OAB propôs a ADI com vistas a declarar inconstitucional o art. 4º, MP nº 1.577-6/97[486], que alterava de dois para cinco anos o prazo de decadência para propositura de ação rescisória pelo Poder Público.

Na data de 12 de junho de 1998, na apreciação de Medida Cautelar no caso em comento, o STF entendeu que, nas palavras de James Marins, "embora a igualdade das partes seja inerente ao *procedural due process of*

[486] **[MP nº 1.577-6/97]** Art. 4º O direito de propor ação rescisória por parte da União, dos Estados, do Distrito Federal, dos Municípios, bem como das autarquias e das fundações instituídas pelo Poder Público extingue-se em cinco anos, contados do trânsito em julgado da decisão.
Parágrafo único. Além das hipóteses referidas no art. 485 do Código de Processo Civil, será cabível ação rescisória quando a indenização fixada em ação de desapropriação, em ação ordinária de indenização por apossamento administrativo ou desapropriação indireta, e também em ação que vise a indenização por restrições decorrentes de atos do Poder Público, em especial aqueles destinados à proteção ambiental, for flagrantemente superior ao preço de mercado do bem objeto da ação judicial.

law, esta não pode ensejar abusos, devendo mostrar-se razoável e dotada de proporcionalidade"[487]. Veja-se a ementa:

> **EMENTA:** Ação rescisória: MProv. 1577-6/97, arts. 4º e parág. único: a) ampliação do prazo de decadência de dois para cinco anos, quando proposta a ação rescisória pela União, os Estados, o DF ou os Municípios e suas respectivas autarquias e fundações públicas (art. 4º) e b) criação, em favor das mesmas entidades públicas, de uma nova hipótese de rescindibilidade das sentenças – indenizações expropriatórias ou similares flagrantemente superior ao preço de mercado (art. 4º, parág. único): argüição plausível de afronta aos arts. 62 e 5º, I e LIV, da Constituição: conveniência da suspensão cautelar: medida liminar deferida.
>
> 1. Medida provisória: excepcionalidade da censura jurisdicional da ausência dos pressupostos de relevância e urgência à sua edição: raia, no entanto, pela irrisão a afirmação de urgência para as alterações questionadas à disciplina legal da ação rescisória, quando, segundo a doutrina e a jurisprudência, sua aplicação à rescisão de sentenças já transitadas em julgado, quanto a uma delas – a criação de novo caso de rescindibilidade – é pacificamente inadmissível e quanto à outra – a ampliação do prazo de decadência – é pelo menos duvidosa.
>
> 2. A igualdade das partes é imanente ao procedural due process of law; quando uma das partes é o Estado, a jurisprudência tem transigido com alguns favores legais que, além da vetustez, tem sido reputados não arbitrários por visarem a compensar dificuldades da defesa em juízo das entidades públicas; se, ao contrário, desafiam a medida da razoabilidade ou da proporcionalidade, caracterizam privilégios inconstitucionais: parece ser esse o caso das inovações discutidas, de favorecimento unilateral aparentemente não explicável por diferenças reais entre as partes e que, somadas a outras vantagens processuais da Fazenda Pública, agravam a conseqüência perversa de retardar sem limites a satisfação do direito do particular já reconhecido em juízo.

[487] MARINS, James. **Direito Processual Tributário Brasileiro – Administrativo e Judicial**. 12ª. ed. São Paulo: Thomson Reuters Brasil, 2019, p. 529.

> 3. Razões de conveniência da suspensão cautelar até em favor do interesse público. (MC na ADI nº 1753-2/DF, Rel. Min. Sepúlveda Pertence, Plenário do STF, j. 16 abr. 1998, DJ 12 jun. 1998, p. 51, com grifo nosso)

Observa-se, pois, que a adequação da interpretação de dispositivos legais com base no princípio da proporcionalidade não é estranha ao ordenamento jurídico brasileiro. O relator da MC na ADI nº 1.753-2/DF, Min. Sepúlveda Pertence, inclusive, asseverou que normas que "desafiam a medida da razoabilidade ou da proporcionalidade, caracterizam privilégios inconstitucionais".

Neste ponto, cita-se, uma vez mais, o julgamento do REsp nº 1.085.257/SP, cuja centralidade residiu no princípio da efetividade da tutela jurisdicional, derivado do art. 5º, XXXV, CF/88. Para a relatora, Min. Eliana Calmon, o princípio da efetividade da tutela jurisdicional "envolve maior interesse público e não se confunde com o interesse puramente patrimonial da União, dos Estados, do Distrito Federal e de suas respectivas autarquias e fundações". Não resta dúvidas, portanto, de que a ponderação principiológica autoriza, inclusive em nome do interesse público na correta e efetiva condução do devido processo legal, a mitigação do alcance de determinados princípios, em nome de outros de igual hierarquia constitucional. Veja-se a ementa:

> PROCESSUAL CIVIL. REEXAME NECESSÁRIO. AUSÊNCIA DE APELAÇÃO DO ENTE PÚBLICO. INADMISSIBILIDADE DO RECURSO ESPECIAL. PRECLUSÃO LÓGICA.
>
> 1. É fato público e notório que as reformas processuais implementadas no Código de Processo Civil ao longo dos últimos anos têm como objetivo dar efetividade a garantia constitucional do acesso à justiça, positivada no art. 5º, inciso XXXV, da Constituição Federal. Como exemplo desse louvável movimento do legislador tem-se a dispensa do reexame necessário nas causas de competência do Juizado Especial Federal, consoante prevê o art. 13 da Lei 10.259/2001, e nas demais causas mencionadas nos §§ 2º e 3º do art. 475 do diploma processual, na redação que lhes deu a Lei 10.352/2001.
>
> [...] 4. A ilação de que fraudes e conluios contra a fazenda pública ocorrem principalmente no primeiro grau de jurisdição, levando à não-impugnação da sentença no momento processual oportuno pelos procuradores

> em suas diversas esferas do Poder Executivo, por si só, não tem o condão de afastar a indispensável busca pela efetividade da tutela jurisdicional, que envolve maior interesse público e não se confunde com o interesse puramente patrimonial da União, dos Estados, do Distrito Federal e de suas respectivas autarquias e fundações. Ademais, o ordenamento jurídico possui instrumentos próprios, inclusive na seara penal, eficazes para a repressão de tais desvios de conduta dos funcionários públicos. [...]
>
> 6. Recurso especial não conhecido em razão da existência de fato impeditivo do poder de recorrer (preclusão lógica). (REsp nº 1.085.257/SP, Rel. Min. Eliana Calmon, Segunda Turma, STJ, j. 09 dez. 2008, DJe 24 mar. 2009, com grifo nosso)

No caso específico das tutelas provisórias, Teori Zavascki entende que a medida de proporcionalidade, no que se refere a este instituto, reside no sopesamento dos princípios da efetividade da tutela jurisdicional e da segurança jurídica, em face do "fator tempo". Assim afirma o autor:

> O decurso do tempo, como todos o sabem, é inevitável para a garantia plena do direito à segurança jurídica, mas é, muitas vezes, incompatível com a efetividade da jurisdição, notadamente quando o risco de perecimento do direito reclama tutela urgente. Sempre que se tiver presente situação dessa natureza – em que o direito à segurança jurídica não puder conviver, harmônica e simultaneamente, com o direito à efetividade da jurisdição – ter-se-á caracterizada a hipótese de colisão de direitos fundamentais dos litigantes, a reclamar solução harmonizadora. Ora, a harmonização – porque supõe pluralidade de elementos a serem harmonizados – não pode se dar, simplesmente, à custa de eliminação de um dos direitos colidentes. [...] A solução conformadora deve ocorrer, isto sim, de modo a que todos os direitos colidentes sobrevivam, senão de modo absoluto, pelo menos relativizados [...] Em nosso sistema, como em muitos outros, a fórmula para viabilizar a convivência entre segurança jurídica e efetividade da jurisdição é da outorga de medidas de caráter provisório, que sejam aptas a superar as situações de risco de perecimento de qualquer um desses direitos.[488]

[488] ZAVASCKI, Teori Albino. **Antecipação de tutela**. 2ª. ed. São Paulo: Saraiva, 1999, p. 66-67.

Observando que, como já exposto, os princípios do contraditório e da ampla defesa são desdobramentos – ou corolários – do devido processo legal, Hugo de Brito Machado Segundo defende que, "desde que a tutela provisória não crie uma situação de fato irreversível, o contraditório e a ampla defesa podem ser exercidos com mais intensidade posteriormente". Assim sendo, nos casos em que há risco de ineficácia da tutela pretendida, se justifica a mitigação dos princípios do devido processo legal e da segurança jurídica em nome da efetividade da tutela jurisdicional[489].

Cássio Scarpinella Bueno também chama atenção para o fato de que o dispositivo do art. 1º, CPC/2015, dispõe que "o processo civil será ordenado, disciplinado e interpretado conforme os valores e as normas fundamentais estabelecidos na Constituição da República Federativa do Brasil, observando-se as disposições deste Código". Assim, sua concordância com as garantias fundamentais do art. 5º, CF/88, deveria ser pressuposto básico das normas nele contidas[490].

Nesse sentido, tendo em vista o fundamento constitucional das tutelas provisórias, Luiz Guilherme Marinoni e Daniel Mitidiero entendem que eventuais restrições ao seu deferimento ofenderiam diversos direitos e garantias fundamentais, inclusive desrespeitando o Estado Constitucional, fundado na dignidade da pessoa humana, como positivado no art. 1º, III, CF/88. Restrições como a do art. 1.059, CPC/2015, portanto, estariam eivadas de vícios de inconstitucionalidade, se não corretamente interpretadas[491].

Passa-se, então, com base no exposto na seção 1.4, à apresentação de uma proposta de interpretação conforme do art. 1.059, CPC/2015, para,

[489] MACHADO SEGUNDO, Hugo de Brito. **Processo Tributário.** 10ª. ed. São Paulo: Atlas, 2018, p. 484-485.

[490] BUENO, Cássio Scarpinella. Tutela Provisória contra o Poder Público no CPC de 2015. In: BUENO, Cássio Scarpinella., et al. **Tutela Provisória no CPC: Dos 20 anos de vigência do art. 273 do CPC/73 ao CPC/2015**. 2ª. ed. São Paulo: Saraiva Educação, p. 68-81, 2018, p. 80.

[491] MARINONI, Luiz Guilherme; MITIDIERO, Daniel. Direito fundamental à tutela adequada e efetiva. In: SARLET, Ingo Wolfgang; MARINONI, Luiz Guilherme; MITIDIERO, Daniel. **Curso de Direito Constitucional**. 8ª. ed. São Paulo: Saraiva Educação, Cap. 5.3, p. 826-832, 2019, p. 832.

com esteio no princípio da proporcionalidade/razoabilidade e em respeito aos princípios da efetividade da tutela jurisdicional, da isonomia, da separação dos poderes e da duração razoável do processo, preservar a constitucionalidade do referido dispositivo.

Relembra-se que a técnica da interpretação conforme objetiva preservar a validade de normas suspeitas de inconstitucionalidade, atribuindo a elas um sentido pertinente com sua redação e que, ao mesmo tempo, realize os mandamentos constitucionais. Trata-se, portanto, ao mesmo tempo, de técnica de interpretação e mecanismo de controle de constitucionalidade[492]. Defende-se, de certa forma, no que tange às vedações à concessão de tutelas provisórias contra a Fazenda Pública, uma reinterpretação da corrente defendida, no STF, pelo Min. Sepúlveda Pertence, desde a ADI nº 223/DF (e passando pela própria ADI nº 1.753-2/DF), para a qual cada restrição deveria ser analisada individualmente, segundo os princípios da proporcionalidade e da razoabilidade.

Como se intentará demonstrar ao longo das duas subseções seguintes, entende-se que, para que a constitucionalidade do art. 1.059, CPC/2015, seja preservada, este deve ser submetido à interpretação conforme para se obter duas novas conclusões. A primeira reside em se entender inaplicáveis quaisquer óbices à concessão de tutelas de evidência contra a Fazenda Pública, com fundamento no art. 311, CPC/2015. A segunda está na mitigação da vedação com respeito às tutelas de urgência, admitindo-se o afastamento do art. 1.059, CPC/2015, (i) nas hipóteses em que o intuito do Legislador foi de – indevidamente – restringir a atuação do juiz e (ii) nas situações em que o magistrado demonstre, de maneira fundamentada, que a situação concreta assim demanda. Isto posto, prossegue-se aos argumentos que justificam tal posição.

3.3.1 Inaplicabilidade do art. 1.059, CPC/2015, às tutelas de evidência

Na seara da interpretação restritiva desenvolvida pela jurisprudência pátria, Cássio Scarpinella Bueno chama atenção para as duas alternativas de fundamentação para a tutela provisória – urgência e evidência – argu-

[492] BARROSO, Luís Roberto. Interpretação constitucional como interpretação específica. In: CANOTILHO, José Joaquim Gomes, et al. **Comentários à Constituição do Brasil**. 2ª. ed. São Paulo: Saraiva Educação, p. 91-95, 2018, p. 93.

mentando que a tutela de evidência não poderia estar abarcada nas restrições do art. 1.059, CPC/2015. Segundo o autor, "dadas as especificidades das remissões legislativas feitas por aquele dispositivo codificado, não há como querer alcançar as hipóteses em que a tutela provisória é concedida com fundamento na evidência". Assim também é o Enunciado nº 35, FPPC, que dista: "As vedações à concessão de tutela contra a Fazenda Pública limitam-se às tutelas de urgência"[493].

De fato, a tutela de evidência, ao contrário das tutelas de urgência cautelar e antecipada, não tinha correlatos diretos no CPC/73, de modo que se trata de figura inovadora, fundada na significativa probabilidade do direito invocado, sem qualquer necessidade de comprovação de perigo de dano ou risco ao resultado útil do processo. Pouco (ou nada) tem a ver, portanto, com as construções jurisprudenciais acumuladas, ao longo dos anos, no julgamento das ADI's nº 223, 295, 975 e 1.576/DF, e da ADC nº 04/DF, as quais pressupunham urgência.

Vale ressaltar, neste ponto, a posição de Cassone, Rossi e Cassone, para os quais as hipóteses do art. 273, II, CPC/73, e do §6º do mesmo artigo, são, na verdade, os antecessores da atual tutela de evidência. Mesmo que se considere, no entanto, que estas hipóteses específicas estavam originalmente enquadradas, na vigência do Código antigo, como antecipações dos efeitos da tutela, é fato que, em verdade, não pressupunham urgência. No caso do procedimento descrito no art. 273, II, CPC/73, este era aplicável quando caracterizado o manifesto propósito protelatório do réu. No caso do disposto no art. 273, §6º, CPC/73, havia aplicabilidade nos casos de pedidos incontroversos. Resta, portanto, mantido o entendimento de que a tutela de evidência, como espécie do gênero tutela provisória, é instituto inovador no ordenamento jurídico brasileiro e que, portanto, não foi significativamente apreciado ao longo da construção

[493] BUENO, Cássio Scarpinella. Tutela Provisória contra o Poder Público no CPC de 2015. In: BUENO, Cássio Scarpinella., et al. **Tutela Provisória no CPC: Dos 20 anos de vigência do art. 273 do CPC/73 ao CPC/2015**. 2ª. ed. São Paulo: Saraiva Educação, p. 68-81, 2018, p. 76-77.

jurisprudencial atinente às vedações à concessão de liminares nos casos de "ameaça à direito"[494].

Em termos práticos, como se sabe, o art. 1.059, CPC/2015, remete a duas leis anteriores à existência do instituto da tutela de evidência, a Lei nº 8.437/1992 e a Lei nº 12.016/2009 (Lei do MS). Assim, respectivamente no âmbito das tutelas cautelares e no âmbito das liminares em mandados de segurança, ambos os diplomas pressupunham urgência, que era, à época de sua edição, o único critério autorizador de tutelas cautelares e liminares. Em contrapartida, "a evidência autorizadora das medidas previstas nos incisos do art. 311 é reveladora, por si só, da pouca probabilidade de reversão da medida e, consequentemente, o afastamento dos costumeiros receios quanto à eventual irreversibilidade da medida"[495]. Nesse diapasão, Vitor Fonsêca defende, inclusive, a revisão ou o cancelamento da Súmula nº 729, STF, frente às disposições do CPC/2015, como a seguir colacionado.

> Esta necessidade de revisão/cancelamento torna-se ainda mais nítida quando se lembra que toda a discussão da ADC 4 e em torno da constitucionalidade do art. 1.º da Lei 9.494/1997 fixou-se na chamada "tutela de urgência". Nenhum voto na ADC 4 e em todos os acórdãos que fundamentaram a Súmula 729 do STF ultrapassou os temas da tutela antecipada e da tutela cautelar. Ocorre que o CPC/2015 trouxe explícita a possibilidade da tutela provisória na modalidade de "tutela da evidência", que prescinde da demonstração do perigo de dano ou do risco ao resultado útil do processo (art. 311, caput). A "tutela da evidência", apesar de ser modalidade da "tutela provisória", não se baseia na urgência. Toda a discussão da Súmula 729 do STF, porém, fundamentou-se na urgência. Nenhum voto tratou da "tutela da evidência". À luz da Súmula 729 do STF, como se deve interpretar, então, as restrições impostas pelo art. 1.059 do CPC/2015? Quando o art. 1.059 trata da "tutela provisória"

[494] Cassone, Vittorio; Rossi, Júlio César; Cassone, Maria Eugênia Teixeira. **Processo Tributário: Teoria e Prática**. 15ª. ed. São Paulo: Atlas, 2017, p. 123.

[495] Bueno, Cássio Scarpinella. Tutela Provisória contra o Poder Público no CPC de 2015. In: Bueno, Cássio Scarpinella., et al. **Tutela Provisória no CPC: Dos 20 anos de vigência do art. 273 do CPC/73 ao CPC/2015**. 2ª. ed. São Paulo: Saraiva Educação, p. 68-81, 2018, p. 76-77.

refere-se também à "tutela da evidência"? Apenas para finalizar: não parece também ser o caso de "sobrevivência" da Súmula 729 do STF.[496].

Vale ressaltar, no entanto, que o I Fórum Nacional do Poder Público (FNPP), realizado em Brasília, entre os dias 17 e 18 de junho de 2016, chegou à conclusão diversa. O Enunciado nº 14, FNPP[497], foi taxativo em afirmar que "não é cabível concessão de tutela provisória de evidência contra a Fazenda Pública nas hipóteses mencionadas no art. 1.059, CPC". Também acerca da tutela de evidência, no entanto, vale destacar que o Enunciado nº 13, FNPP[498], concluiu que o instituto é aplicável ao processo de Mandado de Segurança, desde que também observadas as vedações do art. 1.059, CPC/2015[499].

Discordando da conclusão do Fórum Nacional do Poder Público, no entanto, Leonardo Carneiro da Cunha afirma que a tutela provisória de evidência contra a Fazenda Pública é, em regra, cabível[500]. O autor, entretanto, faz uma ressalva no sentido de incluir, nas vedações, a hipótese do art. 311, IV, CPC/2015[501], de modo a conciliar o dispositivo com

[496] FONSÊCA, Vitor. A Súmula 729 do STF e o CPC/2015. **Revista de Processo**. Seção Direito Jurisprudencial. São Paulo: v. 40, n. 248, p. 357-368, out. 2015, p. 7. Disponível em: http://www.mpsp.mp.br/portal/page/portal/documentacao_e_divulgacao/doc_biblioteca/bibli_servicos_produtos/bibli_boletim/bibli_bol_2006/RPro_n.248.15.PDF. Acesso em: 13 out. 2022.

[497] **[I Fórum Nacional do Poder Público – FNPP]** 14. (arts. 311 e art. 1.059, Lei 13.105/15) Não é cabível concessão de tutela provisória de evidência contra a Fazenda Pública nas hipóteses mencionadas no art. 1.059, CPC. (Grupos 3, 5 e 6)

[498] **[I Fórum Nacional do Poder Público – FNPP]** 13. (arts. 311 e art. 1.059, Lei 13.105/15 e art. 7º, III, Lei 12.016/09) Aplica-se a sistemática da tutela da evidência ao processo de mandado de segurança, observadas as limitações do art. 1.059 do CPC. (Grupo: O novo CPC e o Mandado de Segurança)

[499] FNPP. I Fórum Nacional do Poder Público (FNPP). **Documento de Brasília – Enunciados Aprovados**, 16-17 jun. 2016. Disponível em: https://www.sinprofaz.org.br/pdfs/enunciados-fnpp.pdf. Acesso em: 14 out. 2022.

[500] CUNHA, Leonardo José Carneiro da. **A Fazenda Pública em juízo**. 15ª. ed. Rio de Janeiro: Forense, 2018, p. 320-321.

[501] **[CPC/2015]** Art. 311. A tutela da evidência será concedida, independentemente da demonstração de perigo de dano ou de risco ao resultado útil do processo, quando: [...] IV – a petição inicial for instruída com prova documental suficiente dos fatos constitutivos do direito do autor, a que o réu não oponha prova capaz de gerar dúvida razoável.

o art. 1.059, CPC/2015. Isso porque tal hipótese, nas situações em que uma decisão em Mandado de Segurança ou em Ação Ordinária for desafiada por apelação sem efeito suspensivo, acabaria por se revelar uma tutela definitiva e, assim, não poderia ser concedida nos casos em que há vedação legal[502]. Estes argumentos, apesar de abalizados, no entanto, não parecem suficientes, visto que partem de exemplos específicos para deduzir uma regra geral, o que nem sempre é adequado. A maior parte da doutrina crítica ao art. 1.059, CPC/2015, de fato, não faz tal distinção com respeito ao art. 311, IV, CPC/2015.

Nesse sentido, Fredie Didier Jr, afirma que "as restrições à tutela provisória contra o Poder Público não se aplicam aos casos de tutela da evidência"[503]. No mesmo sentido é Cássio Scarpinella Bueno, que assevera:

> [...] o art. 1.059 também quer imunizar a Fazenda Pública das importantes novidades que o CPC de 2015 traz no Livro V de sua Parte Geral quanto ao que acabou sendo chamado de "tutela provisória" (arts. 194 a 311). De qualquer sorte, não há como deixar de reconhecer que vedações apriorísticas

[502] Para Leonardo Carneiro da Cunha, "a hipótese do inciso IV do art. 311 do CPC equivale ao caso de mandado de segurança. Com efeito, a evidência serve à tutela definitiva, fundada em cognição exauriente, no procedimento do mandado de segurança, cuja concessão é desafiada por apelação sem efeito suspensivo. De igual modo, havendo evidência documental numa ação de procedimento comum contra a Fazenda Pública em que não haja dúvida razoável oposta ao documento, é possível o juiz conceder a tutela de evidência para afastar o efeito suspensivo da apelação, desde que não incidam, no caso, as hipóteses legais de vedação de tutela provisória. Significa que as vedações legais à tutela antecipada contra a Fazenda Pública aplicam-se no caso do inciso IV do art. 311 do CPC. É preciso conciliar o art. 1.059 com o art. 311, IV, ambos do CPC. O juiz, na hipótese do inciso IV do art. 311 do CPC, pode conceder a tutela de evidência para afastar o efeito suspensivo da apelação numa ação contra a Fazenda Pública, desde que isso não implique pagamento ou expedição de precatório ou de requisição de pequeno valor. Sempre que houver julgamento antecipado do mérito por suficiência da prova documental, será possível a tutela provisória contra a Fazenda Pública, desde que a hipótese não se enquadre numa das vedações legais. Nos casos em que está vedada a tutela provisória, não é possível a tutela de evidência fundada no inciso IV do art. 311 do CPC contra a Fazenda Pública" (CUNHA, Leonardo José Carneiro da. **A Fazenda Pública em juízo**. 15ª. ed. Rio de Janeiro: Forense, 2018, p. 320).

[503] DIDIER JR., Fredie. Art. 1.059, CPC. In: BUENO, Cássio Scarpinella. (coord.). **Comentários ao Código de Processo Civil (arts. 926 a 1.072)**. 1ª. ed. São Paulo: Saraiva, v. 4, p. 659-660, 2017, p. 660.

> daquelas tutelas provisórias ou similares, porque o nome importa menos que a substância, tais quais a do art. 1.059, mormente quando fundamentadas em urgência, esbarram no inciso XXXV do art. 5º da CF. E, mesmo que assim não fosse, não há como, dadas as especificidades das remissões legislativas por ele feitas, querer alcançar as hipóteses em que a tutela provisória é concedida com fundamento na evidência. Os casos vedados ou limitados pela Lei n. 8.437/1992 e pela Lei n. 12.016/2009 – para aqueles que os entendem constitucionais – pressupõem urgência[504].

O art. 311, II, CPC/2015[505], por sua vez, traz a hipótese de concessão de tutela de evidência, em sede liminar, nos casos em que "as alegações de fato puderem ser comprovadas apenas documentalmente e houver tese firmada em julgamento de casos repetitivos ou em súmula vinculante". James Marins se refere a esta hipótese como "tutela de evidência por prova fática e uniformidade jurídica" e critica a redação do inciso ao afirmar que "não se justifica, no entanto, a omissão do art. 311 para a hipótese de julgamento do STF em controle concentrado de constitucionalidade e também para os casos em que exista súmula do STF ou do STJ". Para o autor, a tutela de evidência deveria ser cabível em todas as hipóteses do art. 927, CPC/2015[506], as quais dispõem sobre uniformização, estabilidade, integridade e coerência da jurisprudência[507].

[504] Bueno, Cássio Scarpinella. **Novo Código de Processo Civil Anotado**. 3ª. ed. São Paulo: Saraiva, 2017, p. 1016.

[505] **[CPC/2015]** Art. 311. A tutela da evidência será concedida, independentemente da demonstração de perigo de dano ou de risco ao resultado útil do processo, quando: [...]
II – as alegações de fato puderem ser comprovadas apenas documentalmente e houver tese firmada em julgamento de casos repetitivos ou em súmula vinculante;

[506] **[CPC/2015]** Art. 927. Os juízes e os tribunais observarão:
I – as decisões do Supremo Tribunal Federal em controle concentrado de constitucionalidade;
II – os enunciados de súmula vinculante;
III – os acórdãos em incidente de assunção de competência ou de resolução de demandas repetitivas e em julgamento de recursos extraordinário e especial repetitivos;
IV – os enunciados das súmulas do Supremo Tribunal Federal em matéria constitucional e do Superior Tribunal de Justiça em matéria infraconstitucional;
V – a orientação do plenário ou do órgão especial aos quais estiverem vinculados.

[507] Marins, James. **Direito Processual Tributário Brasileiro – Administrativo e Judicial**. 12ª. ed. São Paulo: Thomson Reuters Brasil, 2019, p. 661.

No mesmo sentido é o Enunciado nº 48, da I Jornada de Direito Processual Civil do Conselho da Justiça Federal (CJF)[508], realizada em 2017. De acordo com este enunciado, "é admissível a tutela provisória da evidência, prevista no art. 311, II, do CPC, também em casos de tese firmada em repercussão geral ou em súmulas dos tribunais superiores". No mesmo diapasão está o Enunciado nº 30[509], da Escola Nacional de Formação e Aperfeiçoamento de Magistrados (Enfam), que dispõe que não há necessidade de que o julgamento dos tribunais superiores tenha caráter vinculante para que seja apto a fundamentar um pedido de tutela de evidência.

Assim, com base no art. 311, II, CPC/2015, e nos entendimentos apresentados, se o argumento do autor estiver fundado em julgamento de tese repetitiva, súmula vinculante, controle concentrado de constitucionalidade no STF, ou em súmula do STF ou do STJ, o resultado já é conhecido, na prática, desde a propositura do pedido, restando apenas a espera do trâmite judicial para que o direito seja reconhecido. Assim, não faria

[508] **[I Jornada de Direito Processual Civil do Conselho da Justiça Federal]** 48) É admissível a tutela provisória da evidência, prevista no art. 311, II, do CPC, também em casos de tese firmada em repercussão geral ou em súmulas dos tribunais superiores. (BRASIL. Conselho da Justiça Federal (CJF). Centro de Estudos Judiciários. **I Jornada de Direito Processual Civil do Conselho da Justiça Federal – Enunciados Aprovados**. Brasília: 24 e 25 ago. 2017. Disponível em: https://www.cjf.jus.br/cjf/corregedoria-da-justica-federal/centro-de-estudos-judiciarios-1/publicacoes-1/i-jornada-de-direito-processual-civil/i-jornada-de-direito-processual-civil-enunciados-aprovados/@@download/arquivo. Acesso em 14 out. 2022)

[509] **[Seminário "O Poder Judiciário e o novo Código de Processo Civil" – ENFAM]** 30) É possível a concessão da tutela de evidência prevista no art. 311, II, do CPC/2015 quando a pretensão autoral estiver de acordo com orientação firmada pelo Supremo Tribunal Federal em sede de controle abstrato de constitucionalidade ou com tese prevista em súmula dos tribunais, independentemente de caráter vinculante. (ENFAM. Seminário "O Poder Judiciário e o Novo Código de Processo Civil"- Enunciados Aprovados. **Escola Nacional de Formação e Aperfeiçoamento de Magistrados (Enfam)**, Brasília, 2015. Disponível em: https://www.enfam.jus.br/wp-content/uploads/2015/09/ENUNCIADOS-VERS%C3%83O-DEFINITIVA-.pdf. Acesso em: 14 out. 2022)

sentido exigir ou aguardar cognição exauriente no tocante a matéria já significativamente apreciada pelos tribunais superiores[510,511].

Por fim, frente aos argumentos expostos, entende-se que o art. 1.059, CPC/2015, deve ser submetido à interpretação conforme para que se considerem inaplicáveis quaisquer óbices à concessão de tutelas de evidência contra a Fazenda Pública, com fundamento no art. 311, CPC/2015 – em especial quando fundada no art. 311, II, CPC/2015 – podendo ser concedida, inclusive, em sede liminar *inaudita altera pars*, nos termos do art. 311, parágrafo único, CPC/2015.

3.3.2 Mitigação do art. 1.059, CPC/2015, quanto às tutelas de urgência

Quanto às tutelas de urgência, diferentemente das tutelas de evidência, a discussão se torna mais densa. Isso porque as remissões, feitas pelo art. 1.059, CPC/2015, levam a dispositivos cujo conteúdo, historicamente, como se apontou no capítulo anterior, já foram apreciados e reapreciados pelos tribunais brasileiros, em especial nas ADI's nº 223, 295, 975 e 1.576/DF, ADI nº 4.296/DF, e na ADC nº 04/DF.

Neste ponto, relembra-se que, a partir destes julgamentos, foram consolidados, no STF, três entendimentos a respeito das vedações à concessão de liminares nos casos de "ameaça à direito". A primeira, capitaneada pelos ministros Celso de Mello e Carlos Velloso, aponta que lei que veda a concessão de liminares viola o art. 5º, XXXV, CF/88. A segunda, liderada pelo Min. Moreira Alves, defende que a vedação à antecipação provisória do direito material não implica em negativa de acesso ao Poder Judiciário, posto que a satisfação definitiva será proporcionada, caso esteja de acordo com o Direito, no provimento judicial definitivo. A terceira, preconizada pelo Min. Sepúlveda Pertence, entende que não é adequado

[510] Nunes, Cleucio Santos. **Curso Completo de Direito Processual Tributário**. 5ª. ed. São Paulo: SaraivaJur, 2022, p. 809.

[511] A partir deste entendimento, Cleucio Santos Nunes, ao discorrer sobre as ações tributárias de compensação de créditos e repetição de indébito, sustenta, também, que "é contraproducente ao princípio da efetividade do processo e aos valores que inspiraram a mudança do CPC, impedir concessão de tutelas provisórias tanto na repetição de indébito, quanto na compensação" (Nunes, Cleucio Santos. **Curso Completo de Direito Processual Tributário**. 5ª. ed. São Paulo: SaraivaJur, 2022, p. 549).

entender inconstitucionais quaisquer limitações legais à outorga de liminares, devendo cada lei restritiva ser analisada de acordo com o princípio da razoabilidade[512].

A posição defendida pelo Min. Moreira Alves encontra fundamento na ideia de que medidas antecipatórias não teriam fundamento constitucional, mas sim infraconstitucional. Vale ressaltar que esta posição, apesar de fortemente restritiva, encontra, sim, eco na doutrina. Reis Friede *et al*, por exemplo, apesar de reconhecerem que há dúvida razoável a respeito do tema, entendem que, como as antecipações de tutela e as tutelas cautelares não possuem previsão constitucional, não haveria impedimento para se estabelecer restrições às suas previsões legais disciplinadoras[513].

Outro segmento da doutrina se filia, ainda que de forma indireta, à posição do Min. Moreira Alves, argumentando que tais restrições seriam constitucionais porque os dispositivos restritivos, em verdade, retratariam hipóteses em que os requisitos para a concessão de liminares não estariam presentes, ou porque tal concessão seria irreversível. Leonardo Carneiro da Cunha assim descreve esta corrente, citando o exemplo do acréscimo de vantagem a servidor público:

> De acordo com essa corrente doutrinária, o legislador, em exame prévio, já descartou a possibilidade de concessão do provimento de urgência para situações em que não se revela presente o risco de dano de grave lesão ou de difícil reparação. Se o servidor público, por exemplo, pretende obter vantagem que agregue valores a seus vencimentos, não há, evidentemente, qualquer *periculum in mora*. Os demais casos não são igualmente admitidos, ou porque ausente a situação de perigo, ou porque a medida se revela irreversível. Caso, por exemplo, o servidor público tenha suprimida uma vantagem de sua remuneração, aí caberá a medida de urgência, pois não se trata de

512 Marinoni, Luiz Guilherme. Direito Fundamental de Ação. In: Canctilho, José Joaquim Gomes, et al. **Comentários à Constituição Brasileira**. 2ª. ed. São Paulo: Saraiva Educação, p. 385-395, 2018, p. 390-391.

513 Friede, Reis.; Menaged, Débora Maliki; Menaged, Marcelo. **Tutela antecipada, tutela específica e tutela cautelar**. 7ª. ed. Rio de Janeiro: GZ Editora, 2012, p. 85-89.

concessão, mas de restauração ou recomposição de vantagem, havendo risco de dano irreparável ou de difícil reparação[514].

Luiz Guilherme Marinoni e Daniel Mitidiero, no entanto, se opõem a este entendimento, afirmando que "a posição do Min. Moreira Alves encampa nitidamente a superada ideia de direito de ação como direito a uma sentença sobre o mérito", quando, em verdade, a utilização de medidas antecipatórias seria imprescindível para proteger a disposição do art. 5º, XXXV, CF/88[515]. No mesmo sentido são Hugo de Brito Machado Segundo[516] e Teori Zavascki[517], para os quais as tutelas provisórias têm fundamento constitucional, de modo que, em consequência, não mereceria guarida a corrente do Min. Moreira Alves.

Quanto à situação específica da antecipação de tutela, nas ações contra a Fazenda Pública, quando a questão litigiosa tiver por objeto o restabelecimento de vantagem pecuniária suprimida da folha de pagamento de servidor público, o STJ já tem entendimento solidificado no sentido de que vale interpretação restritiva das vedações à antecipação, como exemplificado no AgR no REsp nº 1.352.935/ES:

> PROCESSUAL CIVIL E ADMINISTRATIVO. SERVIDOR PÚBLICO. RESTABELECIMENTO DE VANTAGEM PECUNIÁRIA. ANTECIPAÇÃO DE TUTELA. REQUISITOS AUTORIZADORES. REEXAME DA MATÉRIA FÁTICA. IMPOSSIBILIDADE. SÚMULA 7/STJ.
>
> 1. Controverte-se a respeito do acórdão que confirmou a antecipação de tutela, para que fosse restabelecido o pagamento mensal, à pensionista, do "Adicional por Tempo de Serviço".

[514] CUNHA, Leonardo José Carneiro da. **A Fazenda Pública em juízo**. 15ª. ed. Rio de Janeiro: Forense, 2018, p. 308.

[515] MARINONI, Luiz Guilherme; MITIDIERO, Daniel. Direito fundamental à tutela adequada e efetiva. In: SARLET, Ingo Wolfgang; MARINONI, Luiz Guilherme; MITIDIERO, Daniel. **Curso de Direito Constitucional**. 8ª. ed. São Paulo: Saraiva Educação, Cap. 5.3, p. 826-832, 2019, p. 832.

[516] MACHADO SEGUNDO, Hugo de Brito. **Poder Público e Litigiosidade**. Indaiatuba: Editora Foco, 2021, p. 44.

[517] ZAVASCKI, Teori Albino. **Antecipação de tutela**. 2ª. ed. São Paulo: Saraiva, 1999, p. 61.

> 2. O disposto no art. 7º, § 2º, da Lei 12.016/2009 expressamente disciplina, no Mandado de Segurança, norma de semelhante conteúdo aplicável às demais ações, isto é, o art. 1º da Lei 9.494/1997. Em síntese, veda a concessão de liminar para "a reclassificação ou equiparação de servidores públicos e a concessão de aumento ou a extensão de vantagens ou pagamento de qualquer natureza".
> 3. Não há razão para deixar de aplicar, por analogia, o entendimento do STJ segundo o qual a lei deve ser interpretada restritivamente, de forma que inexiste vedação à antecipação dos efeitos da tutela, nas ações contra a Fazenda Pública, quando a questão litigiosa tem por objeto restabelecimento de vantagem pecuniária suprimida da folha de pagamento do servidor público.
> 4. A análise dos requisitos para a concessão da medida, previstos no art. 273 do CPC, implica, como regra, reexame da matéria fático-probatória. Aplicação da Súmula 7/STJ.
> 5. Agravo Regimental não provido. (AgR no REsp nº 1.352.935/ES, Rel. Min. Herman Benjamin, Segunda Turma, STJ, j. 07 ago. 2014, DJe 25 set. 2014)

Cássio Scarpinella Bueno, por sua vez, entende que restringir a tutela provisória como faz o art. 1.059, CPC/2015, "é agredir, frontalmente, o acesso à Justiça garantido (expressamente) pelo inciso XXXV do art. 5º da Constituição Federal". Para o autor, não haveria espaço para o legislador ordinário limitasse aquilo que o Poder Constituinte garantiu, em especial porque este princípio é garantia fundamental e, portanto, tem aplicação imediata, nos termos do art. 5º, §1º, CF/88[518].

Tal entendimento é compartilhado por Luiz Guilherme Marinoni e Daniel Mitidiero, os quais favorecem a interpretação do Min. Celso de Mello e do Min. Carlos Velloso, para os quais, em razão do art. 5º, XXXV, CF/88, "o acesso à jurisdição, proclamado na norma constitucional de garantia, significa a possibilidade de irrestrita invocação da tutela jurisdi-

[518] Bueno, Cássio Scarpinella. Tutela Provisória contra o Poder Público no CPC de 2015. In: Bueno, Cássio Scarpinella., et al. **Tutela Provisória no CPC: Dos 20 anos de vigência do art. 273 do CPC/73 ao CPC/2015**. 2ª. ed. São Paulo: Saraiva Educação, p. 68-81, 2018, p. 77.

cional cognitiva, da tutela jurisdicional executiva e da tutela jurisdicional cautelar do Estado"[519].

Para Cristiano Simão Miller, contudo, o art. 1.059, CPC/2015, somente será atingido pela "mancha da inconstitucionalidade", por afronta ao art. 5º, XXXV, CF/88, se for "utilizado indistintamente para vedar a concessão de tutelas provisórias contra o Poder Público", caso no qual estaria retirando, do Judiciário, a própria possibilidade de apreciar determinadas questões que envolvessem o Estado[520].

Esta posição se coaduna com o entender do Min. Sepúlveda Pertence, para o qual cada limitação legal ao deferimento de medidas liminares deve ser analisada individualmente, sob a luz dos princípios da proporcionalidade e da razoabilidade. Luiz Guilherme Marinoni e Daniel Mitidiero, no entanto, assim criticam esta posição:

> Por outro lado, a posição do Min. Pertence não distingue direito à técnica antecipatória de direito à obtenção da antecipação de tutela. É claro que não há direito à antecipação de tutela, uma vez que essa depende da constatação da probabilidade do direito e do perigo de ilícito ou de dano diante do caso concreto, os quais são pressupostos para a concessão da tutela antecipada com base nos arts. 273, I, e 461, §3º, do CPC. O Min. Pertence sustenta que a restrição à concessão de liminar pode se demonstrar abusiva (e aí a lei ser considerada inconstitucional) em determinado caso concreto e não em outro. Porém, como a abusividade da restrição diria respeito às necessidades presentes no caso concreto, a eventual inconstitucionalidade da lei dependeria da aferição dos próprios pressupostos à concessão de liminar ou da antecipação de tutela. Acontece que, quando se penetra na verificação dos pressupostos da liminar, obviamente não se está perquirindo sobre a abusividade da restrição ao requerimento de liminar ou à aferição da sua concessão, mas sim se analisando se a liminar é necessária para tutelar o direito material.

[519] Marinoni, Luiz Guilherme; Mitidiero, Daniel. Direito fundamental à tutela adequada e efetiva. In: Sarlet, Ingo Wolfgang; Marinoni, Luiz Guilherme; Mitidiero, Daniel. **Curso de Direito Constitucional**. 8ª. ed. São Paulo: Saraiva Educação, Cap. 5.3, p. 826-832, 2019, p. 832.

[520] Miller, Cristiano Simão. Art. 1.059. In: Alvim, A. A., et al. **Comentários ao Código de Processo Civil – Lei n. 13.105/2015**. 2ª. ed. São Paulo: Saraiva, p. 1258-1259, 2017, p. 1259.

> Nesta situação, caso o juiz se convença de que a liminar não é imprescindível, a conclusão não será de que a lei restritiva é constitucional, mas sim de que a liminar não deve ser concedida em razão das particularidades da situação concreta. Ocorre que, para que o juiz possa chegar à conclusão de que a liminar não deve ser concedida, ele necessariamente terá de admitir a inconstitucionalidade da lei. O ponto-chave, para a solução da questão, está em perceber que a lei "proíbe a própria aferição" dos pressupostos da liminar, embora se fale, por comodidade de linguagem, que a lei "proíbe a concessão" de liminar. Uma lei que proíbe a aferição dos pressupostos necessários à concessão de liminar obviamente nega ao juiz a possibilidade de utilizar instrumentos imprescindíveis ao adequado exercício do seu poder. E, ao mesmo tempo, viola o direito fundamental à viabilidade da obtenção da efetiva tutela do direito material.[521]

Tal argumentação, ainda que fortemente embasada, não é de todo acertada. Isso porque, apesar de indubitavelmente encontrar fundamento na Constituição, as tutelas provisórias têm seu regramento definido em norma infraconstitucional e é, portanto, papel do Legislador, com fundamento no princípio da separação dos poderes (art. 2º, CF/88), estabelecer normas processuais e definir quais critérios deverão ser observados pelo juiz, na avaliação do deferimento ou não da tutela.

Quando uma lei restritiva do deferimento de liminar é elaborada pelo Poder Legislativo, idealmente segue os requisitos da generalidade e da abstração. Assim sendo, a lei restritiva não prevê situações particulares nas quais os requisitos autorizadores da concessão de liminar não poderão ser analisados, como parecem afirmar os autores, mas sim hipóteses genéricas, nas quais o legislador, no exercício de sua função precípua de definir critérios, inclusive para aplicação das medidas fundadas na urgência, entende ser contrário ao interesse público o deferimento de tais medidas.

[521] MARINONI, Luiz Guilherme; MITIDIERO, Daniel. Direito fundamental à tutela adequada e efetiva. In: SARLET, Ingo Wolfgang; MARINONI, Luiz Guilherme; MITIDIERO, Daniel. **Curso de Direito Constitucional**. 8ª. ed. São Paulo: Saraiva Educação, Cap. 5.3, p. 826-832, 2019, p. 831-832.

De fato, como apontado por Fredie Didier Jr., o art. 1.059, CPC/2015, ao referenciar o art. 7º, §2º, Lei nº 12.016/2009, e os arts. 1º a 4º, Lei nº 8.437/92, "pretendeu deixar claro que essas regras, previstas na legislação extravagante, permanecem em vigor e devem ser utilizadas como parâmetros para a concessão de tutela provisória contra o Poder Público"[522].

O legislador, então, no exercício de sua atribuição constitucional, fez escolha consciente de manter tais parâmetros em voga, de modo que estes devem ser respeitados. Não se está, necessariamente, negando ao juiz, como afirmam Marinoni e Mitidiero, a possibilidade de exercer seu poder geral de cautela, somente se está determinando quais requisitos ou limitações devem ser observados para o deferimento da liminar. Não cabe, portanto, afirmar, genericamente, como fez o Min. Celso de Mello, em seu voto na ADI nº 223/DF, que

> A proteção jurisdicional imediata, dispensável a situações jurídicas expostas a lesão atual ou potencial, não pode ser inviabilizada por ato normativo de caráter infraconstitucional que, vedando o exercício liminar da tutela jurisdicional cautelar pelo Estado, enseje a aniquilação do próprio direito material. (Trecho do voto do Min. Celso de Mello na MC na ADI nº 223/DF, p. 7 do voto, equivalente à p. 35 do Acórdão. Rel. Min. Paulo Brossard, Rel. p/ Acórdão Min. Sepúlveda Pertence, Plenário do STF, j. 05 abr. 1990, DJ 29 jun. 1990, p. 6218)

É verdade, no entanto, que, por vezes, o Poder Judiciário pode estabelecer regramentos que representem limitações desmedidas à concessão de liminares, inclusive tutelas provisórias. Com base, então, no sistema de freios e contrapesos, o Judiciário, devidamente provocado, poderá submeter tais normas a controle de constitucionalidade (como ocorreu, por exemplo, na ADI nº 4.296/DF, na qual se declarou inconstitucional o art. 7º, §2º, Lei nº 12.016/2009), como bem asseverou o Min. Sepúlveda Pertence, em seu voto-vencedor na mesma ADI:

[522] DIDIER JR., Fredie. Art. 1.059, CPC. In: BUENO, Cássio Scarpinella. (coord.). **Comentários ao Código de Processo Civil (arts. 926 a 1.072)**. 1ª. ed. São Paulo: Saraiva, v. 4, p. 659-660, 2017, p. 660.

> Assim, creio que a solução estará no manejo do sistema difuso, porque nele, em cada caso concreto, nenhuma medida provisória pode subtrair ao juiz da causa um exame da constitucionalidade, inclusive sob o prisma da razoabilidade, das restrições impostas ao seu poder cautelar, para, se entender abusiva essa restrição, se a entender inconstitucional, conceder a liminar, deixando de dar aplicação, no caso concreto, à medida provisória, na medida em que, em relação àquele caso, a julgue inconstitucional, porque abusiva. (Trecho do voto do Min. Sepúlveda Pertence na MC na ADI nº 223/DF, p. 12 do voto, equivalente à p. 50 do Acórdão. Rel. Min. Paulo Brossard, Rel. p/ Acórdão Min. Sepúlveda Pertence, Plenário do STF, j. 05 abr. 1990, DJ 29 jun. 1990, p. 6218, com grifo nosso)

Considerando o excerto do voto, a afirmação de Marinoni e Mitidiero de que "para que o juiz possa chegar à conclusão de que a liminar não deve ser concedida, ele necessariamente terá de admitir a inconstitucionalidade da lei"[523] parece melhor se adequar, em verdade, ao posicionamento do Min. Pertence. De fato, no caso concreto, de acordo com o que postulou o ministro, o magistrado poderá afastar a lei restritiva se entender que, naquela situação, ela se encontra limitando indevidamente seu poder geral de cautela.

Como exemplo dessa constatação está o voto do Min. Néri da Silveira, no julgamento da ADI nº 1.576/DF, que questionava, como já apresentado, dispositivos da MP nº 1.570/97 que determinavam não mais serem cabíveis antecipações de tutela contra atos do Poder Público, toda vez que a lei vedasse tal concessão em sede de MS, de procedimento cautelar ou em quaisquer outras ações de natureza cautelar ou preventiva. Na ocasião, o Ministro entendeu – mesmo tendo sido voto vencido – que o intuito do Legislador não fora, somente, de estabelecer regramento ao instituto da antecipação de tutela, mas sim de, verdadeiramente, restringir o poder geral de cautela do Judiciário, o que acabaria por aviltar, além

[523] MARINONI, Luiz Guilherme; MITIDIERO, Daniel. Direito fundamental à tutela adequada e efetiva. In: SARLET, Ingo Wolfgang; MARINONI, Luiz Guilherme; MITIDIERO, Daniel. **Curso de Direito Constitucional**. 8ª. ed. São Paulo: Saraiva Educação, Cap. 5.3, p. 826-832, 2019, p. 831-832.

do princípio da separação dos poderes, também o art. 5º, XXXV, CF/88. Veja-se:

> Na espécie, proíbe-se que seja concedida medida liminar. É forma de restrição de atos do Poder Judiciário. Certo está, entretanto, que, em princípio, se for norma processual, pode não significar restrição à independência da Magistratura. O que estou afirmando é que, no caso concreto, essas normas nada têm a ver com esse instituto. Elas partem, evidentemente, de outro lado, de uma presunção: os magistrados estão praticando atos, na utilização do instituto da tutela antecipada, que dizem respeito aos interesses da Fazenda Pública. Por isso essa medida é editada, para que não pratiquem esses atos.
>
> Como disse anteriormente, os atos do Poder Judiciário estão submetidos a um sistema de controle pelos órgãos hierarquicamente superiores, num relacionamento dos órgãos inferiores com os superiores, e há recursos previstos para a eventual prática de um ato. Não posso admitir que um juiz vá determinar, em tutela antecipada, o pagamento à boca do cofre de uma determinada vantagem, contra a Fazenda Pública, porque seria um erro grosseiro por parte do magistrado, imediatamente reparável. Então, o que vejo é o estabelecimento – compreendam a linha do meu raciocínio – de normas que são compatíveis com o instituto da tutela antecipada, – desnecessárias, portanto, em face de sua natureza, – mas que têm o objetivo específico de impedir a prática, pelos magistrados, de atos de seu ofício de julgar.
>
> Ora, compreendo que norma com essa finalidade atenta contra a separação dos poderes. [...] Mas, vou além, penso que o art. 5º, item XXXV, da Constituição, está posto em causa na inicial, de uma forma segundo a qual se pode acolher a relevância de sua invocação. De fato, como posta essa norma, o que se pretende é restringir o exercício do direito de acesso ao Judiciário, do direito de ação em determinadas matérias, estabelecendo, antecipadamente, a inviabilidade da obtenção de qualquer medida. (Trecho do voto do Min. Néri da Silveira na MC na ADI nº 1.576/DF, p. 7 e 8 do voto, equivalentes às p. 150 e 151 do Acordão. Rel. Min. Marco Aurélio, Plenário do STF, j. 16 abr. 1997, DJ 06 jun. 2003, com grifo nosso)

Levando em conta, também, o princípio da isonomia, positivado no art. 5º, *caput*, CF/88, qualquer tratamento desigual deve encontrar justificativa na realização da igualdade material. Nesse sentido, Hugo de Brito

Machado Segundo aponta que "é evidente que a condição diferenciada da Fazenda Pública não é suficiente para validar todos os privilégios que eventualmente se lhe concedem". De fato, a Fazenda Pública tem condição diferenciada, visto que se pauta pelo princípio do interesse público, contudo, caso o Legislador elasteça demasiadamente suas prerrogativas, poderá dar margens, inclusive, para abusos[524]. É papel da doutrina e dos operadores do Direito, então, apontar onde estão tais abusos, bem como as melhores maneiras de corrigi-los, e é exatamente isto que o presente trabalho objetiva fazer.

Nesse sentido, Cássio Scarpinella Bueno aponta que o art. 1.059, CPC/2015, deveria ceder espaço ao modelo cooperativo de processo, positivado pelos arts. 5º e 6º, CPC/2015[525], "na legítima expectativa de que os magistrados, exercitando o controle difuso de constitucionalidade, afastem sua aplicação e analisem caso a caso, mesmo quando o Poder Público é réu", avaliando se o jurisdicionado, administrado ou contribuinte faz jus ao instituto da tutela provisória[526].

Assim sendo, quanto à situação de exclusão dos contribuintes da totalidade das potencialidades da tutela provisória, há que se ressaltar que, na opinião de Leonardo Martins, quando um grupo de titulares do direito à igualdade é excluído de uma vantagem de forma inconstitucional, "ele poderá participar da vantagem, sendo integrado diretamente pela declaração de inconstitucionalidade do dispositivo discricionário, desde que tal integração derive de um mandamento constitucional"[527].

[524] Machado Segundo, Hugo de Brito. **Processo Tributário**. 10ª. ed. São Paulo: Atlas, 2018, p. 21.

[525] [CPC] Art. 5º Aquele que de qualquer forma participa do processo deve comportar-se de acordo com a boa-fé.
[CPC] Art. 6º Todos os sujeitos do processo devem cooperar entre si para que se obtenha, em tempo razoável, decisão de mérito justa e efetiva.

[526] Bueno, Cássio Scarpinella. Tutela Provisória contra o Poder Público no CPC de 2015. In: Bueno, Cássio Scarpinella., et al. **Tutela Provisória no CPC: Dos 20 anos de vigência do art. 273 do CPC/73 ao CPC/2015**. 2ª. ed. São Paulo: Saraiva Educação, p. 68-81, 2018, p. 80.

[527] Martins, Leonardo. Direito Fundamental à Igualdade. In: Canotilho, José Joaquim Gomes, et al. **Comentários à Constituição do Brasil**. 2ª. ed. São Paulo: Saraiva Educação, p. 223-236, 2018, p. 235.

Isto posto, não resta dúvidas de que o Judiciário tem, como afirmado pelo Min. Pertence, a prerrogativa de avaliar, sob o prisma da razoabilidade, quando uma restrição à concessão de liminar, inclusive de tutela provisória, exacerba seu intento de regulamentar determinado instituto jurídico, passando, ao invés disso, a restringir o poder geral de cautela do magistrado. Nesses casos, deve tal norma ser considerada inconstitucional.

Como exemplo de restrições que se entende desmedidas, cita-se, justamente, a vedação à concessão de tutelas provisórias nas ações tributárias de compensação de créditos e repetição de indébito. As razões específicas que justificam tal posicionamento serão devidamente apresentadas no seguimento deste livro.

Este entendimento diferenciado, por certo, contribuiria para o crescimento da tutela provisória como instituto, para que se torne instrumento "capaz de alterar as previsões genéricas feitas para o procedimento pelo legislador consoante as peculiaridades e as necessidades de cada caso concreto", sem deixar que o poder geral de cautela dos magistrados, a eles conferido constitucionalmente na forma de poder-dever, seja tolhido por dispositivos como o art. 1.059, CPC/2015[528].

Retomando-se, finalmente, a provocação feita ao final da seção 1.5.2, na qual se apontou que, para Luiz Guilherme Marinoni[529] e Daniel Mitidiero[530], não seria possível que o Estado proibisse indiscriminadamente a prestação de tutela antecipatória e que as restrições infraconstitucionais a este instituto seriam inconstitucionais, pode-se, então, chegar a um resultado. Conclui-se que, a partir da corrente de pensamento capitaneada do Min. Sepúlveda Pertence, nem toda restrição à concessão de tutelas provisórias é inconstitucional, mas é ínsita ao Judiciário a atri-

528 Bueno, Cássio Scarpinella. Tutela Provisória contra o Poder Público no CPC de 2015. In: Bueno, Cássio Scarpinella., et al. **Tutela Provisória no CPC: Dos 20 anos de vigência do art. 273 do CPC/73 ao CPC/2015**. 2ª. ed. São Paulo: Saraiva Educação, p. 68-81, 2018, p. 81.

529 Marinoni, Luiz Guilherme; Mitidiero, Daniel. Direito fundamental à tutela adequada e efetiva. In: Sarlet, Ingo Wolfgang; Marinoni, Luiz Guilherme; Mitidiero, Daniel. **Curso de Direito Constitucional**. 8ª. ed. São Paulo: Saraiva Educação, Cap. 5.3, p. 826-832, 2019, p. 830.

530 Mitidiero, Daniel. **Antecipação de tutela**. 1ª. ed. São Paulo: Revista dos Tribunais Ltda, 2013, p. 164.

buição de, dada a edição de uma limitação desproporcional, declará-la inconstitucional, quando provocado.

Assim sendo, com base na técnica da interpretação conforme, parece adequado atribuir novo significado ao art. 1.059, CPC/2015, em uma reinterpretação, mais moderna, da corrente defendida, no STF, pelo Min. Sepúlveda Pertence. Dentre as diversas possibilidades aventadas pela doutrina, parece mais correta, então, aquela preconizada por Leonardo Carneiro da Cunha, para o qual os dispositivos legais restritivos das tutelas provisórias de urgência devem ser interpretados restritivamente, de modo que "pode, porém, o juiz, demonstrando fundamentadamente, que a hipótese reclama uma regra de exceção, afastar a norma e conceder a medida"[531]. Esta também é a posição advogada por James Marins ao defender que leis impeditivas de concessão de liminar ou tutelas de urgência não exatamente proíbem sua concessão, mas apenas enrijecem seus pressupostos[532].

Por fim, com base nos argumentos expostos, entende-se que o art. 1.059, CPC/2015, deve ser submetido à interpretação conforme para que seja mitigada a vedação com respeito às tutelas de urgência, admitindo-se o afastamento do referido dispositivo, (i) nas hipóteses em que o intuito do Legislador foi de – indevidamente – restringir a atuação do juiz e (ii) nas situações em que o magistrado demonstre, de maneira fundamentada, que a situação concreta assim demanda. Como exemplos de situações nas quais se entende cabível tal mitigação, encontram-se, justamente, as ações tributárias de compensação de créditos e repetição de indébito, conforme será discutido nas seções seguintes.

3.4 Características gerais das ações tributárias de repetição de indébito e compensação de créditos

Antes, no entanto, de adentrar nas discussões nucleares do presente trabalho, com respeito às vedações à concessão de tutelas provisórias contra a Fazenda Pública nos casos específicos das ações tributárias de repetição

[531] CUNHA, Leonardo José Carneiro da. **A Fazenda Pública em juízo**. 15ª. ed. Rio de Janeiro: Forense, 2018, p. 309.

[532] MARINS, James. **Direito Processual Tributário Brasileiro – Administrativo e Judicial**. 12ª. ed. São Paulo: Thomson Reuters Brasil, 2019, p. 670.

de indébito e compensação de créditos, é importante definir os aspectos gerais destas ações, bem como realizar algumas distinções terminológicas significativas.

3.4.1 A ação de repetição de indébito tributário

Neste trabalho, optou-se por utilizar os termos "repetição de indébito", "repetição de valores", "restituição de indébito" e "restituição de valores", como sinônimos. Esta é, em geral, a abordagem mais comum entre os autores especializados em Processo Tributário[533]. Vale ressaltar, no entanto, que parte da doutrina diferencia os termos "restituição" e "repetição". Para James Marins, por exemplo, "restituição de indébito" é o pedido formulado na esfera administrativa, enquanto "repetição de indébito" é o pedido judicial, associado ao *nomen juris* da "ação de repetição de indébito", pois nesta estaria implicada a ideia de "repetir", como em "tornar a pedir" ou "pedir novamente", após o esgotamento da esfera administrativa[534].

Entende-se, no entanto, ser inadequada tal diferenciação, visto que o acesso à jurisdição estatal é independente de prévia discussão administrativa, por força do art. 5º, XXXV, CF/88, associado ao sistema de jurisdição una (para mais detalhes nesse sentido, ver seção 1.5). Afasta-se, assim, a noção de "repetição" como um novo pedido, abraçando-se o entendimento de que "restituição de indébito" (ou "restituição de valores") é sinônimo de "repetição de indébito" (ou "repetição de valores"), com todas as nomenclaturas abrangendo tanto a esfera administrativa, quanto a judicial[535].

As normas gerais para o pleito de repetição de indébito estão descritas nos art. 165 a 169, CTN. De fato, da leitura do art. 165, *caput*, CTN[536],

[533] Como exemplo de autores que não fazem tal distinção terminológica, tem-se NUNES, Cleucio Santos. **Curso Completo de Direito Processual Tributário**. 5ª. ed. São Paulo: SaraivaJur, 2022, p. 762; CAIS, Cleide Previtalli. **O processo tributário**. 8ª. ed. São Paulo: Revista dos Tribunais, 2013, p. 385; e MACHADO SEGUNDO, Hugo de Brito. **Processo Tributário**. 10ª. ed. São Paulo: Atlas, 2018, p. 440-441.

[534] MARINS, James. **Direito Processual Tributário Brasileiro – Administrativo e Judicial**. 12ª. ed. São Paulo: Thomson Reuters Brasil, 2019, p. 336.

[535] NUNES, Cleucio Santos. **Curso Completo de Direito Processual Tributário**. 5ª. ed. São Paulo: SaraivaJur, 2022, p. 762.

[536] **[CTN]** Art. 165. O sujeito passivo tem direito, independentemente de prévio protesto,

pode-se definir a repetição de valores como uma "obrigação jurídico-fiscal da Fazenda Pública em devolver ao contribuinte, de forma ampla e integral e mediante mecanismos céleres e econômicos, todo e qualquer valor recolhido indevidamente aos cofres públicos, no âmbito de sua relação tributária com o contribuinte"[537].

Também é de se ressaltar que o direito à restituição tem íntima relação com os princípios da supremacia da força normativa da Constituição e da segurança jurídica, visto que "se o Estado mantém em seus cofres tributo em montante superior ao valor que o ordenamento jurídico lhe autoriza, torna-se obrigatória a imediata restauração da ordem jurídica, fazendo-se o crédito devido ao contribuinte que recolheu a maior"[538].

Neste ponto, vale ressaltar outra controvérsia terminológica levantada pela doutrina, que se dá pela utilização do termo "tributário", em "repetição de indébito *tributário*". Cassone, Rossi e Cassone assim a definem: "a doutrina tem debatido a questão de saber se o valor a ser restituído constituiria 'tributo' ou 'exação de natureza privada', na medida em que, se houve recolhimento a maior ou errôneo, não seria, propriamente, tributo". Para os autores, no entanto este argumento não teria o condão de ultrapassar a definição legal do art. 165, *caput*, CTN, que qualifica o valor da restituição como "tributo", em face do previsto no art. 146, III, "a", CF/88[539], e o fato de que o CTN foi recepcionado, pela Constituição de 1988, como lei complementar[540].

Cleide Previtalli Cais ainda chama atenção para o fato de que tal discussão doutrinária seria irrelevante, tendo em vista que a expressão

à restituição total ou parcial do tributo, seja qual for a modalidade do seu pagamento, ressalvado o disposto no § 4º do artigo 162, nos seguintes casos: [...]

537 Marins, James. **Direito Processual Tributário Brasileiro – Administrativo e Judicial.** 12ª. ed. São Paulo: Thomson Reuters Brasil, 2019, p. 336-337.

538 Cais, Cleide Previtalli. **O processo tributário**. 8ª. ed. São Paulo: Revista dos Tribunais, 2013, p. 409.

539 **[CF/88]** Art. 146. Cabe à lei complementar: III – estabelecer normas gerais em matéria de legislação tributária, especialmente sobre: a) definição de tributos e de suas espécies, bem como, em relação aos impostos discriminados nesta Constituição, a dos respectivos fatos geradores, bases de cálculo e contribuintes;

540 Cassone, Vittorio; ROSSI, Júlio César; Cassone, Maria Eugênia Teixeira. **Processo Tributário: Teoria e Prática**. 15ª. ed. São Paulo: Atlas, 2017, p. 217.

"repetição de indébito tributário" é amplamente aceita na esfera jurídica, e que a própria necessidade de restituição pode advir não somente de exações inteiramente indevidas, mas também de tributos recolhidos a maior pelo contribuinte, sem qualquer vício em sua instituição[541].

A ação de repetição de indébito tributário é guiada pelo procedimento comum, de modo que pode ser cumulada com ações anulatórias e outras ações que sigam tal procedimento. Não há, portanto, possibilidade de cumulação com o Mandado de Segurança, visto que este segue rito especial. Em princípio, o procedimento cabível para a restituição de valores é o da expedição de precatórios ou RPV, nos termos do art. 100, CF/88, a depender da quantia a ser ressarcida[542].

O cabimento da ação de repetição de indébito ocorre quando se verifica recolhimento indevido em razão de uma das hipóteses do art. 165, CTN[543]. É necessário arguir, portanto, em sede meritória, as razões pelas quais o tributo é indevido. O rol do art. 165, CTN, no entanto, é meramente exemplificativo, tendo em vista que a Constituição "exige amplitude e integralidade da restituição do indébito", devendo compreender, como constante do art. 167, CTN[544], além do valor do principal moneta-

[541] Cais, Cleide Previtalli. **O processo tributário.** 8ª. ed. São Paulo: Revista dos Tribunais, 2013, p. 385.

[542] Machado Segundo, Hugo de Brito. **Processo Tributário.** 10ª. ed. São Paulo: Atlas, 2018, p. 471-473.

[543] **[CTN]** Art. 165. O sujeito passivo tem direito, independentemente de prévio protesto, à restituição total ou parcial do tributo, seja qual for a modalidade do seu pagamento, ressalvado o disposto no § 4º do artigo 162, nos seguintes casos:
I – cobrança ou pagamento espontâneo de tributo indevido ou maior que o devido em face da legislação tributária aplicável, ou da natureza ou circunstâncias materiais do fato gerador efetivamente ocorrido;
II – erro na edificação do sujeito passivo, na determinação da alíquota aplicável, no cálculo do montante do débito ou na elaboração ou conferência de qualquer documento relativo ao pagamento;
III – reforma, anulação, revogação ou rescisão de decisão condenatória.

[544] **[CTN]** Art. 167. A restituição total ou parcial do tributo dá lugar à restituição, na mesma proporção, dos juros de mora e das penalidades pecuniárias, salvo as referentes a infrações de caráter formal não prejudicadas pela causa da restituição.
Parágrafo único. A restituição vence juros não capitalizáveis, a partir do trânsito em julgado da decisão definitiva que a determinar.

riamente corrigido a partir da data do pagamento indevido, conforme a Súmula nº 162, STJ[545], também os juros de mora e penalidades pecuniárias a partir da data do trânsito em julgado da sentença, nos termos da Súmula nº 188, STJ[546,547].

Também de acordo com o art. 165, CTN, a legitimidade ativa é do sujeito passivo, que, para a legislação, é o contribuinte de direito, ou seja, aquele que tem relação tributária com o Fisco, nos termos do art. 121, parágrafo único, CTN[548]. No caso de tributos indiretos, no entanto, o ônus fiscal (ou seja, o próprio valor do tributo) é transferido para terceiros que acabam pagando o valor financeiro do tributo, de modo que são classificados como contribuintes de fato. Nos termos do art. 166, CTN[549], há duas hipóteses nas quais se entende que o contribuinte de direito poderá pedir a restituição de um tributo indireto pago indevidamente. A primeira se dá quando o contribuinte de fato autorizar, enquanto a segunda ocorre quando o contribuinte de direito conseguir comprovar que arcou com o encargo do pagamento, não o tendo repassado ao contribuinte de fato, como disposto na Súmula nº 546, STF[550,551].

545 **[Súmula nº 162, STJ]** Na repetição de indébito tributário, a correção monetária incide a partir do pagamento indevido.

546 Marins, James. **Direito Processual Tributário Brasileiro – Administrativo e Judicial**. 12ª. ed. São Paulo: Thomson Reuters Brasil, 2019, p. 340-341.

547 **[Súmula nº 188, STJ]** Os juros moratórios, na repetição do indébito tributário, são devidos a partir do trânsito em julgado da sentença.

548 **[CTN]** Art. 121. Sujeito passivo da obrigação principal é a pessoa obrigada ao pagamento de tributo ou penalidade pecuniária.
Parágrafo único. O sujeito passivo da obrigação principal diz-se:
I – contribuinte, quando tenha relação pessoal e direta com a situação que constitua o respectivo fato gerador;
II – responsável, quando, sem revestir a condição de contribuinte, sua obrigação decorra de disposição expressa de lei.

549 **[CTN]** Art. 166. A restituição de tributos que comportem, por sua natureza, transferência do respectivo encargo financeiro somente será feita a quem prove haver assumido o referido encargo, ou, no caso de tê-lo transferido a terceiro, estar por este expressamente autorizado a recebê-la.

550 Cassone, Vittorio; Rossi, Júlio César; Cassone, Maria Eugênia Teixeira. **Processo Tributário: Teoria e Prática**. 15ª. ed. São Paulo: Atlas, 2017, p. 219-224.

551 **[Súmula nº 546, STF]** Cabe a restituição do tributo pago indevidamente, quando

O STJ já se posicionou no sentido de que não cabe restituição de indébito diretamente para o contribuinte de fato, visto que esse, pela lei, não faz parte da obrigação tributária, como exemplificado no REsp nº 983.814/MG[552], de relatoria do Min. Castro Meira. Decisão mais recente do STJ, referente ao REsp nº 1.299.303/SC[553], no entanto, firmou orientação, sob o rito dos recursos repetitivos (Tema nº 537), que o consumidor final de energia elétrica tem legitimidade ativa para propor ação declaratória cumulada com repetição de indébito que tenha por escopo

reconhecido por decisão, que o contribuinte "de jure" não recuperou do contribuinte "de facto" o "quantum" respectivo.

552 RECURSO ESPECIAL. PROCESSO TRIBUTÁRIO. AÇÃO DECLARATÓRIA DE INEXIGIBILIDADE C/C REPETIÇÃO DE INDÉBITO. ICMS. TRIBUTO INDIRETO. CONSUMIDOR. "CONTRIBUINTE DE FATO". ILEGITIMIDADE ATIVA. APELO PROVIDO. [...]
2. A caracterização do chamado contribuinte de fato presta-se unicamente para impor uma condição à repetição de indébito pleiteada pelo contribuinte de direito, que repassa o ônus financeiro do tributo cujo fato gerador tenha realizado (art. 166 do CTN), mas não concede legitimidade ad causam para os consumidores ingressarem em juízo com vistas a discutir determinada relação jurídica da qual não façam parte.
3. Os contribuintes da exação são aqueles que colocam o produto em circulação ou prestam o serviço, concretizando, assim, a hipótese de incidência legalmente prevista. [...] (REsp nº 983.814/MG, Rel. Min. Castro Meira, Segunda Turma, STJ, j. 04 dez. 2007, DJ 17 dez. 2007, p. 167)

553 RECURSO ESPECIAL. REPRESENTATIVO DA CONTROVÉRSIA. ART. 543-C CÓDIGO DE PROCESSO CIVIL. CONCESSÃO DE SERVIÇO PÚBLICO. ENERGIA ELÉTRICA. INCIDÊNCIA DO ICMS SOBRE A DEMANDA "CONTRATADA E NÃO UTILIZADA". LEGITIMIDADE DO CONSUMIDOR PARA PROPOR AÇÃO DECLARATÓRIA C/C REPETIÇÃO DE INDÉBITO.
– Diante do que dispõe a legislação que disciplina as concessões de serviço público e da peculiar relação envolvendo o Estado-concedente, a concessionária e o consumidor, esse último tem legitimidade para propor ação declaratória c/c repetição de indébito na qual se busca afastar, no tocante ao fornecimento de energia elétrica, a incidência do ICMS sobre a demanda contratada e não utilizada.
– O acórdão proferido no REsp 903.394/AL (repetitivo), da Primeira Seção, Ministro Luiz Fux, DJe de 26.4.2010, dizendo respeito a distribuidores de bebidas, não se aplica ao casos de fornecimento de energia elétrica.
Recurso especial improvido. Acórdão proferido sob o rito do art. 543-C do Código de Processo Civil. (REsp nº 1.299.303/SC, Rel. Min. Cesar Asfor Rocha, Primeira Seção, STJ, j. 08 ago. 2012, DJe 14 ago. 2012)

afastar a incidência de ICMS sobre a demanda contratada e não utilizada de energia elétrica. Essa decisão, no entanto, ficou restrita ao consumidor de energia elétrica.

O direito de pleitear a restituição de valores se extingue (trata-se, portanto, de prazo decadencial) com o decurso do prazo de 5 (cinco) anos, na forma do art. 168, CTN[554], contados a partir de momentos diferentes, de acordo com a hipótese de cabimento do art. 165, CTN. Nos tributos sujeitos a lançamento por homologação, o prazo é contado a partir da data do pagamento antecipado, como assentado pela jurisprudência do STJ, exemplificada pelo AgR no REsp nº 732.726/RJ[555], de relatoria do Min. Francisco Falcão.

3.4.2 A compensação de créditos tributários

A doutrina destaca significativa distinção terminológica entre os termos "compensação" e "ressarcimento". O "ressarcimento" se constitui na obrigação da Fazenda Pública de pagar, ao contribuinte, valores oriundos (i) de mecanismos de não cumulatividade tributária[556] ou (ii) de crédi-

[554] **[CTN]** Art. 168. O direito de pleitear a restituição extingue-se com o decurso do prazo de 5 (cinco) anos, contados:
I – nas hipótese dos incisos I e II do artigo 165, da data da extinção do crédito tributário; (Vide art 3 da LCp nº 118, de 2005)
II – na hipótese do inciso III do artigo 165, da data em que se tornar definitiva a decisão administrativa ou passar em julgado a decisão judicial que tenha reformado, anulado, revogado ou rescindido a decisão condenatória.

[555] TRIBUTÁRIO. AÇÃO DE REPETIÇÃO DE INDÉBITO. TCLLP. TIP. PROGRESSIVIDADE NAS ALÍQUOTAS DO IPTU. PRESCRIÇÃO QÜINQÜENAL. TERMO A QUO. PAGAMENTO INDEVIDO. ARTS. 165, INCISO I, E 168, INCISO I, DO CTN.
I – O prazo de cinco anos para pleitear a repetição tributária é contado da data em que se considera extinto o crédito tributário, qual seja, na hipótese dos autos, a data do efetivo pagamento do tributo, a teor do disposto no art. 168, I, c/c o art. 165, I, do CTN. Precedentes: AgRg no AI nº 547.195/RJ, Rel. Min. JOÃO OTÁVIO DE NORONHA, DJ de 29/08/2005; REsp nº 736.426/RJ, Rel. Min. CASTRO MEIRA, DJ de 29/08/2005 e AgRg no REsp nº 512.340/RJ, de minha relatoria, DJ de 17/12/2004.
II – Agravo regimental improvido. (AgRg no REsp nº 732.726/RJ, Rel. Min. Francisco Falcão, Primeira Turma, STJ, j. 27 set. 2005, DJ 21 nov. 2005, p. 154)

[556] Exemplos de hipóteses legais de mecanismos de não cumulatividade tributária seriam os ressarcimentos de créditos de Contribuição para o Programa de Integração Social (PIS), de Programa de Formação do Patrimônio do Servidor Público (Pasep) e de Contribuição

tos decorrentes de incentivos fiscais específicos. Este instituto, portanto, tem natureza jurídica de obrigação tributária, na qual a Fazenda Pública se encontraria no polo passivo, como devedora, e o contribuinte seria o sujeito ativo, ou seja, o credor[557].

A compensação de créditos tributários, prevista no art. 170, CTN[558], por sua vez, se trata, de acordo com Cleucio Santos Nunes, de "uma espécie de restituição por meio da qual o credor particular recebe seu crédito deixando de quitar créditos/débitos tributários que possui perante a Fazenda"[559]. Para o autor, trata-se de uma modalidade especial de extinção do crédito tributário, na forma do art. 156, II, CTN[560], que constitui uma "alternativa de efetivação do direito à restituição", de modo que a ação de repetição de indébito (e o equivalente pedido de repetição de indébito no âmbito administrativo) não é a única forma de recebimento de valores indevidos autorizada pelo sistema constitucional e legal brasileiro[561].

O STJ confirma este entendimento no AgInt no REsp 1.480.331/RS, no qual restou consignado que "a compensação de valores e a repetição de indébito são cabíveis sempre que verificado o pagamento indevido,

para o Financiamento da Seguridade Social (Cofins) que tenham restado acumulados ao final de cada trimestre-calendário. De maneira similar, também constituem hipóteses legais os ressarcimentos de créditos presumidos de Imposto de Produtos Industrializados (IPI), como ressarcimento da Contribuição para o PIS/Pasep e da Cofins, créditos decorrentes de estímulos fiscais, créditos do IPI passíveis de transferência a filial atacadista e ressarcimento de IPI a missões diplomáticas e repartições consulares (Marins, 2019, p. 353-354).

557 Marins, James. **Direito Processual Tributário Brasileiro – Administrativo e Judicial.** 12ª. ed. São Paulo: Thomson Reuters Brasil, 2019, p. 353.

558 **[CTN]** Art. 170. A lei pode, nas condições e sob as garantias que estipular, ou cuja estipulação em cada caso atribuir à autoridade administrativa, autorizar a compensação de créditos tributários com créditos líquidos e certos, vencidos ou vincendos, do sujeito passivo contra a Fazenda pública. (Vide Decreto nº 7.212, de 2010)

559 Nunes, Cleucio Santos. **Curso Completo de Direito Processual Tributário.** 5ª. ed. São Paulo: SaraivaJur, 2022, p. 546.

560 **[CTN]** Art. 156. Extinguem o crédito tributário: [...] II – a compensação;

561 Nunes, Cleucio Santos. **Curso Completo de Direito Processual Tributário.** 5ª. ed. São Paulo: SaraivaJur, 2022, p. 807.

em repúdio ao enriquecimento ilícito de quem o receber, independentemente da comprovação do erro":

> AGRAVO INTERNO NO RECURSO ESPECIAL. AÇÃO REVISIONAL DE CONTRATO BANCÁRIO. ALIENAÇÃO FIDUCIÁRIA. AGRAVO NÃO PROVIDO. [...]
> 5. A compensação de valores e a repetição de indébito são cabíveis sempre que verificado o pagamento indevido, em repúdio ao enriquecimento ilícito de quem o receber, independentemente da comprovação do erro. [...]
> 7. Agravo interno não provido. (AgInt no REsp nº 1.480.331/RS, Rel. Min. Luís Felipe Salomão, Quarta Turma, STJ, j. 03 out. 2017, DJe 05 out. 2017)

No mesmo sentido, para James Marins, "a compensação é fórmula de utilização de créditos do contribuinte perante a Fazenda Pública (inclusive créditos originados em indébitos)"[562]. De fato, nos termos da Súmula nº 461, STJ[563], no caso de constatação judicial de indébito tributário transitada em julgado, o contribuinte pode optar por receber o que lhe é devido tanto por meio de precatório, quanto por meio de compensação, de modo que se deduz que, de fato, a compensação é uma espécie de restituição de indébito.

O próprio STJ já reconheceu que a compensação de crédito tributário é uma forma, ainda que indireta, de restituição de indébito[564]. Em razão

[562] MARINS, James. **Direito Processual Tributário Brasileiro – Administrativo e Judicial**. 12ª. ed. São Paulo: Thomson Reuters Brasil, 2019, p. 336.

[563] **[Súmula nº 461, STJ]** O contribuinte pode optar por receber, por meio de precatório ou por compensação, o indébito tributário certificado por sentença declaratória transitada em julgado.

[564] TRIBUTÁRIO. COMPENSAÇÃO. REPETIÇÃO DE INDÉBITO. ICMS. TRIBUTO INDIRETO. TRANSFERÊNCIA DE ENCARGO FINANCEIRO AO CONSUMIDOR FINAL. ARTS. 111, I, e 166 DO CTN. DISSÍDIO PRETORIANO NÃO CONFIGURADO.
1. Pretendendo a recorrente que se proceda à compensação de crédito tributário em razão do alegado recolhimento indevido de tributo indireto, qual seja, o ICMS, deve ela, como contribuinte de direito, comprovar, a teor do disposto no art. 166 do CTN, que o contribuinte de fato efetivamente não suportou o encargo financeiro decorrente da incidência do imposto.
2. Condicionar, nos termos do art. 166 do CTN, a compensação do crédito tributário à comprovação da não-ocorrência do fenômeno da repercussão não contraria o disposto no

disso, entendeu, no julgamento do REsp nº 472.162/SP, que se aplicam as mesmas regras do art. 166, CTN, relativas à repetição de indébito, também para a compensação de créditos tributários relativos a tributos indiretos.

Da mesma forma, assim como a repetição de indébito, a compensação tributária também pode ser pleiteada na esfera administrativa, mas, em todos os casos, há "necessidade de se examinar idoneidade do crédito do contribuinte para que a compensação seja homologada, eis que a forma usual de extinção do crédito tributário é o seu pagamento". Essa necessidade é, justamente, a razão material para que a Fazenda Pública possa se pronunciar a respeito da "análise dos elementos que compõem a compensação, em especial a pertinência do crédito que o contribuinte alega ser titular"[565].

No julgamento do REsp nº 1.114.404/MG, realizado, no STJ, sob a sistemática dos recursos repetitivos (Tema nº 228) o relator, Min. Mauro Campbell Marques sumarizou de maneira significativamente clara ambos os aspectos até então levantados acerca do instituto da compensação de créditos tributários. Veja-se:

> PROCESSUAL CIVIL E TRIBUTÁRIO. SENTENÇA DECLARATÓRIA DO DIREITO À COMPENSAÇÃO DE INDÉBITO TRIBUTÁRIO. POSSIBILIDADE DE REPETIÇÃO POR VIA DE PRECATÓRIO OU REQUISIÇÃO DE PEQUENO VALOR. FACULDADE DO CREDOR. RECURSO ESPECIAL REPRESENTATIVO DE CONTROVÉRSIA. ART. 543-C, DO CPC.
>
> 1."A sentença declaratória que, para fins de compensação tributária, certifica o direito de crédito do contribuinte que recolheu indevidamente o tri-

art. 111, I, do CTN. Isso porque a compensação de crédito tributário é uma forma, ainda que indireta, de restituição de indébito.
3. Não se conhece do recurso especial pela alínea "c" do permissivo constitucional quando a recorrente, circunscrita a transcrever ementas de decisórios tidos por divergentes, não realiza a demonstração analítica do suposto dissenso pretoriano.
4. Recurso conhecido apenas pela alínea "a" e não provido. (REsp nº 472.162/SP, Rel. Min. João Otávio de Noronha, Segunda Turma, STJ, j. 09 dez. 2003, DJ 09 fev. 2004, p. 157)

565 Nunes, Cleucio Santos. **Curso Completo de Direito Processual Tributário**. 5ª. ed. São Paulo: SaraivaJur, 2022, p. 807-808.

buto, contém juízo de certeza e de definição exaustiva a respeito de todos os elementos da relação jurídica questionada e, como tal, é título executivo para a ação visando à satisfação, em dinheiro, do valor devido" (REsp n. 614.577/SC, Ministro Teori Albino Zavascki).

2. A opção entre a compensação e o recebimento do crédito por precatório ou requisição de pequeno valor cabe ao contribuinte credor pelo indébito tributário, haja vista que constituem, todas as modalidades, formas de execução do julgado colocadas à disposição da parte quando procedente a ação que teve a eficácia de declarar o indébito. Precedentes da Primeira Seção: REsp.796.064 – RJ, Primeira Seção, Rel. Min. Luiz Fux, julgado em 22.10.2008; EREsp. Nº 502.618 – RS, Primeira Seção, Rel. Min. João Otávio de Noronha, julgado em 8.6.2005; EREsp. N. 609.266 – RS, Primeira Seção, Rel. Min. Teori Albino Zavascki, julgado em 23.8.2006.

3. Recurso especial provido. Acórdão submetido ao regime do art. 543-C do CPC e da Resolução STJ 08/2008. (REsp nº 1.114.404/MG, Rel. Min. Mauro Campbell Marques, Primeira Seção, STJ, j. 10 fev. 2010, DJe 01 mar. 2010)

Também quanto à correção monetária, aos juros de mora e às penalidades pecuniárias, o STJ entende que se aplicam as mesmas regras da repetição de indébito, previstas no art. 167, CTN e nas Súmulas nº 162 e nº 188, STJ, como restou consignado no REsp nº 834.907/PR.

CONSTITUCIONAL E TRIBUTÁRIO. COFINS. ALTERAÇÕES PROMOVIDAS PELA LEI 9.718/98. CONCEITO DE FATURAMENTO. MAJORAÇÃO DE ALÍQUOTA. PRECEDENTES DO STF. COMPENSAÇÃO. TRIBUTOS DE DIFERENTES ESPÉCIES. CORREÇÃO MONETÁRIA. TAXA SELIC. LEGALIDADE. JUROS. [...]

5. Está assentada nesta Corte a orientação segundo a qual são os seguintes os índices a serem utilizados na repetição ou compensação de indébito tributário: (a) IPC, de março/1990 a janeiro/1991; (b) INPC, de fevereiro a dezembro/1991; (c) UFIR, a partir de janeiro/1992; (d) taxa SELIC, exclusivamente, a partir de janeiro/1996.

6. Nos casos de repetição de indébito tributário ou na compensação, a orientação prevalente no âmbito da 1ª Seção quanto aos juros pode ser sintetizada da seguinte forma: (a) antes do advento da Lei 9.250/95, incidia a

correção monetária desde o pagamento indevido até a restituição ou compensação (Súmula 162/STJ), acrescida de juros de mora a partir do trânsito em julgado (Súmula 188/STJ), nos termos do art. 167, parágrafo único, do CTN; (b) após a edição da Lei 9.250/95, aplica-se a taxa SELIC desde o recolhimento indevido, ou, se for o caso, a partir de 1º.01.1996, não podendo ser cumulada, porém, com qualquer outro índice, seja de atualização monetária, seja de juros, porque a SELIC inclui, a um só tempo, o índice de inflação do período e a taxa de juros real.

7. Recurso especial a que se dá provimento. (REsp nº 834.907/PR, Rel. Min. Teori Albino Zavascki, Primeira Turma, STJ, j. 20 jun. 2006, DJ 30 jun. 2006, p. 203)

Quanto à prescrição do direito à compensação, a jurisprudência do STJ também já se firmou no sentido de que, assim como na repetição de indébito, quando se tratar de tributos sujeitos a lançamento por homologação, o prazo é contado a partir da data do pagamento antecipado, nos termos do art. 3º, LC nº 118/2005[566], como denotado no AgR no AgR no AI nº 1.093.754/PR[567].

[566] **[LC nº 118/2005]** Art. 3º Para efeito de interpretação do inciso I do art. 168 da Lei nº 5.172, de 25 de outubro de 1966 – Código Tributário Nacional, a extinção do crédito tributário ocorre, no caso de tributo sujeito a lançamento por homologação, no momento do pagamento antecipado de que trata o §1º do art. 150 da referida Lei.

[567] TRIBUTÁRIO. MANDADO DE SEGURANÇA. ICMS. INCLUSÃO NA BASE DE CÁLCULO DO PIS E DA COFINS. COMPENSAÇÃO. PRAZO PRESCRICIONAL. TRIBUTO SUJEITO A LANÇAMENTO POR HOMOLOGAÇÃO. LC Nº 118/2005.
1. Autos recebidos da Vice-Presidência para fins do art. 543 -B, § 3º, do CPC.
2. No julgamento do RE nº 566.621/RS, Relatora a Ministra Ellen Gracie, submetido ao regime da repercussão geral, o Supremo Tribunal Federal reconheceu a inconstitucionalidade do art. 4º, segunda parte, da Lei Complementar nº 118, de 2005, considerando válida a aplicação do novo prazo de 5 (cinco) anos tão somente às ações ajuizadas após o decurso da vacatio legis de 120 dias, ou seja, a partir de 09 de junho de 2005.
3. **Hipótese em que a ação foi ajuizada em data posterior à vigência da Lei Complementar nº 118, de 2005, estando sujeita ao novo prazo prescricional de 5 (cinco) anos.**
4. Acórdão proferido pela Primeira Turma que, seguindo a orientação da Corte Especial adotada no julgamento da Arguição de Inconstitucionalidade nos EREsp nº 644.736/PE, destoa do entendimento consagrado pelo Supremo Tribunal Federal.
5. Agravo regimental interposto pela Fazenda Nacional provido, em juízo de retratação, para que seja mantida a incidência da prescrição quinquenal reconhecida pelas instân-

É importante ressaltar, no entanto, que não há direito à compensação decorrente diretamente do CTN, pois a possibilidade de compensação depende da intermediação de lei específica autorizadora. A lei autorizadora a que se refere ao art. 170, CTN, será federal, estadual ou municipal, de acordo com a competência constitucional para instituir o tributo em questão. Podem ser, inclusive, estabelecidas condições e limites para a compensação. No âmbito federal, é o art. 66, Lei nº 8.383/91[568], cominado com os arts. 73 e 74, Lei nº 9.430/96[569], que disciplinam a matéria[569].

cias ordinárias. (AgRg no AgRg no AI nº 1.093.754/PR, Rel. Min. Marga Tessler, Juíza Federal convocada do TRF-4, Primeira Turma, STJ, j. 14 abr. 2015, DJe 20 abr. 2015, com grifo nosso)

[568] **[Lei nº 8.383/91]** Art. 66. Nos casos de pagamento indevido ou a maior de tributos, contribuições federais, inclusive previdenciárias, e receitas patrimoniais, mesmo quando resultante de reforma, anulação, revogação ou rescisão de decisão condenatória, o contribuinte poderá efetuar a compensação desse valor no recolhimento de importância correspondente a período subsequente. (Redação dada pela Lei nº 9.069, de 29.6.1995) (Vide Lei nº 9.250, de 1995)
§1º A compensação só poderá ser efetuada entre tributos, contribuições e receitas da mesma espécie. (Redação dada pela Lei nº 9.069, de 29.6.1995)
§2º É facultado ao contribuinte optar pelo pedido de restituição. (Redação dada pela Lei nº 9.069, de 29.6.1995)
§3º A compensação ou restituição será efetuada pelo valor do tributo ou contribuição ou receita corrigido monetariamente com base na variação da UFIR. (Redação dada pela Lei nº 9.069, de 29.6.1995)
§4º As Secretarias da Receita Federal e do Patrimônio da União e o Instituto Nacional do Seguro Social – INSS expedirão as instruções necessárias ao cumprimento do disposto neste artigo. (Redação dada pela Lei nº 9.069, de 29.6.1995)

[569] **[Lei nº 9.430/96]** Art. 73. A restituição e o ressarcimento de tributos administrados pela Secretaria da Receita Federal do Brasil ou a restituição de pagamentos efetuados mediante DARF e GPS cuja receita não seja administrada pela Secretaria da Receita Federal do Brasil será efetuada depois de verificada a ausência de débitos em nome do sujeito passivo credor perante a Fazenda Nacional. (Redação dada pela Lei nº 12.844, de 2013)
Parágrafo único. Existindo débitos, não parcelados ou parcelados sem garantia, inclusive inscritos em Dívida Ativa da União, os créditos serão utilizados para quitação desses débitos, observado o seguinte: (Incluído pela Lei nº 12.844, de 2013)
I – o valor bruto da restituição ou do ressarcimento será debitado à conta do tributo a que se referir; (Incluído pela Lei nº 12.844, de 2013)
II – a parcela utilizada para a quitação de débitos do contribuinte ou responsável será creditada à conta do respectivo tributo. (Incluído pela Lei nº 12.844, de 2013)

No âmbito da Receita Federal, existe, também, a possibilidade de compensação por declaração do contribuinte, também chamada de autocompensação, constante do art. 74, Lei nº 9.430/96[571], na qual se aplica o mesmo regime do lançamento por homologação. Desse modo, na dicção do art. 74, §2º, Lei nº 9.430/96, a apresentação da Declaração de Compensação "extingue o crédito tributário, sob condição resolutória de sua ulterior homologação". Se, no entanto, o direito à restituição já tiver sido apurado administrativamente e a Fazenda Pública constatar que o contribuinte tem débitos em aberto, ou mesmo se a Declaração de Compensação não for aceita, a Fazenda poderá realizar compensação de ofício, oportunizando ao contribuinte, por certo, que se manifeste[572].

3.5 Tutelas provisórias nas ações de compensação de créditos tributários

Até o advento da LC nº 104/2001, não havia consenso, na jurisprudência dos tribunais brasileiros, acerca da possibilidade de reconhecimento, em sede de tutelas de urgência (cautelar ou antecipada), do direito de o contribuinte compensar créditos apurados em sua escrita fiscal, com créditos tributários vincendos. Assim sendo, os contribuintes, diversas vezes, pleiteavam, na Justiça, o aproveitamento de créditos em sede liminar, por meio de compensação, de modo a evitar utilizar da ação de repetição de

[570] CAIS, Cleide Previtalli. **O processo tributário**. 8ª. ed. São Paulo: Revista dos Tribunais, 2013, p. 403-406.

[571] **[Lei nº 9.430/96]** Art. 74. O sujeito passivo que apurar crédito, inclusive os judiciais com trânsito em julgado, relativo a tributo ou contribuição administrado pela Secretaria da Receita Federal, passível de restituição ou de ressarcimento, poderá utilizá-lo na compensação de débitos próprios relativos a quaisquer tributos e contribuições administrados por aquele Órgão. (Redação dada pela Lei nº 10.637, de 2002) (Vide Decreto nº 7.212, de 2010) (Vide Medida Provisória nº 608, de 2013) (Vide Lei nº 12.838, de 2013) [...]
§2º A compensação declarada à Secretaria da Receita Federal extingue o crédito tributário, sob condição resolutória de sua ulterior homologação. (Incluído pela Lei nº 10.637, de 2002)

[572] MARINS, James. **Direito Processual Tributário Brasileiro – Administrativo e Judicial**. 12ª. ed. São Paulo: Thomson Reuters Brasil, 2019, p. 357-363.

indébito, visto que, à época, o óbice do regime de precatórios ainda não havia sido afastado pela doutrina e pela jurisprudência[573].

A referida lei complementar, no entanto, como já se apresentou, introduziu o art. 170-A, CTN[574], o qual, de acordo com James Marins, gerou uma série de dificuldades interpretativas ligadas à sua redação falha[575]. Nesse sentido, Hugo de Brito Machado Segundo aponta que este dispositivo "deve ser visto com as devidas cautelas, não apenas porque implica restrição desproporcional, mas também porque seus termos não são tão abrangentes quanto têm parecido a algumas decisões judiciais que o aplicam"[576].

É fato, no entanto, que, desde a introdução do art. 170-A, CTN, a compensação pela via judicial passou a ser bem menos comum. O contribuinte tem preferido iniciar as discussões em ação de repetição de indébito e, ao ter seu crédito reconhecido, pleiteia compensação, durante a fase de cumprimento de sentença, com esteio na Súmula nº 461, STJ[577,578].

Passa-se, nas subseções seguintes, a identificar por quais razões o advento do art. 170-A, CTN, essencialmente inviabilizou a concessão de decisões liminares, incluindo tutelas provisórias, levando em conta, também, o posterior suporte do art. 1.059, CPC/2015, relativas à compensação de créditos tributários. Se relembrará, também, quais elementos do Sistema de proteção à Fazenda Pública contra a concessão de liminares tratam especificamente da compensação de créditos tributários e de que maneira estes atuaram – e atuam – para manter o entendimento

573 NUNES, Cleucio Santos. **Curso Completo de Direito Processual Tributário**. 5ª. ed. São Paulo: SaraivaJur, 2022, p. 808-809.

574 **[CTN]** Art. 170-A. É vedada a compensação mediante o aproveitamento de tributo, objeto de contestação judicial pelo sujeito passivo, antes do trânsito em julgado da respectiva decisão judicial. (Incluído pela Lcp nº 104, de 2001)

575 MARINS, James. **Direito Processual Tributário Brasileiro – Administrativo e Judicial**. 12ª. ed. São Paulo: Thomson Reuters Brasil, 2019, p. 363.

576 MACHADO SEGUNDO, Hugo de Brito. **Processo Tributário**. 10ª. ed. São Paulo: Atlas, 2018, p. 365.

577 **[Súmula nº 461, STJ]** O contribuinte pode optar por receber, por meio de precatório ou por compensação, o indébito tributário certificado por sentença declaratória transitada em julgado.

578 NUNES, Cleucio Santos. **Curso Completo de Direito Processual Tributário**. 5ª. ed. São Paulo: SaraivaJur, 2022, p. 808-809.

jurisprudencial pela incompatibilidade entre a compensação e as tutelas provisórias.

Em seguida, se procederá à apresentação do entendimento mais correto, na opinião de parte da doutrina, a respeito do art. 170-A, CTN, e de como este entendimento diferenciado poderia alterar a interpretação do art. 1.059, CPC/2015, bem como o entendimento jurisprudencial acerca da possibilidade de deferimento de tutelas provisórias contra a Fazenda Pública, nas ações de compensação de créditos tributários, em especial se levada em conta a interpretação conforme do referido dispositivo, anteriormente defendida.

3.5.1 A suposta incompatibilidade das ações de compensação com as tutelas provisórias

Como observado anteriormente, ao longo do tempo, foi se firmando, no STJ, jurisprudência no sentido de que seria indevido o deferimento de medida liminar em mandado de segurança para autorizar compensação de créditos tributários. De acordo com esses precedentes, a exemplo do RMS nº 4.513/SP, do REsp nº 92.651/AL e do REsp nº 92.722/CE, a razão para tanto seria de que o art. 156, II, CTN[579], traz a compensação como causa de extinção do crédito tributário, o que daria efeito plenamente satisfativo à liminar.

> TRIBUTARIO. COMPENSAÇÃO DE VALORES RELATIVOS A TRIBUTOS. FINSOCIAL E PIS/COFINS. CAUTELAR. DESCABIMENTO, NO CASO.
>
> I – O CODIGO TRIBUTARIO NACIONAL PERMITE A COMPENSAÇÃO DE CREDITOS TRIBUTARIOS COM CREDITOS LIQUIDOS E CERTOS, VENCIDOS OU VINCENDOS. INEXISTINDO LIQUIDEZ E CERTEZA DOS CREDITOS E PARA TANTO SENDO NECESSARIA A VERIFICAÇÃO APROFUNDADA, NÃO SE PODE TER COMO ILEGAL A DECISÃO QUE NEGOU A LIMINAR, AUTORIZANDO, DE PLANO, A PRETENDIDA COMPENSAÇÃO.

579 **[CTN]** Art. 156. Extinguem o crédito tributário: [...] II – a compensação;

II – RECURSO ORDINARIO DESPROVIDO. (RMS nº 4.513/SP, Rel. Min. Antonio de Pádua Ribeiro, Segunda Turma, STJ, j. 23 nov. 1994, DJ 12 dez. 1994, p. 34336).

TRIBUTARIO E PROCESSUAL CIVIL – CAUTELAR INOMINADA – LIMINAR – COMPENSAÇÃO DE TRIBUTOS – LEI 8.383/91.

1. A COMPENSAÇÃO DE CREDITOS TRIBUTARIOS PRESSUPÕE A MESMA NATUREZA JURIDICA E INEQUIVOCO RECONHECIMENTO DA SUA EXISTENCIA. DAI A IMPOSSIBILIDADE DE SER ADMITIDA PELA VIA DE PROVISORIA DECISÃO LIMINAR, EM AÇÃO CAUTELAR, A SUA PRONTA CONCRETIZAÇÃO. ENFIM, A LIMINAR NÃO SE PRESTA PARA A AFIRMAÇÃO DA SUFICIENCIA E LIQUIDEZ DOS CREDITOS LANÇADOS COMO COMPENSAVEIS.

2. PRECEDENTES JURISPRUDENCIAIS.

3. RECURSO PROVIDO. (REsp nº 92.651/AL, Rel. Min. Milton Luiz Pereira, Primeira Turma, STJ, j. em 17 jun. 1996, DJ 12 ago. 1996, p. 27461).

PROCESSUAL CIVIL E TRIBUTARIO. CRÉDITO TRIBUTARIO. COMPENSAÇÃO. CAUTELAR E LIMINAR.

I – NÃO E ADMISSIVEL, POR MEIO DE CONCESSÃO DE CAUTELAR OU DE LIMINAR, ASSEGURAR-SE A COMPENSAÇÃO DE CREDITOS TRIBUTARIOS. PRECEDENTES.

II – RECURSO ESPECIAL CONHECIDO E PROVIDO. (REsp nº 92.722/CE, Rel. Min. Antônio de Pádua Ribeiro, Segunda Turma, STJ, j. 17 abr. 1997, DJ 19 mai. 1997, p. 20607).

De acordo com Cleide Previtalli Cais, "a grande controvérsia que se instaurou diante desse assunto provocou a edição de duas Súmulas pelo Superior Tribunal de Justiça, cujos enunciados, aparentemente, são contraditórios"[580]. De acordo com a Súmula nº 212, STJ[581], em sua

[580] Cais, Cleide Previtalli. **O processo tributário.** 8ª. ed. São Paulo: Revista dos Tribunais, 2013, p. 423.

[581] **[Súmula nº 212, STJ – Redação original]** A compensação de créditos tributários não pode ser deferida por medida liminar.

redação original, a compensação de créditos tributários não poderia ser deferida por medida liminar. A Súmula nº 213, STJ[582], por sua vez, aponta que o MS é ação adequada para a declaração do direito à compensação tributária. Ambas foram publicadas, originalmente, em 23 de setembro de 1998.

Para James Marins, ambas as súmulas em questão foram geradas "a partir dessa compreensão equivocada de que em liminar em mandado de segurança seja possível reconhecer direito expresso ao crédito compensável do contribuinte, inclusive seu *quantum*"[583]. De fato, nos precedentes utilizados como base para a edição da Súmula nº 212, STJ, as partes buscavam a extinção do crédito tributário, como se exemplifica no voto-vencedor do relator do REsp nº 121.315/PR, Min. Demócrito Reinaldo, com trechos relevantes a seguir colacionados:

> Conforme resumido no relatório, cuida-se de saber se, no caso concreto, a ação cautelar constitui meio judicial adequado para o contribuinte obter medida liminar, para efetuar a compensação dos valores pagos indevidamente a título de Contribuição Social, declarada inconstitucional pelo Supremo Tribunal Federal, com tributos da mesma natureza.
>
> Ao reformar decisão de primeiro grau, entendeu a egrégia Turma Julgadora a quo não ser possível atingir tal desiderato pela via eleita, por isso que incabível o deferimento de liminar, em virtude do esgotamento da ação. [...]
>
> De fato, em casos de compensação, como o da espécie, tem-se firmado entendimento, segundo o qual é impossível admitir-se a sua pronta concretização, pela via de provisória decisão liminar, em ação cautelar. [...]
>
> Na verdade, ao pedir a concessão de liminar, com o escopo de assegurar o direito de compensar imediatamente os referidos tributos, formula o postulante pedido de feição inquestionavelmente satisfativa, o que não se compadece com o perfil técnico processual do provimento cautelar. Destarte, não há divisar violação aos artigos 798 e 799 do CPC, razão pela qual, seguindo

[582] **[Súmula nº 213, STJ]** O mandado de segurança constitui ação adequada para a declaração do direito à compensação tributária.

[583] MARINS, James. **Direito Processual Tributário Brasileiro – Administrativo e Judicial**. 12ª. ed. São Paulo: Thomson Reuters Brasil, 2019, p. 597.

a linha de orientação que tem prevalecido nesta Corte, conheço do recurso, mas nego-lhe provimento.

É como voto. (Trechos do voto do relator no REsp nº 121.315/PR, Rel. Min. Demócrito Reinaldo, Primeira Turma, STJ, j. 05 jun. 1997, DJ 30 jun. 1997, p. 30949).

O significado real da Súmula nº 212, STJ, portanto, é de que, se o contribuinte postular, unicamente, na petição inicial, a compensação para extinção do crédito tributário, esta não poderá ser deferida em sede liminar, visto que a compensação pressupõe o reconhecimento de certeza, liquidez e suficiência dos créditos, o que é alcançado, apenas, com completa análise probatória[584].

Assim, de acordo com Cleucio Santos Nunes, o objetivo da Súmula nº 212, STJ, à época, era de obstaculizar o deferimento de medidas liminares em ações cautelares preparatórias e mandados de segurança que autorizavam a extinção do crédito tributário por meio de compensação. Ela, no entanto, não impedia o ajuizamento de mandado de segurança, somente vedando decisões em sede liminar. Outra saída possível, para o contribuinte, em especial nos casos dos lançamentos por homologação do art. 150, CTN[585], seria o ajuizamento de ação que visasse declarar seu direito ao aproveitamento, para compensação de créditos vincendos via escrituração contábil, de valores pagos indevidamente[586].

No mesmo sentido, James Marins, ao comentar a Súmula nº 212, STJ, aponta que o MS somente poderia declarar o direito à compensação (em concordância, portanto, com a Súmula nº 213, STJ), e não promover tal compensação[587]. O objetivo das duas súmulas, portanto, seria, para o STJ,

[584] CAIS, Cleide Previtalli. **O processo tributário**. 8ª. ed. São Paulo: Revista dos Tribunais, 2013, p. 424.

[585] **[CTN]** Art. 150. O lançamento por homologação, que ocorre quanto aos tributos cuja legislação atribua ao sujeito passivo o dever de antecipar o pagamento sem prévio exame da autoridade administrativa, opera-se pelo ato em que a referida autoridade, tomando conhecimento da atividade assim exercida pelo obrigado, expressamente a homologa.

[586] NUNES, Cleucio Santos. **Curso Completo de Direito Processual Tributário**. 5ª. ed. São Paulo: SaraivaJur, 2022, p. 508.

[587] MARINS, James. **Direito Processual Tributário Brasileiro – Administrativo e Judicial**. 12ª. ed. São Paulo: Thomson Reuters Brasil, 2019, p. 597-598.

impedir que a liminar pudesse assumir caráter satisfativo e antecipatório. Nas palavras do autor:

> O que o STJ diz, na Súmula 212, é, em última análise, o seguinte: em cognição sumária o juiz não pode aferir liquidez de crédito oriundo de indébito tributário, isto é, que o pedido que se pode fazer em mandado de segurança que visa à compensação de crédito tributário só pode dizer respeito ao reconhecimento do direito *in natura* do contribuinte à compensação, eventualmente com o expurgo de normas infralegais incompatíveis com as normas legais que angustiem o direito à compensação, desde cláusula de correção monetária, por exemplo, ou condicionamentos incompatíveis com a legislação, em específico do regime da Lei nº 8.383/1991.[588]

Em paralelo, quanto a esta Súmula nº 213, STJ, Cleide Previtalli Cais aponta que seu objetivo, de fato, é determinar que "o juiz não pode fazer as vezes da autoridade administrativa, verificando a certeza e liquidez dos créditos tributários objeto da compensação, que consiste em um direito assegurado por lei"[589].

Não há dúvidas, então, de que os enunciados das duas súmulas em questão não são contraditórios, mas sim, harmônicos, dentro da interpretação preconizada pelo STJ. Este objetivo das súmulas, portanto, teria dois componentes: (i) evitar o caráter antecipatório da medida liminar e (ii) evitar o caráter satisfativo da medida liminar.

Quanto ao primeiro componente, de fato, o raciocínio parece correto, visto que a extinção do crédito tributário é efeito insuscetível de antecipação, por se tratar de situação jurídica. Quanto ao segundo, no entanto, críticas são cabíveis. Em verdade, quando se utiliza o instrumento da antecipação de tutela, previsto, à época, nos arts. 273 e 461, CPC/73, a satisfatividade é, justamente, aquilo que se busca, de modo que não pode

[588] MARINS, James. **Direito Processual Tributário Brasileiro – Administrativo e Judicial.** 12ª. ed. São Paulo: Thomson Reuters Brasil, 2019, p. 597.

[589] CAIS, Cleide Previtalli. **O processo tributário**. 8ª. ed. São Paulo: Revista dos Tribunais, 2013, p. 424.

ser considerada um requisito para sua concessão, posto que estaria, em verdade, sendo confundida com a irreversibilidade da medida[590].

Tendo em mente o exposto, avalia-se o RMS nº 4.970/SP, que também foi utilizado como base para a edição da Súmula nº 212, STJ. Neste caso específico, a recorrente pleiteava a concessão de liminar em mandado de segurança tendo em vista que a falta da tutela a impediria de obter CND, indispensável à participação em concorrências públicas. De acordo com o relator, "na verdade, o que ela quer através deste mandado de segurança é impedir que a Fazenda promova o lançamento *ex officio*".

O relator, em seu voto, cujos trechos relevantes seguem colacionados, portanto, entendeu que o Judiciário não poderia impedir o lançamento tributário, visto que se trata de atividade vinculada, como disposto no art. 142, *caput* e parágrafo único, CTN[591]. De fato, lhe assiste razão. Contudo, há outra medida que poderia atender a pretensão da recorrente, de não lhe ter obstado o direito de obtenção de CND, e que respeitaria a dicção do art. 142, CTN. Esta medida seria a suspensão do crédito tributário, com base no art. 151, IV, CTN[592] (ou no caso das tutelas provisórias, em face do art. 151, V, CTN, que viria a ser inserido no diploma em 2001). Deste modo, entende-se que estaria incorreta a conclusão à qual o ministro relator chegou ao final de seu voto, de que "a liminar é desnecessária", visto que, com o condão de suspender a exigibilidade do crédito tributário, a liminar teria, sim, efeito prático significativo para o contribuinte.

[590] MARINS, James. **Direito Processual Tributário Brasileiro – Administrativo e Judicial**. 12ª. ed. São Paulo: Thomson Reuters Brasil, 2019, p. 598.

[591] **[CTN]** Art. 142. Compete privativamente à autoridade administrativa constituir o crédito tributário pelo lançamento, assim entendido o procedimento administrativo tendente a verificar a ocorrência do fato gerador da obrigação correspondente, determinar a matéria tributável, calcular o montante do tributo devido, identificar o sujeito passivo e, sendo caso, propor a aplicação da penalidade cabível.
Parágrafo único. A atividade administrativa de lançamento é vinculada e obrigatória, sob pena de responsabilidade funcional.

[592] **[CTN]** Art. 151. Suspendem a exigibilidade do crédito tributário: [...]
IV – a concessão de medida liminar em mandado de segurança.
V – a concessão de medida liminar ou de tutela antecipada, em outras espécies de ação judicial; (Incluído pela Lcp nº 104, de 2001)

> A contribuição para o Finsocial está sujeita ao regime do lançamento por homologação. Nessas condições, a Impetrante pode compensar o que recolheu indevidamente a esse título sem autorização judicial. Na verdade, o que ela quer através deste mandado de segurança é impedir que a Fazenda promova o lançamento ex officio. Até aí não vai o poder do Judiciário. O lançamento fiscal é um procedimento legal, a que a autoridade fazendária está vinculada (CTN, art. 142).
>
> A liminar, é certo, teria um sentido prático, à vista da jurisprudência já firmada pelo Supremo Tribunal Federal. Os precedentes autorizam a presunção de que aquele Excelso Pretório continuará a decidir pela inconstitucionalidade apontada. Mas não substituem as ações individuais das partes, de modo que o crédito destas, enquanto não reconhecido pela Administração, só poderá ser compensado por efeito de sentença.
>
> Em suma, a liminar é desnecessária e, por outro lado, o reconhecimento do direito à compensação só pode ser obtido por sentença. Voto, por isso, no sentido de negar provimento ao recurso ordinário (Trecho do voto do relator no RMS nº 4.970/SP, Rel. Min. Ari Pargendler, Segunda Turma, STJ, j. 06 set. 1995, DJ 06 nov. 1995, p. 37558, com grifo nosso)

Considerando essa argumentação, parte da doutrina entende que a possibilidade de pedido de liminar neste tipo de mandado de segurança – a princípio proibido pela Súmula nº 212, STJ – seria consequência natural da Súmula nº 213, STJ, a qual teria sedimentado o entendimento de que o MS poderia ter efeitos declaratórios a respeito do direito à compensação tributária[593]. Para evitar tal consequência indesejada à Fazenda Pública, o legislador tomou duas medidas. A primeira foi a edição do art. 1º, §5º, Lei nº 8.437/92, e a segunda foi a inclusão do art. 170-A, CTN, pela LC nº 104/2001.

A 16ª reedição da MP nº 1.984-16/2000 (cuja versão final é a MP nº 2.180-35/2001), datada de 6 de abril de 2000, trouxe, em seu art. 1º, MP nº 1.984-16/2000[594], a inserção do art. 1º, §5º, Lei nº 8.437/92, que dispu-

[593] NUNES, Cleucio Santos. **Curso Completo de Direito Processual Tributário**. 5ª. ed. São Paulo: SaraivaJur, 2022, p. 547.

[594] **[MP nº 1.984-16/2000]** Art. 1º A Lei nº 8.437, de 30 de junho de 1992, passa a vigorar com as seguintes alterações:

nha que "não será cabível medida liminar que defira compensação de créditos tributários ou previdenciários". Como se observa da simples leitura, este dispositivo veio no mesmo sentido da Súmula nº 212, STJ, incrementando o Sistema de proteção à Fazenda Pública quanto às compensações tributárias.

Posteriormente, a LC nº 104/2001, incluiu o art. 170-A, CTN[595], no qual se lê: "É vedada a compensação mediante o aproveitamento de tributo, objeto de contestação judicial pelo sujeito passivo, antes do trânsito em julgado da respectiva decisão judicial". De fato, com estas duas disposições, o Legislador atingiu seu intento, visto que a jurisprudência, nos anos vindouros, se alterou para comportar o entendimento de que a inexistência de discussão judicial sobre os créditos a serem utilizados pelo contribuinte, na compensação, consistia em novo requisito para a realização da compensação tributária.

> PROCESSUAL CIVIL. OFENSA AO ART. 535 DO CPC. INOCORRÊNCIA. TRIBUTÁRIO. REPETIÇÃO DE INDÉBITO. SUCESSIVOS REGIMES DE COMPENSAÇÃO. APLICAÇÃO RETROATIVA OU EXAME DA CAUSA À LUZ DO DIREITO SUPERVENIENTE. INVIABILIDADE. AUSÊNCIA DE PEDIDO. INCIDÊNCIA DE CORREÇÃO MONETÁRIA. PEDIDO IMPLÍCITO. ÍNDICES APLICÁVEIS. [...]
>
> 5. Além disso, desde 10.01.2001, com o advento da Lei Complementar 104, que introduziu no Código Tributário o art. 170-A, segundo o qual "é vedada a compensação mediante o aproveitamento de tributo, objeto de contestação judicial pelo sujeito passivo, antes do trânsito em julgado da respectiva decisão judicial", agregou-se novo requisito para a realização da compensação tributária: a inexistência de discussão judicial sobre os créditos a serem utilizados pelo contribuinte na compensação.
>
> 6. Atualmente, portanto, a compensação será viável apenas após o trânsito em julgado da decisão, devendo ocorrer, de acordo com o regime pre-

"Art. 1º [...] §5º **Não será cabível medida liminar que defira compensação de créditos tributários ou previdenciários.**" [...]

595 **[CTN]** Art. 170-A. É vedada a compensação mediante o aproveitamento de tributo, objeto de contestação judicial pelo sujeito passivo, antes do trânsito em julgado da respectiva decisão judicial. (Incluído pela Lcp nº 104, de 2001)

visto na Lei 10.637/02, isto é, (a) por iniciativa do contribuinte, (b) entre quaisquer tributos administrados pela Secretaria da Receita Federal, (c) mediante entrega de declaração contendo as informações sobre os créditos e débitos utilizados, cujo efeito é o de extinguir o crédito tributário, sob condição resolutória de sua ulterior homologação. [...]

> 10. Recurso especial a que se dá parcial provimento. (REsp nº 801.993/RJ, Rel. Min. Teori Albino Zavascki, Primeira Turma, STJ, j. 17 fev. 2009, DJe 04 mar. 2009).

Vale ressaltar, adicionalmente, que, no dia 11 de maio de 2005, a Primeira Seção do STJ aprovou mudança no texto da Súmula nº 212, STJ[596], publicado em 23 de maio de 2005, de modo a atualizar sua redação, substituindo o termo genérico "medida liminar" por "ação cautelar ou por medida liminar cautelar ou antecipatória". O Tribunal já vinha entendendo que, frente às tutelas cautelares e antecipadas, não poderia ser deferida a compensação de créditos tributários, como exemplificado no AgR no AI nº 418.418/SP, de modo que a mudança de redação da Súmula veio apenas para formalizar tal compreensão, como atestado no REsp nº 360.002/RJ.

> PROCESSUAL CIVIL. TRIBUTÁRIO. AGRAVO REGIMENTAL. AUSÊNCIA DE IMPUGNAÇÃO DOS FUNDAMENTOS DA DECISÃO AGRAVADA. SÚMULA 182/STJ. COMPENSAÇÃO DE TRIBUTOS VIA TUTELA ANTECIPADA. IMPOSSIBILIDADE. SÚMULA 212/STJ. RECURSO PROTELATÓRIO. MULTA APLICADA NA INSTÂNCIA ORDINÁRIA MANTIDA. AGRAVO REGIMENTAL DESPROVIDO.
>
> 1. É descabido o recurso que não impugna os fundamentos da decisão hostilizada, nos termos da Súmula 182, deste Tribunal.

[596] **[Súmula nº 212, STJ – Redação a partir de 23/05/2005]** A compensação de créditos tributários não pode ser deferida em ação cautelar ou por medida liminar cautelar ou antecipatória.
[Súmula nº 212, STJ – Redação original] A compensação de créditos tributários não pode ser deferida por medida liminar.

2. Esta Corte Superior já firmou o entendimento de que não é possível a compensação de tributos via antecipação de tutela. Aplicação da Súmula 212/STJ.

3. Evidenciado o caráter protelatório e infundado do recurso, mantem-se a multa aplicada na instância ordinária, prevista no artigo 557, § 2º do Código de Processo Civil.

4. Agravo regimental desprovido. (AgR no AI nº 418.418/SP, Rel. Min. Denise Arruda, Primeira Turma, STJ, j. 19 ago. 2004, DJ 20 set. 2004, p. 185)

TRIBUTÁRIO. PROCESSUAL CIVIL. COMPENSAÇÃO. ANTECIPAÇÃO DE TUTELA. IMPOSSIBILIDADE. SÚMULA N. 212/STJ. PIS. ART. 66 DA LEI N. 8.383/91. TRIBUTOS DA MESMA ESPÉCIE. TAXA SELIC. EXPURGOS INFLACIONÁRIOS. CUMULAÇÃO. IMPOSSIBILIDADE.

1. A compensação de créditos tributários não pode ser deferida em sede de antecipação de tutela.

2. A Primeira Seção do Superior Tribunal de Justiça, interpretando o art. 66 da Lei n. 8.383/91, firmou entendimento de que só pode haver compensação entre tributos da mesma espécie que possuam a mesma destinação constitucional. Com efeito, afigura-se inviável a compensação do PIS com quaisquer contribuições administradas pela Secretaria da Receita Federal – exceto com o próprio PIS –, visto tratar-se de exações de natureza jurídica diversa com destinações orçamentárias próprias.

3. A taxa Selic afasta a cumulação de qualquer índice de atualização monetária, uma vez que é composta de juros e fator específico de correção do valor real. Precedentes.

5. Nas ações que tenham por fim a repetição de pagamentos indevidos e cujo trânsito em julgado não tenha ocorrido, incide na atualização do indébito, desde o respectivo recolhimento até dezembro/95, a correção monetária, incluídos aí os expurgos inflacionários, e, a partir de janeiro/96, exclusivamente, a taxa Selic.

6. Recurso especial provido. (REsp nº 360.002/RJ, Rel. Min. João Otávio De Noronha, Segunda Turma, STJ, j. 15 dez. 2005, DJ 20 fev. 2006, p. 261).

Em face do art. 170-A, CTN, e dos questionamentos doutrinários levantados ao longo dos anos, o STJ, no REsp nº 650.219/PB, também fixou entendimento de que o contribuinte não poderia deixar de pagar o tributo alegando que estaria realizando compensação, ou seja, efetivamente se entendeu que a concessão liminar de suspensão de exigibilidade do tributo em litígio, nos casos de compensação tributária por meio de aproveitamento de créditos na escrita fiscal do contribuinte, de fato, não seria possível.

> TRIBUTÁRIO E PROCESSUAL CIVIL – CAUTELAR – COMPENSAÇÃO X SUSPENSÃO DA EXIGIBILIDADE DO CRÉDITO TRIBUTÁRIO (ART. 151 DO CTN) – LC 104/2001 – APLICAÇÃO DO ART. 170-A DO CTN.
>
> 1. Apesar de o pedido ter sido formulado como de suspensão da exigibilidade do crédito tributário, encerra a pretensão verdadeiro pedido de compensação, na medida em que se quer deixar de recolher débitos vencidos e vincendos de contribuição previdenciária incidente sobre a folha de salários até o limite dos créditos decorrentes dos valores indevidamente recolhidos a título de contribuição pró-labore de administradores, avulsos e autônomos.
>
> 2. Não se há de falar, portanto, em aplicação do art. 151 do CTN e, sim, do art. 170-A do mesmo diploma, segundo o qual não pode o contribuinte deixar de pagar tributo devido antes do trânsito em julgado da decisão que reconhece a compensabilidade dos créditos.
>
> 3. Recurso especial provido. (REsp nº 650.219/PB, Rel. Min. Eliana Calmon, Segunda Turma, STJ, j. 04 abr. 2006, DJ 16 mai. 2006, p. 202).

Na sequência, em 25 de agosto de 2010, a Primeira Seção do STJ aprovou o enunciado da Súmula nº 460, STJ[597], publicada em 08 de setembro de 2010. O texto aponta que "é incabível o mandado de segurança para convalidar a compensação tributária realizada pelo contribuinte". De acordo com James Marins, mesmo que a redação sugira aparente contraditoriedade com a Súmula nº 213, STJ, a melhor interpretação de ambas seria de que

[597] **[Súmula nº 460, STJ]** É incabível o mandado de segurança para convalidar a compensação tributária realizada pelo contribuinte.

> enquanto a Súmula 213 declara expressamente o cabimento do *mandamus* enquanto mecanismo apto à declaração do direito à compensação de tributos indevidamente pagos, a Súmula 460 orienta o caso em que a compensação tributária é realizada por iniciativa exclusiva do contribuinte, que necessita de dilação probatória ulterior, sobretudo quando haja controvérsia entre aspectos objetivos da compensação (a exemplo dos tributos a serem compensados, dos critérios de correção monetária etc.) a ser efetuada pela administração tributária. Logo, a Súmula 460 apenas determinou não ser compatível com o provimento jurisdicional a convalidação de compensação substituindo a homologação feita pela administração tributária – pois inevitavelmente esta se sujeita à averiguação posterior pelo Fisco, o que não exclui, de forma alguma a inteligência da Súmula nº 213 do STJ[598].

Este entendimento é corroborado pelo Min. Castro Meira, que, no julgamento do REsp nº 900.986/SP, apontou, na página 3 de seu voto, que "se a compensação já foi efetuada pela contribuinte *sponte propria*, mostra-se incabível que o Judiciário obste o Fisco de promover atos de fiscalização":

> TRIBUTÁRIO. FINSOCIAL. COMPENSAÇÃO. INICIATIVA DO CONTRIBUINTE. MANDADO DE SEGURANÇA. CONVALIDAÇÃO. INEXISTÊNCIA DE DIREITO LÍQUIDO E CERTO. DILAÇÃO PROBATÓRIA. INADEQUAÇÃO DA VIA ELEITA. PEDIDO CONDENATÓRIO.
>
> 1. Esta Corte cristalizou o entendimento na Súmula 213 de que é cabível pleitear a compensação de tributos em mandado de segurança, porém não cabe ao Judiciário convalidar, na via estreita do mandamus, a compensação tributária realizada por iniciativa exclusiva do contribuinte, pois demandaria dilação probatória.
>
> 2. "O mandado de segurança não é substitutivo de ação de cobrança" (Súmula 269/STF).
>
> 3. Compete à Administração fiscalizar a existência ou não de créditos a ser compensados, a exatidão dos números e documentos, do quantum a

598 Marins, James. **Direito Processual Tributário Brasileiro – Administrativo e Judicial**. 12ª. ed. São Paulo: Thomson Reuters Brasil, 2019, p. 599-600.

compensar e da conformidade do procedimento adotado com os termos da legislação pertinente.

4. Recurso especial improvido. (REsp nº 900.986/SP, Rel. Min. Castro Meira, Segunda Turma, STJ, j. em 06 mar. 2007, DJ 15 mar. 2007, p. 305)

Em concordância com essa linha de pensamento, Cleide Previtalli Cais[599] denota que a Súmula nº 460, STJ, "nega a via mandamental para requerer ordem judicial assegurando a convalidação da quantia a ser compensada". Assim, sua razão de existir seria de impedir o Judiciário de convalidar ato que exige análise probatória, por meio de um instrumento – o Mandado de Segurança – no qual só se pode utilizar prova pré-constituída, como se denota do julgamento do REsp nº 1.111.164/BA, apreciado sob a sistemática de recursos repetitivos.

TRIBUTÁRIO E PROCESSUAL CIVIL. MANDADO DE SEGURANÇA. COMPENSAÇÃO TRIBUTÁRIA. IMPETRAÇÃO VISANDO EFEITOS JURÍDICOS PRÓPRIOS DA EFETIVA REALIZAÇÃO DA COMPENSAÇÃO. PROVA PRÉ-CONSTITUÍDA. NECESSIDADE.

1. No que se refere a mandado de segurança sobre compensação tributária, a extensão do âmbito probatório está intimamente relacionada com os limites da pretensão nele deduzida. Tratando-se de impetração que se limita, com base na súmula 213/STJ, a ver reconhecido o direito de compensar (que tem como pressuposto um ato da autoridade de negar a compensabilidade), mas sem fazer juízo específico sobre os elementos concretos da própria compensação, a prova exigida é a da "condição de credora tributária" (ERESP 116.183/SP, 1ª Seção, Min. Adhemar Maciel, DJ de 27.04.1998).

2. Todavia, será indispensável prova pré-constituída específica quando, à declaração de compensabilidade, a impetração agrega (a) pedido de juízo sobre os elementos da própria compensação (v.g.: reconhecimento do indébito tributário que serve de base para a operação de compensação, acréscimos de juros e correção monetária sobre ele incidente, inexistência de prescrição do direito de compensar), ou (b) pedido de outra medida executiva que tem como pressuposto a efetiva realização da compensação (v.g.: expedição de

[599] Cais, Cleide Previtalli. **O processo tributário**. 8ª. ed. São Paulo: Revista dos Tribunais, 2013, p. 425.

certidão negativa, suspensão da exigibilidade dos créditos tributários contra os quais se opera a compensação). Nesse caso, o reconhecimento da liquidez e certeza do direito afirmado depende necessariamente da comprovação dos elementos concretos da operação realizada ou que o impetrante pretende realizar. Precedentes da 1ª Seção (EREsp 903.367/SP, Min. Denise Arruda, DJe de 22.09.2008) e das Turmas que a compõem.

3. No caso em exame, foram deduzidas pretensões que supõem a efetiva realização da compensação (suspensão da exigibilidade dos créditos tributários abrangidos pela compensação, até o limite do crédito da impetrante e expedição de certidões negativas), o que torna imprescindível, para o reconhecimento da liquidez e certeza do direito afirmado, a pré-constituição da prova dos recolhimentos indevidos.

4. Recurso especial provido. Acórdão sujeito ao regime do art. 543-C do CPC e da Resolução STJ 08/08. (REsp nº 1.111.164/BA, Rel. Min. Teori Albino Zavascki, Primeira Seção, STJ, j. 13 mai. 2009, DJe 25 mai. 2009).

O entendimento atual dos tribunais superiores acerca do tema é bem ilustrado pelos resultados dos julgamentos, em sede de recursos repetitivos, no STJ, do REsp 1.164.452/MG, correspondente ao Tema nº 345[600] e do REsp nº 1.167.039/DF, correspondente ao Tema nº 346[601]. No REsp nº 1.164.452/MG (Tema nº 345), se questionava a incidência do art. 170-A, CTN, em relação a ações de compensação de créditos tributários já em curso quando da entrada em vigor do dispositivo. Não obstante se tenha ficado consignada a não retroatividade da norma legal, seu comando foi integralmente mantido:

600 **[Tema nº 345, STJ]** Em se tratando de compensação de crédito objeto de controvérsia judicial, é vedada a sua realização 'antes do trânsito em julgado da respectiva decisão judicial', conforme prevê o art. 170-A do CTN, vedação que, todavia, não se aplica a ações judiciais propostas em data anterior à vigência desse dispositivo, introduzido pela LC 104/2001.

601 **[Tema nº 346, STJ]** Nos termos do art. 170-A do CTN, 'é vedada a compensação mediante o aproveitamento de tributo, objeto de contestação judicial pelo sujeito passivo, antes do trânsito em julgado da respectiva decisão judicial', vedação que se aplica inclusive às hipóteses de reconhecida inconstitucionalidade do tributo indevidamente recolhido.

> TRIBUTÁRIO E PROCESSUAL CIVIL. COMPENSAÇÃO TRIBUTÁRIA. LEI APLICÁVEL. VEDAÇÃO DO ART. 170-A DO CTN. INAPLICABILIDADE A DEMANDA ANTERIOR À LC 104/2001.
>
> 1. A lei que regula a compensação tributária é a vigente à data do encontro de contas entre os recíprocos débito e crédito da Fazenda e do contribuinte. Precedentes.
>
> 2. Em se tratando de compensação de crédito objeto de controvérsia judicial, é vedada a sua realização "antes do trânsito em julgado da respectiva decisão judicial", conforme prevê o art. 170-A do CTN, vedação que, todavia, não se aplica a ações judiciais propostas em data anterior à vigência desse dispositivo, introduzido pela LC 104/2001. Precedentes.
>
> 3. Recurso especial provido. Acórdão sujeito ao regime do art. 543-C do CPC e da Resolução STJ 08/08. (REsp nº 1.164.452/MG, Rel. Min. Teori Albino Zavascki, Primeira Seção, STJ, j. 25 ago. 2010, DJe 02 set. 2010)

A respeito deste julgado, James Marins tece crítica pertinente, na qual aponta que o estabelecimento de tal limitação temporal, embora correta quanto ao mérito, incorre em *error in judicando* na medida em que se utiliza da falsa premissa de que a liminar produz efeitos definitivos ou extintivos. Para o autor, "se é falsa a premissa, falso será o resultado"[602].

Nos autos do REsp nº 1.167.039/DF (Tema nº 346), por sua vez, o STJ discutiu o alcance da expressão "objeto de contestação judicial pelo sujeito passivo" constante do art. 170-A, CTN, na hipótese de o crédito do contribuinte apresentado para compensação ser referente a tributo declarado inconstitucional. A conclusão do Tribunal foi de que a vedação se aplicaria, inclusive, às hipóteses de reconhecida inconstitucionalidade do tributo indevidamente recolhido, o que fortaleceu sobremaneira a tese de descabimento de concessão liminar de suspensão de exigibilidade nos casos de compensação tributária[603]:

[602] MARINS, James. **Direito Processual Tributário Brasileiro – Administrativo e Judicial**. 12ª. ed. São Paulo: Thomson Reuters Brasil, 2019, p. 603.

[603] NUNES, Cleucio Santos. **Curso Completo de Direito Processual Tributário**. 5ª. ed. São Paulo: SaraivaJur, 2022, p. 549.

> TRIBUTÁRIO. COMPENSAÇÃO. ART. 170-A DO CTN. REQUISITO DO TRÂNSITO EM JULGADO. APLICABILIDADE A HIPÓTESES DE INCONSTITUCIONALIDADE DO TRIBUTO RECOLHIDO.
>
> 1. Nos termos do art. 170-A do CTN, "é vedada a compensação mediante o aproveitamento de tributo, objeto de contestação judicial pelo sujeito passivo, antes do trânsito em julgado da respectiva decisão judicial", vedação que se aplica inclusive às hipóteses de reconhecida inconstitucionalidade do tributo indevidamente recolhido.
>
> 2. Recurso especial provido. Acórdão sujeito ao regime do art. 543-C do CPC e da Resolução STJ 08/08. (REsp nº 1.167.039/DF, Rel. Min. Teori Albino Zavascki, Primeira Seção, STJ, j. 25 ago. 2010, DJe 02 set. 2010)

De fato, estes entendimentos vêm sendo rotineiramente aplicados nos tribunais brasileiros, como se observa na Apelação em Mandado de Segurança (AMS) nº 0012008-16.2011.4.01.3700, apreciada pelo Tribunal Regional Federal da 1ª Região (TRF-1). No julgamento, com base na posição do STJ, se entendeu que o pedido de compensação administrativa relativo a crédito oriundo de ação de judicial não transitada em julgado deve ser entendido como "compensação não declarada", o que impede o deferimento de pedido de suspensão da exigibilidade do crédito tributário. O mesmo precedente também consigna, com base no art. 170-A, CTN, que "não há que se reconhecer efeito suspensivo à impugnação administrativa de decisão que não homologou compensação":

> TRIBUTÁRIO. MANDADO DE SEGURANÇA. COMPENSAÇÃO. CRÉDITO DECORRENTE DE AÇÃO JUDICIAL. ART. 170-A DO CTN. IMPUGNAÇÃO ADMINISTRATIVA. SUSPENSÃO DA EXIGIBILIDADE DO CRÉDITO TRIBUTÁRIO. DESCABIMENTO.
>
> 1. O Eg. TRF da 1ª Região entende que há óbice à compensação com a utilização de tributo discutido judicialmente pelo sujeito passivo em relação processual em que não ocorreu o trânsito em julgado: "Nos termos do artigo 170-A do CTN: "É vedada a compensação mediante o aproveitamento de tributo, objeto de contestação judicial pelo sujeito passivo, antes do trânsito em julgado da respectiva decisão judicial"." (AMS 0002761-92.2013.4.01.3812 / MG, Rel. DESEMBARGADOR FEDERAL NOVÉLY VILANOVA, OITAVA TURMA, e-DJF1 de 22/09/2017) e "Deveras, com o advento da Lei Com-

plementar 104, de 10 de janeiro de 2001, que acrescentou o artigo 170-A ao Código Tributário Nacional, agregou-se mais um requisito à compensação tributária a saber: 'Art. 170-A. É vedada a compensação mediante o aproveitamento de tributo, objeto de contestação judicial pelo sujeito passivo, antes do trânsito em julgado da respectiva decisão judicial." (AC 0061124-40.2015.4.01.3800 / MG, Rel. DESEMBARGADOR FEDERAL HERCULES FAJOSES, SÉTIMA TURMA, e-DJF1 de 10/11/2017).

2. No mesmo sentido, sob a sistemática dos recursos repetitivos, decidiu o Col. STJ: "Nos termos do art. 170-A do CTN, "é vedada a compensação mediante o aproveitamento de tributo, objeto de contestação judicial pelo sujeito passivo, antes do trânsito em julgado da respectiva decisão judicial", vedação que se aplica inclusive às hipóteses de reconhecida inconstitucionalidade do tributo indevidamente recolhido." (REsp 1167039/DF, Rel. Ministro TEORI ALBINO ZAVASCKI, PRIMEIRA SEÇÃO, julgado em 25/08/2010, DJe 02/09/2010).

3. Na hipótese vertente, a apelante recorre de sentença que indeferiu a inicial de ação de mandado de segurança, sob o fundamento de falta de interesse processual, em função da existência de ações discutindo o direito a compensação (ações nº 2009.37.00.005477 e 2010.37.00.001631-0). Reconhece-se a presença do interesse processual, uma vez que o mandado requer que a autoridade coatora dê seguimento ao recurso administrativo apresentado contra a decisão de não homologação da compensação, e que seja atribuído efeito suspensivo, com suspensão da exigibilidade dos débitos questionados.

4. Não há que se reconhecer efeito suspensivo à impugnação administrativa de decisão que não homologou compensação, uma vez que encontra óbice no art. 170-A, do CTN: "Art. 170-A. É vedada a compensação mediante o aproveitamento de tributo, objeto de contestação judicial pelo sujeito passivo, antes do trânsito em julgado da respectiva decisão judicial. (Incluído pela Lcp nº 104, de 2001)."

5. Ademais, a Lei nº 9.430/96, art. 74, §12, II, d, considerada a compensação postulada como não declarada e no parágrafo §13, do mesmo dispositivo legal, é expressa ao determinar que: "O disposto nos §§ 2º e 5º a 11 deste artigo não se aplica às hipóteses previstas no § 12 deste artigo." Dito de outro modo, o pedido de compensação administrativa relativo a crédito oriundo de ação de judicial não transitada em julgado, nos termos do art. 74, § 12, II, d,

> da Lei 9.430/96, é classificada como compensação não declarada, desautorizando o pleito de suspensão da exigibilidade do débito tributário noticiado.
>
> 6. Apelação não provida. (AMS nº 0012008-16.2011.4.01.3700, Rel. Juíza Federal Clemencia Maria Almada Lima de Angelo, Oitava Turma, TRF-1, j. 27 mai. 2019, e-DJF1 14 jun. 2019).

No STJ, o posicionamento não é distinto, ainda que se trate de pedido fundado em tutela de evidência. No AgInt no AREsp nº 1.504.624/SP, julgado em 19 de outubro de 2020, a relatora Min. Assusete Magalhães, destacou expressamente que "a possibilidade de concessão de tutela de evidência, porém, não torna definitiva a decisão, nem afasta o art. 170-A do CTN, que exige, para a compensação do indébito, o trânsito em julgado da decisão judicial".

> TRIBUTÁRIO E PROCESSUAL CIVIL. AGRAVO INTERNO NO AGRAVO EM RECURSO ESPECIAL. COMPENSAÇÃO DE INDÉBITO TRIBUTÁRIO. ART. 170-A DO CTN. RECURSOS ESPECIAIS REPETITIVOS 1.164.452/MG E 1.167.039/DF. NECESSIDADE DE TRÂNSITO EM JULGADO DA DECISÃO JUDICIAL, AINDA QUE SE TRATE DE TRIBUTO DECLARADO INCONSTITUCIONAL. AGRAVO INTERNO IMPROVIDO.
>
> I. Agravo interno aviado contra decisão que julgara recurso interposto contra decisum publicado na vigência do CPC/2015.
>
> II. Na origem, trata-se de Agravo de Instrumento, interposto contra decisão mediante a qual o Juízo singular, no bojo de Ação Declaratória, deferiu tutela provisória, tão somente para afastar o montante do ICMS da base de cálculo do PIS e da COFINS, indeferindo o pedido de tutela provisória de evidência, para autorizar, desde logo, a compensação do indébito tributário. O Tribunal de origem, negando provimento ao Agravo de Instrumento, manteve a decisão recorrida.
>
> III. Segundo ótica firmada pela Primeira Seção, em sede de Recurso Especial repetitivo, "em se tratando de compensação de crédito objeto de controvérsia judicial, é vedada a sua realização 'antes do trânsito em julgado da respectiva decisão judicial', conforme prevê o art. 170-A do CTN" (STJ, REsp 1.164.452/MG, Rel. Ministro TEORI ALBINO ZAVASCKI, PRIMEIRA SEÇÃO, DJe de 02/09/2010). Aplica-se a vedação à compensação, prevista

> no art. 170-A do CTN, ainda que o tributo indevidamente recolhido tenha a inconstitucionalidade declarada (STJ, REsp 1.167.039/DF, Rel. Ministro TEORI ALBINO ZAVASCKI, PRIMEIRA SEÇÃO, DJe de 02/09/2010, igualmente sob o rito do art. 543-C do CPC/73).
>
> IV. A razão para a vedação à compensação é a relativa incerteza que caracteriza as tutelas provisórias. O CPC/2015 consagrou, ao lado da tutela de urgência (art. 300), a figura da tutela de evidência (art. 311), admitindo a concessão de provimento antecipatório, independentemente do perigo da demora. A possibilidade de concessão de tutela de evidência, porém, não torna definitiva a decisão, nem afasta o art. 170-A do CTN, que exige, para a compensação do indébito, o trânsito em julgado da decisão judicial.
>
> V. Agravo interno improvido. (AgInt no AREsp nº 1.504.624/SP, Rel. Min. Assusete Magalhães, Segunda Turma, STJ, j. 19 out. 2020, DJe 23 out. 2020).

No caso em apreço, o juízo de primeiro grau havia (i) concedido a tutela provisória para declarar o afastamento do montante do ICMS da base de cálculo do PIS e da Cofins (matéria esta que, vale dizer, já restava decidida no Tema nº 69, da Repercussão Geral do STF, com *leading case* RE nº 574.706/PR e tese fixada de que "o ICMS não compõe a base de cálculo para a incidência do PIS e da Cofins", mas que ainda não havia transitado em julgado, à época da apreciação deste AgInt no AREsp nº 1.504.624/SP, o que ocorreria somente em 09 de setembro de 2021), mas, ao mesmo tempo, havia (ii) indeferido a tutela provisória de evidência que buscava a autorização para compensação do crédito tributário. A Segunda Turma do STJ, naquele momento, manteve a decisão em questão e apontando que "aplica-se a vedação à compensação, prevista no art. 170-A do CTN, ainda que o tributo indevidamente recolhido tenha a inconstitucionalidade declarada".

Entende-se, no entanto, que esta interpretação do art. 170-A, CTN, está equivocada, merecendo reexame pelo STJ. Ademais, sob a luz do decidido, em 09 de junho de 2021, na ADI nº 4.296/DF, bem como pelo cancelamento da Súmula nº 212, STJ, em 14 de setembro de 2022, mas não somente em razão destes motivos, entende-se que o posicionamento dos tribunais superiores deve ser pelo cabimento das tutelas provisórias nas ações de compensação de créditos tributários, conforme se passa a demonstrar nas subseções seguintes.

3.5.2 A correta interpretação do art. 170-A, CTN, como norma procedimental destinada ao particular e à autoridade administrativa

Além da introdução do art. 170-A, CTN, a LC nº 104/2001, trouxe outra disposição relevante, na forma da inclusão do art. 151, V, CTN[604], que trouxe a hipótese de suspensão de exigibilidade de crédito tributário em face da "concessão de medida liminar ou de tutela provisória"[605], em ações judiciais diversas do MS (visto que a concessão de liminar em mandado de segurança já era causa de suspensão de exigibilidade desde a redação original do Código, na forma do art. 151, IV, CTN).

Para Cleide Previtalli Cais, a própria existência deste art. 151, V, CTN, implicaria a possibilidade de afastamento do art. 170-A, CTN, para requerer a suspensão da exigibilidade do crédito tributário compensável. Levando em conta, entretanto, a jurisprudência sedimentada dos tribunais superiores anteriormente apresentada, a autora aponta que "essa interpretação das normas jurídicas, coerente com o sistema normativo, empiricamente não será objeto de deferimento, na medida em que a jurisprudência demonstra considerável dose de precaução em favor da Administração, preservando-a em relação ao contribuinte"[606].

Cleucio Santos Nunes, por sua vez, aponta que a constitucionalidade do art. 170-A, CTN, é duvidosa, "na medida em que restringe a efetividade do processo para proteger a Fazenda Pública de direito plenamente reversível na hipótese de insucesso da liminar deferida"[607]. Parte da doutrina também sustenta a inconstitucionalidade desse dispositivo com

604 **[CTN]** Art. 151. Suspendem a exigibilidade do crédito tributário:
[...] V – a concessão de medida liminar ou de tutela antecipada, em outras espécies de ação judicial; (Incluído pela Lcp nº 104, de 2001)

605 Apesar de a redação do art. 151, V, CTN, falar em "tutela antecipada", em face da nomenclatura utilizada pelo art. 273, CPC/73, em verdade, entende-se que o preceito normativo abarca todos os tipos de tutelas provisórias.

606 Cais, Cleide Previtalli. **O processo tributário.** 8ª. ed. São Paulo: Revista dos Tribunais, 2013, p. 419.

607 Nunes, Cleucio Santos. **Curso Completo de Direito Processual Tributário.** 5ª. ed. São Paulo: SaraivaJur, 2022, p. 549.

base no argumento de que ele ofenderia o princípio da universalidade da jurisdição (art. 5º, XXXV, CF/88) e o princípio da independência dos poderes (art. 2º, CF/88), por usurpar o poder geral de cautela do juiz[608].

Assim, defende-se que apesar de sedimentado, o entendimento dos tribunais superiores pelo descabimento da concessão de medidas liminares para autorizar compensação tributária não deve se eternizar. Nas palavras de Cleucio Santos Nunes, inclusive, "é sempre aconselhável que acompanhe as mudanças legislativas e os interesses da sociedade"[609]. Nesse diapasão, passa-se aos argumentos pela defesa da mudança de posicionamento do STJ acerca do assunto.

Em primeiro lugar, com base no Tema nº 345, STJ, constata-se que a vedação do art. 170-A, CTN, se aplica somente às "ações judiciais propostas em data anterior à vigência desse dispositivo", de onde se conclui que, de fato, antes dele, a compensação por meio de medidas liminares era possível, mesmo em face das frequentes negativas do Judiciário a pedidos nesse sentido. A total vedação a esta compensação, então, teria se solidificado somente após o advento do art. 170-A, CTN.

Ocorre que este dispositivo vem, seguidamente, sendo abordado de maneira inadequada, em evidente propagação de uma concepção inicial errônea. O art. 170-A, CTN, vem sendo interpretado como norma de direito processual, quando, em verdade, se trata de norma de direito material, na forma de regra procedimental, dirigida à autoridade administrativa responsável pela fiscalização tributária, bem como ao particular[610].

Nesse sentido, Cleide Previtalli Cais compreende que há dois sistemas de exercício do direito à compensação tributária. Um deles seria aquele no qual, após trânsito em julgado da declaração judicial de certeza e liquidez do crédito, exerce-se o direito à compensação, nos termos do art. 170, CTN. O outro seria derivado da autocompensação, nos termos do art. 66,

608 CAIS, Cleide Previtalli. **O processo tributário**. 8ª. ed. São Paulo: Revista dos Tribunais, 2013, p. 418.

609 NUNES, Cleucio Santos. **Curso Completo de Direito Processual Tributário**. 5ª. ed. São Paulo: SaraivaJur, 2022, p. 549.

610 Este é o posicionamento especificamente defendido por MACHADO SEGUNDO, Hugo de Brito. **Processo Tributário**. 10ª. ed. São Paulo: Atlas, 2018, p. 482-496; e MARINS, James. **Direito Processual Tributário Brasileiro – Administrativo e Judicial**. 12ª. ed. São Paulo: Thomson Reuters Brasil, 2019, p. 600-603, o qual, no presente trabalho, é adotado.

Lei nº 8.383/91, no qual se faculta, ao particular, o direito subjetivo de proceder à compensação, independentemente de autorização administrativa ou judicial, sujeitando-se à fiscalização e posterior homologação (ou não) da Administração Pública. Nesses casos, quando há necessidade de homologação, o art. 170-A, CTN, pode – ou não – ser aplicado[611].

Hugo de Brito Machado Segundo, por sua vez, defende que a exegese correta do art. 170-A, CTN, é de que ele diz respeito somente à compensação orientada pelo art. 170, CTN, de modo que nada tem a ver com a compensação efetuada no âmbito do lançamento por homologação, do qual tratam o art. 66, Lei nº 8.383/91, e o art. 74, Lei nº 9.430/96. Para o autor, a própria colocação do art. 170-A, no Código Tributário Nacional, logo após o art. 170, denota que ele é dirigido para a autoridade administrativa, em homenagem ao princípio da unicidade da jurisdição e da ideia de "coisa julgada administrativa", identificada pela preclusão como limite ao exercício do autocontrole por parte da Administração Pública[612].

É justamente com base nesta ideia que, no sentir de James Marins, tem origem a tese de que o art. 170-A, CTN, em verdade, é norma de direito material, na forma de regra procedimental, destinada à autoridade administrativa e ao particular. Veja-se:

> [...] cumpre-nos sublinhar que a regra proibitiva da compensação não está dirigida ao juiz, não é regra de Processo Judicial, mas de procedimento administrativo. Está encaminhada ao particular e ao funcionário da Administração exatorial. Obriga o particular quando da adoção de procedimentos de autocompensação em sua escrita fiscal, consoante o permissivo do art. 66 da Lei 8.383/1991, que autoriza o contribuinte a "efetuar a compensação desse valor no recolhimento da importância correspondente a período subsequente". Governa igualmente o proceder da autoridade administrativa nos casos em que a lei "atribuir à autoridade administrativa, autorizar a compensação", nos termos do art. 170, *caput*, "com créditos líquidos e certos, venci-

611 Cais, Cleide Previtalli. **O processo tributário**. 8ª. ed. São Paulo: Revista dos Tribunais, 2013, p. 418-419.

612 Machado Segundo, Hugo de Brito. **Processo Tributário**. 10ª. ed. São Paulo: Atlas, 2018, p. 491-493.

dos ou vincendos, do sujeito passivo contra a Fazenda Pública". Não obriga, porém, o magistrado a qualquer título[613].

Na mesma direção, Cássio Scarpinella Bueno aponta que a autocompensação do art. 66, Lei nº 8.383/91 e do art. 74, Lei nº 9.430/96, se trata de medida exclusivamente contábil e, assim, caso judicializada questão envolvendo essa modalidade de compensação e se verificados, no caso concreto, os pressupostos para o deferimento de antecipação de tutela, esta não poderia ser negada. O autor ainda adiciona que, pelo próprio sistema de compensação, a medida se tornaria reversível caso a pretensão do particular não fosse acolhida em sede de sentença, assim ausente qualquer dano à Fazenda Pública[614].

Assim, o efeito prático do art. 170-A, CTN, no que tange à autocompensação, é de que a autoridade administrativa deve aguardar o trânsito em julgado de eventual discussão judicial acerca da homologação do crédito compensado, apenas para que se considere extinto ou não tal crédito. Dessa forma, se o Poder Público reconhece a existência do crédito do contribuinte, mas questiona apenas a existência do direito à compensação, o art. 170-A, CTN, não é aplicável[615].

De fato, há conexão direta do art. 170-A, CTN, com o art. 156, II e X[616], do mesmo diploma, que determinam que a compensação e o trânsito em julgado de decisão judicial são causas extintivas do crédito tributário. Não há dúvidas de que as liminares, sendo reversíveis e, portanto, sujeitas, por sua própria natureza, à modificação no curso do processo, não são causas extintivas do crédito tributário, contudo, "nada impede que provimentos jurisdicionais provisórios assegurem a suspensão da exigibilidade do tributo quando esteja suficientemente demonstrada a possibilidade de existência de crédito compensável do contribuinte para com a Fazenda

613 MARINS, James. **Direito Processual Tributário Brasileiro – Administrativo e Judicial**. 12ª. ed. São Paulo: Thomson Reuters Brasil, 2019, p. 601.

614 BUENO, Cássio Scarpinella. **Liminar em mandado de segurança: um tema com variações**. 2ª. ed. São Paulo: Editora Revista dos Tribunais, 1999, p. 44.

615 MACHADO SEGUNDO, Hugo de Brito. **Processo Tributário**. 10ª. ed. São Paulo: Atlas, 2018, p. 392.

616 **[CTN]** Art. 156. Extinguem o crédito tributário: [...] II – a compensação; [...] X – a decisão judicial passada em julgado.

Pública"[617]. O art. 170-A, CTN, então, deve ser interpretado no sentido de que o deferimento de liminar não extingue o crédito tributário, mas sim tem o efeito de suspender a exigibilidade do crédito tributário, com fundamento no art. 151, IV e V, CTN, e esteio constitucional no art. 5º, XXXV, CF/88[618].

Nesse diapasão, ressalta-se que, apesar do entendimento sedimentado, no âmbito do STJ, pela suposta impossibilidade de compensação de créditos tributários em sede liminar, a própria Corte, por vezes, já afastou a incidência do art. 170-A, CTN, como no caso do REsp nº 555.058/PE, no qual se apreciou autocompensação de tributos sujeitos ao lançamento por homologação, levando em conta que não se buscava a compensação de valores exatos, somente a declaração do direito de compensar:

> TRIBUTÁRIO. PIS. DECRETOS-LEIS 2.445/88 E 2.449/88. REPETIÇÃO DO INDÉBITO. PRESCRIÇÃO. TERMO INICIAL. COMPENSAÇÃO COM OUTROS TRIBUTOS. ART. 74, DA LEI N.º 9.430/96, COM REDAÇÃO CONFERIDA PELA LEI N.º 10.637/02. JUROS DE MORA. SELIC. COMPENSAÇÃO APÓS O TRÂNSITO EM JULGADO DA SENTENÇA. ART. 170 – A. NÃO INCIDÊNCIA. CORREÇÃO MONETÁRIA. EXPURGOS. CRÉDITO LÍQUIDO E CERTO. DESNECESSIDADE. [...]
>
> 8. "A compensação no âmbito do lançamento por homologação não necessita de prévio reconhecimento da autoridade fazendária ou de decisão judicial transitada em julgado, para a configuração da certeza e liquidez dos créditos" REsp 129.627/PR, Rel. Min. Francisco Peçanha Martins, DJU 25.10.99.
>
> 9. A averiguação da liquidez e certeza dos créditos e débitos compensáveis é da competência da Administração Pública que fiscalizará o encontro de contas efetuado pelo contribuinte, providenciando a cobrança de eventual saldo devedor.

[617] MARINS, James. **Direito Processual Tributário Brasileiro – Administrativo e Judicial**. 12ª. ed. São Paulo: Thomson Reuters Brasil, 2019. P. 601.

[618] MARINS, James. **Direito Processual Tributário Brasileiro – Administrativo e Judicial**. 12ª. ed. São Paulo: Thomson Reuters Brasil, 2019. P. 601-602.

> 10. Não se aplica à hipótese dos autos a regra do art. 170-A, do CTN, já que não pretende o particular a compensação de valores exatos, mas a compensação no âmbito do lançamento por homologação, em que terá a Fazenda Pública o prazo de cinco anos para fiscalizar o procedimento compensatório levado a cabo pelo contribuinte e, se for o caso, lançar de ofício diferenças compensadas a maior.
>
> 11. Recurso Especial da Fazenda Nacional improvido. Recurso Especial do contribuinte parcialmente provido. (REsp nº 555.058/PE, Rel. Min. Castro Meira, Segunda Turma, STJ, j. 16 out. 2003, DJ 25 fev. 2004, p. 162).

Para Hugo de Brito Machado Segundo, a Fazenda Pública pode se recusar a aceitar determinado pedido de compensação tributária com base (i) na inexistência do crédito a ser compensado ou (ii) na impossibilidade de determinado débito ser compensado com determinado crédito. O art. 170-A, CTN, no entanto, só seria invocável na primeira hipótese, ou seja, só seria aplicável nas discussões a respeito da existência do crédito a ser compensado, e não quando a discussão judicial se dá com respeito ao próprio direito de compensar[619].

James Marins afirma que a culpa pela má interpretação do art. 170-A, CTN, não é, todavia, somente do Judiciário, mas também dos contribuintes, que, insistindo em formular incorretamente seu pleito perante o Judiciário, acabaram por possibilitar a propagação do erro ao longo dos anos[620]. Nesse sentido, Hugo de Brito Machado Segundo, compartilhando do mesmo entendimento, afirma que os advogados dos contribuintes, ao pleitear a compensação, em sede liminar, de quantias determinadas e a própria extinção do crédito daí decorrente, atraíam a aplicação do art. 170-A, CTN. Para que seu pleito não fosse indeferido, deveriam pedir que fosse "declarado o seu direito de efetuar a compensação, afastando o óbice apontado pela autoridade", como preconizado pela Súmula nº 213, STJ, pleiteando, também, pela concessão de suspensão da exigibilidade

619 Machado Segundo, Hugo de Brito. **Processo Tributário**. 10ª. ed. São Paulo: Atlas, 2018, p. 490.

620 Marins, James. **Direito Processual Tributário Brasileiro – Administrativo e Judicial**. 12ª. ed. São Paulo: Thomson Reuters Brasil, 2019, p. 603.

do crédito a ser compensado, com fulcro no art. 151, IV ou V, CTN[621]. Assim exemplifica o autor, citando a hipótese da liminar em Mandado de Segurança:

> Caso a autoridade tenha negado a compensação por considerar que o tributo "A" – conquanto realmente indevido – não pode ser compensado com o tributo "B", por exemplo, a impetração terá por finalidade apenas ver reconhecida essa possibilidade, com a determinação de que a autoridade acate a compensação do tributo "A" com o tributo "B". No mandado de segurança não será discutido quanto de tributo "A" foi pago indevidamente, o que será apurado pelo próprio contribuinte, por sua conta e risco, e submetido à homologação da autoridade competente".[622]

De fato, o próprio STJ já também decidiu, diversas vezes, que o art. 170-A, CTN, é inaplicável quando o provimento liminar pleiteado tem por finalidade a mera suspensão da exigibilidade do crédito tributário a ser, posteriormente, compensado, como exemplificado no AgR no AI nº 517.989/DF, bem como no REsp nº 575.867/CE e no AgR no REsp 663.894/CE. Estes julgados permitem concluir, então, que, ao se falar de liminares que autorizam a compensação, em verdade, se está tratando de liminares cujo efeito é, unicamente, de "suspender o crédito tributário em aberto até que se resolva definitivamente a questão relativa à compensação"[623].

> TRIBUTÁRIO E PROCESSUAL CIVIL. AGRAVO REGIMENTAL. MEDIDA CAUTELAR. PIS. DL'S NºS 2.445 E 2.449, DE 1988. SUSPENSÃO DA EXIGIBILIDADE EM FACE DE CRÉDITOS DO PRÓPRIO PIS. POSSIBILIDADE.

621 MACHADO SEGUNDO, Hugo de Brito. **Processo Tributário**. 10ª. ed. São Paulo: Atlas, 2018, p. 364.

622 MACHADO SEGUNDO, Hugo de Brito. **Processo Tributário**. 10ª. ed. São Paulo: Atlas, 2018, p. 364.

623 MARINS, James. **Direito Processual Tributário Brasileiro – Administrativo e Judicial**. 12ª. ed. São Paulo: Thomson Reuters Brasil, 2019, p. 603.

1. Agravo regimental interposto contra decisão que negou provimento ao agravo de instrumento da parte agravante.

2. A decisão atacada tratou o tema, equivocadamente, como se compensação de tributos fosse.

3. Debate desenvolvido no curso de ação cautelar inominada a fim de afastar o risco de autuação fiscal, por conta de entendimento equivocado da Receita Federal que, quando da apuração do crédito do PIS, aplica limitações no que se refere ao período a ser aproveitado (Ato Declaratório nº 96/99), semestralidade e não correção da base de cálculo do PIS, além de não reconhecer a incidência dos índices expurgados quando do aproveitamento provisório do crédito do citado tributo.

4. Além das condições necessárias em todas as ações, quais sejam, a possibilidade jurídica, o interesse e a *legitimatio ad causam*, as liminares em ações cautelares subordinam-se a elementos extraordinários ou específicos.

5. Com o objetivo de conferir à parte interessada a segurança e garantia para o eficaz desenvolvimento e profícuo resultado da ação, é indispensável, para o provimento cautelar, a visualização de um dano potencial, um risco que deve ser obstaculizado incontinenti, ou seja, o direito líquido e certo, através do fumus boni iuris e do periculum in mora, sob pena de, enquanto aguarda a parte o trâmite normal da ação, sofrer no seu direito dano irreparável.

6. Possibilidade da suspensão da exigibilidade do tributo em questão, não estando o Fisco impedido de aferir a exatidão do quantum dos créditos de que se diz titular a recorrida.

7. Agravo regimental provido. Na seqüência, dá-se provimento ao recurso especial, nos termos do voto. (AgR no AI nº 517.989/DF, Rel. Min. José Delgado, Primeira Turma, STJ, j. 16 out. 2003, DJ 15/12/2003, p. 214)

TRIBUTÁRIO. PROCESSUAL CIVIL. AÇÃO CAUTELAR. SUSPENSÃO DA EXIGIBILIDADE DO CRÉDITO TRIBUTÁRIO.

1. Apesar da denominação "ação cautelar" e do procedimento adotado (ação autônoma), a pretensão deduzida é tipicamente antecipatória dos efeitos da sentença da ação principal. Em tese, assim, a hipótese se enquadra no art. 151, V, do CTN.

2. Impertinentes, por não se tratar de deferimento de compensação, mas de mera suspensão da exigibilidade do crédito, as alegações relativas à inaplicabilidade ao caso concreto do que dispõe a Súmula 212/STJ: "a compen-

sação de créditos tributários não pode ser deferida por medida liminar", bem como à vedação introduzida pela Lei Complementar 104/2001: "é vedada a compensação mediante o aproveitamento de tributo, objeto de contestação judicial pelo sujeito passivo, antes do trânsito em julgado da respectiva decisão judicial".

3. Recurso especial improvido. (REsp nº 575.867/CE, Rel. Min. Teori Albino Zavascki, Primeira Turma, STJ, j. 05 fev. 2004, DJ 25 fev. 2004, p. 121)

TRIBUTÁRIO E PROCESSUAL CIVIL. AGRAVO REGIMENTAL. RECURSO ESPECIAL. SUSPENSÃO DE EXIGIBILIDADE DO CRÉDITO TRIBUTÁRIO. LIMINAR. AÇÃO CAUTELAR. CABIMENTO. ART. 151, V, DO CTN.

I – A partir da edição da Lei Complementar nº 104, de 10 de janeiro de 2001, ao artigo 151 do Código Tributário Nacional foi acrescentado o inciso V, que autoriza a suspensão da exigibilidade do crédito tributário via medida liminar ou tutela antecipada, em outras espécies de ação judicial. Precedentes: REsp nº 524.962/SC, Rel. Min. LUIZ FUX, DJ de 15/03/2004; REsp nº 575.867/CE, Rel. Min. TEORI ALBINO ZAVASCKI, DJ de 25/02/2004; AGA nº 517.989/DF, Rel. Min. JOSÉ DELGADO, DJ de 15/12/2003; AGREsp nº 228.792/CE, de minha relatoria, DJ de 30/06/2003 e REsp nº 153.633/SP, Rel. Min. FRANCIULLI NETTO, DJ de 01/07/2002.

II – Por não se tratar de deferimento de compensação, mas de mera suspensão da exigibilidade do crédito tributário, não se aplica a Súmula nº 212 deste Tribunal, segundo a qual "a compensação de créditos tributários não pode ser deferida por medida liminar", nem o artigo 170-A do CTN, com a redação conferida pela LC nº 104/2001, segundo o qual "é vedada a compensação mediante o aproveitamento de tributo, objeto de contestação judicial pelo sujeito passivo, antes do trânsito em julgado da respectiva decisão judicial".

III – Agravo regimental improvido. (AgR no REsp nº 663.894/CE, Rel. Min. Francisco Falcão, Primeira Turma, STJ, j. 07 abr. 2005, DJ 23 mai. 2005, p. 164)

Assim sendo, conclui-se que é cabível a concessão de liminar em ação tributária de compensação de créditos caso o contribuinte, ao invés de pleitear a extinção do crédito tributário na forma do art. 156, II, CTN, pleitear, como provimento final, a declaração de seu direito inalienável à compensação e, em sede liminar, a concessão de liminar em MS ou tutela provisória para suspensão deste crédito, com base no art. 151, IV ou V, CTN.

3.5.3 Cabimento das tutelas provisórias de urgência nas ações de compensação de créditos tributários

Com o advento do art. 1.059, CPC/2015, a vedação à concessão de antecipação de tutela contra o Poder Público, anteriormente também prevista na Súmula nº 212, STJ, e amplamente aceita pela jurisprudência, em especial após a edição do art. 170-A, CTN, foi, então, positivada em concordância com a terminologia do novo CPC. Estendeu-se, assim, a vedação à concessão de liminares contra a Fazenda Pública também às tutelas provisórias, de modo que restava completo o Sistema de proteção, no que tange às ações tributárias de compensação de créditos.

Pelo exposto, vê-se que, quanto às ações de compensação de créditos tributários, o Sistema de proteção à Fazenda Pública contra a concessão de liminares, inclusive tutelas provisórias, é constituído dos seguintes elementos: (i) Súmulas nº 212 (cancelada) e 460, STJ; (ii) art. 1º, §5º, Lei nº 8.437/92; (iii) art. 170-A, CTN; (iv) julgados diversos, em especial os que originaram os Temas de Recursos Repetitivos nº 345 e 346, STJ; e (v) art. 1.059, CPC/2015. Sua centralidade, no entanto, está mesmo no art. 170-A, CTN, o qual possibilitou – ainda que em função de uma interpretação, como se demonstrou, incorreta – a uniformização da jurisprudência em torno da impossibilidade da concessão de liminares em ações tributárias de compensação de créditos. Isto posto, passa-se aos argumentos que permitem a superação destes elementos.

Especificamente quanto às ações tributárias, James Marins entende que a análise da efetividade da prestação jurisdicional deve levar em conta, inclusive, a "peculiar relação que envolve os dois polos da relação jurídico-tributária", no sentido de que a falta de compreensão ponderada deste contexto pode gerar "irremediável prejuízo para o polo manifestamente mais fraco, qual seja, o contribuinte"[624].

[624] Marins, James. **Direito Processual Tributário Brasileiro – Administrativo e Judicial**. 12ª. ed. São Paulo: Thomson Reuters Brasil, 2019, p. 466.

As tutelas de urgência em matéria tributária traduzem, justamente, situações nas quais, se não conferido o direito, o contribuinte poderá sofrer dano irreparável ou de difícil reparação. Assim sendo, para análise do cabimento das tutelas de urgência contra a Fazenda Pública nas ações de compensação de créditos tributários, deve-se levar em conta o raciocínio desenvolvido a respeito da correta interpretação do art. 170-A, CTN, de que o deferimento de liminar ou tutela provisória deve ser compreendido como a concessão de suspensão do crédito tributário em aberto até que se resolva definitivamente a questão relativa à compensação.

Deve, também, ser considerada a proposta de interpretação conforme trazida no presente trabalho, de acordo com a qual deve-se mitigar as vedações (i) nas hipóteses em que o intuito do Legislador foi de – indevidamente – restringir a atuação do juiz e (ii) nas situações em que o magistrado demonstre, de maneira fundamentada, que a situação concreta assim demanda. Com base no exposto e no que tange, especificamente, às tutelas provisórias de urgência, parece adequado o posicionamento de Hugo de Brito Machado Segundo, para o qual

> [...] estando presentes os requisitos para o deferimento de uma tutela de urgência, que são, em síntese, a aparência de direito de quem a requer e a existência de prejuízo na espera pela prolação de uma decisão definitiva, a concessão de uma tutela de urgência, nos termos e para os fins do art. 151, IV ou V, CTN, para suspender a exigibilidade do crédito tributário a ser ulteriormente compensado, é medida que se impõe, por força do direito constitucional a uma jurisdição útil[625].

Leonardo Carneiro da Cunha, por sua vez, aponta na mesma direção, asseverando que, "se, concreta e excepcionalmente, estiver demonstrado pela parte autora o grave risco de dano, deverá, afastando-se a vedação legal, ser concedida a medida, em prol da efetividade e da inafastabilidade da tutela jurisdicional"[626].

625 MACHADO SEGUNDO, Hugo de Brito. **Processo Tributário**. 10ª. ed. São Paulo: Atlas, 2018, p. 496.

626 CUNHA, Leonardo José Carneiro da. **A Fazenda Pública em juízo**. 15ª. ed. Rio de Janeiro: Forense, 2018, p. 309.

Também no mesmo sentido, como denotado por James Marins[627], é o precedente da Quarta Turma do Tribunal Regional Federal da 3ª Região, referente ao AI nº 96.03.019712-2/SP, de relatoria do Des. Andrade Martins. Na oportunidade, restou assentado que é dever do juiz, por força do dever-poder geral de cautela, se posicionar acerca do deferimento ou não de eventual antecipação de tutela, observando se os requisitos para tal concessão estão ou não presentes no caso concreto. Veja-se:

> "[...] não pode o juiz permanecer indiferente em face do reclamo de antecipação dos efeitos da sentença. Ou seja: não pode relegar a apreciação deste pedido a alguma fase posterior do processo, tal como se nada tivesse acontecido nos autos capaz de o impelir, desde logo, para a busca de uma decisão [...] Impõe-se-lhe (ao juiz) perseguir a decisão, promovendo sumária instrução, idônea para que alcance as razões de decidir, o mais breve possível [...] a presença dos requisitos que autorizam a concessão de tutela antecipatória, de duas uma: ou denega de plano a tutela ou instaura imediatamente as providências instrutórias capazes de lhe propiciar apreciação mais adequada dos contornos do que se pede. Manter-se em compasso de espera até que, pelo curso natural do processo, exsurja a oportunidade da almejada deliberação – isso ao meu ver não se lhe permite" (AI nº 96.03.019712-2/SP, Classe 36.301, Número de origem 95.00508397, Número único 0019712-93.1996.4.03.0000, Quarta Turma, TRF-3, Rel. Des. Andrade Martins, j. 13 mar. 1996, DJ 25 mar. 1996, p. 18407/8)

Especificamente quanto à compensação tributária, o STJ, apesar da jurisprudência majoritária no sentido da impossibilidade da concessão de tutelas de urgência, em outras oportunidades, se revelou significativamente protetivo do direito de compensar. Exemplo significativo se extrai do enunciado da Súmula nº 464, STJ[628], segundo o qual não é cabível a imputação de pagamento, pela Fazenda Pública, com base nas regras do

[627] MARINS, James. **Direito Processual Tributário Brasileiro – Administrativo e Judicial**. 12ª. ed. São Paulo: Thomson Reuters Brasil, 2019, p. 668.

[628] **[Súmula nº 464, STJ]** A regra de imputação de pagamentos estabelecida no art. 354 do Código Civil não se aplica às hipóteses de compensação tributária.

Código Civil, de modo que não há obrigatoriedade de quitação dos juros antes da quitação da obrigação principal.

Adicionalmente, no REsp nº 1.008.343/SP, o relator, Min. Luiz Fux, listou três requisitos que, se observados, permitem que a compensação de créditos tributários adquira natureza jurídica de direito subjetivo do contribuinte. Estes requisitos são (i) a existência de crédito tributário, (ii) a existência de débito do Fisco e (iii) a existência de lei específica. Vale ressaltar que, de acordo com o precedente, dentre as hipóteses que constituem a existência de débito com o Fisco, não há qualquer referência à necessidade de trânsito em julgado. Mesmo que se entenda que tal referência resta subentendida, dentre tais hipóteses também se encontra a autocompensação tributária ("ato do próprio administrado, quando autorizado em lei, cabendo à Administração Tributária a fiscalização e ulterior homologação do débito do fisco apurado pelo contribuinte"), a qual, para sua aplicação, por certo, independe de qualquer exigência de decisão administrativa ou judicial passada em julgado:

> PROCESSO CIVIL. RECURSO ESPECIAL REPRESENTATIVO DE CONTROVÉRSIA. ARTIGO 543-C, DO CPC. PROCESSO JUDICIAL TRIBUTÁRIO. EMBARGOS À EXECUÇÃO FISCAL. COMPENSAÇÃO TRIBUTÁRIA PRETÉRITA ALEGADA COMO MATÉRIA DE DEFESA. POSSIBILIDADE. ARTIGO 16, § 3º, DA LEF, C/C ARTIGOS 66, DA LEI 8.383/91, 73 E 74, DA LEI 9.430/96.
>
> 1. A compensação tributária adquire a natureza de direito subjetivo do contribuinte (oponível em sede de embargos à execução fiscal), em havendo a concomitância de três elementos essenciais: (i) a existência de crédito tributário, como produto do ato administrativo do lançamento ou do ato-norma do contribuinte que constitui o crédito tributário; (ii) a existência de débito do fisco, como resultado: (a) de ato administrativo de invalidação do lançamento tributário, (b) de decisão administrativa, (c) de decisão judicial, ou (d) de ato do próprio administrado, quando autorizado em lei, cabendo à Administração Tributária a fiscalização e ulterior homologação do débito do fisco apurado pelo contribuinte; e (iii) a existência de lei específica, editada pelo ente competente, que autorize a compensação, ex vi do artigo 170, do CTN. [...]

10. Recurso especial provido. Acórdão submetido ao regime do artigo 543-C, do CPC, e da Resolução STJ 08/2008. (REsp nº 1.008.343/SP, Rel. Min. Luiz Fux, Primeira Seção, STJ, j. 09 dez. 2009, DJe 01 fev. 2010)

No mesmo sentido, considerando o direito à compensação também como direito subjetivo do contribuinte, também há o REsp nº 1.121.023/SP, correspondente ao Tema nº 337, dos Recursos Repetitivos do STJ[629]. De acordo com Cleucio Santos Nunes, este julgado consignou a ideia de que "não pode ser tolhido pelo Fisco o direito de acesso à Justiça para a garantia do direito à compensação tributária regulamentada pelo art. 66, da Lei n. 8.383, de 1991"[630]. Observe-se a ementa do REsp nº 1.121.023/SP (Tema nº 337):

TRIBUTÁRIO. PIS. COMPENSAÇÃO. EXISTÊNCIA DE INTERESSE DE AGIR QUANTO AOS VALORES RECOLHIDOS INDEVIDAMENTE. RETORNO DOS AUTOS AO TRIBUNAL DE ORIGEM PARA QUE APRECIE O MÉRITO DA DEMANDA. PRECEDENTES STJ.

1. Discute-se no presente recurso especial a existência ou não de interesse de agir na hipótese em que a ação ajuizada postula, além do reconhecimento do direito à compensação, a fixação judicial dos critérios a serem observados no procedimento compensatório.

2. Na hipótese, o interesse de agir se caracteriza pelos entraves rotineiramente opostos pela Secretaria da Receita Federal àquele que postula

[629] **[Tema nº 337, STJ]** Tese firmada: O interesse de agir se caracteriza pelos entraves rotineiramente opostos pela Secretaria da Receita Federal àquele que postula a compensação tributária dos valores indevidamente recolhidos a maior a título de PIS, sem as exigências que são impostas pela legislação de regência, notadamente em relação ao critérios que envolvem o encontro de contas, à aplicação de expurgos inflacionários no cálculo da correção monetária dos valores a serem repetidos, à incidência de juros moratórios e compensatórios, bem como à definição do prazo prescricional para o exercício do direito à compensação, considerando, em especial, o disposto no artigo 3º da Lei Complementar n. 118/2005. Assim, é inegável a necessidade do contribuinte buscar tutela jurisdicional favorável, a fim de proteger seu direito de exercer o pleno exercício da compensação de que trata o art. 66 da Lei 8.383/91, sem que lhe fosse impingidos os limites previstos nas normas infralegais pela autoridade administrativa.

[630] Nunes, Cleucio Santos. **Curso Completo de Direito Processual Tributário**. 5ª. ed. São Paulo: SaraivaJur, 2022, p. 810.

a compensação tributária dos valores indevidamente recolhidos a maior a título de PIS, sem as exigências que são impostas pela legislação de regência, notadamente em relação ao critérios que envolvem o encontro de contas, à aplicação de expurgos inflacionários no cálculo da correção monetária dos valores a serem repetidos, à incidência de juros moratórios e compensatórios, bem como à definição do prazo prescricional para o exercício do direito à compensação, considerando, em especial, o disposto no artigo 3º da Lei Complementar n. 118/2005. Assim, é inegável a necessidade do contribuinte buscar tutela jurisdicional favorável, a fim de proteger seu direito de exercer o pleno exercício da compensação de que trata o art. 66 da Lei 8.383/91, sem que lhe fosse impingidos os limites previstos nas normas infralegais pela autoridade administrativa.

3. Sobre o tema, ambas as turmas da Primeira Seção do Superior Tribunal de Justiça consolidaram entendimento no sentido de que, mesmo com a edição da IN 21/97 pela SRF, remanesce o interesse de agir da recorrente, uma vez que notória a resistência do Fisco em proceder à compensação nos moldes pleiteados pelos contribuintes. Precedentes: REsp 1082750/SP, Segunda Turma, rel. Ministra Eliana Calmon, DJe 17/11/2009; REsp 869442/SP, Segunda Turma, rel. Ministra Eliana Calmon, DJe 10/11/2008; REsp n. 728.860/SP, Segunda Turma, relator Ministro Castro Meira, DJ de 15.8.2005; REsp 744825/SP, Segunda Turma, Rel. Ministro Franciulli Netto, DJ 13/03/2006; REsp 863591/SP, Primeira Turma, Rel. Ministro Teori Albino Zavascki, DJ 23/11/2006.

4. Recurso especial provido. Acórdão submetido ao regime do art. 543-C do CPC e da Resolução STJ 08/2008. (REsp nº 1.121.023/SP, Rel. Min. Mauro Campbell Marques, Primeira Seção, STJ, j. 23 jun. 2010, DJe 30 jun. 2010)

Ora, as medidas liminares – incluindo as tutelas provisórias – compõem o principal instituto de preservação da garantia constitucional da inafastabilidade da jurisdição estatal, como ficou consignado no voto do Min. Carlos Velloso, no julgamento da ADI nº 295/DF, no STF, do qual se extrai o seguinte trecho ilustrativo:

Convém não esquecer que a Constituição, ao cuidar do princípio da inafastabilidade do conhecimento do Poder Judiciário de qualquer lesão a direito, estabelece, também, que a ameaça a direito não pode ser subtraída

> do conhecimento do Judiciário (CF, art. 5º, XXXV). Ora, de regra, somente através de medida liminar é que seria possível coibir ameaça a direito. (Trecho do voto do Min. Carlos Velloso na MC na ADI nº 295/DF, p. 3 do voto, equivalente à p. 48 do Acórdão. Rel. Min. Paulo Brossard, Rel. p/ Acórdão Min. Marco Aurélio, Plenário do STF, j. 22 jun. 1990, DJ 22 ago. 1997, p. 38758)

De fato, para Teori Zavascki, "a fórmula para viabilizar a convivência entre segurança jurídica e efetividade da jurisdição é a da outorga de medidas de caráter provisório, que sejam aptas a superar as situações de risco de perecimento de qualquer um desses direitos"[631].

Assim, se não pode ser tolhido o acesso à Justiça para a garantia do direito à autocompensação tributária, então não há dúvidas de que as tutelas de urgência, inclusive quando concedidas em sede liminar, são cabíveis nas ações tributárias de compensação de créditos, desde que, ao invés de pleitear a extinção do crédito tributário na forma do art. 156, II, CTN, o contribuinte pugne, como provimento final, pela declaração de seu direito inalienável à compensação e, em sede liminar, pela concessão de tutela de urgência para suspensão deste crédito, com base no art. 151, V, CTN.

Para acrescentar ainda mais força a esta tese, conforme detalhado na subseção 3.2.5, o acórdão na ADI nº 4.296/DF, ao considerar inconstitucional a norma-objeto consubstanciada no art. 7º, §2º, Lei nº 12.016/2009, retirou, por arrastamento, a eficácia normativa do trecho correspondente do art. 1.059, CPC/2015, posto que este trecho efetivamente depende da norma-objeto, à qual ele remete diretamente, sem ressalvas. É inconstitucional, portanto, também a vedação do art. 1.059, CPC/2015, ao deferimento de tutelas provisórias contra a Fazenda Pública nas ações de compensação de créditos tributários.

Ainda que não se considerasse automática a inconstitucionalidade por arrastamento, a conclusão não se alteraria, posto que a *ratio decidendi* dos ministros do STF, neste julgamento, não deixa dúvidas de que (i) é inde-

631 Zavascki, Teori Albino. **Antecipação de tutela**. 2ª. ed. São Paulo: Saraiva, 1999, p. 66-67.

vido e incompatível com o Estado Democrático de Direito, o tratamento preferencial à Fazenda Pública quanto às liminares em ações de compensação de créditos tributários; e (ii) presentes os requisitos da liminar ou tutela provisória, restringir seu deferimento pelo juízo é violar o próprio poder geral de cautela deste, de modo que não é possível a edição de lei ou ato normativo que vede a concessão da medida em questão sob pena de violação à garantia de pleno acesso à jurisdição, pois tais restrições representam óbices absolutos ao poder geral de cautela.

O próprio cancelamento da Súmula nº 212, STJ – a qual, ao se referir a "ação cautelar ou por medida liminar cautelar ou antecipatória" não trata apenas de liminares em Mandados de Segurança, mas também de tutelas provisórias – é comprovação de que a *ratio decidendi* da ADI nº 4.296/DF é condição suficiente para que o deferimento de tutelas provisórias em ações de compensação de créditos tributários passe a ser a regra. Este cancelamento é, portanto, auspício de uma reorientação jurisprudencial do STJ e do STF, representando, possivelmente, uma quinta fase da evolução da jurisprudência dos tribunais superiores acerca da necessidade de exegese restritiva das vedações à concessão de tutelas provisórias contra a Fazenda Pública.

Por fim, firmando-se a tese aqui defendida, tem-se que: se aplica à compensação tributária a proposta, apresentada neste livro, de mitigação das vedações com respeito às tutelas de urgência, admitindo-se o afastamento do art. 1.059, CPC/2015, tendo em vista que, neste particular, o Legislador restringiu indevidamente a atuação do juiz e gerou diferenciação anti-isonômica entre Fazenda Pública e o contribuinte, seguindo a *ratio decidendi* utilizada na ADI nº 4.296/DF (a qual já gerou, inclusive, o cancelamento da Súmula nº 212, STJ), e também pelo fato de que o Judiciário estabeleceu interpretação equivocada, em especial do art. 170-A, CTN, que, em verdade, é norma procedimental destinada ao particular e à Administração Pública, desde que o contribuinte, ao invés de pleitear a extinção do crédito tributário na forma do art. 156, II, CTN, pleiteie, como provimento final, a declaração de seu direito inalienável à compensação e, em sede liminar, a concessão de liminar em MS ou tutela provisória para suspensão deste crédito, com base no art. 151, IV ou V, CTN.

3.5.4 Cabimento das tutelas provisórias de evidência nas ações de compensação de créditos tributários

Quanto às tutelas de evidência, já se discutiu amplamente, neste trabalho, a inaplicabilidade das vedações ao seu deferimento em face do Poder Público, com base no fato de que as discussões travadas pelos tribunais superiores, em especial no julgamento das ADI's nºs 223/DF, 295/DF, 975/DF e 1.576/DF, e da ADC nº 04/DF, levavam em conta, somente, a urgência. Nesse sentido é o Enunciado nº 35, FPPC[632], bem como as posições doutrinárias de Cássio Scarpinella Bueno[633], Leonardo Carneiro da Cunha[634] e Fredie Didier Jr[635], dentre outros.

Neste ponto, então, de modo a agregar mais argumentos ao debate, vale ressaltar outro aspecto a respeito deste tipo de tutela, que se entende ser a principal hipótese para a qual deve se direcionar a fundamentação do contribuinte e que demonstra que, indubitavelmente, cabe a aplicação do instituto da tutela de evidência às ações de compensação de créditos tributários. A hipótese em questão é aquela do art. 311, II, CPC/2015[636], fundada em "prova fática e uniformidade jurídica"[637].

632 **[Enunciado nº 35 – FPPC]** As vedações à concessão de tutela contra a Fazenda Pública limitam-se às tutelas de urgência. (FPPC. Fórum Permanente de Processualistas Civis (FPPC). **Carta de Florianópolis – Enunciados do Fórum Permanente de Processualistas Civis**, 24, 25 e 26 de março de 2017, p. 12. Disponível em: https://institutodc.com.br/wp-content/uploads/2017/06/FPPC-Carta-de-Florianopolis.pdf. Acesso em: 14 out. 2022).

633 BUENO, Cássio Scarpinella. Tutela Provisória contra o Poder Público no CPC de 2015. In: BUENO, Cássio Scarpinella., et al. **Tutela Provisória no CPC: Dos 20 anos de vigência do art. 273 do CPC/73 ao CPC/2015**. 2ª. ed. São Paulo: Saraiva Educação, p. 68-81, 2018, p. 76-77.

634 CUNHA, Leonardo José Carneiro da. **A Fazenda Pública em juízo**. 15ª. ed. Rio de Janeiro: Forense, 2018, p. 320-321.

635 DIDIER JR., Fredie. Art. 1.059, CPC. In: BUENO, Cássio Scarpinella. (coord.). **Comentários ao Código de Processo Civil (arts. 926 a 1.072)**. 1ª. ed. São Paulo: Saraiva, v. 4, p. 659-660, 2017, p. 660.

636 **[CPC/2015]** Art. 311. A tutela da evidência será concedida, independentemente da demonstração de perigo de dano ou de risco ao resultado útil do processo, quando: [...] II – as alegações de fato puderem ser comprovadas apenas documentalmente e houver tese firmada em julgamento de casos repetitivos ou em súmula vinculante;

637 MARINS, James. **Direito Processual Tributário Brasileiro – Administrativo e Judicial**. 12ª. ed. São Paulo: Thomson Reuters Brasil, 2019, p. 661.

Nesse sentido, vale ressaltar que os tribunais superiores brasileiros conferem elevada importância ao sistema de precedentes, em respeito ao princípio da segurança jurídica, especificamente em sua acepção subjetiva, relacionada com a proteção à confiança dos jurisdicionados, dentre outros princípios de significativo relevo constitucional. Para Leonardo Carneiro da Cunha, o art. 311, II, CPC/2015

> [...] insere-se no conjunto de regras que tutelam a segurança jurídica e o respeito ao sistema de precedentes, exigindo que o Judiciário cumpra com os deveres de uniformidade, estabilidade, coerência e integridade (CPC, art. 926). Ao Poder Público, nesse mesmo sentido, cumpre atender aos princípios da legalidade, da moralidade e da impessoalidade (CF, art. 37), que se relacionam diretamente com o respeito aos precedentes e à integridade e à coerência do sistema.[638]

Quanto às tutelas antecipadas, por exemplo, o STF, já estabeleceu, por diversas vezes, que, em respeito à uniformidade das decisões judiciais, quando se tratar de decisão que se fundamente em entendimento já consolidado na Corte Suprema, a concessão de tutela antecipada não ofende o decidido na ADC nº 04/DF, como exemplificado no AgR na Rcl nº 4.628/SP, no qual se autorizou tutela antecipada para concessão de reajuste para servidor público, e no AgR na Rcl nº 5.163/CE, no qual se autorizou tal deferimento para incorporação, aos vencimentos de servidor público, da correção monetária advinda da conversão do Cruzeiro Real:

> EMENTA: ANTECIPAÇÃO DE TUTELA. Concessão contra a Fazenda Pública. Servidor Público. Militar da Aeronáutica. Vencimentos. Reajuste fundado nas Leis nº 8.622/93 e nº 8.627/93. Aplicação do art. 37 X, da CF. Direito reconhecido. Jurisprudência do Supremo. Ofensa à autoridade da liminar deferida na ADC nº 4. Não ocorrência. Reclamação julgada improcedente. Agravo improvido. Precedentes. Não ofende a autoridade da liminar deferida na ADC nº 4, a decisão em que o objeto da antecipação de tutela

[638] CUNHA, Leonardo José Carneiro da. **A Fazenda Pública em juízo**. 15ª. ed. Rio de Janeiro: Forense, 2018, p. 321.

corresponda a prestação exigível nos termos da jurisprudência do Supremo. (AgR na Rcl nº 4.628/SP, Rel. Min. Cezar Peluso, Plenário do STF, j. 27 nov. 2008, DJe 06 fev. 2009)

EMENTA: ANTECIPAÇÃO DE TUTELA. Concessão contra a Fazenda Pública. Servidor público. Vencimentos. Conversão monetária de cruzeiro real em URV. Diferença. Incorporação determinada. Direito reconhecido. Jurisprudência do Supremo. Ofensa à autoridade da liminar concedida na ADC nº 4. Não ocorrência. Reclamação inviável. Segmento negado. Agravo improvido. Não se admite reclamação contra decisão que está em consonância com assentada jurisprudência da Corte. (AgR na Rcl nº 5.163/CE, Rel. Min. Cezar Peluso, Plenário do STF, j. 27 nov. 2008, DJe 06 fev. 2009)

Retornando às tutelas de evidência, relembra-se o Enunciado nº 48, da I Jornada de Direito Processual Civil do CJF[639], bem como o Enunciado nº 30[640], da Enfam, que preconizam entendimento ampliado do art. 311, II, CPC/2015, para incluir, além do julgamento de tese repetitiva e súmula vinculante, também o controle concentrado de constitucionalidade no STF, e as súmulas do STF ou do STJ, independentemente de caráter vinculante.

[639] **[I Jornada de Direito Processual Civil do Conselho da Justiça Federal]** 48) É admissível a tutela provisória da evidência, prevista no art. 311, II, do CPC, também em casos de tese firmada em repercussão geral ou em súmulas dos tribunais superiores. (BRASIL. Conselho da Justiça Federal (CJF). Centro de Estudos Judiciários. **I Jornada de Direito Processual Civil do Conselho da Justiça Federal – Enunciados Aprovados.** Brasília: 24 e 25 ago. 2017, p. 17. Disponível em: https://www.cjf.jus.br/cjf/corregedoria-da-justica-federal/centro-de-estudos-judiciarios-1/publicacoes-1/i-jornada-de-direito-processual-civil/i-jornada-de-direito-processual-civil-enunciados-aprovados/@@download/arquivo. Acesso em 14 out. 2022)

[640] **[Seminário "O Poder Judiciário e o novo Código de Processo Civil" – ENFAM]** 30) É possível a concessão da tutela de evidência prevista no art. 311, II, do CPC/2015 quando a pretensão autoral estiver de acordo com orientação firmada pelo Supremo Tribunal Federal em sede de controle abstrato de constitucionalidade ou com tese prevista em súmula dos tribunais, independentemente de caráter vinculante. (ENFAM. Seminário "O Poder Judiciário e o Novo Código de Processo Civil"- Enunciados Aprovados. **Escola Nacional de Formação e Aperfeiçoamento de Magistrados (Enfam)**, Brasília, 2015, p.3. Disponível em: https://www.enfam.jus.br/wp-content/uploads/2015/09/ENUNCIADOS-VERS%C3%83O-DEFINITIVA-.pdf. Acesso em: 14 out. 2022)

Tendo em vista que, nos casos de compensação tributária, quando a argumentação é fundada em situações tais quais as expostas, (i) é remota a probabilidade de reversão da tutela de evidência e (ii) a concessão de tutela de evidência não torna irreversível o direito de a Fazenda Pública cobrar o contribuinte, por todos os instrumentos legais existentes, caso a tutela não seja confirmada em sentença, entende-se que é, sim, cabível a utilização de tutela provisória nesse tipo de ação[641].

Ainda assim, os tribunais superiores vêm mantendo posicionamento no sentido do descabimento de deferimento liminar de tutela de evidência contra o Poder Público. No caso do já apontado AREsp nº 1.504.624/SP, por exemplo, o contribuinte sustentou que a tutela de evidência pleiteada na primeira instância deveria ser deferida, uma vez demonstrada a inconstitucionalidade e ilegalidade da inclusão do ICMS nas bases de cálculo do PIS e da Cofins, por meio do RE nº 574.706/PR (julgado em sede de repercussão geral), e que, assim, deveria ser autorizada a compensação tributária, em sede liminar, de determinado montante. O Tribunal Regional Federal da 3ª Região (TRF-3), então, apesar de ter reconhecido que não haveria justa causa que justificasse a não aplicação do entendimento de repercussão geral do RE nº 574.706/PR, indeferiu o pleito de tutela de evidência[642]. No STJ, a relatora, Min. Assusete Magalhães, conheceu do

[641] NUNES, Cleucio Santos. **Curso Completo de Direito Processual Tributário**. 5ª. ed. São Paulo: SaraivaJur, 2022, p. 532, 550, 811.

[642] PROCESSUAL CIVIL. EMBARGOS DE DECLARAÇÃO EM AGRAVO DE INSTRUMENTO. PREQUESTIONAMENTO. INEXISTÊNCIA DE OMISSÃO, OBSCURIDADE OU CONTRADIÇÃO. EMBARGOS REJEITADOS.

1. A regra geral relativa aos recursos extraordinários julgados com repercussão geral é de vinculação dos demais casos ao julgado e a inobservância da regra deve ser pautada em razões concretas. No âmbito do próprio STF vem sendo dada eficácia ao desfecho do RE nº 574.706/PR independentemente do trânsito em julgado dessa decisão, não havendo justa causa que justifique a não aplicação, por esta Turma, do entendimento sufragado na decisão embargada.

2. **Todavia, a aplicação do entendimento não implica na concessão de tutela de evidência, tal como requerido pela embargante**. A compensação tributária é admitida sob regime de estrita legalidade, nos termos do disposto no artigo 170 do CTN: "A lei pode, nas condições e sob as garantias que estipular, ou cuja estipulação em cada caso atribuir à autoridade administrativa, autorizar a compensação de créditos tributários com créditos líquidos e certos, vencidos ou vincendos, do sujeito passivo contra a Fazenda Pública".

Agravo em Recurso Especial, mas, ao apreciar o REsp, manteve a decisão recorrida, tendo asseverado que "o Tribunal de origem decidiu em consonância com a jurisprudência desta Corte, no sentido de que a compensação de créditos tributários não pode ser deferida por medida liminar". Sobre a tutela de evidência, especificamente, decidiu que "a possibilidade de concessão de tutela de evidência, porém, não torna definitiva a decisão, nem afasta o art. 170-A do CTN, que exige, para a compensação do indébito, o trânsito em julgado da decisão judicial"[643].

Contrapondo-se ao STJ, no entanto, Leonardo Carneiro da Cunha aponta que é possível, nos casos de argumentação fundada em tese repetitiva, o deferimento da tutela de evidência em caráter liminar, inclusive sem a oitiva da parte adversa (*inaudita altera pars*), posto que "a evidência, em tais hipóteses, revela-se por ser aparentemente indiscutível, indubitável a pretensão da parte autora, não sendo seriamente contestável"[644]. Acerca da fundamentação de defesa da Fazenda, o autor também assevera que,

Dentre as disposições que estabelecem modos e condições para a efetivação da compensação, tem-se o artigo 170-A do CTN, introduzido pela Lei Complementar nº 104/2001, segundo o qual "É vedada a compensação mediante o aproveitamento de tributo, objeto de contestação judicial pelo sujeito passivo, antes do trânsito em julgado da respectiva decisão judicial". **Da referida norma não é possível extrair que estaria fora de seu comando a compensação de tributos considerados inconstitucionais pelo Supremo Tribunal Federal**. Nesse sentido, já decidiu o E. Superior Tribunal de Justiça em sede de recurso repetitivo: REsp 1.167.039/DF, Rel. Ministro TEORI ALBINO ZAVASCKI, PRIMEIRA SEÇÃO, julgado em 25/08/2010, DJe 02/09/2010.

3. O v. aresto embargado não padece de qualquer omissão, tendo sido apreciado e decidido todas as matérias em relação às quais estava o julgador obrigado a pronunciar-se segundo seu convencimento.

4. Embargos de declaração rejeitados. (AI nº 5004222-71.2018.4.03.0000, Terceira Turma, TRF-3. Rel. Des. Federal Antonio Carlos Cedenho, j. 20 set. 2018, DJF-3 25 set. 2018, com grifo nosso)

[643] AgInt no AREsp nº 1.504.624/SP, Rel. Min. Assusete Magalhães, Segunda Turma, STJ, j. 19 out. 2020, DJe 23 out. 2020.

[644] CUNHA, Leonardo José Carneiro da. **A Fazenda Pública em juízo**. 15ª. ed. Rio de Janeiro: Forense, 2018, p. 319.

> [...] em casos assim, a defesa do réu deve restringir-se a demonstrar que há uma situação diferente que impõe o afastamento do precedente, ou que há fatores que não justificam mais a interpretação conferida pelo tribunal superior. Noutros termos, o réu, em casos como esse, deve demonstrar a existência de uma distinção ou a necessidade de ser superado o entendimento firmado. Não havendo tal demonstração, deve já ser julgado procedente o pedido, ou, se houver algum incidente ou outro pedido a ser apreciado. Em casos repetitivos, pode o juiz já conceder a tutela provisória *inaudita altera parte*, para fazer aplicar o precedente do tribunal (CPC, art. 311, parágrafo único). Há quem sustente a inconstitucionalidade de tal previsão. Não há, porém, inconstitucionalidade. O dispositivo concretiza a duração razoável do processo no âmbito da litigiosidade repetitiva. Ademais, existem, historicamente, tutelas de evidência liminares no sistema brasileiro, como nos casos das ações possessórias, dos embargos de terceiro e da ação monitória, sem que se considere qualquer inconstitucionalidade presente em tais situações[645].

Na mesma direção vem Cleucio Santos Nunes, que entende que o deferimento de tutelas de evidência, nas ações de compensação de créditos tributários, com fulcro no art. 311, II e parágrafo único, CPC/2015[646], inclusive em sede liminar, homenageia não somente o princípio da efetividade da jurisdição, como também os valores que inspiraram a reforma processual representada pelo novo Código de Processo Civil[647].

Quanto a esta hipótese do art. 311, II, CPC/2015, vale lembrar do voto do Min, Gilmar Mendes, na ADI nº 4.296/DF, conforme detalhado na subseção 3.2.5. Na ocasião, o ministro argumentou que se o pedido de compensação estiver fundamentado em tese firmada em julgado de casos

[645] CUNHA, Leonardo José Carneiro da. **A Fazenda Pública em juízo**. 15ª. ed. Rio de Janeiro: Forense, 2018, p. 319.

[646] **[CPC/2015]** Art. 311. A tutela da evidência será concedida, independentemente da demonstração de perigo de dano ou de risco ao resultado útil do processo, quando: [...] II – as alegações de fato puderem ser comprovadas apenas documentalmente e houver tese firmada em julgamento de casos repetitivos ou em súmula vinculante; [...] Parágrafo único. Nas hipóteses dos incisos II e III, o juiz poderá decidir liminarmente.

[647] NUNES, Cleucio Santos. **Curso Completo de Direito Processual Tributário**. 5ª. ed. São Paulo: SaraivaJur, 2022, p. 549.

repetitivos, nos termos do art. 928, CPC/2015, ou súmula vinculante, com comprovação apenas documental quanto às alegações de fato (ou seja, somente com prova pré-constituída, tal qual exigido no MS), "seria contrassenso proibir, em sede de Mandado de Segurança, algo que se pode obter em ação sob o rito ordinário"[648]. Reconheceu, assim, ainda que *obter dictum*, que a tutela de evidência do art. 311, II, CPC/2015, é meio hábil para conseguir, inclusive liminarmente, a compensação de créditos desejada – ou, em interpretação mais restritiva, pelo menos conseguir o deferimento da tutela para suspensão do crédito tributário, na forma do art. 151, V, CTN.

Também como consequência da ADI nº 4.296/DF, destaca-se, tal qual na subseção anterior, o cancelamento da Súmula nº 212, STJ, como demonstração de que o Tribunal está aberto a mudar seu posicionamento com respeito a este tema, de modo que também poderá estar com relação à tutela de evidência – a qual entende-se que estava abrangida pela redação antiga da súmula, atualmente cancelada.

Ademais, Cleucio Santos Nunes defende que esta hipótese de tutela de evidência incorpora, de certa forma, a própria urgência, já que é baseada em tese repetitiva e pode ser deferida liminarmente (conforme art. 311, parágrafo único, CPC/2015), tornando-se imperativa a mudança de posição dos tribunais superiores para passarem a aceitar, em sede de MS ou procedimento ordinário, o deferimento de tutela de evidência em face do Poder Público. Por certo, é claro, resta resguardado o direito de a Fazenda fiscalizar os valores compensados e proceder à glosa, caso discorde de tais somas. Contudo, o autor assevera que "a exigibilidade dos créditos glosados deverá ficar suspensa até o trânsito em julgado da ação ou se a tutela provisória se tornar estável, na hipótese de não haver recurso contra o seu deferimento"[649].

Assim, apesar da equivocada aplicação do direito pelas cortes superiores do país, propõe-se a seguinte tese a ser fixada: se aplica, às vedações

[648] Trecho do Voto do Min. Gilmar Mendes na ADI nº 4.296/DF, Rel. Min. Marco Aurélio, Rel. p/ Acórdão Min. Alexandre de Moraes, Plenário do STF, j. 09 jun. 2021, DJe 11 out. 2021, p. 121 do inteiro teor do acórdão.

[649] NUNES, Cleucio Santos. **Curso Completo de Direito Processual Tributário**. 5ª. ed. São Paulo: SaraivaJur, 2022, p. 809.

impostas pelo art. 1.059, CPC/2015, a proposta de interpretação conforme defendida neste trabalho, para a qual se entende inaplicáveis quaisquer óbices à concessão de tutelas de evidência contra a Fazenda Pública, com fundamento no art. 311, CPC/2015, em especial quando a argumentação estiver fundada no art. 311, II e parágrafo único, CPC/2015, com inspiração na *ratio decidendi* da ADI nº 4.296/DF, desde que o contribuinte, ao invés de pleitear a extinção do crédito tributário na forma do art. 156, II, CTN, pleiteie, como provimento final, a declaração de seu direito inalienável à compensação e, em sede liminar, a concessão de liminar em MS ou tutela provisória para suspensão deste crédito, com base no art. 151, IV ou V, CTN.

3.6 Tutelas provisórias nas ações de repetição de indébito

Tal qual abordado anteriormente, a ação de repetição de indébito tributário, também chamada de ação de restituição de valores ou ação de repetição do indébito, é um tipo de ação tributária que pressupõe certeza e liquidez dos valores supostamente recebidos de maneira indevida pela Fazenda Pública. Ao longo do tempo, solidificaram-se, na legislação e na jurisprudência, argumentações que defendiam o descabimento do deferimento de medidas liminares, inclusive tutelas provisórias, neste tipo de ação, como se passa a demonstrar.

3.6.1 A suposta incompatibilidade das ações de repetição de indébito com as tutelas provisórias

De acordo com a corrente tradicional da doutrina, a certeza e a liquidez do crédito tributário estariam conectadas ao trânsito em julgado da decisão condenatória[650]. Nesse sentido, dentre outras prerrogativas concedidas às pessoas jurídicas de direito públicos federais, estaduais e municipais, a MP nº 1.798-1/99, por meio de seu art. 5º[651], adicionou o art. 2º-B

[650] Nunes, Cleucio Santos. **Curso Completo de Direito Processual Tributário**. 5ª. ed. São Paulo: SaraivaJur, 2022, p. 543.

[651] **[MP nº 1.798-1/99]** Art. 5º A Lei nº 9.494, de 10 de setembro de 1997, passa a vigorar acrescida dos seguintes artigos: [...]

"Art. 2º-B. A sentença que tenha por objeto a liberação de recurso, inclusão em folha de pagamento, reclassificação, equiparação, concessão de aumento ou extensão de vantagens

à Lei nº 9.494/97. Este dispositivo dispôs que sentenças que impliquem em "liberação de recurso, inclusão em folha de pagamento, reclassificação, equiparação, concessão de aumento ou extensão de vantagens a servidores" somente poderiam ser executadas após seu trânsito em julgado. Posteriormente, tal disposição viria a ser confirmada por meio da MP nº 2.180-35/2001.

O art. 2º-B, Lei nº 9.494/1997, portanto, condiciona execuções que determinem liberações de recursos do Poder Público, em face de sentenças condenatórias, ao trânsito em julgado destas sentenças, ecoando o argumento do óbice do regime de precatórios, sistematizado pelo Min. Marco Aurélio, no julgamento da MC na ADI nº 1.576/DF, e pelo voto do Min. Sidney Sanches, na MC na ADC nº 04/DF.

Tal incompatibilidade se daria porque, sob uma perspectiva orçamentária, "os recursos que deveriam ser restituídos não constariam, necessariamente, do orçamento da Fazenda". Assim, se a restituição de valores for entendida como uma "liberação de recursos", estaria ela condicionada ao trânsito em julgado, tornando incompatível esta ação com o instituto da tutela provisória. De acordo com Cleucio Santos Nunes, essa prerrogativa é uma entre as duas principais razões para que se defenda o descabimento do instituto da tutela provisória nas ações de repetição de indébito tributário. A segunda razão, por sua vez, seria a própria jurisprudência dominante[652].

De fato, no REsp nº 221.014/PE, o relator, Min. José Delgado, entendeu que estaria solidificado, nas Turmas de Direito Público do STJ, o entendimento de que "os institutos da repetição de indébito e da compensação, via liminar em mandado de segurança ou em ação cautelar, ou em qualquer tipo de provimento que antecipe a tutela da ação, não é permitido".

a servidores da União, dos Estados, do Distrito Federal e dos Municípios, inclusive de suas autarquias e fundações, somente poderá ser executada após seu trânsito em julgado. Parágrafo único. A sentença proferida em ação cautelar só poderá ter caráter satisfativo quando transitada em julgado a sentença proferida na ação principal."

[652] NUNES, Cleucio Santos. **Curso Completo de Direito Processual Tributário**. 5ª. ed. São Paulo: SaraivaJur, 2022, p. 543-546.

PROCESSUAL CIVIL. AGRAVO REGIMENTAL CONTRA DECISÃO QUE NEGOU SEGUIMENTO A RECURSO ESPECIAL. EMPRÉSTIMO COMPULSÓRIO SOBRE AQUISIÇÃO DE COMBUSTÍVEL. DL Nº 2.288/86. RESTITUIÇÃO PELA VIA DA ANTECIPAÇÃO DA TUTELA. CERTEZA DO CRÉDITO, MAS ILIQUIDEZ. IMPOSSIBILIDADE.

1. Agravo Regimental interposto contra decisão que, com base no art. 38, da Lei nº 8.038/90, c/c o art. 557, do CPC, entendeu em não emprestar caminhada ao recurso especial, negando-lhe, assim, seguimento.

2. Debate desenvolvido no curso da presente ação, ora examinada em grau de recurso especial, acerca da possibilidade de se restituir quantia recolhida a título de empréstimo compulsório decorrente da aplicação do Decreto-Lei nº 2.288/86 através de antecipação da tutela.

3. Não se vislumbra presente o direito líquido e certo à tutela antecipada pleiteada, a fim de possibilitar a restituição almejada. Ao contrário, tem-se por correto o seu indeferimento, visto que, nos termos dos arts. 100, da Carta Magna, e 730, do CPC, a restituição do indevido deve ser feita mediante precatório. A certeza e a liquidez dos créditos são requisitos indispensáveis para a repetição do indébito autorizada por lei.

4. Créditos que não se apresentam líquidos, porque dependem, tão-somente, de valores de conhecimento da parte autora, não sendo possível aferir sua correção em sede liminar ou em antecipação da tutela.

5. Pacificação do assunto no seio jurisprudencial das 1ª e 2ª Turmas do Superior Tribunal de Justiça no sentido de que os institutos da repetição de indébito e da compensação, via liminar em mandado de segurança ou em ação cautelar, ou em qualquer tipo de provimento que antecipe a tutela da ação, não é permitido.

6. Teses desenvolvidas pela agravante que se apresentam infrutíferas à reforma da decisão hostilizada, pelo que se denota a sua manutenção.

7. Agravo regimental improvido. (AgR no REsp nº 221.014/PE, Rel. Min. José Delgado, Primeira Turma, STJ, j. 05 out. 1999, DJ 29 nov. 1999, p. 133).

Da mesma forma, nos Embargos de Declaração (EDcl) em Apelação Cível nº 0021402-72.2004.4.05.8100/02, apreciados pela Segunda Turma do Tribunal Regional Federal da 5ª Região (TRF-5), restou consignado que "o pedido de repetição de indébito tributário não comporta deferimento de tutela antecipada, nos mesmos moldes da compensação (art. 170-A do CTN e Súmula 212 do STJ)", de modo que a execução da condenação à repetição de indébito tributário só poderia ocorrer após o efetivo trânsito em julgado da sentença condenatória.

> PROCESSUAL CIVIL. EMBARGOS DECLARATÓRIOS. HIPÓTESES LEGAIS (ARTS. 535 USQUE 538 DO CPC). EXISTÊNCIA NO ACÓRDÃO ATACADO DE OMISSÃO. SUPRIR ANÁLISE DE ANTECIPAÇÃO DE TUTELA E PRESCRIÇÃO.
>
> 1. Omissão do acórdão no que se refere a análise do pedido de antecipação de tutela. O pedido de repetição de indébito tributário não comporta deferimento de tutela antecipada, nos mesmos moldes da compensação (art. 170-A do CTN e Súmula 212 do STJ). Assim, a execução só ocorrerá com o trânsito em julgado da sentença. [...]
>
> 5. Embargos de declaração interpostos por ALFREDO AUGUSTO PORTO OLIVEIRA E OUTROS providos para, suprindo a omissão, indeferir o pedido de antecipação de tutela e embargos de declaração da União parcialmente providos para suprir a omissão do acórdão quanto à análise da prescrição, declarando prescritas as parcelas anteriores a 30/09/1994. (EDcl em Apelação Cível. nº 0021402-72.2004.4.05.8100/02, Rel. Des. Federal Francisco Barros Dias, Segunda Turma, TRF-5, j. 28 abr. 2009, DJ 20 mai. 2009. p. 194).

Vale ressaltar, no entanto, o julgamento do REsp nº 148.072/RJ, pela Primeira Turma do STJ. Na ocasião, ainda no ano de 1997, apesar de ter sido negado deferimento de tutela antecipada contra a Fazenda Pública para obter repetição de indébito de ICMS em substituição tributária, de acordo com o entendimento predominante, entendeu-se que, no campo tributário, tal vedação poderia ser afastada. Isso se daria nos casos em que houvesse entendimento jurisprudencial uniformizado sobre a relação jurídica em debate. A partir deste julgado, abre-se relevante corrente de discussão, a ser retomada mais adiante, acerca da possibilidade de deferimento de tutelas de evidência contra a Fazenda Pública, nas ações de repetição de indébito tributário, com fundamento no art. 311, II, CPC/2015:

TRIBUTARIO. PROCESSUAL CIVIL. TUTELA ANTECIPADA. ICMS. FAZENDA PUBLICA.

1. O INSTITUTO DA TUTELA ANTECIPADA SO DEVE SER PRESTIGIADO PELO JUIZ QUANDO PRESENTES ESTÃO TODOS OS PRESSUPOSTOS EXIGIDOS PELO ART. 273, DO CPC, PARA A SUA CONCESSÃO.

2. NÃO VINGA CONCESSÃO DE TUTELA ANTECIPADA CONTRA A FAZENDA PUBLICA PARA SE DETERMINAR REPETIÇÃO DO INDEBITO DE ICMS COBRADO EM REGIME DE SUBSTITUIÇÃO TRIBUTÁRIA, ONDE SE PRETENDE REAVER IMPOSTO QUE SE ENTENDE TER SIDO PAGO A MAIOR.

3. A TUTELA ANTECIPADA CONTRA A FAZENDA PUBLICA SO TEM LUGAR QUANDO SE TRATAR DE DÍVIDA ALIMENTICIA NECESSARIA A SOBREVIVENCIA DO NECESSITADO E COM BASE EM PRECEDENTES JURISPRUDENCIAIS OU QUANDO, NO CAMPO TRIBUTARIO, HA ENTENDIMENTO LARGAMENTE UNIFORMIZADO NO CAMPO JURISPRUDENCIAL SOBRE A RELAÇÃO JURIDICA EM DEBATE. NESTA SITUAÇÃO, NÃO CABE A TRANSFERENCIA DEFINITIVA DE DOMINIO, SEM A GARANTIA LEGAL.

4. RECURSO PROVIDO. (REsp nº 148.072/RJ, Rel. Min. José Delgado, Primeira Turma, STJ, j. 27 nov. 1997, DJ 23 mar. 1998, p. 34)

3.6.2 Fundamento constitucional do direito à restituição de indébito

Antes de discutir, especificamente, os óbices ao deferimento de medidas liminares contra a Fazenda Pública nas ações de repetição de indébito tributário, vale levantar discussão doutrinária a respeito da própria constitucionalidade da previsão do art. 2º-B, Lei nº 9.494/97. Para Cleucio Santos Nunes, a constitucionalidade deste dispositivo seria questionável, de modo que o argumento pelo descabimento das tutelas provisórias nas ações de repetição de indébito também poderia ser discutido em sede de controle de constitucionalidade[653]. Nesse sentido, o controle de constitucionalidade se trata, essencialmente, de um mecanismo de correção, destinado a reestabelecer a harmonia de um sistema constitucional, por

[653] NUNES, Cleucio Santos. **Curso Completo de Direito Processual Tributário**. 5ª. ed. São Paulo: SaraivaJur, 2022, p. 544-546.

meio da "verificação da compatibilidade entre uma lei ou qualquer ato normativo infraconstitucional e a Constituição"[654].

De acordo com Canotilho, o controle de constitucionalidade opera por meio da relação entre norma-parâmetro e uma norma-objeto. A norma-objeto é a norma a qual se deseja aferir a constitucionalidade – no caso em tela, o art. 2º-B, Lei nº 9.494/1997. A norma-parâmetro, por sua vez, é uma norma de hierarquia superior, à qual a norma-objeto deve estar subordinada, formal, procedimental e substancialmente. O autor também traz a ideia de "bloco de constitucionalidade" como parâmetro constitucional, de modo que o controle de constitucionalidade pode ser feito em comparação não somente com normas inscritas na Constituição, mas também com "princípios não inscritos integrantes da ordem constitucional global"[655].

Isto posto, vale levantar discussão proposta por Hugo de Brito Machado a diversos juristas, na obra "Repetição do indébito e compensação no Direito Tributário", editada no ano de 2001 e por ele organizada, como primeiro empreendimento do Instituto Cearense de Direito Tributário (ICET). Na ocasião, o primeiro questionamento feito aos juristas[656] foi: "O direito à restituição do tributo pago indevidamente tem fundamento na Constituição Federal, ou apenas no CTN?". De acordo com o organizador, a esta primeira pergunta, todos os autores responderam que o fundamento estava na Constituição. Diz Hugo de Brito Machado:

[654] BARROSO, Luís Roberto. **O controle de constitucionalidade no direito brasileiro: exposição sistemática da doutrina e análise crítica da jurisprudência**. 6ª. ed. São Paulo: Saraiva, 2012, p. 1.

[655] CANOTILHO, José Joaquim Gomes. **Direito Constitucional e Teoria da Constituição**. 7ª. ed. Coimbra: Edições Almedina, 2003, p. 919.

[656] Além de Hugo de Brito Machado, os outros juristas participantes do empreendimento foram Antônio Carlos de Martins Mello, Aroldo Gomes de Mattos, Cairon Ribeiro dos Santos, Carlos Vaz, Dejalma de Campos, Gabriel Lacerda Troianelli, Hugo de Brito Machado Segundo, Paulo de Tarso Vieira Ramos, Ives Gandra da Silva Martins, José Artur Lima Gonçalves, Márcio Severo Marques, José Eduardo Soares de Melo, José Mörschbächer, Oswaldo Othon de Pontes Saraiva Filho, Paulo Roberto de Oliveira Lima, Rafael Marcílio Xerez, Ricardo Mariz de Oliveira, Schubert de Farias Machado, Tiziane Machado e Vittorio Cassone.

> Na verdade, quando se pergunta se um direito tem fundamento na Constituição, não se está perquirindo a respeito de um fundamento remoto. Não se está questionando a respeito do fundamento de validade da norma que o instituiu, porque obviamente toda lei tem seu fundamento de validade na Constituição. O que se quer saber é se o direito nasce diretamente da Constituição e, desta forma, existe, mesmo na omissão completa do ordenamento infraconstitucional.
>
> O direito à restituição do que tenha o contribuinte pago indevidamente tem inegável fundamento na Constituição, na medida em que esta garante que o tributo é devido na forma da lei e o legislador, por seu turno, está sujeito à limitações na definição do dever jurídico tributário. Assim, ainda que o ordenamento infraconstitucional nada estabeleça a respeito do direito à repetição de indébito, tal direito existirá, induvidosamente, por força dos preceitos da própria Constituição. É um corolário daquele direito de somente pagar o que seja devido nos termos da própria Constituição e das leis.
>
> Em sendo assim, como de fato é, tem-se uma outra conclusão inevitável e até óbvia em termos de lógica jurídica, de grande relevo. Se uma norma infraconstitucional nega o direito à restituição do indébito, ou a torna impraticável, será inconstitucional.[657]

Nesse diapasão, Cairon Ribeiro dos Santos entende que o direito, em sentido amplo, ao ressarcimento do indébito tributário, seja por meio de compensação, seja por meio de repetição de indébito, se apoia nos princípios constitucionais do direito à propriedade (art. 5º, XXII, CF/88), do devido processo legal (art. 5º, LIX, CF/88), da legalidade tributária (art. 150, I, CF/88) e da moralidade pública (art. 37, *caput*, CF/88)[658,659].

[657] MACHADO, Hugo de Brito. **Repetição do indébito e compensação no Direito Tributário.** 1ª. ed. Fortaleza e São Paulo: Instituto Cearense de Direito Tributário (ICET) e Editora Dialética, 2001, p. 11.

[658] SANTOS, Cairon Ribeiro dos. Repetição do indébito, compensação e ação declaratória. In: MACHADO, Hugo de Brito. (coord.). **Repetição do indébito e compensação no Direito Tributário.** 1ª. ed. Fortaleza e São Paulo: Instituto Cearense de Direito Tributário (ICET) e Editora Dialética, Cap. 4, p. 73-86, 2001, p. 73-74.

[659] Sobre o tema, o autor acrescenta: "Consagrado na Constituição, o direito à propriedade não pode jamais ser vilipendiado pela União, na sua excessiva vontade de impor tributos

James Marins adiciona, também, o princípio da capacidade contributiva (art. 145, §1º, CF/88), da responsabilidade objetiva do Estado (art. 37, §6º, CF/88), da isonomia (art. 5º, *caput*, CF/88), da ampla defesa (art. 5º, LV, CF/88), da justa indenização e da equivalência, como fundamentos da devolução de tributos indevidos. Para o autor, "a devolução de valores pagos indevidamente, em qualquer caso, é reflexo precípuo de efetivação da justiça social, em conformidade com os parâmetros que norteiam a vida em sociedade"[660].

Vê-se, pois, que os princípios que dão fundamento à repetição do indébito constituem bloco constitucional, dentro da definição de Canotilho e, assim, podem servir de normas-parâmetro para averiguar a constitucionalidade da norma-objeto – o art. 2º-B, Lei nº 9.494/1997. Hugo de Brito Machado Segundo, inclusive, aponta, ao tratar da possibilidade de deferimento liminar de repetição de indébito em consonância com o fundamento constitucional deste direito, que

> A principal consequência que se pode extrair de tal fundamento constitucional – mas que, por vezes, é solenemente ignorada pelo Poder Judiciário – é a de que o direito à restituição de tributo pago indevidamente não pode

desmedidos, sem permitir a restituição a quem de direito. Demais disso, se o contribuinte pagou o tributo indevido, não pagou tributo, pagou qualquer outra coisa, menos tributo. Não houvesse o instituto da restituição do indébito tributário, o contribuinte se veria despejado de seu bem, sem o imprescindível e devido processo legal. Em obediência ao princípio da legalidade, é vedado à União, aos Estados, ao Distrito Federal e aos Municípios, exigir ou aumentas tributos sem lei que o estabeleça, conforme o disposto no art. 150, I, da CF/88. Caracterizado o indébito tributário, não pode haver lei válida a exigir ou aumentar o tributo. Com efeito, estaria o princípio da legalidade sendo frontalmente ferido pela recusa da restituição. Por último, a restituição do indébito tributário está em perfeita sintonia com o princípio da moralidade pública, sendo imprescindível que os atos da administração pública sejam revestidos de moral. Obstacularizar a restituição do indébito tributário é cultuar o odioso *undue process of law*, que é claramente vedado na Constituição Federal (SANTOS, Cairon Ribeiro dos. Repetição do indébito, compensação e ação declaratória. In: MACHADO, Hugo de Brito. (coord.). **Repetição do indébito e compensação no Direito Tributário**. 1ª. ed. Fortaleza e São Paulo: Instituto Cearense de Direito Tributário (ICET) e Editora Dialética, Cap. 4, p. 73-86, 2001, p. 73-74).

[660] MARINS, James. **Direito Processual Tributário Brasileiro – Administrativo e Judicial**. 12ª. ed. São Paulo: Thomson Reuters Brasil, 2019, p. 502-503.

> ser suprimido, embaraçado ou impossibilitado pela legislação de inferior hierarquia. Não têm validade dispositivos de lei, seja ordinária ou complementar, que estabeleçam formalidades que, absolutamente desproporcionais, terminem representando pura e simplesmente um óbice ao exercício do direito à restituição.[661]

Pelo exposto, verifica-se que há argumentos concretos, levantados por autores de relevo na disciplina do Processo Tributário, a justificar eventual revisão de posicionamento dos tribunais acerca do óbice do art. 2º-B, Lei nº 9.494/1997, em sede de controle de constitucionalidade. No entanto, independentemente de eventual controle, ainda há outros sólidos argumentos pelos quais se defende o cabimento de tutelas provisórias contra o Poder Público, nas ações de repetição de indébito, em especial quando levada em conta a proposta de interpretação conforme do art. 1.059, CPC/2015, sugerida no presente livro. É o que se passa a expor a seguir.

3.6.3 Superação dos obstáculos ao deferimento de tutelas provisórias de urgência e evidência nas ações tributárias de repetição de indébito

Apesar do aparente consenso jurisprudencial apresentado, poucas são, no entanto, as manifestações recentes dos tribunais brasileiros sobre o tema do cabimento de medidas liminares contra a Fazenda Pública em ações tributárias de repetição de indébito, em especial nos últimos dez anos. Isto sugere a necessidade de trazer o tema de volta a debate, submetendo-o à reapreciação do Poder Judiciário, em especial pelo advento do instituto das tutelas provisórias, com o CPC/2015.

De fato, o argumento de que as ações de repetição de indébito não comportariam medidas liminares em desfavor do Poder Público por força art. 2º-B, Lei nº 9.494/1997, ecoa o óbice doutrinário do regime de precatórios, que, como já exposto na seção 3.1.2, resta superado pela doutrina e pela jurisprudência. As principais constatações práticas desta superação são (i) o reconhecimento de que o advento da LC nº 104/2001, que acres-

661 Machado Segundo, Hugo de Brito. **Processo Tributário**. 10ª. ed. São Paulo: Atlas, 2018, p. 442.

centou o inciso V ao art. 151, CTN, deixou claro que a concessão de tutelas provisórias contra a Fazenda Pública é possível em matéria tributária[662]; (ii) o reconhecimento de que, às obrigações definidas em lei como de pequeno valor, não se aplica o sistema de precatórios, visto que são pagas por meio de RPV, na forma do art. 100, §3º, CF/88[663]; e (iii) o reco-

[662] RECURSO ESPECIAL - PROCESSO CIVIL - AUSÊNCIA DE VEDAÇÃO DE CONCESSÃO DE TUTELA ANTECIPADA CONTRA A FAZENDA PÚBLICA - PRETENDIDA SUSPENSÃO DA EXIGIBILIDADE DO CRÉDITO TRIBUTÁRIO - POSSIBILIDADE - ALEGADA INCONSTITUCIONALIDADE DA TAXA DE SEGURANÇA - INCOMPETÊNCIA DESTE STJ PARA EXAMINAR A QUESTÃO.
Em estudo elaborado por este Relator, ficou consignado que "foi firmado o princípio da admissibilidade da tutela antecipada contra a Fazenda Pública, exceto as exceções restritivas" (cf. Domingos Franciulli Netto in "Notas sobre o precatório na execução contra a Fazenda Pública", in Revista dos Tribunais, n. 768, outubro de 1999, p. 44).
A jurisprudência, por sua vez, orienta-se no mesmo sentido. Assim, nos termos do voto da lavra do insigne Ministro Castro Meira, "é admissível a antecipação de tutela contra a Fazenda Pública desde que efetivamente demonstrados os requisitos que ensejam a sua concessão. A Lei n.º 9.494/97 não constitui óbice aos provimentos antecipatórios contra entidades de direito público, senão nas hipóteses taxativamente previstas em lei" (REsp 513.842-MG, DJ 1/3/2004).
A Lei Complementar n. 104/01 introduziu dois novos incisos ao artigo 151 do CTN, que contemplam outras hipóteses de suspensão da exigibilidade do crédito, entre elas a concessão de tutela antecipada.
Não merece ser conhecido o recurso no que concerne à questão da constitucionalidade da Taxa de Segurança, instituída pela Lei Estadual n. 6.848, de 27.12.95. Com efeito, é comezinho que a competência do Superior Tribunal de Justiça refere-se à matéria infraconstitucional.
Recurso especial conhecido em parte e improvido. (REsp nº 716.379/RN, Rel. Min. Franciulli Netto, Segunda Turma, STJ, j. 03 mar. 2005, DJ 22 ago. 2005, p. 234)

[663] ADMINISTRATIVO E PROCESSUAL CIVIL. ART. 535, II, DO CPC. OMISSÃO. INEXISTÊNCIA. CUSTEIO DE TRATAMENTO MÉDICO. MOLÉSTIA GRAVE. BLOQUEIO DE VALORES EM CONTAS PÚBLICAS. POSSIBILIDADE. ART. 461, CAPUT E § 5º DO CPC.
1. A verificação, no âmbito desta Corte, de eventual omissão pelo Tribunal a quo na análise de matéria constitucional importaria na usurpação da competência reservada ao STF.
2. Além de prever a possibilidade de concessão da tutela específica e da tutela pelo equivalente, o CPC armou o julgador com uma série de medidas coercitivas, chamadas na lei de "medidas necessárias", que têm como escopo o de viabilizar o quanto possível o cumprimento daquelas tutelas.

nhecimento da permissão ao bloqueio de verbas públicas, como medida assecuratória atípica fundada no poder geral de cautela do juiz[664].

3. As medidas previstas no § 5º do art. 461 do CPC foram antecedidas da expressão "tais como", o que denota o caráter não-exauriente da enumeração. Assim, o legislador deixou ao prudente arbítrio do magistrado a escolha das medidas que melhor se harmonizem às peculiaridades de cada caso concreto.
4. Submeter os provimentos deferidos em antecipação dos efeitos da tutela ao regime de precatórios seria o mesmo que negar a possibilidade de tutela antecipada contra a Fazenda Pública, quando o próprio Pretório Excelso já decidiu que não se proíbe a antecipação de modo geral, mas apenas para resguardar as exceções do art. 1º da Lei 9.494/97.
5. O disposto no caput do artigo 100 da CF/88 não se aplica aos pagamentos de obrigações definidas em lei como de pequeno valor, de modo que, ainda que se tratasse de sentença de mérito transitada em julgado, não haveria submissão do pagamento ao regime de precatórios.
6. Em casos como o dos autos, em que a efetivação da tutela concedida está relacionada à preservação da saúde do indivíduo, a ponderação das normas constitucionais deve privilegiar a proteção do bem maior que é a vida.
7. Precedentes de ambas as Turmas que compõem a Primeira Seção.
8. Recurso especial improvido. (REsp nº 853.880/RS, Rel. Min. Castro Meira, Segunda Turma, STJ, j. 19 set. 2006, DJ 28 set. 2006, p. 247)

[664] ADMINISTRATIVO. FAZENDA PÚBLICA. FORNECIMENTO DE MEDICAMENTOS. BLOQUEIO DE VERBAS PÚBLICAS. CABIMENTO. ART. 461, § 5º, E ART. 461-A DO CPC. DECISÃO MANTIDA POR SEUS PRÓPRIOS FUNDAMENTOS.
1. A negativa de fornecimento de um medicamento de uso imprescindível, cuja ausência gera risco à vida ou grave risco à saúde, é ato que, per se, viola direitos indisponíveis, pois vida e a saúde são bens jurídicos constitucionalmente tutelados em primeiro plano.
2. O bloqueio da conta bancária da Fazenda Pública possui características semelhantes ao seqüestro e encontra respaldo no art. 461, § 5º, do CPC, uma vez tratar-se não de norma taxativa, mas exemplificativa, autorizando o juiz, de ofício ou a requerimento da parte, determinar as medidas assecuratórias para o cumprimento da tutela específica.
3. O direito à saúde deve prevalecer sobre o princípio da impenhorabilidade dos recursos públicos. Nas palavras do Min. Teori Albino Zavascki, pode-se ter por legítima, ante a omissão do agente estatal responsável pelo fornecimento do medicamento, a determinação judicial do bloqueio de verbas públicas como meio de efetivação do direito prevalente. (REsp 840.912/RS, Primeira Turma, julgado em 15.2.2007, DJ 23.4.2007)
4. Não há que se sujeitar os valores deferidos em antecipação de tutela ao regime de precatórios, pois seria o mesmo que negar a possibilidade de tutela antecipada contra a Fazenda Pública, quando o Supremo Tribunal Federal apenas resguarda as exceções do art. 1º da Lei 9.494/97. Precedente. Agravo regimental improvido. (AgRg no REsp nº 935.083/RS, Rel. Min. Humberto Martins, Segunda Turma, STJ, j. 02 ago. 2007, DJ 15 ago. 2007, p. 268)

É significativo ressaltar, também, que o STJ já considera que o art. 2º-B, Lei nº 9.494/1997, deve ser interpretado restritivamente, como restou consignado no REsp nº 775.618/RS, inclusive no que tange à execução provisória de sentenças:

> PROCESSO CIVIL. ADMINISTRATIVO. PENSIONISTA DE SERVIDOR PÚBLICO. RESTABELECIMENTO DO BENEFÍCIO. EXECUÇÃO PROVISÓRIA. POSSIBILIDADE. ART. 2º- B DA LEI 9.494/97. APLICAÇÃO RESTRITIVA. PRECEDENTES. SUBMISSÃO DO FEITO AO ÓRGÃO ESPECIAL DO TRIBUNAL DE ORIGEM. DESNECESSIDADE. AUSÊNCIA DE DECLARAÇÃO INCIDENTE DE INCONSTITUCIONALIDADE. EMBARGOS DE DECLARAÇÃO. CARÁTER PROTELATÓRIO NÃO CONSTATADO. FINALIDADE DE PREQUESTIONAMENTO. SÚMULA 98/STJ. RECURSO ESPECIAL CONHECIDO E PARCIALMENTE PROVIDO.
>
> 1. Inaplicáveis as disposições contidas nos arts. 480 e 481 do CPC quando não há efetiva declaração incidente de inconstitucionalidade de lei ou ato normativo do poder público. Hipótese em que o Tribunal de origem, entendendo pela inconstitucionalidade da MP 2.180-35/01, limitou-se a afastar sua aplicação.
>
> 2. O art. 2º-B da Lei 9.494/97 deve ser interpretado restritivamente, de modo que, salvo as exceções nele previstas, a antecipação da tutela e a execução provisória são aplicáveis em desfavor do ente público. Hipótese em que a execução provisória diz respeito a sentença que reconheceu à recorrida o direito ao restabelecimento de benefício previdenciário.
>
> 3. O Superior Tribunal de Justiça possui entendimento firmado no sentido de que embargos de declaração opostos com propósito de prequestionamento não possuem caráter procrastinatório. Inteligência da Súmula 98/STJ.
>
> 4. Recurso especial conhecido e parcialmente provido. (REsp nº 775.618/RS, Rel. Min. Arnaldo Esteves Lima, Quinta Turma, STJ, j. 26 jun. 2007, DJ 06 ago. 2007, p. 639).

A partir deste entendimento, novas possibilidades de afastamento do art. 2º-B, Lei nº 9.494/1997, vêm sendo aventadas pela jurisprudência. No AI nº 5001145-88.2017.4.03.0000, por exemplo, o TRF-3 entendeu que o direito à integralidade dos proventos de pensão por morte com efeitos prospectivos não se enquadra nas hipóteses de aplicação do referido dispositivo, em face da natureza alimentar da prestação e da necessidade de deferência ao princípio constitucional da dignidade da pessoa humana. No AI nº 0025237-94.2012.4.03.0000, por sua vez, restou consignado que o afastamento do art. 2º-B, Lei nº 9.494/1997 é possível "em situações especialíssimas, nas quais resta evidente o estado de necessidade, sendo, pois, imperiosa a antecipação da tutela como condição, até mesmo, de sobrevivência para o jurisdicionado". Observe-se as ementas:

> AGRAVO DE INSTRUMENTO. PENSÃO POR MORTE. ANTECIPAÇÃO DE TUTELA CONTRA A FAZENDA PÚBLICA. POSSIBILIDADE. ART. 2º-B LEI Nº 9.494/97. INTERPRETAÇÃO RESTRITIVA. DEPENDÊNCIA COMPROVADA.
>
> A decisão que antecipou os efeitos da tutela recursal não acarreta violação ao art. 1º, §3º, da Lei nº 8.437/92, porquanto apenas se garantiu o direito à integralidade dos proventos de pensão por morte com efeitos prospectivos. Tampouco houve violação ao disposto no art. 7º, §2º, da Lei nº 12.016/2009, cujas vedações não incidem sobre causas de natureza previdenciária. Precedentes do STJ: (AgR no AREsp 459964/RN, Rel. Ministra REGINA HELENA COSTA, PRIMEIRA TURMA, julgado em 15/12/2016, DJe 03/02/2017), (AgR no REsp 1391636/RN, Rel. Min. HUMBERTO MARTINS, Segunda Turma, DJe 9/10/13).
>
> Caso dos autos não se subsome a nenhuma das hipóteses do art. 2º-B da Lei nº 9.494/97. Redução de R$ 1.290,00 proventos da agravada – passando a agravada a ganhar R$ 4.677,00 por mês – não basta, por si só, para revogar a medida liminar. Natureza alimentar e importância da dignidade da pessoa humana (art. 1º, III, da CF/88). Controvérsias a respeito de se a revisão do benefício em comento se deu pela Portaria COMGEP nº 1.471-T/AJU, de 25/06/2015, ou pelo Parecer 418/COJAER/CGU/AGU/2012.
>
> Agravo de instrumento improvido. (AI nº 5001145-88.2017.4.03.0000, Segunda Turma, TRF-3, Rel. Des. Federal Luiz Paulo Cotrim Guimarães, j. 11 abr. 2019, e-DJF3 15 abr. 2019).

> PROCESSUAL CIVIL. TRIBUTÁRIO. EMBARGOS DE DECLARAÇÃO. ART. 535 CPC/73. OMISSÃO. ART. 2º-B DA LEI 9.494/97. INAPLI-

CABILIDADE AO CASO DOS AUTOS. EMBARGOS ACOLHIDOS SEM EFEITOS INFRINGENTES.

1. Os embargos de declaração são cabíveis para sanar obscuridade, contradição ou omissão, nos estritos termos do artigo 535 do Código de Processo Civil de 1973.

2. O C. Superior Tribunal de Justiça firmou entendimento de que as hipóteses previstas no art. 2º-B da Lei nº. 9.494/97 devem ser interpretadas restritivamente. Precedente.

3. A vedação prevista no referido dispositivo legal não tem cabimento em situações especialíssimas, nas quais resta evidente o estado de necessidade, sendo, pois, imperiosa a antecipação da tutela como condição, até mesmo, de sobrevivência para o jurisdicionado. Precedentes do C. STJ e desta Corte.

4. Na hipótese dos autos, o recebimento da apelação somente no efeito devolutivo, mantendo a antecipação de tutela deferida na r. sentença, não encontra óbice no art. 2º-B da Lei nº 9.494/97, tendo em vista o caráter alimentar da pensão, o estado de necessidade, de preservação da vida e da saúde da parte autora, bem como não se tratar de servidor público.

5. Embargos de declaração acolhidos, tão somente para sanar a omissão apontada, sem efeitos infringentes.

(AI nº 484664, Proc. nº 0025237-94.2012.4.03.0000, Sexta Turma, TRF-3, Rel. Des. Federal Diva Malerbi, j. 11 mai. 2017, e-DJF3 23 mai. 2017).

Paralelamente, Hugo de Brito Machado propõe outro argumento para afastar a vedação à concessão de liminares contra o Poder Público nas ações de repetição de indébito tributário. Para o autor, a tutela antecipada poderia, ao invés de ser utilizada para executar, desde logo, a Fazenda Pública, ser deferida para, somente, garantir a expedição dos precatórios, que ficariam depositados em juízo, no âmbito do processo, até o deslinde do feito. Isto reduziria o tempo de espera do credor para o recebimento do valor devido, caso o resultado lhe favorecesse[665]. Assevera o autor:

[665] MACHADO, Hugo de Brito. Tutela jurisdicional antecipada na repetição de indébito tributário. **Repertório IOB de jurisprudência: tributário, constitucional e administrativo**, v. 24, p. 450-452, dez. 1995. Disponível em: http://biblioteca2.senado.gov.

> Presentes os pressupostos da antecipação, como ocorre, por exemplo, em ações de repetição de indébito nas quais inexista a controvérsia quanto aos fatos e o direito do autor esteja amparado por precedentes reiterados do Supremo Tribunal Federal, em se tratando de matéria constitucional, ou do Superior Tribunal de Justiça, em se tratando de matéria infraconstitucional, o juiz pode, atendendo a pedido do autor, conceder a tutela antecipada e determinar a expedição do correspondente precatório, com a particularidade de que o valor respectivo, se o pagamento pelo Presidente do Tribunal ocorrer antes do trânsito em julgado da sentença final, ficará à disposição do Juízo. Transitada em julgado a sentença, determinará, então, a liberação do depósito para o autor, que terá sido, assim, poupado da penosa espera que sistematicamente acontece com os que ganham questões contra a Fazenda Pública.[666]

Cássio Scarpinella Bueno, ao avaliar este posicionamento de Hugo de Brito Machado, aponta que a permanência do valor depositado em juízo daria, à Fazenda Pública, a segurança necessária para se afastar eventual perigo de irreversibilidades da decisão que antecipa a tutela[667]. De fato, a expedição liminar do correspondente precatório – ou, possivelmente, na sistemática atual, de uma RPV – aceleraria significativamente a efetivação do direito do contribuinte e nenhum prejuízo efetivo traria ao Poder Público.

Outro argumento relevante é a possibilidade de se utilizar a tutela provisória apenas para garantir o reconhecimento do direito à repetição de indébito. Esta já é uma possibilidade bem definida no âmbito do mandado de segurança objetivando compensação tributária, como se extrai da Súmula nº 213, STJ. Nesse sentido, verifica-se plausível a utilização

br:8991/F/?func=item-global&doc_library=SEN01&doc_number=000502161. Acesso em: 14 out. 2022.

666 Machado, Hugo de Brito. Tutela jurisdicional antecipada na repetição de indébito tributário. **Repertório IOB de jurisprudência: tributário, constitucional e administrativo**, v. 24, p. 450-452, dez. 1995, p. 451. Disponível em: http://biblioteca2.senado.gov.br:8991/F/?func=item-global&doc_library=SEN01&doc_number=000502161. Acesso em: 14 out. 2022.

667 Bueno, Cássio Scarpinella. **Liminar em mandado de segurança: um tema com variações**. 2ª. ed. São Paulo: Editora Revista dos Tribunais, 1999, p. 34.

analógica do raciocínio desenvolvido por James Marins, acerca da compensação tributária, também para a repetição de indébito tributária. Isto é, em sede de cognição sumária, mesmo que não seja possível aferir a liquidez de determinado crédito, há possibilidade de "reconhecimento do direito *in natura* do contribuinte", inclusive, afastando-se quaisquer normas infralegais que constituam óbice à efetivação do direito de repetir o indébito[668].

Ressalta-se, nesse diapasão, julgado relevante da Quinta Turma do TRF-3, do ano de 2011, em que se afastou o argumento da Fazenda Pública, em Agravo de Instrumento, de que a discussão do ressarcimento em sede liminar seria incompatível com o sistema de precatórios do art. 100, CF/88. Expôs o relator, Desembargador Antonio Carlos Cedenho, que, em face da natureza mandamental da sentença concessiva de segurança, não haveria que se temer ressarcimento prematuro dos valores.

> PROCESSUAL CIVIL, PREVIDENCIÁRIO E TRIBUTÁRIO. AGRAVO LEGAL. ATRIBUIÇÃO DE EFEITO SUSPENSIVO À APELAÇÃO INTERPOSTA DE SENTENÇA QUE CONCEDEU A SEGURANÇA. EXCEPCIONALIDADE. COINCIDÊNCIA COM AS HIPÓTESES DE VEDAÇAO DE LIMINAR EM MANDADO DE SEGURANÇA. AFASTAMENTO DE EXIGÊNCIAS FISCAIS. NÃO INTEGRA A RELAÇÃO LEGAL. AFASTADA A POSSIBILIDADE DE DECADÊNCIA DO DIREITO DE LANÇAR O CRÉDITO TRIBUTÁRIO. DESFALQUE PATRIMONIAL. INEXISTÊNCIA. EFEITO MANDAMENTAL DA SENTENÇA CONCESSIVA DE SEGURANÇA. AGRAVO IMPROVIDO.
>
> I. Mantenho a decisão agravada, já que os argumentos expostos no agravo não me convenceram a mudar o posicionamento assumido. [...]
>
> VII. Por fim, o temor de ressarcimento prematuro dos valores indevidamente recolhidos não se justifica diante da natureza mandamental da sentença concessiva de segurança, incompatível com o regime de execução contra a Fazenda Pública (artigo 100, caput, da Constituição Federal). Os efeitos

668 MARINS, James. **Direito Processual Tributário Brasileiro – Administrativo e Judicial**. 12ª. ed. São Paulo: Thomson Reuters Brasil, 2019, p. 597.

patrimoniais do reconhecimento do direito à compensação ou restituição de tributos devem ser reclamados em sede administrativa ou em ação de repetição de indébito, de acordo com as Súmulas nº 269 e 271 do Supremo Tribunal Federal.

VIII. Agravo legal a que se nega provimento. (AI nº 0004424-80.2011.4.03.0000, Quinta Turma, TRF da 3ª Região, Rel. Des. Federal Antonio Carlos Cedenho, j. 27 jun. 2011, e-DJF3 06 jul. 2011, p. 827)

Este argumento tem inegável relação, inclusive, com a tese proposta por Hugo de Brito Machado e apoiada por Cássio Scarpinella Bueno. Isto porque o reconhecimento, em sede liminar, do direito à restituição do indébito (desde que, por certo, verificados os requisitos autorizadores no caso concreto), poderia ser critério determinante para a expedição, também liminar, do correspondente precatório ou RPV, em nome da duração razoável e da efetividade processuais.

Adicionalmente, sob uma perspectiva econômica, Cleucio Santos Nunes aponta que, caso o empecilho fossem as regras orçamentárias, o pagamento "poderia se dar à conta de créditos especiais abertos para dar cumprimento à decisão judicial antecipatória"[669]. No mesmo sentido é Francisco Glauber Pessoa Alves, para quem, frente à natureza interlocutória das decisões de concessão de tutela antecipada, a concessão destas tutelas não inviabilizaria o equilíbrio orçamentário, já que, da mesma maneira que o orçamento faz uma previsão para sentenças de mérito, poderia, também, fazer para as decisões interlocutórias[670].

Em se tratando, pois, de repetição de indébito fundamentada (i) em precedentes do STF, (ii) entendimento pacífico de outros órgãos judiciários ou (iii) reconhecimento administrativo de que o tributo pago era indevido, se estará tratando de efeitos *erga omnes* – aplicáveis, portanto, a todos – de modo que a restituição dos valores deveria, em uma situação

[669] Nunes, Cleucio Santos. **Curso Completo de Direito Processual Tributário**. 5ª. ed. São Paulo: SaraivaJur, 2022, p. 544.

[670] Alves, Francisco Glauber Pessoa. A tutela antecipada em face da Fazenda Pública, seu perfil contemporâneo (tendências jurisprudenciais) e a necessidade de uma hermenêutica que lhe atribua efetividade. **Revista de Processo**. São Paulo: p. 37 a 71. Ano 28, n. 110., abr. – jun. 2003, p. 69.

ideal, se dar de ofício pela Fazenda Pública. Não sendo tal prática usual, no entanto, para Cleucio Santos Nunes, o deferimento de tutelas provisórias "seria a medida que melhor simbolizaria 'a justiça' no processo tributário". Adicionalmente, no entender do autor, quando a restituição de indébito é decorrente de invalidação de norma tributária impositiva, declarada pelo STF, isso "se equivale à expedição de título executivo, cuja liquidez é auferida na oportunidade em que a Fazenda se defende da demanda na contestação"[671,672].

Neste ponto, retoma-se a provocação feita na subseção anterior, a respeito do REsp nº 148.072/RJ. Na situação, a Primeira Turma do STJ entendeu que, no campo tributário, a vedação à concessão de liminares contra a Fazenda Pública poderia ser afastada nos casos em que houvesse entendimento jurisprudencial uniformizado sobre a relação jurídica em debate. Este julgado, do ano de 1997, tratava de situação que, anos mais tarde, viria a se enquadrar perfeitamente na hipótese do art. 311, II, CPC, ou seja, de deferimento de tutelas de evidência contra a Fazenda Pública, quando o argumento do autor estiver fundado em teses repetitivas dos tribunais superiores[673].

[671] NUNES, Cleucio Santos. **Curso Completo de Direito Processual Tributário**. 5ª. ed. São Paulo: SaraivaJur, 2022, p. 544-545.

[672] Devida ressalva deve ser feita, por certo, à necessidade de atuação prudencial por parte do magistrado, de modo a garantir a oportunidade de o Poder Público contrapor os argumentos do autor, inclusive impugnando documentos comprobatórios ou valores apontados pelo contribuinte. Ainda assim, no entanto, a tutela antecipada deveria ser possível caso a defesa da Fazenda não fosse considerada suficiente para desconstituir as alegações e provas do autor. (NUNES, Cleucio Santos. **Curso Completo de Direito Processual Tributário**. 5ª. ed. São Paulo: SaraivaJur, 2022, p. 543)

[673] TRIBUTARIO. PROCESSUAL CIVIL. TUTELA ANTECIPADA. ICMS. FAZENDA PUBLICA. [...]

3. A TUTELA ANTECIPADA CONTRA A FAZENDA PUBLICA SO TEM LUGAR QUANDO SE TRATAR DE DÍVIDA ALIMENTICIA NECESSARIA A SOBREVIVENCIA DO NECESSITADO E COM BASE EM PRECEDENTES JURISPRUDENCIAIS OU QUANDO, NO CAMPO TRIBUTARIO, HA ENTENDIMENTO LARGAMENTE UNIFORMIZADO NO CAMPO JURISPRUDENCIAL SOBRE A RELAÇÃO JURIDICA EM DEBATE. NESTA SITUAÇÃO, NÃO CABE A TRANSFERENCIA DEFINITIVA DE DOMINIO, SEM A GARANTIA LEGAL.

Para Cleucio Santos Nunes, nesses casos, se o conjunto probatório for suficientemente convincente, no entender do magistrado – ou seja, caso se esteja diante de evidência significativamente forte – seria possível, inclusive, o deferimento da tutela provisória de evidência em caráter liminar, na forma do art. 311, II e parágrafo único, CPC/2015. Nesse sentido, ao se observar que a própria Constituição Federal discrimina que o credor alimentar e o credor de pequeno valor estão sujeitos a regime mais célere de recebimento de crédito, também é possível concluir que, a partir do momento em que o credor tributário apresenta evidência de força significativa desde a petição inicial, também não é possível colocá-lo no mesmo patamar que o credor de qualquer valor, do qual o direito de crédito ainda depende de reconhecimento prévio em processo de conhecimento[674].

Pelo exposto, assim como se fez para as ações de compensação de créditos tributários e apesar da equivocada aplicação do direito pelas cortes superiores do país, é possível fixar a seguinte proposta de tese: às vedações impostas pelo art. 1.059, CPC/2015, aplica-se a proposta de interpretação conforme defendida na presente obra, na qual se entende inaplicáveis quaisquer óbices à concessão de tutelas de evidência contra a Fazenda Pública, com fundamento no art. 311, CPC/2015, em especial quando a argumentação estiver fundada no art. 311, II e parágrafo único, CPC/2015. Da mesma forma, também se aplica a este tipo de ação a proposta de mitigação das vedações com respeito às tutelas de urgência, admitindo-se o afastamento do art. 1.059, CPC/2015, desde que o autor, na petição inicial, requeira, ao invés do deferimento da restituição, o reconhecimento de que esta é devida, em analogia ao entendimento da Súmula nº 213, STJ. Em ambos os casos (tutela de urgência e evidência), também é possível, sem prejuízos aos cofres públicos – e, portanto, em obediência ao princípio do interesse público – que o juiz autorize, em sede liminar, a expedição de precatório ou RPV, que ficaria depositado em juízo, no âmbito do processo, até o deslinde do feito. Dessa maneira,

4. RECURSO PROVIDO. (REsp nº 148.072/RJ, Rel. Min. José Delgado, Primeira Turma, STJ, j. 27 nov. 1997, DJ 23 mar. 1998, p. 34)

674 Nunes, Cleucio Santos. **Curso Completo de Direito Processual Tributário**. 5ª. ed. São Paulo: SaraivaJur, 2022, p. 544-546.

restariam contempladas a duração razoável e a efetividade processuais, em tudo homenageados, também, os princípios de celeridade e cooperação processuais, preconizados pela reforma legislativa que deu origem ao CPC/2015.

CONCLUSÕES

O ordenamento jurídico brasileiro contém um conjunto de normas legais infraconstitucionais, precedentes judiciais e enunciados de súmula que, com o objetivo de proteção ao erário, preveem vedações à concessão de medidas liminares, incluindo tutelas provisórias, contra o Poder Público. A este conjunto se denominou "Sistema de proteção à Fazenda Pública contra a concessão de liminares".

Como exemplo, tinha-se o art. 7º, §2º, Lei nº 12.016/2009 (atualmente, considerado inconstitucional no julgamento da ADI nº 4.296/DF), que vedava a concessão de liminares em MS nos casos de (i) compensação tributária (ecoando o art. 1º, §5º, Lei nº 8.437/92); (ii) entrega de mercadorias e bens provenientes do exterior (ecoando o art. 3º, "a", Lei nº 2.410/55, e o art. 1º, Lei nº 2.770/56); (iii) reclassificação ou equiparação de servidores públicos e (iv) concessão de aumento ou a extensão de vantagens ou pagamento de qualquer natureza (ecoando o art. 5º, Lei nº 4.348/64, o art. 1º, §4º, Lei nº 5.021/66, e o art. 2º-B, Lei nº 9.494/97). O art. 1.059, CPC/2015, por sua vez, positivou a vedação à concessão de antecipação de tutela contra o Poder Público, em concordância com a terminologia mais moderna. Por meio das referências aos arts. 1º a 4º, Lei nº 8.437/92 e art. 7º, §2º, Lei nº 12.016/2009, estendeu-se a vedação também às tutelas provisórias. No caso específico das ações de compensação de créditos tributários, outro obstáculo relevante é o art. 170-A, CTN.

Parte da doutrina, no entanto, entende que a interpretação literal destes dispositivos, pode ofender (i) o princípio da inafastabilidade da jurisdição estatal (art. 5º, XXXV, CF/88) e todo seu corolário, composto pelo princípio da efetividade da tutela, pelo poder geral de cautela do juiz e pela duração razoável do processo (art. 5º, LXXVIII, CF/88); (ii) o princípio da isonomia (art. 5º, *caput*, CF/88), e (iii) o princípio da separação dos poderes (art. 2º, CF/88), bem como os valores de cooperação processual e celeridade que inspiraram o CPC/2015.

A questão também não é pacífica na jurisprudência nacional. Nesse sentido, vale ressaltar que o STF concluiu, no julgamento da ADC nº 04/DF, levando em conta os precedentes da ADI nº 223/DF, da ADI nº 295/DF e da ADI nº 1.576/DF, que, em princípio, não eram inconstitucionais as vedações à concessão de liminares contra o Poder Público. Ao longo dos anos, no entanto, a posição dos tribunais superiores sofreu diversas modificações.

Logo após o pronunciamento do STF na MC correspondente à ADC nº 04/DF, em fevereiro de 1998, parte dos magistrados entendeu pela vedação irrestrita de tais concessões, mas, com o passar do tempo, prevaleceu a corrente que entendia pela possibilidade de concessão das tutelas em hipóteses nas quais a denegação do pedido implicaria em ameaça à própria sobrevivência do demandante. Nos anos seguintes, restando sedimentada a necessidade de interpretação restritiva nos casos previdenciários e superados os óbices do reexame necessário e da necessidade de observância do regime de precatórios, os tribunais superiores passaram a admitir tal concessão em cada vez mais situações.

Tendo em vista que a interpretação literal do art. 1.059, CPC/2015, impede a aplicação das tutelas provisórias em diversas situações de ações fiscais, verifica-se que, na prática, cria-se um subgrupo de jurisdicionados – na forma dos contribuintes, sujeitos ao processo fiscal – que acaba por se ver submetido a um processo significativamente mais moroso e complexo do que aquele a que é submetido o indivíduo que demanda causas não fiscais contra o Poder Público. A partir daí, esta obra se propôs a demonstrar a inconstitucionalidade da interpretação atualmente conferida pelos tribunais ao art. 1.059, CPC/2015, especificamente quanto à vedação ao deferimento de tutelas provisórias contra a Fazenda Pública, nas ações tributárias de compensação de créditos e repetição de indébito.

Para preservar a constitucionalidade do artigo em questão, foi apresentada uma proposta de interpretação conforme do dispositivo, apta a livrá-lo da pecha de inconstitucionalidade. De acordo com a proposta, o art. 1.059, CPC/2015, deve ter mitigada sua vedação com respeito às tutelas de urgência contra o Poder Público, admitindo-se o afastamento do referido dispositivo, (i) nas hipóteses em que o intuito do Legislador foi de – indevidamente – restringir a atuação do juiz e (ii) nas situações em que o magistrado demonstre, de maneira fundamentada, que a situação concreta assim demanda. Quanto às tutelas de evidência contra a Fazenda Pública, em especial quando fundada no art. 311, II, CPC/2015, entende-se que se deve considerar inaplicáveis quaisquer óbices ao seu deferimento, podendo-se conceder a tutela, inclusive, em sede liminar *inaudita altera pars*, nos termos do art. 311, parágrafo único, CPC/2015.

Com base nesta proposta, quanto às tutelas de urgência nas ações de compensação de créditos tributários, entende-se admissível o afastamento do art. 1.059, CPC/2015, tendo em vista que, neste particular, o Legislador restringiu indevidamente a atuação do juiz e gerou diferenciação anti-isonômica entre Fazenda Pública e o contribuinte, seguindo a *ratio decidendi* utilizada na ADI nº 4.296/DF (a qual já gerou, inclusive, o cancelamento da Súmula nº 212, STJ), e também pelo fato de que o Judiciário estabeleceu interpretação equivocada, em especial do art. 170-A, CTN, que, em verdade, é norma procedimental destinada ao particular e à Administração Pública, desde que o contribuinte, ao invés de pleitear a extinção do crédito tributário na forma do art. 156, II, CTN, pleiteie, como provimento final, a declaração de seu direito inalienável à compensação e, em sede liminar, a concessão de liminar em MS ou tutela provisória para suspensão deste crédito, com base no art. 151, IV ou V, CTN.

Da mesma forma, quanto às tutelas de evidência nas ações de compensação de créditos tributários, entende-se inaplicáveis quaisquer óbices à concessão de tutelas de evidência contra a Fazenda Pública, com fundamento no art. 311, CPC/2015, em especial quando a argumentação estiver fundada no art. 311, II e parágrafo único, CPC/2015, com inspiração na *ratio decidendi* da ADI nº 4.296/DF, desde que o contribuinte, ao invés de pleitear a extinção do crédito tributário na forma do art. 156, II, CTN, pleiteie, como provimento final, a declaração de seu direito inalienável à compensação e, em sede liminar, a concessão de liminar em MS ou tutela provisória para suspensão deste crédito, com base no art. 151, IV ou V, CTN.

Quanto à ação de repetição de indébito entende-se que também é possível o afastamento do art. 1.059, CPC/2015, considerando-se inaplicáveis quaisquer óbices à concessão de tutelas de evidência contra a Fazenda Pública, com fundamento no art. 311, CPC/2015, em especial quando a argumentação estiver fundada no art. 311, II e parágrafo único, CPC/2015. Da mesma forma, também se aplica a este tipo de ação a proposta de mitigação das vedações com respeito às tutelas de urgência, admitindo-se o afastamento do art. 1.059, CPC/2015, desde que o autor, na petição inicial, requeira, ao invés do deferimento da restituição, o reconhecimento de que esta é devida, em analogia ao entendimento da Súmula nº 213, STJ. Em ambos os casos (tutela de urgência e evidência), também é possível, sem prejuízos aos cofres públicos – e, portanto, em obediência ao princípio do interesse público – que o juiz autorize, em sede liminar, a expedição de precatório ou RPV, que ficaria depositado em juízo, no âmbito do processo, até o deslinde do feito. Dessa maneira, restariam contempladas a duração razoável e a efetividade processuais, em tudo homenageados, também, os princípios de celeridade e cooperação processuais, preconizados pela reforma legislativa que deu origem ao CPC/2015.

Por último, observa-se que, dados os argumentos expostos e tendo em vista a significativa quantidade de autores de relevo que entendem que as vedações à concessão de tutelas provisórias contra o Poder Público são, em diferentes níveis e por diversos motivos, inadequadas, defende-se rediscussão – a mais ampla possível – do tema pelas cortes superiores do país. Tanto em relação à compensação de créditos tributários, quanto nos casos de repetição de valores, entende-se que, após nova discussão dos temas sob a luz dos princípios norteadores do novo CPC e do princípio da efetividade do processo, deve-se dar "tratamento igualitário aos jurisdicionados em matéria de concessão de tutelas provisórias, independentemente de o réu ser a Fazenda Pública"[675].

Por fim, destaca-se doutrina do Min. Luiz Fux, que sumarizou bem o espírito principiológico defendido neste livro ao defender que, em todos os casos, as regras do Sistema de Proteção à Fazenda Pública contra a concessão de tutelas provisórias "devem ceder nas hipóteses em que haja tensão entre valores fundamentais, ab-rogando-se as proi-

[675] NUNES, Cleucio Santos. **Curso Completo de Direito Processual Tributário**. 5ª. ed. São Paulo: SaraivaJur, 2022, p. 550.

bições à luz do princípio da proporcionalidade e das cláusulas pétreas constitucionais"[676].

[676] Fux, Luiz. O novo microssistema legislativo das liminares contra o Poder Público. In: Bonavides, P.; Moraes, G.; Rosas, R. (orgs.). **Estudos de Direito Constitucional em homenagem a Cesar Asfor Rocha (Teoria da Constituição, Direitos Fundamentais e Jurisdição)**. 1ª. ed. Rio de Janeiro: Renovar, p. 431-452, 2009, p. 447.

REFERÊNCIAS

ALVES, Francisco Glauber Pessoa. A tutela antecipada em face da Fazenda Pública, seu perfil contemporâneo (tendências jurisprudenciais) e a necessidade de uma hermenêutica que lhe atribua efetividade. **Revista de Processo** São Paulo: p. 37 a 71. Ano 28, n. 110., abr. – jun. 2003.

ARRUDA, Samuel Miranda. O direito fundamental à razoável duração do processo. In: CANOTILHO, José Joaquim Gomes, et al. **Comentários à Constituição do Brasil**. 2ª. ed. São Paulo: Saraiva Educação, p. 541-546, 2018.

BARROSO, Luís Roberto. **O controle de constitucionalidade no direito brasileiro: exposição sistemática da doutrina e análise crítica da jurisprudência**. 6ª. ed. São Paulo: Saraiva, 2012.

BARROSO, Luís Roberto. **Curso de Direito Constitucional contemporâneo: os conceitos fundamentais e a construção do novo modelo**. 4ª. ed. São Paulo: Saraiva, 2013.

BARROSO, Luís Roberto. Interpretação constitucional como interpretação específica. In: CANOTILHO, José Joaquim Gomes, et al. **Comentários à Constituição do Brasil**. 2ª. ed. São Paulo: Saraiva Educação, p. 91-95, 2018.

BEDAQUE, José Roberto dos Santos. Arts. 294 a 311, CPC. In: BUENO, Cássio Scarpinella (coord.). **Comentários ao Código de Processo Civil**. São Paulo: Saraiva, v. 1 (arts. 1º a 317), p. 916-967, 2017.

BRASIL. Supremo Tribunal Federal. Representação. [...]. **Rp nº 1.417-DF**: Plenário do STF. Representante: Procurador Geral da República. Representados: Presidente da República e Congresso Nacional. Rel. Min. Moreira Alves. Brasília, j. 09 dez. 1987. DJ 15 abr. 1988.

BRASIL. Supremo Tribunal Federal. Medida Cautelar em Ação Direta de Inconstitucionalidade. [...]. **MC na ADI nº 223/DF**: Plenário do STF. Requerente: Partido Democrático Trabalhista (PDT). Intimado: Presidente da República. Rel.

Min. Paulo Brossard, Rel. p/ Acórdão Min. Sepúlveda Pertence. Brasília, j. 05 abr. 1990, DJ 29 jun. 1990.

BRASIL. Superior Tribunal de Justiça. Recurso Ordinário em Mandado de Segurança. [...]. **RMS nº 4.513/SP**: Segunda Turma, STJ. Recorrente: KS Pistões LTDA e outro. Recorrido: Juízo da 17ª Vara Cível da Seção Judiciária de São Paulo. Rel. Min. Antonio de Pádua Ribeiro. Brasília, j. 23 nov. 1994, DJ 12 dez. 1994.

BRASIL. Superior Tribunal de Justiça. Recurso Ordinário em Mandado de Segurança. [...]. **RMS nº 4.970/SP**: Segunda Turma, STJ. Recorrente: Papaiz Indústria e Comércio LTDA. Recorrido: Juízo Federal da 14ª Vara Cível da Seção Judiciária de São Paulo. Rel. Min. Ari Pargendler. Brasília, j. 06 set. 1995. DJ 06 nov. 1995.

BRASIL. Superior Tribunal de Justiça. Recurso Especial. [...]. **REsp nº 92.651/AL**: Primeira Turma, STJ. Recorrente: Fazenda Nacional. Recorrido: Disbemil Distribuidora de Bebidas São Miguel Ltda. Rel. Min. Milton Luiz Pereira. Brasília, j. 17 jun. 1996, DJ 12 ago. 1996.

BRASIL. Tribunal Regional Federal da 3ª Região. Agravo de Instrumento. [...]. **Ag nº 96.03.019712-2/SP**: Quarta Turma, TRF-3. Classe 36.301, Número de origem 95.00508397, Número único 0019712-93.1996.4.03.0000. Rel. Des. Andrade Martins. São Paulo, j. 13 mar. 1996, DJU 25 mar. 1996.

BRASIL. Superior Tribunal de Justiça. Recurso Especial. [...]. **REsp nº 121.315/PR**: Primeira Turma, STJ. Recorrente: BANCO MAXINVEST S/A. Recorrido: INSS. Rel. Ministro Demócrito Reinaldo. Brasília, j. 05 jun. 1997. DJ 30 jun. 1997.

BRASIL. Superior Tribunal de Justiça. Recurso Especial. [...]. **REsp nº 92.722/CE**, Segunda Turma, STJ. Recorrente: Fazenda Nacional. Recorrido: Companhia de Fiação e Tecidos Ernesto Deocleciano. Rel. Min. Antonio de Pádua Ribeiro. Brasília, j. 17 abr. 1997. DJ 19 mai. 1997.

BRASIL. Supremo Tribunal Federal. Medida Cautelar em Ação Direta de Inconstitucionalidade. [...]. **MC na ADI nº 295/DF**: Plenário do STF. Requerente: Conselho Federal da Ordem dos Advogados do Brasil (CFOAB). Intimado: Presidente da República. Rel. Min. Paulo Brossard, Rel. p/ Acórdão Min. Marco Aurélio. Brasília, j. 22 jun. 1990. DJ 22 ago. 1997.

BRASIL. Supremo Tribunal Federal. Medida Cautelar na Ação Direita de Inconstitucionalidade. [...]. **MC na ADI nº 975/DF**: Plenário do STF. Requerente: Conselho Federal da OAB. Requerido: Presidente da República. Rel. Min. Carlos Velloso. Brasília, j. em 09 dez. 1993. DJ 20 jun. 1997.

BRASIL. Superior Tribunal de Justiça. Recurso Especial. [...]. **REsp nº 171.258/SP**: Sexta Turma, STJ. Recorrente: Fazenda do Estado de São Paulo. Recorrido:

Clea Paione. Rel. Min. Anselmo Santiago. Brasília, j. em 10 nov. 1998. DJ 18 dez. 1998.

BRASIL. Superior Tribunal de Justiça. Recurso Especial. [...]. **REsp nº 148.072/RJ**: Primeira Turma, STJ. Recorrente: Estado do Rio de Janeiro. Recorrido: Distribuidora de Bebidas Botafogo Ltda. Rel. Min. José Delgado. Brasília, j. 27 nov. 1997, DJ, 23 mar. 1998.

BRASIL. Supremo Tribunal Federal. Medida Cautelar em Ação Direta de Inconstitucionalidade. [...]. **MC na ADI nº 1.753-2/DF**: Plenário do STF. Requerente: Conselho Federal da Ordem dos Advogados do Brasil (CFOAB). Intimado: Presidente da República. Rel. Min. Sepúlveda Pertence. Brasília, j. 16 abr. 1998. DJ 12 jun. 1998.

BRASIL. Superior Tribunal de Justiça. Agravo Regimental em Recurso Especial. [...]. AgRg no REsp nº 221.014/PE, Primeira Turma, STJ. Recorrente: Destilaria J B Ltda. Recorrido: Fazenda Nacional. Rel. Min. José Delgado. Brasília, j. 05 out. 1999. DJ 29 nov. 1999.

BRASIL. Superior Tribunal de Justiça. Recurso Especial. [...]. **REsp nº 195.967/RS**: Sexta Turma, STJ. Recorrente: INSS. Recorrido: Edson Figueira dos Santos. Rel. Min. Fernando Gonçalves. Brasília, j. 09 fev. 1999. DJ 15 mar. 1999.

BRASIL. Superior Tribunal de Justiça. Recurso Especial. [...]. **REsp nº 188.974/MS**: Primeira Turma, STJ. Recorrente: INSS. Recorrido: Maria Cristina de Barros Migueis e Outros. Rel. Min. Garcia Vieira. Brasília, j. 04 mar. 1999. DJ 03 mai. 1999.

BRASIL. Superior Tribunal de Justiça. Recurso Especial. [...]. **REsp nº 184.261/PE**, Primeira Turma, STJ. Recorrente: Fazenda Nacional. Recorrido: Posto Pai e Filhos Ltda. Rel. Min. José Delgado. Brasília, j. 20 out. 1998. DJ 01 mar. 1999.

BRASIL. Supremo Tribunal Federal. Suspensão de Segurança. [...]. **SS nº 1.320/DF**: Decisão da presidência do STF, prolatada em 06 abr. 1999. Relator: Min. Celso de Mello, DJ 14 abr. 1999.

BRASIL. Superior Tribunal de Justiça. Agravo Regimental no Agravo de Instrumento. [...]. **AgRg no Ag nº 293.610/DF**: Quinta Turma, STJ. Agravante: Associação dos Servidores do TRT-10. Agravado: União. Rel. Min. Edson Vidigal. Brasília, j. 29 jun. 2000. DJ, 28 ago. 2000.

BRASIL. Superior Tribunal de Justiça. Medida Cautelar. [...]. **MC nº 1.316/PA**: Primeira Turma. Requerente: José R. D. do Nascimento. Requerido: Câmara Municipal de Curuçá. Rel. Min. José Delgado. Brasília, j. 14 dez. 1999. DJ 28 fev. 2000.

BRASIL. Superior Tribunal de Justiça. Recurso Especial. [...]. **REsp nº 232.005/CE**: Primeira Turma, STJ. Recorrente: Fazenda Nacional. Recorrido: Luiz Roberto Soares Santos e outros. Rel. Min. Garcia Vieira. Brasília, j. 18 nov. 1999. DJ 07 fev. 2000.

BRASIL. Supremo Tribunal Federal. Mandado de Segurança. [...]. **MS nº 23.452/RJ**: Plenário do STF. Impetrante: Luiz Carlos Barretti Junior. Impetrado: Presidente da CPI. Rel. Min. Celso de Mello. Brasília, j. 16 set. 1999. DJ 12 mai. 2000.

BRASIL. Supremo Tribunal Federal. Reclamação. [...]. **Rcl nº 1.514/RS**: STF. Reclamante: INCRA. Reclamado: Juíza Federal da 8ª Vara da Seção Judiciária do Rio Grande do Sul. Rel. Min. Celso de Mello. Brasília, j. 05 jun. 2000. DJ 19 jun. 2000.

BRASIL. Superior Tribunal de Justiça. Recurso Especial. [...]. **REsp nº 217.743/CE**: Quinta Turma, STJ. Recorrente: INSS. Recorrido: Raimundo Trajano da Costa. Rel. Min. José Arnaldo da Fonseca. Brasília, j. 28 ago. 2001. DJ 22 out. 2001.

BRASIL. Supremo Tribunal Federal. Reclamação. [...]. **Rcl nº 1.122/RS**: Plenário do STF. Reclamante: IPERGS. Reclamado: Juíza de Direito da 5ª Vara de Fazenda Pública da Comarca de Porto Alegre. Rel. Min. Néri da Silveira. Brasília, j. 30 mai. 2001. DJ 06 set. 2001.

BRASIL. Superior Tribunal de Justiça. Recurso Especial. [...]. **REsp nº 463.778/RS**: Sexta Turma, STJ. Recorrente: União. Recorrido: Nelson Flores Franco. Rel. Min. Vicente Leal. Brasília, j. 26 nov. 2002. DJ 19 dez. 2002.

BRASIL. Superior Tribunal de Justiça. Recurso Especial. [...]. **REsp nº 409.172/RS**: Quinta Turma, STJ. Recorrente: União. Recorrido: Samantha Machado Beckmann e INSS. Rel. Min. Felix Fischer. Brasília, j. 04 abr. 2002. DJ 29 abr. 2002.

BRASIL. Superior Tribunal de Justiça. Agravo Regimental em Agravo de Instrumento. [...]. **AgRg no Ag nº 517.989/DF**: Primeira Turma, STJ. Agravante: Companhia Semeato de Aços (CSA). Agravado: Fazenda Nacional. Rel. Min. José Delgado. Brasília, j. 16 out. 2003. DJ 15 dez. 2003.

BRASIL. Superior Tribunal Federal. Agravo Regimental em Reclamação. [...]. **AgR na Rcl nº 1020-RJ**: Plenário do STF. Agravado: INSS. Agravado: Juiz Federal da 4ª Vara de Niterói. Rel. Min. Octavio Gallotti. Brasília, j. 21 ago. 2002. DJ 21 fev. 2003.

BRASIL. Supremo Tribunal Federal. Medida Cautelar em Ação Direta de Inconstitucionalidade. [...]. **MC na ADI nº 1.576/DF**: Plenário do STF. Requerente: Partido Liberal (PL). Intimado: Presidente da República. Rel. Min. Marco Aurélio. Brasília, j. 16 abr. 1997. DJ 06 jun. 2003.

BRASIL. Superior Tribunal de Justiça. Agravo Regimental em Agravo de Instrumento. [...]. **AgRg no Ag nº 418.418/SP**: Primeira Turma, STJ. Agravante: Metalúrgica Suprens LTDA. Agravado: INSS. Rel. Min. Denise Arruda. Brasília, j. 19 ago. 2004. DJ 20 set. 2004.

BRASIL. Superior Tribunal de Justiça. Agravo Regimental em Suspensão de Tutela Antecipada. [...]. **AgRg na STA nº 61/CE**: Corte Especial do STJ. Requerente: União. Requerido: Tribunal Regional Federal da 5ª Região. Rel. Min Edson Vidigal. Brasília, j. 25 out. 2004. DJ 06 dez. 2004.

BRASIL. Superior Tribunal de Justiça. Recurso Especial. [...]. **REsp nº 659.200/DF**: Sexta Turma, STJ. Recorrente: Distrito Federal. Recorrido: Alter Miranda Francisco Dourado e Outros. Rel. Min. Hélio Quaglia Barbosa. Brasília, j. 21 set. 2004. DJ 11 out. 2004.

BRASIL. Superior Tribunal de Justiça. Recurso Especial. [...]. **REsp nº 608.704/CE**: Quinta Turma, STJ. Recorrente: Estado do Ceará. Recorrido: Maria Iraci Nogueira de Holanda e outros. Rel. Min. Felix Fischer. Brasília, j. 25 mai. 2004. DJ 01 set. 2004.

BRASIL. Superior Tribunal de Justiça. Recurso Especial. [...]. **REsp nº 472.162/SP**: Segunda Turma, STJ. Recorrente: Lojas Tanger LTDA. Recorrido: Fazenda do Estado de São Paulo. Rel. Min. João Otávio de Noronha. Brasília, j. 09 dez. 2003. DJ 09 fev. 2004.

BRASIL. Superior Tribunal de Justiça. Recurso Especial. [...]. **REsp nº 638.919/RS**: Quinta Turma, STJ. Recorrente: União. Recorrido: Homero Machado Domingues. Rel. Min. Felix Fischer. Brasília, j. 23 jun. 2004. DJ 09 ago. 2004.

BRASIL. Superior Tribunal de Justiça. Recurso Especial. [...]. **REsp nº 612.108/PR**: Primeira Turma. Recorrente: União. Recorrido: João Preis. Relator: Min. Luiz Fux. Brasília, j. 02 set. 2004. DJ 03 nov. 2004.

BRASIL. Superior Tribunal de Justiça. Recurso Especial. [...]. **REsp nº 614.715/RS**: Primeira Turma, STJ. Recorrente: União. Recorrido: Michele Lermen Scottá. Rel. Min. Francisco Falcão. Brasília, j. 27 abr. 2004. DJ 30 ago. 2004.

BRASIL. Superior Tribunal de Justiça. Recurso Especial. [...]. **REsp nº 555.058/PE**: Segunda Turma, STJ. Recorrente: Hotel Jardim LTDA. Recorrido: Fazenda Nacional. Rel. Min. Castro Meira. Brasília, j. 16 out. 2003. DJ 25 fev. 2004.

BRASIL. Superior Tribunal de Justiça. Recurso Especial. [...]. **REsp nº 575.867/CE**: Primeira Turma, STJ. Recorrente: Fazenda Nacional. Recorrido: Têxtil Bezerra de Menezes S/A. Rel. Min. Teori Albino Zavascki. Brasília, j. 05 fev. 2004. DJ 25 fev. 2004.

BRASIL. Supremo Tribunal Federal. Ação Direta de Inconstitucionalidade. [...]. **ADI nº 2.851/RO**: Plenário do STF. Requerente: Governador do Estado de Rondônia. Intimado: Assembleia Legislativa do Estado de Rondônia. Rel. Min. Carlos Velloso. Brasília, j. 28 out. 2004. DJ 03 dez. 2004.

BRASIL. Superior Tribunal de Justiça. Agravo Regimental em Recurso Especial. [...]. **AgRg no REsp nº 732.726/RJ**: Primeira Turma, STJ. Recorrente: Município do Rio de Janeiro. Recorrido: Neusa D'Avila Bleuler. Rel. Min. Francisco Falcão. Brasília, j. 27 set. 2005. DJ 21 nov. 2005.

BRASIL. Superior Tribunal de Justiça. Agravo Regimental em Recurso Especial. [...]. **AgRg no REsp nº 663.894/CE**: Primeira Turma, STJ. Recorrente: Fazenda Nacional. Recorrido: Organização Brasileira de Prestação de Serviços LTDA (Orbral). Rel. Min. Francisco Falcão. Brasília, j. 07 abr. 2005. DJ 23 mai. 2005.

BRASIL. Superior Tribunal de Justiça. Recurso Especial. [...]. **REsp nº 716.379/RN**: Segunda Turma, STJ. Recorrente: Estado do Rio Grande do Norte. Recorrido: Hotel Porto do Mar e Outro. Rel. Min. Franciulli Netto. Brasília, j. 03 mar. 2005. DJ 22 ago. 2005.

BRASIL. Superior Tribunal de Justiça. Recurso Especial. [...]. **REsp nº 643.116/RS**: Segunda Turma, STJ. Recorrente: Alberto Bordignon – Microempresa e Outros. Recorrido: INSS. Rel. Min. Eliana Calmon. Brasília, 21 set. 2004. DJ 20 jun. 2005.

BRASIL. Superior Tribunal de Justiça. Recurso Especial. [...]. **REsp nº 650.219/PB**: Segunda Turma. Recorrente: Instituto Nacional do Seguro Social. Recorrido: Santos Revendedora de Petróleo LTDA. Relatora: Min. Eliana Calmon. Brasília, j. 04 abr. 2016. DJ 16 mai. 2006.

BRASIL. Superior Tribunal de Justiça. Recurso Especial. [...]. **REsp nº 643.469/RS**: Segunda Turma, STJ. Recorrente: Editora Gráfica Notícia Ilustrada Ltda e Outros. Recorrido: INSS. Rel. Min. Eliana Calmon. Brasília, j. 24 ago. 2005. DJ 13 mar. 2006.

BRASIL. Superior Tribunal de Justiça. Recurso Especial. [...]. **REsp nº 834.907/PR**: Primeira Turma, STJ. Recorrente: Praimer Revestimentos Anti-Aderentes LTDA. Recorrido: Fazenda Nacional. Rel. Min. Teori Albino Zavascki. Brasília, j. 20 jun. 2006. DJ 30 jun. 2006.

BRASIL. Superior Tribunal de Justiça. Recurso Especial. [...]. **REsp nº 853.880/RS**: Segunda Turma, STJ. Recorrente: Estado do Rio Grande do Sul. Recorrido: Luiza Maciel Libretti. Rel. Min. Castro Meira. Brasília, j. 19 set. 2006. DJ 28 set. 2006.

BRASIL. Superior Tribunal de Justiça. Recurso Especial. [...]. **REsp nº 749.082/RN**: Primeira Turma, STJ. Recorrente: Estado do Rio Grande do Norte. Recorrido: Pizzato Praia Hotel LTDA. Rel. Min. Francisco Falcão. Brasília, j. 16 mar. 2006. DJ 10 abr. 2006.

BRASIL. Superior Tribunal de Justiça. Recurso Especial. [...]. **REsp nº 360.002/RJ**: Segunda Turma, STJ. Recorrente: Fazenda Nacional. Recorrido: Abud Pneus Ltda – Microempresa. Rel. Min. João Otávio de Noronha. Brasília, j. 15 dez. 2005. DJ 20 fev. 2006.

BRASIL. Supremo Tribunal Federal. Recurso Extraordinário. [...]. **RE nº 420816/PR**: Plenário do STF. Recorrente: INSS. Recorrido: Maria Godofrida Rodrigues Prado. Rel. Min. Carlos Velloso. Rel. p/ Acórdão Min. Sepúlveda Pertence. Brasília, j. 29 set. 2004. DJ 10 dez. 2006.

BRASIL. Superior Tribunal de Justiça. Agravo Regimental em Recurso Especial. [...]. **AgRg no REsp nº 935.083/RS**: Segunda Turma, STJ. Recorrente: Aracy Ingrid Perkovski. Recorrido: Estado do Rio Grande do Sul. Rel. Min. Humberto Martins. Brasília, j. 02 ago. 2007. DJ 15 ago. 2007.

BRASIL. Superior Tribunal de Justiça. Agravo Regimental em Recurso Especial. [...]. **AgRg no REsp nº 567.932/RS**: Quinta Turma, STJ. Recorrente: Estado do Rio Grande do Sul. Recorrido: Catarina Aparecida Schubert. Rel. Min. Laurita Vaz. Brasília, j. 03 abr. 2007. DJ 14 mai. 2007.

BRASIL. Superior Tribunal de Justiça. Recurso Especial. [...]. **REsp nº 900.986/SP**: Segunda Turma, STJ. Recorrente: Cores Vivas Comércio de Tintas Lençóis LTDA. Recorrido: Fazenda Nacional. Rel. Min. Castro Meira. Brasília, j. 06 mar. 2007. DJ 15 mar. 2007.

BRASIL. Superior Tribunal de Justiça. Recurso Especial. [...]. **REsp nº 983.814/MG**: Segunda Turma, STJ. Recorrente: Fazenda Pública do Estado de Minas Gerais. Recorrido: Inspetoria São João Bosco e outros. Rel. Min. Castro Meira. Brasília, j. 04 dez. 2007. DJ 17 dez. 2007.

BRASIL. Superior Tribunal de Justiça. Recurso Especial. [...]. **REsp nº 834.678/PR**: Primeira Turma, STJ. Recorrente: R C de S L e outros. Recorrido: Município de Curitiba. Rel. Min. Luiz Fux. Brasília, j. 26 jun. 2007. DJ 23 ago. 2007.

BRASIL. Superior Tribunal de Justiça. Recurso Especial. [...]. **REsp nº 775.618/RS**: Quinta Turma, STJ. Recorrente: Instituto de Previdência do Estado do RS. Recorrido: Iara Sena Vaz. Rel. Min. Arnaldo Esteves Lima. Brasília, j. 26 jun. 2007. DJ 06 ago. 2007

BRASIL. Supremo Tribunal Federal. Ação Direta de Inconstitucionalidade. [...]. **ADI nº 1.976/DF**: Plenário do STF. Requerente: Confederação Nacional da Indústria (CNI). Intimado: Presidente da República. Rel. Min. Joaquim Barbosa. Brasília, j. 28 mar. 2007. DJ 10 abr. 2007.

BRASIL. Superior Tribunal de Justiça. Recurso Especial. [...]. **REsp nº 1.111.164/BA**: Primeira Seção, STJ. Recorrente: Fazenda Nacional. Recorrido: Vela Branca Hotéis e Turismo LTDA. Rel. Min. Teori Albino Zavascki. Brasília, j. 13 mai. 2009. DJe 25 mai. 2009.

BRASIL. Superior Tribunal de Justiça. Recurso Especial. [...]. **REsp nº 934.138/MT**: Primeira Turma, STJ. Recorrente: Estado do Mato Grosso. Recorrido: Ministério Público do Estado do Mato Grosso. Rel. Min. Luiz Fux. Brasília, j. 10 nov. 2009. DJe 04 dez. 2009.

BRASIL. Superior Tribunal de Justiça. Recurso Especial. [...]. **REsp nº 801.993/RJ**: Primeira Turma, STJ. Recorrente: Sendas Comércio Exterior S/A. Recorrido: Fazenda Nacional. Rel. Min. Teori Albino Zavascki. Brasília, j. 17 fev. 2009. DJe 04 mar. 2009.

BRASIL. Superior Tribunal de Justiça. Recurso Especial. [...]. **REsp nº 1.085.257/SP**: Segunda Turma, STJ. Recorrente: Fazenda Nacional. Recorrido: O Lisboa Despachos Internacionais LTDA. Rel. Min. Eliana Calmon. Brasília, j. 09 dez. 2008. DJe 24 mar. 2009.

BRASIL. Superior Tribunal de Justiça. Recurso Especial. [...] **REsp nº 1.307.407/SC**: Segunda Turma. Recorrente: Roselaine Guilhardi Andolfato. Recorrido: Município de Xaxim. Relator: Min. Mauro Campbell Marques. Brasília, j. 22 mai. 2012. DJe 29 mai. 2012.

BRASIL. Supremo Tribunal Federal. Agravo Regimental em Reclamação. [...]. **AgR na Rcl nº 5.174/ES**: Plenário do STF. Agravante: Estado do Espírito Santo. Agravado: Tribunal de Justiça do Estado do Espírito Santo. Rel. Min. Cezar Peluso. Brasília, j. 27 nov. 2008, DJe 06 fev. 2009.

BRASIL. Supremo Tribunal Federal. Agravo Regimental em Reclamação. [...]. **AgR na Rcl nº 4.628/SP**: Plenário do STF. Reclamante: União. Reclamado: Relator do Ag nº 2004.03.00.034178-5 do TRF da 3ª Região. Rel. Min. Cezar Peluso. Brasília, j. 27 nov. 2008. DJe 06 fev. 2009.

BRASIL. Supremo Tribunal Federal. Agravo Regimental em Reclamação. [...]. **AgR na Rcl nº 5.163/CE**: Plenário do STF. Agravante: Estado do Ceará. Agravado: Juiz de Direito da 3ª Vara dos feitos da Fazenda Pública da Comarca de Fortaleza (Processo nº 2006.0003.5637-9). Rel. Min. Cezar Peluso. Brasília, j. 27 nov. 2008. DJe 06 fev. 2009.

BRASIL. Supremo Tribunal Federal. Agravo Regimental em Reclamação. [...]. **AgR na Rcl nº 5.983/PI**: Plenário do STF. Agravante: Estado do Piauí. Agravado: Juiz de Direito da Comarca de Uruçuí. Rel. Min. Cezar Peluso. Brasília, j. 03 dez. 2008. DJe 06 fev. 2009.

BRASIL. Supremo Tribunal Federal. Agravo Regimental em Reclamação. [...]. **AgR na Rcl nº 6.468/SE**: Plenário do STF. Agravante: Estado de Sergipe. Agravado: Relatora da Ação Rescisória nº 2008601474 do Tribunal de Justiça do Estado de Sergipe. Rel. Min. Cezar Peluso. Brasília, j. 03 dez. 2008. DJe 06 fev. 2009.

BRASIL. Supremo Tribunal Federal. Arguição de Descumprimento de Preceito Fundamental. [...]. **ADPF nº 172/DF**: Plenário do STF. Requerente: Partido Progressista – PP. Relator: Min. Marco Aurélio. Brasília, j. 10 jun. 2009. DJe 21 ago. 2009.

BRASIL. Tribunal Regional Federal da 5ª Região. Embargos de Declaração em Apelação Cível. [...]. **EDcl em Apelação Cível nº 0021402-72.2004.4.05.8100/02**: Segunda Turma, TRT-5. Apelante: Alfredo Augusto Porto Oliveira e outros. Apelado: Fazenda Nacional. Rel. Des. Federal Francisco Barros Dias. Recife, j. 28 abr. 2009. DJ 20 mai. 2009.

BRASIL. Superior Tribunal de Justiça. Recurso Especial. [...]. **REsp nº 1.114.404/MG**: Primeira Seção, STJ. Recorrente: Paulo Grijo Von der Bruggen e outros. Recorrido: Fazenda Nacional. Rel. Min. Mauro Campbell Marques. Brasília, j. 10 fev. 2010. DJe 01 mar. 2010.

BRASIL. Superior Tribunal de Justiça. Recurso Especial. [...]. **REsp nº 1.164.452/MG**: Primeira Seção, STJ. Recorrente: Dispaulo – Distribuidora de Açúcar Cristalpuro LTDA. Recorrido: Fazenda Nacional. Rel. Min. Teori Albino Zavascki. Brasília, j. 25 ago. 2010, DJe 02 set. 2010.

BRASIL. Superior Tribunal de Justiça. Recurso Especial. [...]. **REsp nº 1.167.039/DF**: Primeira Turma. Recorrente: Fazenda Nacional. Recorrido: Gabriela Moda em Couro LTDA. Relator: Min. Teori Albino Zavascki. Brasília, j. 25 ago. 2010. DJe 02 set. 2010.

BRASIL. Superior Tribunal de Justiça. Recurso Especial. [...]. **REsp nº 1.008.343/SP**: Primeira Seção, STJ. Recorrente: Braskalb Agropecuária Brasileira LTDA. Recorrido: Fazenda Nacional. Rel. Min. Luiz Fux. Brasília, j. 09 dez. 2009. DJe 01 fev. 2010.

BRASIL. Superior Tribunal de Justiça. Recurso Especial. [...]. **REsp nº 1.121.023/SP**: Primeira Seção, STJ. Recorrente: Kuazitudo Materiais para Construção LTDA. Recorrido: Fazenda Nacional. Rel. Min. Mauro Campbell Marques. Brasília, j. 23 jun. 2010. DJe 30 jun. 2010.

BRASIL. Superior Tribunal de Justiça. Agravo Regimental em Agravo de Instrumento. [...]. **AgRg no Ag nº 1.396.272/DF**: Primeira Turma, STJ. Agravante: Distrito Federal. Agravado: Carlos Alberto Freire e outros. Rel. Min. Benedito Gonçalves. Brasília, j. 17 nov. 2011. DJe 22 nov. 2011.

BRASIL. Supremo Tribunal Federal. Agravo Regimental em Reclamação. [...]. **AgR na Rcl nº 7.402/CE**. Plenário do STF. Agravante: Estado do Ceará. Agravado: Eduardo Gonçalves Ribeiro e outros. Rel. Min. Ricardo Lewandowski. Brasília, j. 09 dez. 2010. DJe 09 fev. 2011.

BRASIL. Tribunal Regional Federal da 3ª Região. Agravo de Instrumento. [...]. **AI nº 0004424-80.2011.4.03.0000**: Quinta Turma da Primeira Seção, TRF-3. Agravante: Fazenda Nacional. Agravado: João Vanderlei Mafia. Rel. Des. Antonio Carlos Cedenho. São Paulo, j. 27 jun. 2011, e-DJF3 06 jul. 2011.

BRASIL. Superior Tribunal de Justiça. Agravo Regimental em Recurso Especial. [...]. **AgRg no REsp nº 1.221.158/RS**: Primeira Turma, STJ. Recorrente: União. Recorrido: João Maria Theodoro da Silva. Rel. Min. Napoleão Nunes Maia Filho. Brasília, j. 11 out. 2011. DJe 09 fev. 2012.

BRASIL. Superior Tribunal de Justiça. Recurso Especial. [...]. **REsp nº 1.299.303/SC**: Primeira Seção, STJ. Recorrente: Estado de Santa Catarina. Recorrido: Multicolor Têxtil S.A. Rel. Min. Cesar Asfor Rocha. Brasília, j. 08 ago. 2012. DJe 14 ago. 2012.

BRASIL. Supremo Tribunal Federal. Ação Direta de Inconstitucionalidade. [...]. **ADI nº 4.425/DF**: Plenário do STF. Requerente: Confederação Nacional da Indústria – CNI. Intimado: Congresso Nacional. Rel. Min. Ayres Britto. Rel. p/ Acórdão Min. Luiz Fux. Brasília, j. 14 mar. 2013. DJe 19 dez. 2013.

BRASIL. Superior Tribunal de Justiça. Agravo Regimental em Recurso Especial. [...]. **AgRg no REsp nº 1.352.935/ES**: Segunda Turma, STJ. Recorrente: IPAJM. Recorrido: Janete Gianordoli Monteiro. Rel. Min. Herman Benjamin. Brasília, j. 07 ago. 2014. DJe 25 set. 2014.

BRASIL. Supremo Tribunal Federal. Ação Direita de Constitucionalidade. [...]. **ADC nº 04/DF**: Plenário do STF. Requerentes: Presidente da República, Mesa Diretora do Senado, Mesa Diretora da Câmara dos Deputados. Rel. Min. Sydney

Sanches. Rel. p/ Acórdão Min. Celso de Mello. Brasília, j. 01 out. 2008. DJe 30 out. 2014.

BRASIL. Supremo Tribunal Federal. Ação Direta de Inconstitucionalidade. [...]. ADI nº 4.357/DF: Plenário do STF. Requerente: Conselho Federal da OAB e outros. Intimados: Mesa da Câmara dos Deputados e Mesa do Senado Federal. Rel. Min. Ayres Britto. Rel. p/ Acórdão Min. Luiz Fux. Brasília, j. 14 mar. 2013. DJe 26 set. 2014.

BRASIL. Supremo Tribunal Federal. Agravo Regimental em Reclamação. [...]. **AgR na Rcl nº 5.969/SE**: Plenário do STF. Reclamante: Estado de Sergipe. Reclamado: Juiz de Direito da Comarca de Tobias Barreto. Relator: Min. Celso de Mello. Brasília, j. 17 set. 2009. DJe 18 mar. 2014.

BRASIL. Supremo Tribunal Federal. Agravo Regimental em Reclamação. [...]. **AgR na Rcl nº 8.902/MG**: Primeira Turma, STF. Agravante: União. Agravado: Iara Braga Tolentino. Rel. Min. Rosa Weber. Brasília, j. 05 ago. 2014. DJe 21 ago. 2014.

BRASIL. Exposição de Motivos. Código de Processo Civil de 2015. **Código de Processo Civil e Normas Correlatas**. Senado Federal, 2015. Disponível em: https://www2.senado.leg.br/bdsf/bitstream/handle/id/512422/001041135.pdf. Acesso em: 13 out. 2022.

BRASIL. Superior Tribunal de Justiça. Agravo Regimental no Agravo Regimental no Agravo de Instrumento. [...]. **AgRg no AgRg no Ag nº 1.093.754/PR**: Primeira Turma, STJ. Agravante: Compensados e Laminados Lavrasul S/A. Agravado: Fazenda Nacional. Rel. Min. Marga Tessler, Juíza Federal convocada do TRF 4ª Região. Brasília, j. 14 abr. 2015. DJe, 20 abr. 2015.

BRASIL. Superior Tribunal de Justiça. Agravo Interno em Recurso Especial. [...]. **AgInt no REsp nº 1.585.761/AL**: Segunda Turma, STJ. Recorrente: Estado de Alagoas. Recorrido: Alexsandro Almeida de Melo. Rel. Min. Humberto Martins. Brasília, j. 02 jun. 2016. DJe 08 jun. 2016.

BRASIL. Supremo Tribunal Federal. Ação Direta de Inconstitucionalidade. [...]. **ADI nº 2.418/DF**: Plenário do STF. Requerente: Conselho Federal da Ordem dos Advogados do Brasil (CFOAB). Intimado: Presidente da República. Rel. Min. Teori Zavascki. Brasília, j. 04 mai. 2016. DJe 17 nov. 2016.

BRASIL. Tribunal de Contas do Estado de Minas Gerais. Agravo de Instrumento. [...]. **AgInt nº 986.918 na Representação nº 977.734**. Tribunal Pleno. Agravante: Ruy Adriano Borges Muniz. Agravado: Prefeitura Municipal de Montes Claros. Relator: Cons. Substituto Licurgo Mourão. Belo Horizonte, j. 14 dez.

2016. Disponível em: https://tcnotas.tce.mg.gov.br/TCJuris/Nota/BuscarArquivo/1335196. Acesso em: 14 out. 2022.

BRASIL. Conselho da Justiça Federal (CJF). Centro de Estudos Judiciários. **I Jornada de Direito Processual Civil do Conselho da Justiça Federal – Enunciados Aprovados.** Brasília: 24 e 25 ago. 2017. Disponível em: https://www.cjf.jus.br/cjf/corregedoria-da-justica-federal/centro-de-estudos-judiciarios-1/publicacoes-1/i-jornada-de-direito-processual-civil/i-jornada-de-direito-processual-civil-enunciados-aprovados/@@download/arquivo. Acesso em 14 out. 2022.

BRASIL. Superior Tribunal de Justiça. Agravo Interno em Recurso Especial. [...]. **AgInt no REsp nº 1.480.331/RS**: Quarta Turma, STJ. Recorrente: Banco Volkswagen S.A. Recorrido: Rogério Gonçalves. Rel. Min. Luís Felipe Salomão. Brasília, j. 03 out. 2017. DJe 05 out. 2017.

BRASIL. Supremo Tribunal Federal. Agravo Regimental em Reclamação. [...]. **AgR na Rcl nº 10.051/CE**: Primeira Turma, STF. Agravante: Estado do Ceará. Agravado: ASSALCE. Rel. Min. Roberto Barroso. Brasília, j. 17 fev. 2017, DJe 13 mar. 2017.

BRASIL. Supremo Tribunal Federal. Recurso Extraordinário. [...]. **RE nº 573.872/RS**: Plenário do STF. Recorrente: União. Recorrido: Eli Petrazini Eboni. Rel. Min. Edson Fachin. Brasília, j. 24 mai. 2017. DJe 11 set. 2017.

BRASIL. Tribunal Regional Federal da 3ª Região. Agravo de Instrumento. [...]. **AI nº 484664 no Proc. nº 0025237-94.2012.4.03.0000**: Sexta Turma, TRF-3. Agravante: Departamento Nacional de Infra Estrutura de Transportes. Agravado: Sandra Vaz da Silva Jesus. Rel. Des. Federal Diva Malerbi. São Paulo, j. 11 mai. 2017. e-DJF3 23 mai. 2017.

BRASIL. Supremo Tribunal Federal. Reclamação. [...] **Rcl nº 22.012/RS**: Segunda Turma, STF. Reclamante: Federação Nacional dos Bancos (Febraban). Reclamado: Tribunal Superior do Trabalho (TST). Rel. Min. Dias Toffoli. Brasília, j. 05 dez. 2017. DJe 27 fev. 2018.

BRASIL. Superior Tribunal de Justiça. Agravo Interno no Agravo em Recurso Especial. [...]. **AgInt no AREsp nº 767.344/PI**: Primeira Turma, STJ. Agravante: Estado do Piauí. Agravado: Marines Pessoa dos Santos. Rel. Min. Gurgel De Faria. Brasília, j. 19 jun. 2018. DJe 08 ago. 2018.

BRASIL. Tribunal Regional Federal da 3ª Região. Agravo de Instrumento. [...]. **AI nº 5004222-71.2018.4.03.0000**: Terceira Turma, TRF da 3ª Região. Agravante: SF – Formas para Construção Civil Ltda. Agravado: União Federal – Fazenda

Nacional. Rel. Des. Federal Antonio Carlos Cedenho. São Paulo, j. 20 set. 2018. e-DJF3 25 set. 2018.

BRASIL. Superior Tribunal de Justiça. Agravo em Recurso Especial. [...]. **AREsp nº 1.504.624/SP**: Segunda Turma, STJ. Decisão Monocrática. Rel. Min. Assusete Magalhães. Brasília, j. 12 ago. 2019. DJe 13 ago. 2019.

BRASIL. Superior Tribunal de Justiça. Recurso Especial. [...]. **REsp nº 1.799.849/SP**: Segunda Turma, STJ. Recorrente: Fazenda do Estado de São Paulo. Recorrido: Julio Cesar Vaine. Rel. Min. Herman Benjamin. Brasília, j. 02 abr. 2019. DJe 16 abr. 2019.

BRASIL. Tribunal Regional Federal da 1ª Região. Apelação em Mandado de Segurança. [...]. **AMS nº 0012008-16.2011.4.01.3700**: Oitava Turma, TRF-1. Apelante: Alumapi Alumínio LTDA. Apelado: Fazenda Nacional. Rel.: Juíza Federal Clemencia Maria Almada Lima de Angelo. Brasília, j. 27 mai. 2019, e-DJF1 14 jun. 2019.

BRASIL. Tribunal Regional Federal da 3ª Região. Agravo de Instrumento. [...]. **AI nº 5001145-88.2017.4.03.0000**: Segunda Turma, TRF-3. Agravante: União Federal. Agravado: Ledi Terezinha Nogoseki Alves. Rel. Des. Federal Luiz Paulo Cotrim Guimarães. São Paulo, j. 11 abr. 2019. e-DJF3 15 abr. 2019.

BRASIL. Superior Tribunal de Justiça. Agravo Interno em Agravo em Recurso Especial. [...] **AgInt no AREsp nº 1.306.681/SP**: Primeira Turma, STJ. Agravante: Sergio Jacomino. Agravado: Fabia Falcão Fernandes. Rel. Min. Napoleão Nunes Maia Filho. Brasília, j. 23 set. 2019. DJe 30 set. 2019.

BRASIL. Superior Tribunal de Justiça. Recurso Especial. [...] **REsp nº 1.859.777/DF**: Segunda Turma, STJ. Recorrente: Distrito Federal. Recorrido: Nilmar Bordignon Giongo. Rel. Min. Herman Benjamin. Brasília, j. 05 mar. 2020. DJe 18 jun. 2020.

BRASIL. Superior Tribunal de Justiça. Agravo Interno em Agravo em Recurso Especial. [...] **AgInt no AREsp nº 1.382.861/SP**: Segunda Turma, STJ. Agravante: Fazenda do Estado de São Paulo. Agravado: Maria Gonçalves de Oliveira. Rel. Min. Francisco Falcão. Brasília, j. 22 abr. 2020. DJe 24 abr. 2020.

BRASIL. Superior Tribunal de Justiça. Agravo Interno em Agravo em Recurso Especial. [...] **AgInt no AREsp nº 1.365.485/DF**: Primeira Turma, STJ. Agravante: Distrito Federal. Agravado: Leonardo Licio do Couto. Rel. Min. Benedito Gonçalves. Brasília, j. 31/08/2020. DJe 02 set. 2020.

BRASIL. Superior Tribunal de Justiça. Agravo Interno em Agravo em Recurso Especial. [...] **AgInt no AREsp nº 1.244.792/SP**: Primeira Turma, STJ. Agravante:

Fazenda do Estado de São Paulo. Agravado: Celi Francisca Fagundes Cordeiro. Rel. Min. Napoleão Nunes Maia Filho. Brasília, j. 05 out. 2020. DJe 08 out. 2020.

BRASIL. Superior Tribunal de Justiça. Agravo Interno em Agravo em Recurso Especial. [...] **AgInt no AREsp nº 1.504.624/SP**: Segunda Turma, STJ. Agravante: SF – Formas para Construção Civil LTDA. Agravado: Fazenda Nacional. Rel. Min. Assusete Magalhães. Brasília, j. 19 out. 2020. DJe 23 out. 2020.

BRASIL. Superior Tribunal de Justiça. Agravo Interno em Execução em Mandado de Segurança. [...]. **AgInt na ExeMS nº 20.795/DF**: Primeira Seção, STJ. Agravante: União. Agravado: Emilia Fagundes dos Anjos. Rel. Min. Benedito Gonçalves. Brasília, j. 16 mar. 2021. DJe 19 mar. 2021.

BRASIL. Superior Tribunal de Justiça. Recurso Especial. [...] **REsp nº 1.779.976/GO**: Segunda Turma, STJ. Recorrente: Ministério Público do Estado de Goiás. Recorrido: Vanderlei Benatti da Silva e Cia LTDA. Rel. Min. Herman Benjamin. Brasília, j. 23 fev. 2021. DJe 03 mai. 2021.

BRASIL. Supremo Tribunal Federal. Ação Direta de Inconstitucionalidade. [...]. **ADI nº 4.296/DF**: Plenário do STF. Requerente: Conselho Federal da Ordem dos Advogados do Brasil (CFOAB). Intimado: Presidente da República. Rel. Min. Marco Aurélio, Rel. p/ Acórdão Min. Alexandre de Moraes. Brasília, j. 09 jun. 2021. DJe 11 out. 2021.

BRASIL. Tutela provisória de evidência. **TJDFT – Jurisprudência em foco: Novo Código de Processo Civil e o TJDFT**. Tema atualizado em 30 ago. 2020. Última modificação em 29 jul. 2021. Disponível em: https://www.tjdft.jus.br/consultas/jurisprudencia/jurisprudencia-em-foco/novo-codigo-de-processo-civil/tutela-provisoria-da-evidencia. Acesso em: 14 out. 2022.

BRASIL. Superior Tribunal de Justiça. Agravo Interno em Recurso Especial. [...]. **AgInt no REsp nº 1.686.836/PR**: Segunda Turma, STJ. Recorrente: União. Recorrido: Zenaide Flor. Rel. Min. Assusete Magalhães. Brasília, j. 22 ago. 2022. DJe 29 ago. 2022.

BRASIL. Superior Tribunal de Justiça. **Cancelamento da Súmula nº 212**. "A Primeira Seção, na sessão ordinária de 14 de setembro de 2022, cancelou o seguinte enunciado de Súmula, que será publicado no Diário da Justiça eletrônico do Superior Tribunal de Justiça, por três vezes, em datas próximas, nos termos do art. 123 do RISTJ". Primeira Seção, STJ. Disponível em https://www.stj.jus.br/sites/portalp/Paginas/Comunicacao/Noticias/2022/27092022-Sumulas-Anotadas-incluiu-cancelamento-dos-enunciados-212-e-497.aspx. Acesso em 14 out. 2022.

BUENO, Cássio Scarpinella. **Execução Provisória e Antecipação de Tutela**. 1ª. ed. São Paulo: Saraiva, 1999.

BUENO, Cássio Scarpinella. **Liminar em mandado de segurança: um tema com variações**. 2ª. ed. São Paulo: Editora Revista dos Tribunais, 1999.

BUENO, Cássio Scarpinella. **Novo Código de Processo Civil Anotado**. 3ª. ed. São Paulo: Saraiva, 2017.

BUENO, Cássio Scarpinella. Tutela Provisória contra o Poder Público no CPC de 2015. In: BUENO, Cássio Scarpinella., et al. **Tutela Provisória no CPC: Dos 20 anos de vigência do art. 273 do CPC/73 ao CPC/2015**. 2ª. ed. São Paulo: Saraiva Educação, p. 68-81, 2018.

BUENO, Cássio Scarpinella. ADI 4.296 e liminar em mandado de segurança: uma proposta de compreensão de seu alcance. **Suprema: Revista de Estudos Constitucionais**. Brasília: v. 2, n. 1, p. 157-184, jan./jun. 2022.

BUENO, Cássio Scarpinella. **Manual do Poder Público em Juízo**. São Paulo: SaraivaJur, 2022.

CAIS, Cleide Previtalli. **O processo tributário**. 8ª. ed. São Paulo: Revista dos Tribunais, 2013.

CAMBI, Eduardo; NEVES, Aline Regina das. Duração razoável do processo e tutela antecipada. In: BUENO, Cássio Scarpinella, et al. **Tutela provisória no CPC: dos 20 anos de vigência do art. 273 do CPC/73 ao CPC/2015**. 2ª. ed. São Paulo: Saraiva Educação, Cap. 4, p. 83-109, 2018.

CANOTILHO, José Joaquim Gomes. **Direito Constitucional e Teoria da Constituição**. 7ª. ed. Coimbra: Edições Almedina, 2003.

CARRAZZA, Roque Antônio. **Curso de Direito Constitucional Tributário**. 29ª. ed. São Paulo: Malheiros Editores LTDA, 2013.

CARVALHO FILHO, José dos Santos. Sistemas de Controle. In: CARVALHO FILHO, José dos Santos. **Manual de Direito Administrativo**. 27ª. ed. São Paulo: Atlas S.A., p. 1031-1032, 2014.

CASSONE, Vittorio; ROSSI, Júlio César; CASSONE, Maria Eugênia Teixeira. **Processo Tributário: Teoria e Prática**. 15ª. ed. São Paulo: Atlas, 2017.

COSTA, Letícia Araújo. O poder geral de cautela do juiz à luz do novo Código de Processo Civil. **Central de Pesquisa Patrimonial do Tribunal Regional do Trabalho da 3ª Região**, 2015. Disponível em: http://as1.trt3.jus.br/bd-trt3/bitstream/handle/11103/13540/COSTA%2C%20L%20A%20-%20Poder%20Geral%20de%20Cautela%20%C3%A0%20luz%20do%20novo%20C%C3%B3digo%20 de%20Processo%20Civil.pdf?sequence=1&isAllowed=y. Acesso em: 14 out. 2022.

CUNHA, Leonardo José Carneiro da. Opinião 9 – Honorários na execução fundada em título extrajudicial contra a fazenda pública. **Website de Leonardo Carneiro da Cunha**, 26 jun. 2013. Disponível em: http://www.leonardocarneirodacunha.com.br/opiniao/opiniao-9-honorarios-na-execucao-fundada-em-titulo-extrajudicial-contra-a-fazenda-publica/. Acesso em: 07 jun. 2019.

CUNHA, Leonardo José Carneiro da. **A Fazenda Pública em juízo**. 15ª. ed. Rio de Janeiro: Forense, 2018.

DANTAS, Paulo Roberto Figueiredo. **Direito Processual Constitucional**. 9ª. ed. São Paulo: Saraiva Educação, 2019.

DIAS, Jean Carlos. **Tutelas provisórias no novo CPC: tutelas de urgência: tutela de evidência**. 2ª. ed. Salvador: Juspodivm, 2018.

DIDIER JR., Fredie. **Curso de Direito Processual Civil: Introdução ao Direito Processual Civil, parte geral e processo de conhecimento**. 17ª. ed. Salvador: Juspodivm, v. 1, 2015.

DIDIER JR., Fredie. Art. 1.059, CPC. In: BUENO, Cássio Scarpinella. (coord.). **Comentários ao Código de Processo Civil (arts. 926 a 1.072)**. 1ª. ed. São Paulo: Saraiva, v. 4, p. 659-660, 2017.

DINAMARCO, Cândido Rangel. **A reforma do Código de Processo Civil**. 5ª. ed. São Paulo: Malheiros Editores LTDA, 2001.

DINAMARCO, Cândido Rangel. **A Reforma da Reforma**. 5ª. ed. São Paulo: Malheiros Editores Ltda., 2003.

ENFAM. Seminário "O Poder Judiciário e o Novo Código de Processo Civil"- Enunciados Aprovados. **Escola Nacional de Formação e Aperfeiçoamento de Magistrados (Enfam)**, Brasília, 2015. Disponível em: https://www.enfam.jus.br/wp-content/uploads/2015/09/ENUNCIADOS-VERS%C3%83O-DEFINITIVA-.pdf. Acesso em: 14 out. 2022.

FNPP. I Fórum Nacional do Poder Público (FNPP). **Documento de Brasília – Enunciados Aprovados**, 16-17 jun. 2016. Disponível em: https://www.sinprofaz.org.br/pdfs/enunciados-fnpp.pdf. Acesso em: 14 out. 2022.

FPPC. Fórum Permanente de Processualistas Civis (FPPC). **Carta de Florianópolis – Enunciados do Fórum Permanente de Processualistas Civis**, 24, 25 e 26 de março de 2017. Disponível em: https://institutodc.com.br/wp-content/uploads/2017/06/FPPC-Carta-de-Florianopolis.pdf. Acesso em: 14 out. 2022.

FONSÊCA, Vitor. A Súmula 729 do STF e o CPC/2015. **Revista de Processo**. Seção Direito Jurisprudencial. São Paulo: v. 40, n. 248, p. 357-368, out. 2015. Disponível em: http://www.mpsp.mp.br/portal/page/portal/documentacao_e_divulgacao/doc_biblioteca/bibli_servicos_produtos/bibli_boletim/bibli_bol_2006/RPro_n.248.15.PDF. Acesso em: 13 out. 2022.

FONSÊCA, Vitor. Art. 4º, CPC. In: BUENO, Cássio Scarpinella (coord.). **Comentários ao Código de Processo Civil**. São Paulo: Saraiva, v. 1 (arts. 1º a 317), p. 92-99, 2017.

FRIEDE, Reis.; MENAGED, Débora Maliki; MENAGED, Marcelo. **Tutela antecipada, tutela específica e tutela cautelar**. 7ª. ed. Rio de Janeiro: GZ Editora, 2012.

FUX, Luiz. O novo microssistema legislativo das liminares contra o Poder Público. In: BONAVIDES, P.; MORAES, G.; ROSAS, R. (orgs.). **Estudos de Direito Constitucional em homenagem a Cesar Asfor Rocha (Teoria da Constituição, Direitos Fundamentais e Jurisdição)**. 1ª. ed. Rio de Janeiro: Renovar, p. 431-452, 2009.

JOBIM, Marco Félix. Princípio do contraditório e da ampla defesa. In: CANOTILHO, José Joaquim Gomes, et al. **Comentários à Constituição do Brasil**. 2ª. ed. São Paulo: Saraiva Educação, p. 463-467, 2018.

LOPES, João Batista. **Tutela antecipada no processo civil brasileiro**. 3ª. ed. São Paulo: Revista dos Tribunais, 2007.

LOPES, Maria Elizabeth de Castro. O juiz e a tutela antecipada. In: BUENO, Cássio Scarpinella., et al. **Tutela provisória no CPC: dos 20 anos de vigência do art. 273 do CPC/1973 ao CPC/2015**. 2ª. ed. São Paulo: Saraiva Educação, Cap. 10, p. 238-246, 2018.

MACHADO SEGUNDO, Hugo de Brito. **Processo Tributário**. 10ª. ed. São Paulo: Atlas, 2018.

MACHADO SEGUNDO, Hugo de Brito. **Poder Público e Litigiosidade**. Indaiatuba: Editora Foco, 2021.

MACHADO, Hugo de Brito. Tutela jurisdicional antecipada na repetição de indébito tributário. **Repertório IOB de jurisprudência: tributário, constitucional e administrativo**, v. 24, p. 450-452, dez. 1995. Disponível em: http://biblioteca2.senado.gov.br:8991/F/?func=item-global&doc_library=SEN01&doc_number=000502161. Acesso em: 14 out. 2022.

MACHADO, Hugo de Brito. **Repetição do indébito e compensação no Direito Tributário**. 1ª. ed. Fortaleza e São Paulo: Instituto Cearense de Direito Tributário (ICET) e Editora Dialética, 2001.

MARINONI, Luiz Guilherme. Direito Fundamental de Ação. In: CANOTILHO, José Joaquim Gomes, et al. **Comentários à Constituição Brasileira**. 2ª. ed. São Paulo: Saraiva Educação, p. 385-395, 2018.

MARINONI, Luiz Guilherme; ARENHART, Sérgio Cruz. **Curso de Processo Civil: Processo de Conhecimento**. 12ª. ed. São Paulo: Revista dos Tribunais, v. 2, 2014.

MARINONI, Luiz Guilherme; MITIDIERO, Daniel. Direito fundamental à tutela adequada e efetiva. In: SARLET, Ingo Wolfgang; MARINONI, Luiz Guilherme; MITIDIERO, Daniel. **Curso de Direito Constitucional**. 8ª. ed. São Paulo: Saraiva Educação, Cap. 5.3, p. 826-832, 2019.

MARINS, James. **Direito Processual Tributário Brasileiro – Administrativo e Judicial**. 12ª. ed. São Paulo: Thomson Reuters Brasil, 2019.

MARTINS, Leonardo. Direito Fundamental à Igualdade. In: CANOTILHO, José Joaquim Gomes, et al. **Comentários à Constituição do Brasil**. 2ª. ed. São Paulo: Saraiva Educação, p. 223-236, 2018.

MENDES, Gilmar. Comentários ao art. 5º, XXXV, CF. In: CANOTILHO, José Joaquim Gomes, et al. **Comentários à Constituição do Brasil**. 2ª. ed. São Paulo: Saraiva Educação, p. 458-463, 2018.

MILLER, Cristiano Simão. Art. 1.059. In: ALVIM, A. A., et al. **Comentários ao Código de Processo Civil – Lei n. 13.105/2015**. 2ª. ed. São Paulo: Saraiva, p. 1258-1259, 2017.

MIOTTO, Carolina Cristina. A evolução do Direito Processual Civil Brasileiro: de 1939 à análise dos objetivos visados pelo Projeto de Lei n. 8.046 de 2010. **Revista da UNIFEBE**, Brusque: v. 1, n. 11ª, p. 1-19, ago. 2013. Disponível em: https://periodicos.unifebe.edu.br/index.php/RevistaUnifebe/article/view/135. Acesso em: 14 out. 2022.

MITIDIERO, Daniel. **Antecipação de tutela**. 1ª. ed. São Paulo: Revista dos Tribunais Ltda, 2013.

MOLLICA, Rogerio. A antecipação de tutela em face da Fazenda Pública. In: BUENO, Cássio Scarpinella, et al. Tutela provisória no CPC: dos 20 anos do art. 273 do CPC/1973 ao CPC/2015. 2ª. ed. São Paulo: Saraiva Educação, Cap. 16, p. 339-350, 2018.

NUNES, Cleucio Santos. **Curso Completo de Direito Processual Tributário**. 5ª. ed. São Paulo: SaraivaJur, 2022.

O GLOBO. Plano Collor confiscou a poupança, e Brasil mergulhou na hiperinflação. **Acervo O GLOBO**, 16 mar. 2015. Disponível em: https://acervo.oglobo.globo.com/fatos-historicos/plano-collor-confiscou-poupanca-brasil-mergulhou-na-hiperinflacao-15610534. Acesso em: 14 out. 2022.

PAVONI, Mariana Melo de Carvalho. Tutela provisória: a técnica da antecipação a serviço da efetividade da jurisdição. In: BUENO, Cássio Scarpinella, et al. **Tutela provisória no CPC: dos 20 anos de vigência do art. 273 do CPC/1973 ao CPC/2015**. 2ª. ed. São Paulo: Saraiva Educação, Cap. 18, p. 371-387, 2018.

PEREIRA FILHO, Benedito Cerezzo. El poder del juez: ayer y hoy. **UWM Law Review**, Olsztyn: v. 4, p. 181-198, dez. 2012. Disponível em: http://lawforensics.org/volume_4/. Acesso em 14. out. 2022.

RUIZ, Ivan Aparecido. Antecipação da tutela no direito processual civil brasileiro: do nascimento à maioridade, mas, ainda, com dificuldade da sua adequada postulação e aplicação. In: BUENO, Cássio Scarpinella, et al. **Tutela provisória no CPC: Dos 20 anos do art. 273 do CPC/1973 ao CPC/2015**. 2ª. ed. São Paulo: Saraiva Educação, Cap. 19, p. 388-415, 2018.

SANTOS, Cairon Ribeiro dos. Repetição do indébito, compensação e ação declaratória. In: MACHADO, Hugo de Brito. (coord.). **Repetição do indébito e compensação no Direito Tributário**. 1ª. ed. Fortaleza e São Paulo: Instituto Cearense de Direito Tributário (ICET) e Editora Dialética, Cap. 4, p. 73-86, 2001.

SANTOS, Moacyr Amaral. *Cautio damni infecti*. **Revista da Faculdade de Direito**, Universidade de São Paulo, São Paulo, v. 52, p. 216-241, 1957. Disponível em: https://www.revistas.usp.br/rfdusp/article/download/66270/68880/. Acesso em: 14 out. 2022.

SARLET, Ingo Wolfgang; BRANDÃO, Rodrigo Art. 60, CF. In: CANOTILHO, José Joaquim Gomes, et al. **Comentários à Constituição do Brasil**. 2ª. ed. São Paulo: Saraiva Educação, p. 1213-1226, 2018.

SCAFF, Fernando Facury; SCAFF, Luma Cavaleiro de Macêdo. O art.100 da Constituição Federal de 1988. In: CANOTILHO, José Joaquim Gomes, et al. **Comentários à Constituição do Brasil**. 2ª. ed. São Paulo: Saraiva Educação, p. 1442-1450, 2018.

SILVA, José Afonso da. **Curso de Direito Constitucional Positivo**. 35ª. ed. São Paulo: Malheiros Editores Ltda, 2012.

SOUZA NETO, Cláudio Pereira. Segurança. In: CANOTILHO, José Joaquim Gomes, et al. **Comentários à Constituição do Brasil**. 2ª. ed. São Paulo: Saraiva Educação, p. 236-238, 2018.

STRECK, Lênio Luiz.; OLIVEIRA, Fábio de. Art. 2º, CF. In: CANOTILHO, José Joaquim Gomes, et al. **Comentários à Constituição do Brasil**. 2ª. ed. São Paulo: Saraiva Educação, p. 144-149, 2018.

VEIGA, Daniel. Braga; FONSECA, Geraldo; D'ORIO, Rodrigo. Tutela provisória: questões polêmicas. In: BUENO, Cássio Scarpinella, et al. **Tutela Provisória no CPC: dos 20 anos de vigência do art. 273 do CPC/73 ao CPC/2015**. 2ª. ed. São Paulo: Saraiva Educação, Cap. 24, p. 481-567, 2018.

ZAVASCKI, Teori Albino. **Antecipação de tutela**. 2ª. ed. São Paulo: Saraiva, 1999.